大娄山特长大断面公路隧道群建造与运维关键技术
——岩溶、瓦斯处治与智慧运维

张 胤 许湘华 杜 镔 等 编著

人民交通出版社

北京

内 容 提 要

本书主要以特长大断面公路隧道群建设关键技术的相关内容为基础素材,对山岭、岩溶、瓦斯、高地应力、断层破碎带等极复杂环境下的特长大断面公路隧道群的选线、勘察、设计、施工、运维等研究成果进行总结提炼。全书共9章,包括绪论、工程概况、总体设计、岩溶、瓦斯、特长大断面隧道施工关键技术、施工监控与地质预报、大娄山隧道群智慧管控一体化平台、大娄山隧道群智慧运营管理与监测预警技术。

本书可供从事隧道科研、设计、施工及建设管理的相关人员使用,也可作为高等院校隧道工程专业师生的学习参考用书。

图书在版编目(CIP)数据

大娄山特长大断面公路隧道群建造与运维关键技术：岩溶、瓦斯处治与智慧运维 / 张胤等编著. — 北京：人民交通出版社股份有限公司, 2024.3

ISBN 978-7-114-19420-7

Ⅰ.①大… Ⅱ.①张… Ⅲ.①公路隧道—隧道工程—贵州 Ⅳ.①U459.2

中国国家版本馆 CIP 数据核字(2024)第 037145 号

Daloushan Techang Daduanmian Gonglu Suidaoqun Jianzao yu Yunwei Guanjian Jishu
——Yanrong、Wasi Chuzhi yu Zhihui Yunwei

书　　名：	大娄山特长大断面公路隧道群建造与运维关键技术——岩溶、瓦斯处治与智慧运维
著 作 者：	张　胤　许湘华　杜　镔　等
责任编辑：	刘　彤　周　宇
责任校对：	赵媛媛　龙　雪　魏佳宁
责任印制：	刘高彤
出版发行：	人民交通出版社
地　　址：	(100011)北京市朝阳区安定门外外馆斜街3号
网　　址：	http://www.ccpcl.com.cn
销售电话：	(010)59757973
总 经 销：	人民交通出版社发行部
经　　销：	各地新华书店
印　　刷：	北京市密东印刷有限公司
开　　本：	787×1092　1/16
印　　张：	27.25
字　　数：	498千
版　　次：	2024年3月　第1版
印　　次：	2024年3月　第1次印刷
书　　号：	ISBN 978-7-114-19420-7
定　　价：	120.00元

(有印刷、装订质量问题的图书,由本社负责调换)

本书编写委员会

主　　编：张　胤

副 主 编：许湘华　杜　镔　梅世龙　石大为　杨秀军
　　　　　刘学增　饶军应　蒋　亮　张胜林　田世宽
　　　　　冉隆举　李本云　苟德明　杨　洪　许崇帮

编写人员：周　森　王小波　谢明宇　赖庆招　黄　猛
　　　　　田　娇　何国华　刘远明　胡　涛　陈　越
　　　　　武　威　杨志刚　桑运龙　孙　州　李　磊
　　　　　汤召志　哈元元　冯登尧　乔梅梅　金　蕊
　　　　　袁浩庭　韩光钦　王镜越　孙正茂　喻兴洪
　　　　　黄才明　熊成宇　逯启凯　姜晓博　李雪峰
　　　　　罗春常　熊良贵　罗　晶　左双英　程　荣
　　　　　马显学　蔡唯楚　朱　云　魏仔宜　龙　杰
　　　　　何倩超　朱承前　王林芳　秦仕禄　付义书
　　　　　尚　羽　陈　军　张　伟　朱　翊　吴　祥
　　　　　刘永红　杨智成　杜　璇　曹　建　李　球

FOREWORD | 序

贵州地处云贵高原,区内崇山峻岭,沟壑纵横,山地丘陵面积占比达92.5%,是全国唯一没有平原的省份。大娄山特长隧道群是兰海高速重遵扩容工程的控制性节点,双向六车道,对完善国家高速路网,提升沿线人民生活水平,促进贵州共同富裕具有重要意义。大娄山特长隧道群长45km,隧道占比68.2%,是西南山区高速公路隧道的典型代表,包含了软岩、岩溶、瓦斯、高地应力和断层破碎带等复杂地质现象,高效建造及运营维护难度大。

建设单位以大娄山特长隧道群为依托,结合"复杂地质超长大跨公路隧道高效建造与智慧运维关键技术研究及示范"(黔科合重大专项字〔2018〕3011)课题,围绕软弱破碎围岩大变形防控、岩溶突泥突水探预测、瓦斯高效抽采、长距离通风和机械化施工等关键技术进行了系统研究。玄武岩纤维混凝土封控技术首次应用在工程实际中,多种探测手段融合技术多次成功预测岩溶突水突泥,大型机械化配套设备在隧道内高效安全施工,典型褶皱构造的场域地应力剖析技术、基于声震法增透强化的瓦斯抽采技术和小导洞揭煤等关键创新技术,对类似工程的设计和施工具有很好的指导和借鉴意义。

此外,建设单位和课题组充分结合现代物联网、大数据、人工智能等技术的发展,以"大娄山隧道群智慧管控一体化平台"为基础,通过危险品车辆追踪、超温车辆预警、智慧消防、应急预警、调频广播、路隧一体化救援联动等手段提升隧道安全性;通过智慧通风、智慧照明等手段提升隧道群运营节能性;通过数字孪生系统、智慧养护作业等提升管理效率,实现便捷、安全、舒适的驾乘体验,打造高效、低碳、安全的智慧管理模式。

本书紧贴工程实际,内容丰富、逻辑清晰、系统全面、可借鉴性强。相信该书的出版对交通运输工程领域的岩溶、瓦斯防灾减灾和特长隧道群智慧管控关键技术发展具有积极推动作用,特此作序。

中国工程院院士

2023 年 10 月

PREFACE 前言

山区高速公路隧道建设与运维是交通基础设施的重要难点之一，在贵州省重大科技专项"复杂地质超长大跨公路隧道高效建造与智慧运维关键技术研究及示范"项目的资助下，以大娄山特长公路隧道群的建设与运维为依托，紧紧抓住设计、施工、运维的痛点难点及需要，围绕隧道岩溶、瓦斯、智慧运维场景的理论研究、室内试验、材料研发、施工关键技术、系统平台搭建等方面进行了研究探索与实践。项目参与各方凝练总结了《大娄山特长大断面公路隧道群建造与运维关键技术——岩溶、瓦斯处治与智慧运维》一书，全面介绍了复杂地质条件下的隧道高效建造与智慧运维的系统性技术成果。

全书共9章，包括绪论、工程概况、总体设计、岩溶、瓦斯、特长大断面隧道施工关键技术、施工监控与地质预报、大娄山隧道群智慧管控一体化平台、大娄山隧道群智慧运营管理与监测预警技术。第1章绪论，介绍了大娄山特长公路隧道群修建的挑战、国内外技术现状、科研攻关团队及主要成果；第2章工程概况，介绍了主要技术标准、建设方案、建设规模及建设概况；第3章总体设计，介绍了建设条件、路线总体设计、隧道总体设计、隧道土建设计、大娄山隧道运营通风设计、大娄山隧道照明设计、隧道消防设计、大娄山隧道安全及景观设计；第4章岩溶，介绍了岩溶分类分级、大娄山特长隧道群岩溶特点、大娄山特长公路隧道群穿越岩溶地层施工关键技术、大娄山特长公路隧道群岩溶处治案例；第5章瓦斯，包括煤与瓦斯简介、瓦斯隧道分类、大娄山特长公路隧道群瓦斯特点、大娄山特长公路隧道群穿越含瓦斯地层施工关键技术、大娄山特长公路隧道群穿越含瓦斯地层的监控、大娄山特长公路隧道群煤与瓦斯处理案例；第6章特长大断面隧道施工关键技术，介绍了高地应力研究、大断面隧道开挖工法研究、玄武岩纤维喷射混凝土研究与应用、隧道开挖施工工法、防排水施工关键技术与实践、机械化施工技术;第7章施工监控与地质预报,介绍了大娄山隧道地质特征分析、岩溶地层地质预报与施工监控方案、瓦斯煤系地层地质预报与施工监控方案、大娄山隧道施工监控与地质预报案例分析;第8章大娄山隧道群智慧管控一体化平台,介绍了智慧管控一体化平台概述、需求分析、智慧管控一体化平台构建、智慧管控一体化平台功能、智慧隧道应用功能开发;第9章大娄山隧道群智慧运营管理与监测预警技术,介绍了隧道安全提升技术、隧道节能提升技术、基于隧道内数字孪生前端感知系统的效率提升技术。

  本书第1章由张胤、许湘华、石大为、饶军应编写,第2、3章由杜镔、李本云、苟德明、杨洪等编写,第4章由张胤、石大为、梅世龙等编写,第5章由张胤、石大为、张胜林等编写,第6章由何国华、刘远明、喻兴洪等编写,第7章由刘学增、孙州、刘永红等编写,第8、9章由杨秀军、罗晶、王小波等编写。

  承蒙我国著名地下工程专家、同济大学教授、中国工程院院士朱合华在百忙之中为本书作序,感谢贵州省科学技术厅、贵州省交通运输厅、项目各参建单位对课题研究提供的帮助,同时感谢各参建人员对项目建设作出的贡献。

  由于编者水平和经验有限,不妥之处敬请读者批评指正。

作　者

2023 年 10 月

CONTENTS 目　　录

第1章　绪论

1.1　大娄山特长公路隧道群修建的挑战 …… 002
1.2　国内外技术现状 …… 003
1.3　攻关团队和主要成果 …… 014

第2章　工程概况

2.1　工程背景 …… 018
2.2　主要技术标准 …… 018
2.3　建设方案研究 …… 019
2.4　建设规模 …… 027
2.5　建设概况 …… 029

第3章　总体设计

3.1　建设条件 …… 032
3.2　路线总体设计 …… 036
3.3　隧道总体设计 …… 036
3.4　隧道土建设计 …… 040
3.5　大娄山隧道运营通风设计 …… 051

3.6 大娄山隧道照明设计 ·· 058
3.7 隧道消防设计 ·· 062
3.8 大娄山隧道安全及景观设计 ···································· 062

第 4 章　岩溶

4.1 岩溶区公路修筑技术背景 ······································ 070
4.2 岩溶分类分级 ·· 072
4.3 大娄山特长隧道群岩溶特点 ···································· 093
4.4 大娄山特长公路隧道群穿越岩溶地层施工关键技术 ·················· 096
4.5 大娄山特长公路隧道群岩溶处治案例 ······························ 105

第 5 章　瓦斯

5.1 含瓦斯地层公路修筑技术背景 ·································· 114
5.2 煤与瓦斯简介 ·· 115
5.3 瓦斯隧道分类 ·· 115
5.4 大娄山特长公路隧道群瓦斯特点 ································ 118
5.5 大娄山特长公路隧道群穿越含瓦斯地层施工关键技术 ················ 123
5.6 大娄山特长公路隧道群煤与瓦斯处理案例 ·························· 166

第 6 章　特长大断面隧道施工关键技术

6.1 高地应力研究 ·· 194
6.2 大断面隧道开挖工法研究 ······································ 202
6.3 玄武岩纤维喷射混凝土研究与应用 ································ 216
6.4 隧道开挖施工工法 ·· 226
6.5 防排水施工关键技术与实践 ···································· 245
6.6 机械化施工技术 ·· 259

第 7 章　施工监控与地质预报

- 7.1　岩溶地层地质预报与施工监控方案 ·················· 286
- 7.2　瓦斯煤系地层地质预报与施工监控方案 ·················· 300
- 7.3　大娄山隧道施工监控与地质预报案例分析 ·················· 323

第 8 章　大娄山隧道群智慧管控一体化平台

- 8.1　智慧管控一体化平台概述 ·················· 336
- 8.2　需求分析 ·················· 342
- 8.3　智慧管控一体化平台构建 ·················· 347
- 8.4　智慧管控一体化平台功能 ·················· 348
- 8.5　智慧隧道应用功能开发 ·················· 357

第 9 章　大娄山隧道群智慧运营管理与监测预警技术

- 9.1　隧道安全提升技术 ·················· 388
- 9.2　隧道节能提升技术 ·················· 407
- 9.3　基于隧道内数字孪生前端感知系统的效率提升技术 ·················· 413

参考文献

CHAPTER ONE 第1章

绪论

隧道是公路工程的"咽喉",其长度决定着修建的难度。大娄山特长隧道群路线全长达45km,加之岩溶、瓦斯、大断面及长大坡等特殊环境,是国内最长的双向六车道瓦斯特长公路隧道群,其建设与运维面临极大挑战。

1.1 大娄山特长公路隧道群修建的挑战

贵州省位于云贵高原东部,全省地势由西向东降低。从地质构造来看,贵州位于东亚中生代造山带与阿尔卑斯—特提斯新生代造山带之间的上升地壳区,历经武陵、雪峰、加里东、华力西—印支和燕山—喜马拉雅构造运动5个阶段,由形成于大洋地壳区、过渡地壳区和大陆地壳区的沉积岩、火成岩及变质岩等多种构造岩石组合。岩浆活动相对不发育,火成岩出露面积不大,分布零星。雪峰运动奠定了扬子准地台的基底,除黔东南外大部分属扬子准地台,面积约15万km^2,具有盖层厚度巨大,分布广泛,褶皱和断裂均很发育等特点。地台基底中最老的中元古界四堡群只出露在东南黔、桂两省区交界处,黔东北的梵净山群是一套裂谷型沉积。新元古界下部有两处:黔东南广泛出露的下江群是一套变余砂岩、炭质板岩夹凝灰岩系;黔东北的板溪群是红色板岩夹灰岩凸镜体,分别代表被动大陆边缘和陆缘内侧沉积。从南华系到下志留统层位齐全,以浅海碳酸盐岩为主,从地台内部向东和向南沉积深度呈加大趋势,地台内部上石炭统至中三叠统保持碳酸盐为主的浅海相沉积。

在地质上属扬子地台及其东南大陆边缘,以碳酸盐岩广布、喀斯特景观普遍发育为特征,碳酸盐类岩石分布占全省面积80%左右,厚度占地层总厚的50%~70%,岩溶地貌占全省总面积的73%,以石炭系和二叠系岩层岩溶发育最强。

贵州省不仅岩溶广布,煤炭资源也十分丰富,素以"西南煤海"著称。全省含煤地层面积占省域内总面积40%以上,88个县(市、区)中有74个产煤,但主要集中在黔西部的盘州、水城、纳雍、六枝、织金、大方等县(市、区),其次是黔北部的桐梓、习水、仁怀、遵义等区域。

碳酸盐地质受地下水侵蚀后,常展现出千姿百态的自然景观,深受欢迎;煤炭更是贵州省的主要财政支柱之一,长期支撑社会、经济稳步向好发展。但是,对于工程界来说,碳酸盐岩和煤系地层却是两大地质难题。碳酸盐地质受侵蚀易形成溶腔、涌水、突泥、坍塌等风险大;煤系地层常蕴藏瓦斯,瓦斯突出、爆炸、窒息等危害强。它们都是典型的不良工程地质,对隧道等工程建设带来巨大挑战。

古语云："蜀道难，难于上青天；黔路险，伸手云雾间。"

高速公路穿越崇山峻岭，形成隧道群是艰难的选择。重遵扩容项目是兰州至海口国家高速公路重庆至遵义段在贵州境内的扩容工程段，全长 117.368km，设计速度 100km/h，依偎在高山深谷中，串联着层峦叠嶂，把亘古的崎岖艰险变为安全便捷的高速大道。大娄山特长隧道群路线长度达 45km，穿越岩溶、瓦斯、高地应力、断层、破碎带、软岩等系列不良地质，此类工程施工经常发生断裂破碎带涌水、大变形、煤系地层瓦斯突出等地质灾害，可见大娄山特长隧道群施工难度极大，风险极高。同时，建成后，还面临车流量大、单向坡长、隧道出入口存在团雾及凝冰等运营风险的挑战。

具体到该线路上的单个隧道，大娄山隧道（建设期名为桐梓隧道，运营期更名为大娄山隧道）全长 10.497km，是全线的控制性工程之一，集岩溶、瓦斯、高地应力、断层于一体。大娄山隧道地质情况复杂，穿越 3 条断层破碎带，12 次穿越不同地层，融合了复杂断层、高地应力、高瓦斯、煤层采空区，以及溶洞、暗河、突泥涌水等特殊地质风险，其中煤与瓦斯最具有突出的危险性，施工难度极大。十余公里的长度也给施工通风、运营安全带来极大挑战。黄家沟隧道、松坎隧道、陈家湾隧道则岩溶极发育，涌水突泥风险极大。除复杂的地质外，软岩及破碎带中的双向六车道大断面隧道施工工艺选择、变形控制也是突出的难点之一。

1.2 国内外技术现状

1.2.1 岩溶隧道技术现状

岩溶是山区隧道建设中常见的不良地质现象之一。我国有 70% 的国土面积为山区，地质条件十分复杂，同时也是世界上岩溶分布最广的国家之一。我国北方山西高原及邻近省区的岩溶约 47 万 km^2，西南部以滇、黔、桂为主，包括川、鄂、湘部分地区，岩溶约 50 万 km^2。

根据目前西部已建和在建铁路隧道的不完全统计，位于石灰岩溶地区的隧道占 50%，岩溶这种不良地质现象的存在给隧道的施工和运营造成了严重的威胁。

在岩溶研究方面，中国科学院院士袁道先先生是我国著名地质学家、水文地质学家、岩溶学家，是我国岩溶地质领域第一位院士。他从 1952 年开始从事地质工作，辗转于我国东西南北岩溶山区，为建立岩溶动力学和现代岩溶学基本理论作出重要贡献。袁道先院士认为自 20 世纪 70 年代逐步发展起来的现代岩溶学有两个重要特点：一是引入了地球系统科学;二是从全球角度研究岩溶。其研究领域涉及岩溶山区石漠化问题、岩溶地下水污染问题、岩溶区地质遗产的保护问题、岩溶碳循环与全球气候变化问题等关系国计民生的重大问题,体现了一代岩溶地质人的责任担当与家国情怀,2022年荣获国际水文地质学家协会岩溶委员会"50年终身成就奖"。

  在岩溶探测方面,高克德和陈文娟应用矿井地质雷达仪探测了地下石灰岩溶洞,王传雷等开展了地下岩溶的地质雷达探测研究。同济大学在岩溶探测理论及应用技术研究方面一直走在前列,周治国、朱合华通过开展隧道涌水超前地质预报技术研究,认为隧道地震预报(Tunnel Seismic Prediction,TSP)结合探地雷达(Ground Penetrating Radar,GPR)的综合超前地质预报方法有利于提高预报的准确性和可靠性。石振明等利用基于程函方程的初至旅行时层析方法,实现对跨孔地震波岩溶探测的反演。

  在岩溶处治技术方面,岩溶地区特殊的地质地貌、气象水文和自然生态环境,使公路工程与岩溶环境的相互作用极其显著。1986年开工建设的贵州省贵阳市至黄果树汽车专用公路,拉开了我国西南岩溶地区高等级公路建设的序幕。2002年,由贵州省交通科学研究院、贵州省交通规划勘察设计研究院、贵州省公路工程总公司及湖南省交通规划勘察设计院联合申报的西部交通建设科技项目"岩溶地区公路修筑成套技术研究"立项。该课题在公路工程岩溶环境区划和地理信息系统、公路工程岩溶环境勘察与综合评价技术、岩溶地区公路工程资源开发与利用技术、岩溶地区公路工程病害处治技术等4个方面展开了深入系统的研究,并成功编制了《碳酸盐岩沥青路面抗滑表层设计施工技术指南》,完善了《岩溶地区公路工程地质勘察技术指南》《岩溶地区公路基础设计与施工技术指南》和《岩溶地区公路建设环境保护技术指南》,把岩溶区公路工程的研究推向了高潮。该课题还荣获国家科技进步二等奖,更为后期岩溶相关技术指南、标准、规范的出台打下坚实基础。

  2004年10月,在重庆市召开的"岩溶地区隧道修筑技术专题研讨会"上,卢耀如院士作了"岩溶的发育与地质灾害"的专题报告,分享了岩溶地区隧道工程事故处治实例的经验和教训,沟通了对陆地声纳法、TSP系统和地质计算机断层扫描(Computed Tomography,CT)等多种物探方法在地质超前探测中的应用情况,研讨会明确了岩溶地区的隧道设计理念,加深了对岩溶地质灾害及岩溶地区隧道超前预报方法的新认识。

  岩溶区工程建设,区域性特点强,相关技术以地方标准为主。在这方面,广西的地方标准走在全国前列也最为典型。基于广西公路隧道的建设及科研经验,广西制定的岩溶区工程类地标有:2016年的《广西岩溶地区建筑地基基础技术规范》(DBJ/T 45—2016)、2019年的《岩溶地区桩基技术规范》(DBJ/T 45-082—2019)、2020年的《岩溶地区工程物探技术规范》(DBJ/T 45-098—2020)及《岩溶区公路隧道技术规范》(DB45/T 2125—2020)。此外,还有团标《铁路岩溶隧道技术规范》(T/CRS C0801—2018)、贵州省地标《岩溶洼地 场地回填技术规范》(DB52/T 1382—2018)、团标《岩溶注浆工程技术规范》(T/CSRME 003—2020)、团标《岩溶塌陷防治工程施工技术规范(试行)》(T/CAGHP 072—2020)、武汉市地标《岩溶地区勘察设计与施工技术规程》(DB4201/T 632—2020)等。

  为攻克岩溶地区工程建设难题,各界学者也开展了诸多研究。何翊武等简化并推导出岩溶地区隧道拱脚部分等代梁的内力和位移计算公式。饶军应等以溶腔、隧洞与围岩为研究对象,基于弹性复变理论及广义平面应变理论,对无限岩土体含一个、两个或多个洞室时围岩应力问题开展了系统研究,构建了深埋含内压单洞室、双椭圆洞围岩应力计算模型,给出了单洞室、双洞室及任意数量洞室的环形与完全填充加固问题力学计算模型。以圆梁山隧道 DK354+460 溶腔情况为例,武世燕推导出不考虑溶腔体积和考虑溶腔体积两种情况下的隔水岩盘最优设计厚度表达式。肖前丰等建立了岩溶富水区隧道突变灾害的抗突体力学模型,并采用抗剪强度准则、抗弯强度准则、弹性薄板理论计算出抗突体最小安全厚度。张军和刘远采用圆形板尖点突变模型研究了岩溶隧道正上方填充物溶腔底板岩层的稳定性,彭程通过地质雷达法及隧道地质预报(Tunnel Geology Prediction,TGP)探明了隧道底板的岩体节理裂隙及溶洞发育情况。陈兴等认为岩溶水析出碳酸钙结晶堵塞排水通道,也会造成处治后的隧道衬砌施工缝出现复漏。贾金晓等认为采用地质雷达、超前钻探及无人机探测的组合技术能准确探明岩溶构造的位置、规模、填充物特征等。李明达等认为无论是隐伏性的单个溶洞,还是位置组合溶洞,均对衬砌结构拱肩及拱脚附近的应力影响较大。蒋雅君等认为岩溶隧道排水系统中普遍存在岩溶水碳酸钙结晶堵塞反复出现的问题,从而引发隧道渗漏水加剧,危及隧道运营安全。冯雪冬等提出岩盘防突厚度是判断岩溶隧道突涌水发生的重要指标。李勇海等采用多元回归分析得到多因素共同作用下顶部溶洞与隧道间安全距离的预测模型。王方立等研究了富水岩溶区隧道爆破开挖带来的围岩累积损伤演变规律、影响范围以及质点峰值振速与爆源距离的关系。王亚等建立了隧道-隔离桩-溶洞三维有限元模型,探讨了隧道距离砂层-灰岩界面不同净距时位于左线隧道正下方的溶洞诱发上覆砂层塌陷对周边地层及既有盾构隧道管片结构的影响。针对金华山隧道近接下穿施工可能导致的双龙洞景区岩溶水的疏干问题,曾斌等基于地下水流系统理论、区水文地质条件调查成果、岩溶地下水流系统的划分、隧道出口段关键岩溶分布区地质结构的分析以及水文地球化学测试结果,对双龙洞与隧址区之间各岩溶地下水流系统间的水力联系及涌突水可能性进行了分析。为实现岩溶区隧道排水系统堵塞过程的精准刻画和预警防控,程咏春等开展了与现场1∶1等比例的排水系统堵管室内试验,探讨了仿真现场水动力、水化学和干湿循环条件下管道结晶沉淀量的变化规律,构建了考虑水动力和碳酸盐岩组分溶解-沉淀化学反应耦合驱动过程的数值模型。基于国家自然科学基金项目"白云岩隧道排水系统结晶致塞机理及破除",饶军应等开展了隧道排水系统管材、流速、温度、混合溶液等结晶致塞机理试验与理论系统研究,构建了隧道排水系统结晶堵塞风险模糊评价模型,建立隧道排水系统堵塞分级理论,首次提出了从完全堵塞到轻度堵塞四种等级,即完全堵塞、重度堵塞、中度堵塞、轻度堵塞,并给出了建议对策。通过跨孔地震CT成像正演数值模拟,吴军国等分析了地震波场在岩溶地质环境中的波场特征,再利用SIRT反演算法获得跨孔间地震波速度剖面,查明了多处岩溶异常体。以贵阳轨道交通3号线盾构隧道施工为依托,章龙管等研究了贵阳岩溶地层地铁盾构隧道工程中新型球状碳化钨刀具选型问题。上述岩溶隧道的研究工作与成果,均为与岩溶相关的团体标准、地方标准、行业标准及国家标准等的制定与创新作出了积极贡献。

总体上来看,我国岩溶不但以其面积大为世界瞩目,而且由于碳酸盐岩古老坚硬、新生代以来大幅度抬升、未受末次冰期大陆冰盖的刨蚀破坏以及季风气候水热配套(夏湿冬干)等四个条件,岩溶发育完好,类型多样,使其在国际上有范例性。在岩溶地区进行的工程建设中常常会遇到穿越强岩溶区的隧道建设,工程界学者们针对岩溶危害研究的热点有岩溶探测、涌突水预测预报、岩溶灾害治理等。我国岩溶方面的理论与工程技术推陈出新,成果丰硕,但准确性仍与工程实际需求存在一定差距。

1.2.2 瓦斯隧道技术现状

近年来,随着我国各类长大隧道大量涌现,隧道穿越含瓦斯地层屡见不鲜,瓦斯是隧道工程典型的不良地质之一,瓦斯事故也是隧道施工中常见的地质灾害。

在隧道施工阶段,瓦斯释放的方式主要有渗出、喷出、突出三种形式。渗出形式放出的瓦斯量为最大,因其最不易被人发觉。据不完全统计,1949—1999年,我国修建了18座瓦斯隧道(铁路15座,公路3座),占全国隧道总数的0.18%;但2000—2010年,我国修建的瓦斯隧道已有80余座,其中长度3km以上隧道有32座,2011—2020年间我国修建的瓦斯隧道超过100座,事故类型以瓦斯爆炸最为典型,危害最大。在隧道工程建设中,瓦斯爆炸事故造成了巨大的生命财产损失。

随着西部交通基础设施的不断发展,我国高速公路建设的主战场已经进入地形、地质条件极其复杂的山区。贵州作为我国西部山区省份,也是全国唯一没有平原支撑的省份,山高谷深、地质多变,素有"地无三尺平"之称,交通建设在技术、经济上面临着很大的挑战。一些隧道特别是瓦斯隧道作为高速公路建设的关键性工程已成为公路工程建设工期和造价的主要控制要素,如2010年茅台高速公路的坛厂隧道、2011年水盘高速公路的发耳隧道、2012年仁赤高速公路的莫洛隧道和邓家沟隧道、2013年毕都高速公路的梅花箐隧道。为攻克瓦斯隧道技术难题,2013年贵州省交通运输厅组织召开了高速公路瓦斯隧道设计、施工等建设技术交流会。

2014年,贵州省公路工程集团有限公司等单位联合开展了"公路瓦斯隧道建设技术标准研究",并共同编写了《贵州省高速公路瓦斯隧道设计技术指南(试行)》《贵州省高速公路瓦斯隧道施工技术指南(试行)》及《贵州省瓦斯隧道预算定额》。2015年8月,为规范贵州省高速公路瓦斯隧道的设计与施工,保证瓦斯隧道的施工和运营安全,贵州省交通运输厅组织贵州省公路工程集团有限公司等单位编写的《贵州省高速公路瓦斯隧道设计技术指南》(JT/T 52/02—2014)和《贵州省高速公路瓦斯隧道施工技术指南》(JTJ 52/03—2014)正式印发。随后,2016年8月四川省发布了地方标准《公路瓦斯隧道技术规程》(DB51/T 2243—2016),2019年4月行业标准《铁路瓦斯隧道技术规范》(TB 10120—2019)发布,2019年12月重庆市地方标准《公路瓦斯隧道施工技术规范》(DB50/T 962—2019)发布,2020年1月行业标准《公路瓦斯隧道设计与施工技术规范》(JTG/T 3374—2020)发布,2020年9月贵州省能源局印发了《贵州省煤矿瓦斯防治能力评估管理办法(试行)》。在此过程中,贵州省又经过六六高速公路的高峰隧道、六威高速公路的双山隧道、盘兴高速公路的大山隧道、都安高速公路的毛尖隧道、黔大东清高速公路的野鸭寨隧道、贵黄高速公路的甲多隧道、遵余高速公路的铁厂隧道、镇赫高速公路的滇黔隧道、重遵高速公路的大娄山隧道等瓦斯隧道的勘探、设计、施工理论研究及成果应用沉淀,于2022年5月发布了贵州省地方标准《公路瓦斯隧道技术规范》(DB52/T 1666—2022)。该地方标准的发布对贵金高速公路的何家坡隧道、纳赫高速公路的四新隧道、纳晴高速公路的珙桐隧道、金仁桐高速公路的黄家嘴隧道及金古高速公路的何家坡隧道、瓦房寨隧道、唐家湾隧道等瓦斯隧道的建设及运维提供坚实的安全和质量保障。

此外,各界学者也开展了诸多含瓦斯区工程建设研究工作。唐雨生等发现通过计算绝对瓦斯涌出量来评价隧道瓦斯等级的方法,对煤-气双控型隧道而言,缺陷明显。吴波等提出采用熵值法和模糊理论相结合的方法进行铁路瓦斯隧道施工安全风险评估。王栋分析了高瓦斯隧道无轨运输技术影响因素。王阅章认为隧道沿程中流场结构分为涡流区、涡流影响区和稳定区,其中涡流区对瓦斯气体的排除起着最主要的阻碍作用,稳定区几乎不影响瓦斯气体的运动,涡流影响区对瓦斯气体的运动有较小影响。李科等发现海拔对隧道内气体的流动有着显著影响,二者呈负相关关系,温度对隧道内的气体流动几乎不产生影响。王林峰等发现风筒直径是影响瓦斯隧道通风效果最显著的因素,其次为湿度、风筒口距掌子面的距离。许汝杭等以天城坝隧道为依托建立了瓦斯异常涌出量的分源预测模型,并发现多煤层高瓦斯隧道爆破后瓦斯涌出源主要包括隧道开挖断面、隧道爆破落煤、隧道围岩周壁及邻近煤层,其中隧道爆破落煤瓦斯涌出量占绝大部分。为了研究通风风管在瓦斯隧道施工通风中对瓦斯扩散的影响,周洋等通过计算流体动力学(Computational Fluid Dynamics,CFD)数值仿真,建立了瓦斯在隧道内的运移模型,详细探究了不同风管直径、风管口距工作面的距离、风管悬挂位置以及风管贴壁间隙4个风管布设参数对隧道风流场及瓦斯分布规律的影响。研究认为:在单因素试验情况下,风管最佳组合方式为风管直径1.8m,风管位置为拱肩,风管出口距工作面的距离为5m,贴壁程度为0.5m。为了研究高瓦斯区段地层中瓦斯气体的空间分布特征、补给方式以及逸散规律,唐鸥玲等采用分层检测、逸气监测及钻孔抽排等试验方法,分析了通风抽排方式提前降低隧道内瓦斯气体的浓度的效果。龙港等以兰海国家高速公路重庆至遵义段某公路隧道为工程依托,采用超前钻探的方式准确探测了煤层的赋存情况与隧道揭煤掌子面前方的局部地质构造特征,确定了钻孔的有效抽放半径与瓦斯抽放控制范围。吴平和武磊根据隧道动态瓦斯监测监控系统数据、现场人工瓦斯检测、超前钻孔和现场勘察地质资料,以及不同检测瓦斯浓度的数据分析,对多起瓦斯隧道施工过程中发生的瓦斯超限事故产生原因、来源进行技术分析,对隧道瓦斯涌出量进行测算,并提出类似条件下事故的针对性预防措施。李润双认为隧道掌子面附近区域瓦斯浓度变化最为显著,且射流区瓦斯浓度相较于回流区要低。以贵州凯里环城高速公路项目洛邦隧道为例,陈嘉俊和贾正滴对高速公路低瓦斯隧道的施工技术及控制要点进行了介绍。为确保铁路隧道能够快速安全地穿越瓦斯突出煤系地层,杨玉容等依据《铁路瓦斯隧道技术规范》(TB 10120—2019)的防突规定及旋喷桩工艺特点,从"堵""排"结合的角度,提出一种旋喷围桩快速防突的新型施工方法。为解决非煤系地层瓦斯分布不均匀、逸出量和逸散规律在勘察期间难以探明和预测的问题,以兰海高速公路大土隧道为工程背景,郭宏伟研究发现:爆破后比钻孔装药前、爆破前的瓦斯浓度显著增加,并且爆破的瓦斯浓度随监测次数的增加呈现先增加后减小的趋势;在隧道轴线方向上,瓦斯的逸出浓度明显受到岩性的影响,砂岩段的瓦斯浓度比泥岩、页岩段的大;在瓦斯的逸散速度上,砂岩掌子面比泥岩、页岩掌子面的瓦斯逸散速率大。结合成贵铁路四川红层段钻孔瓦斯浓度测试,孙意分析了数据统计与地层年代、地质构造、隧道埋深的相关性,提出定性、定量划分瓦斯工区类别的建议。以城开高速公路鸡鸣隧道为研究对象,以瓦斯平均浓度数据为基础,冉樭等研究了瓦斯浓度在施工通风影响下的分布特点。上述瓦斯隧道的研究工作与成果,皆为与瓦斯相关的团体标准、地方标准、行业标准及国家标准的制定与创新作出了积极贡献。

1.2.3 大断面隧道技术现状

随着地下空间开发兴起及六车道高速公路增多,我国大断面地下工程相关研究逐渐成为热点。早在1996年,程崇国和蒋树屏就开展了重庆临江门地下车站的设计研究,高瞻远瞩地提出了从规划、设计、施工、管理等环节总结提炼技术,为我国地下空间开发积累经验。

在隧道方面,国内早期单洞三车道隧道有广东大宝山隧道、靠椅山隧道、大梅沙隧道,重庆铁山坪隧道、真武山隧道等。三车道公路隧道的断面积通常比双车道大得多。如日本第二东(京)名(古屋)公路单洞三车道隧道的断面积为 113～170m²,是一般双车道隧道 85m² 的 1.5～2.0 倍;英法海峡隧道分岔处断面的开挖宽度达 21.2m、高度达 15.4m,断面积为 252.2m²。因此,对大断面隧道位置的选定、隧道断面形式、隧道衬砌结构、施工方法、初期支护结构模式、参数等都需开展深入研究。

以云南昆石高速公路三车道隧道工程实际为依托,夏保祥等提炼了高速公路大断面隧道围岩稳定性与施工监测技术研究成果,开发和应用大断面公路隧道围岩稳定性动态综合分析系统,实现了对隧道围岩的实时监控、优化设计,提出了合理的支护参数和施工方法。丁浩等开展了将拍盘隧道进口端采取"桥入隧道"连拱结构方案变更为"上下双层桥隧混合异形隧道结构"(即"上层为双洞单跨隧道+下层为箱梁"和"上层为双洞连拱隧道+下层为桥台"的两种异形结构)的设计与研究工作,认为超大断面的单跨结构,应先结合数值模拟、工程模拟等手段进行方案设计,分析其结构设计的关键点。以长沙营盘路湘江隧道为依托,洪开荣等于2012年提炼了水下超浅埋大断面立交隧道修建技术研究成果,研发了城市江底分岔大洞室暗挖隧道施工工法。以重庆市轨道交通三号线红旗河沟大断面暗挖车站为依托,仲建华和蒋树屏等于2014年提炼了山地城市大断面浅埋立体交叉地下轨道交通建造关键技术与应用成果,建立了特大断面超浅埋立体交叉暗挖车站结构设计理论与方法,提出了高33m、宽25m特大断面整体衬砌浇筑方法,实现了彼时亚洲最大断面(760m²)的轨道交通地下交叉车站的设计和安全施工。李秀地和蒋树屏等于2014年发现邻近运营大断面小净距隧道二次衬砌(简称二衬)中的最大有效应力、最大拉应力均位于迎爆面拱顶附近,最大振速位于迎爆面侧墙中部;邻近运营隧道衬砌的破坏主要是由质点振速超过安全允许值造成的。

综合来看,断面的扁平率是大断面隧道的一个重要技术指标。两车道时,扁平率约为 0.85;三车道时大多变为 0.64~0.65。随着扁平率的降低,弯矩在增加的同时侧压系数的影响也变大。蒋树屏等认为四车道大断面扁平隧道采用双侧壁法更能有效控制围岩位移,但应注意边墙与临时中墙间的连接,四车道隧道围岩的变形以拱顶沉降为主,而两边墙有向围岩内部移动的迹象。考虑到侧壁和衬砌拱脚处应力较大,仰拱的半径取上部半圆半径的 2 倍(两车道隧道取 2.6~2.7 倍),侧壁和仰拱的连接曲线半径取 2.5m(两车道时取 1.0m)。为避免应力集中,即使在围岩良好的情况下也应设置仰拱。

扁平大断面隧道的主要施工方法一般有:①上半断面超前台阶法;②上半断面临时闭合的台阶法;③中隔壁法(CD 工法);④双侧壁导坑超前法。通常还需要采用小导管超前支护、压浆或管棚等特别辅助方法与上述主要方法配合施工。

在承载力不足的洞口段或掌子面不稳定的隧道中,国外多采用双侧导坑法或中隔壁法。这两种方法特别适用于地质差、断面大、对地表下沉有严格要求的情况。据国内外工程实践,与台阶法开挖相比,双侧壁导坑法或中隔壁法开挖引起的地表沉降量要小得多,特别适用于扁平大跨度浅埋隧道开挖。针对密贴下穿、城市地下车站等工程,拱盖法、柱拱法以及衍生的类似工法也十分适合控制地表沉降,但工序相对也要复杂许多。

目前,我国已把大断面公路隧道的修建技术列为重大研究课题予以实施,主要研究方向有:扁平大断面隧道的力学问题、隧道断面新结构形式、施工新方法、施工新装备及高性能隧道建材等,修建山岭高地应力大跨公路隧道则需要做好大跨与高地应力的耦合技术攻关。

1.2.4 公路隧道智慧运维技术现状

公路隧道智慧运维技术主要包括照明、通风、消防、监控、供配电、检测、服役性能评价、病害处治与加固、灾害与应急处置、运营管理等。

1949 年美国霍兰隧道发生一次大火灾,之后法国和意大利便针对境内较长的隧道开展了安全研究;瑞士、挪威、日本等也纷纷开展了隧道安全事故调查与分析,普遍认为隧道内的火灾远比洞外严重得多。2001 年欧盟针对隧道安全管理启动了研究项目 SIRTAKI 子计划,旨在全面系统地对隧道交通网络进行一体化管理。荷兰的隧道安全研究中心认为隧道交通事故可分为"事故前—事故发生—事故发现—人员自救—事故处理"五个阶段。

据统计,截至 2023 年 5 月,我国建成长度超过 10km 的公路隧道共 18 座,其中单洞单车道公路隧道 1 座(锦屏山隧道)、单洞两车道公路隧道 14 座(表 1-1)、单洞三车道公路隧道 3 座(表 1-2)。

我国建成长度超过 10km 的单洞两车道公路隧道排名　　　　　表 1-1

排名	隧道名称	所在省级行政区	长度(km)	建成年份
1	秦岭终南山隧道	陕西	18.02	2004
2	米仓山隧道	四川	13.833	2018
3	西山隧道	山西	13.654	2012
4	新二郎山隧道	四川	13.459	2017
5	狮子坪隧道	四川	13.156	2020
6	虹梯关隧道	山西	13.122	2013
7	雪山隧道	台湾	12.942	2006
8	麦积山隧道	甘肃	12.29	2009
9	东天山隧道	新疆	11.775	2021
10	老营隧道	云南	11.515	2021
11	云山隧道	山西	11.387	2014
12	包家山隧道	陕西	11.2	2009
13	宝塔山隧道	山西	10.48	2011
14	泥巴山隧道	四川	10.007	2011

我国建成长度超过 10km 的单洞三车道公路隧道排名　　　　　表 1-2

排名	隧道名称	所在省级行政区	长度(km)	特长隧道群路线长度(km)	建成年份	典型不良地质	施工方法	设计速度(km/h)	区位
1	秦岭天台山隧道	陕西	15.56	32	2020	岩溶突水、高地应力	钻爆暗挖	80	山岭
2	太湖隧道	江苏	10.79	10.79	2021	突水	围堰明挖	100	湖底
3	大娄山隧道	贵州	10.497	45	2023	瓦斯、岩溶突水、高地应力	钻爆暗挖	100	山岭

秦岭终南山隧道建设时间较早,近年来也进行了局部的智慧化提升,对养护作业进行了智慧化改造,提升了养护作业的效率。秦岭天台山隧道全长 15.56km,采用多元异构结构设计管理系统,整合团雾、除雪保畅、温湿度检测、交通事故、车流量统计等动态数据框架,另外设置了红外感知设施。太湖隧道针对车道管控、调频广播、LED 可变景观带等进行了智慧化设计(图 1-1)。在建的新疆乌尉天山胜利隧道基于"5G+物联网"技术,在隧道内布置气体传感器、震动传感器、红外线传感器等传感设备,实时对隧道内有毒气体、隧道墙体等进行检测。总体而言,国内公路隧道对于智慧化尚缺乏成套的技术体系,

山岭隧道在这方面尤为欠缺。

图1-1 太湖隧道"星空顶"内装

大娄山特长隧道群路线长约45km,其中隧道长约30km,隧道占比达66.7%。大娄山超长隧道群涵盖大娄山隧道、尧龙山隧道、松坎隧道、黄家沟隧道、磁竹溪隧道、陈家湾隧道等,是全国最长的高速公路隧道群,其中大娄山隧道是全国最长的双向六车道公路瓦斯隧道(10.497km),也是贵州省最长的公路隧道。基于后期运营管理的痛点,在传统机电系统集成设计方案的基础上,完成"大娄山特长隧道群智慧化提升"设计,采取云、网、边、端网联技术实现智慧管控,提升隧道群的运营安全保障能力,实现全部设备在线监控,隧道内交通事故及时发现,应急救援迅速启动,最大限度减小交通事故带来的风险和损失(图1-2)。

a)应急调度

b)应急资源管理

图1-2 大娄山隧道群应急调度

大娄山隧道群以问题为导向,通过数字化、智慧化手段解决隧道群运营管理痛点。在原机电设计基础上,围绕运营安全水平提升,通过"两客一危"动态监测系统、超速预警系统、车辆超温检测系统、应急预警系统、智慧消防系统,对异常驾驶车辆,构建"诱导驶离主线-服务区停车检查-隧道入口前停车"的三级管控策略;围绕隧道运营节能提升,新增隧道智慧通风及智慧照明节能系统;围绕运营管理效率提升,构建了大娄山隧道群数字孪生系统。

以一体化和标准化思路,构建了基于大娄山隧道群需求的可拓展、可进化的智慧隧道一体化管控平台。依托大娄山隧道群制定统一的数据接入标准,实现设备物联与业务流程统一管控,打破系统间的数据孤岛,实现机电设备的高效利用,提高管理的主动性、实时性和计划性,实现大娄山隧道群智慧、安全、节能运营的目标,后期可接入贵州高速集团管辖的长大隧道,实现所有外场设备的统筹管控。

大娄山隧道群通过雷视数据融合和三维可视化建模等技术,形成大娄山隧道群内车道级的实时车辆位置跟踪,并结合气象数据、机电数据、应急预案流程等,为业主提供应急综合演练、灾害仿真模拟、危化品车辆管控、机电设备管养等多场景多类别的智慧化应用,构建智慧隧道场景下的"物联中台"和"数据中台",提高平台的扩展性(图1-3)。

图1-3 大娄山隧道群运行监测

在隧道洞内景观带方面,近年来越来越多的特长隧道通过设置景观带来缓解驾驶疲劳,但存在设计过程随意性较大、景观效果把控困难等问题。有学者统计了我国21条特长公路隧道景观带的设计参数,发现景观带的纵向间距从1km到近7km,纵向长度从20m到300m不等,景观类型既有单条灯光带,也有元素众多的壁画、投影和LED点阵光源等。目前景观带的布设位置、间距、纵向长度等参数并无明确规定,仍需深入研究。景观带的类型、图案元素等应充分考虑驾驶员的视觉特性和驾驶心理,以保持缓解驾驶疲劳和分散驾驶员注意力之间的平衡。

进入21世纪以来,我国隧道建设技术取得了飞速发展,已追赶上甚至在部分领域超越发达国家,成为当今世界上的隧道强国。随着我国公路运营里程的快速增长,公路隧道运营养护问题也日益突出。为了解决公路隧道运维中存在的隧道结构复杂、设备众多、信息共享性差、巡检困难等问题,孙玉梅等将3D GIS与BIM集成的技术运用到公路隧道的运维管理中,充分利用GIS和BIM各自技术的优势,将内外各类BIM建筑模型微观数据融入3D GIS建立的宏观地理环境中,形成了隧道空间及周边地理环境三维一体可视化全信息模型,实现了隧道的信息监测、健康检测、应用管理和安全预警等智慧运维管养功能,提升了公路隧道养护维修精细化水平。

然而,复杂地形地质条件以及当前建设运维脱节管理的现状,使得隧道建设及运维仍面临一定技术难题,主要表现为以下几方面:

(1)传统二维设计方法不利于设计人员直观掌控地质信息,方案变更涉及大量重复性劳动,各专业协调、多源信息交互共享难度大。

(2)施工期对实际揭露地质、工法工艺等实时信息重视不足,不利于及时反馈围岩稳定状态,施工安全、质量的动态管控未落实。

(3)运营期结构健康评价缺乏量化依据,加固设计水平不高,尚无一套合理的加固设计计算方法。

(4)隧道建设期信息化管理不完善、建养脱节。

1.3 攻关团队和主要成果

根据大娄山特长隧道群建设需要,在重大专项课题支持下,为保障品质,得到以下成果:

(1)针对岩溶地质隧道施工的成果主要有:隧道突泥涌水监测系统、隧道不良地质探测系统、隧道工程反坡排水自动化监测监控系统、软弱破碎富水体大断面浅埋隧道下穿公路进洞施工工法、双层土工布包裹排水盲管工艺、云系统智能排水在隧道大纵坡反坡中的应用、岩溶地区公路修筑技术推广应用示范、岩溶地区公路工程地质勘察技术指南、岩溶地区公路基础设计与施工技术指南、岩溶地区公路建设环境保护技术指南、富水岩溶地层隧道仰拱隆起原因分析及控制、富水岩溶隧道围岩软化效应分析及整治措施、隧道底部大型溶洞处治技术、岩溶漏斗区隧道涌水处治技术、大跨度隧道大型岩溶涌水处治等。

（2）针对瓦斯地质隧道施工的成果主要有：多因素耦合地质条件下高瓦斯隧道施工工法、大断面公路隧道揭煤防突施工工法、瓦斯隧道气体检测系统、隧道工程通风优化系统、高瓦斯极高风险隧道安全管理探索、瓦斯检测技术在高瓦斯隧道施工中的应用、煤系地层瓦斯隧道施工期间瓦斯涌出及扩散特征研究、瓦斯爆炸三要素在高瓦斯隧道安全防控中的应用、高瓦斯隧道中玄武岩纤维混凝土技术研究、长大公路瓦斯隧道施工通风关键技术等。

（3）针对大断面隧道施工的成果主要有：大跨公路隧道斜井与主洞交叉口小导洞扩挖施工工法、特长大跨公路隧道多断面立体交叉口施工工法、大跨隧道软弱围岩预留岩体控爆与铣挖联合施工工法、长大公路隧道超短台阶高效掘进施工工法、大断面公路隧道自动布料模板台车整体衬砌施工工法、大断面公路隧道台车钻孔精细化钻爆施工工法、特大断面特长公路隧道Ⅳ级围岩微台阶施工技术、长大隧道施工工序管控细节分析、大跨隧道软弱围岩高效施工工法、超长大跨隧道施工质量控制措施、大跨隧道软弱围岩高效施工工艺等。

（4）针对隧道机械化施工的成果主要有：全电脑三臂凿岩台车线性聚能智能化预裂爆破施工工法、大断面公路隧道二衬台车带电缆沟槽一体化施工工法、云系统智能排水在隧道大纵坡反坡中的施工工法、公路隧道二次衬砌及沟槽一体化浇筑施工工法、大跨公路隧道多栈桥组合仰拱快速施工工法、拱架限制下三臂凿岩台车高效钻爆施工工法、二衬台车带电缆沟槽边墙整体浇筑技术、隧道中心水沟液压支模机、双栈桥快速施工在山岭长大隧道中的应用、基于公路隧道钢拱架限制下全电脑三臂凿岩台车钻爆技术、大跨隧道中心水沟一体化快速施工技术与工法、车载式拱架安装机在隧道初支中的应用、特长隧道自动布料模板台车整体衬砌施工技术、全电脑三臂凿岩台车 XE3C 钻爆开挖的应用、三臂凿岩台车与传统手风钻施工的经济性对比分析、关于大娄山隧道 3 号斜井凿岩台车使用问题的研究、三臂凿岩台车在长大斜井施工中的成本控制、多功能钻机 C6XP-2 地质钻探在隧道施工中的应用、大娄山隧道三臂全电脑凿岩台车的应用等。

（5）针对特长公路隧道群运维的成果主要有：大娄山隧道群智慧管控一体化平台、智慧消防监测运维管理系统、移动火情检测系统、隧道调频广播系统、隧道车辆超温预警系统、车辆超速预警系统、应急预警系统、"两客一危"车辆监测技术、基于重点运营车辆的多级管控技术、智慧通风系统、智慧照明系统、隧道内数字孪生前端感知系统、隧道工程车辆动态管理系统、隧道工程人员动态管理系统、项目安全文化建设与研究、智能机器人在隧道安全预警中的应用等。

自大娄山特长隧道群建设至今,为保障该工程的品质与安全,参建各方及全体参建人员群策群力、攻坚克难,共发表高水平论文43篇,申请专利40项(发明专利15项)、工法27项、软件著作权16项,撰写标准规范指南6部,完成8个各级课题成果鉴定,取得15项微创新成果,获得各级学会、协会、集团及局级的一、二、三等科技进步奖9项。

大娄山特长公路隧道是世界上最长的单洞三车道高瓦斯高速公路隧道,团队为提升机械化水平,引入三臂凿岩台车、钻注一体机、C6钻机、湿喷机等,实现机械化减人,机械化促进安全生产;为保障瓦斯段施工安全,采用"瓦斯监控系统+瓦检人员+视频监控系统+人员定位(门禁)系统",动态实时监控洞内各点瓦斯浓度、二氧化碳(CO_2),并集中反馈到监控室内,有效降低进洞人员安全风险,采用视频监控可以随时监控洞内的情况,提升工作效率的同时降低施工安全风险;实施全过程全方位跟踪,利用贵州高速集团平台,结合项目工程特点,引入隧道施工咨询单位、隧道瓦斯咨询单位等,为大娄山隧道施工建设安全、技术、质量等提供服务指导。

通过团队的共同努力,总结提炼大娄山特长大断面公路隧道群岩溶、瓦斯处治与智慧运维的关键技术,为类似工程提供参考,亦与业界专家、学者、读者交流共享。

CHAPTER TWO 第2章

工程概况

大娄山特长公路隧道群处于重庆至遵义扩容工程的贵州境路段,沿线崇山峻岭、地形复杂,既有 G75 兰海高速公路、渝黔铁路、G210 国道、城市大道等纵横交错,路线方案、技术标准、建设规模等的选择十分复杂且重要,直接决定着工程造价、工期、投资回收期及交通量等诸多重要指标。

2.1 工程背景

贵州位于我国西南内陆腹地,山地和丘陵面积占比约 92.5%,是全国唯一没有平原支撑的省份,境内山脉众多,重峦叠嶂,绵延纵横,山高谷深。贵州岩溶地貌发育非常典型,喀斯特地貌面积 $1.09 \times 10^5 \mathrm{km}^2$,占全省总面积的 61.9%。贵州矿产资源丰富,是矿产资源大省,至今发现矿产 110 多种,其中已探明储量的有 76 种。全省煤炭储量大,煤种齐全、煤质优良。

虽然拥有区位条件重要、能源矿产资源富集、生物多样性良好、文化旅游开发潜力大等优势,但由于长期受交通等因素的制约,贵州物流不畅、信息闭塞,社会经济发展相对滞后。

2005 年底建成的 G75 兰海高速公路重庆至贵阳段主要由重庆境内的渝黔高速公路、贵州境内的崇遵高速公路和贵遵高速公路组成,基本位于重庆、遵义、贵阳的南北直线走廊上,是连接重庆和贵阳两个全国性综合交通枢纽城市最便捷的通道。

随着社会经济的发展,既有 G75 兰海高速公路贵阳至重庆段交通量增长迅猛,呈现"两头交通量趋于饱和,中部技术标准过低"的现状,拥堵常态化且安全事故频发,特别是节假日车辆数量暴增,道路经常处于拥堵状态,严重影响人们假日出行和当地经济发展。为了适应新的经济发展和交通需求,提升既有高速公路的通行能力,于 2016 年启动了与崇遵高速公路对应的重庆至遵义扩容工程。本项目北端连接渝黔高速公路扩能项目(重庆段),南端连接兰海高速公路(贵州境)遵义至贵阳扩容工程,是成渝经济区和黔中经济区重要的经济走廊之一。

2.2 主要技术标准

根据本项目的功能定位及工程可行性研究报告的交通量预测、技术标准论证,结合沿线地形地质条件及两端衔接公路的技术标准,本项目采用的建设标准(表 2-1)为:渝黔界—新蒲段为 100km/h 双向六车道高速公路,路基宽度为 33.5m;新蒲—青山段为

100km/h 双向八车道高速公路，路基宽度为 41.0m。

主要技术标准　　　　　　　　　　　　　　　　表 2-1

序号	项目		主线
1	渝黔界—新蒲段	公路等级	双向六车道高速公路
		路基宽度	整体式路基 33.5m
			分离式路基 16.75m
2	新蒲—青山段	公路等级	双向八车道高速公路
		路基宽度	整体式路基 41.0m
			分离式路基 20.5m
3	设计速度		100km/h
4	荷载标准		公路-Ⅰ级
5	地震		动峰值加速度≤0.05g
			地震反应谱特征周期 0.35s，基本烈度Ⅵ度
6	设计洪水频率		特大桥 1/300，其他桥梁和路基 1/100

2.3　建设方案研究

通过地理位置、地形地貌、地层岩性、地质构造、水文气象等建设条件分析，结合城镇规划及产业布局、景区景点及文物保护、沿线矿产资源分布、水源保护、油气管道、与既有交通衔接等社会环境分析，综合考虑沿线筑路条件等因素，本项目工程可行性研究阶段提出了三种思路、三个大方案。

2.3.1　方案一：老路改扩建

1）利用老路改扩建适用性分析

（1）既有高速公路现状。

既有 G75 崇遵高速公路全长约 118km，起点位于渝黔交界处崇溪河，经过松坎、新站、桐梓，止于遵义市红花岗区忠庄，各路段主要特点如表 2-2 所示。

现有崇遵高速公路各路段主要特点　　　　　　　表 2-2

区段	路段名称	路段主要特点
崇溪河至观坝段（82km，80km/h）	省界—松坎	桥隧比高，达 83%
	松坎—楚米	坡陡弯急，与 G210 反复交叉，隧道规模大
	楚米—桐梓	城镇发展紧邻高速公路，高楼林立，难以扩宽
	桐梓—观坝	紧靠 G210，平行布置

续上表

区段	路段名称	路段主要特点
观坝至忠庄段 (36km,100km/h)	观坝—刘家山	平均纵坡大,5.4km 达 2.9%
	刘家山—高坪	限制不大
	高坪—董公寺	房屋、厂房密集,拆迁量大,协调难度大

崇溪河至观坝段:该段路线长约 82km,桥隧比约为 43%,设计速度 80km/h。路线平面圆曲线半径≤400m 有 19 处(最小值为 250.5m),半径≤500m 有 33 处,半径≤700m 有 55 处;纵坡≥3% 有 49 处,纵坡≥4% 有 20 处,其中 4 处最大纵坡为 4.9%。部分路段平均纵坡较大,姜家坝—开肩堡段约 7.1km(K32+860~K39+960)平均纵坡 3.4%,此段也是事故多发路段;达坭垭—清水溪段约 3.6km 平均纵坡 2.9%。现状路基宽为 22.5m,分离式路基段落长 33.3km。共设桥梁 17187m(66 座),其中特大桥 4 座,大桥 53 座。设置隧道 17704m(16 座),主要隧道有:风梅垭隧道(2760m)、松坎隧道(1042m)、青杠哨隧道(3595m)、凉风垭隧道(4080m)、娄山关隧道(1970m)、龙井坡隧道(1196m)。崇溪河至观坝段主要技术指标如表 2-3 所示。

既有 G75 崇遵高速公路崇溪河至观坝段主要技术指标表　　表 2-3

序号	指标名称	指标
1	公路等级	四车道高速公路
2	路基宽度(m)	22.5
3	设计速度(km/h)	80
4	平曲线最小半径(m)	250.50/1
5	最大纵坡(%/m/处)	4.9/3225.488/4
6	竖曲线最小半径——凸曲线(m/个)	5000/1
7	竖曲线最小半径——凹曲线(m/个)	6000/1
8	特大桥(延米/座)	2993.408/4
9	大桥(延米/座)	13522.657/53
10	中桥(延米/座)	670.71/9
11	特长隧道(延米/座)	7640.0/2
12	长隧道(延米/座)	6898.12/4
13	中隧道(延米/座)	1371.0/2
14	短隧道(延米/座)	1794.72/8
15	桥涵设计荷载	汽车—超 20 级,挂车—120

观坝至忠庄段：该段路线长约36km，桥隧比约为26%，设计速度100km/h。路线平面圆曲线半径≤700m有9处（最小值510m）；纵坡≥3%有16处，纵坡≥4%有3处（最大纵坡为5%）。部分路段平均纵坡较大，观坝—刘家山段约5.4km（K93+480～K98+835）平均纵坡2.9%。现状路基宽为24.5m，分离式路基段长5.1km。共设桥梁7871m（26座），其中特大桥1座，大桥19座。设置隧道1520m（3座），主要隧道有：小凉风垭隧道（740m）、夏家庙隧道（675m）。观坝至忠庄段主要技术指标如表2-4所示。

既有 G75 崇遵高速公路观坝至忠庄段主要技术指标表　　　表 2-4

序号	指标名称	指标
1	公路等级	四车道高速公路
2	路基宽度（m）	24.5
3	设计速度（km/h）	100
4	平曲线最小半径（m）	510/1
5	最大纵坡（%/m/处）	5/640/1
6	竖曲线最小半径——凸曲线（m/个）	4800/1
7	竖曲线最小半径——凹曲线（m/个）	8300/1
8	特大桥（延米/座）	504.0/1
9	大桥（延米/座）	6865.716/19
10	中桥（延米/座）	501.112/6
11	特长隧道（延米/座）	—
12	长隧道（延米/座）	—
13	中隧道（延米/座）	1390.0/2
14	短隧道（延米/座）	130.0/1
15	桥涵设计荷载	汽车—超20级，挂车—120

（2）老路扩建适用性评价。

既有崇遵高速公路地形复杂，坡陡弯急，路线平纵面指标总体较低。特别是崇溪河至观坝段接近最小平面半径和最大纵坡的路段约40km，既有老路还存在以下问题：如超高缓和段较短、弯道连续路段较长、同向或反向曲线间直线长度等指标不能满足现行标准和规范要求等问题，原位改扩建必须对部分弯道线形进行较大调整。既有崇遵高速公路主要构造物及现状如图2-1所示。

a) 蒙渡桥铁路公路三桥重叠

b) 西山沟大桥

c) 娄山关隧道

d) 凉风垭隧道

e) 桐梓过境段建筑密集

f) 急弯

图 2-1　崇遵高速公路主要构造物及现状图

既有崇遵高速公路桥隧结构物多，结构形式复杂多样（连续刚构及隧道众多），既有老路桥梁设计荷载为汽车—超 20 级、挂车—120，不满足现行规范要求。部分路段受地形、地物限制，桥梁难以完全采用两侧拼接的方式拓宽，隧道原址扩建难度较大，加之路线线形需要调整，老路改扩建导致桥隧等结构物利用率低。

既有崇遵高速公路路基填挖较大，边坡基本稳定，但局部挖方段边坡较高，横坡陡峻，不利于改扩建路基扩宽，施工时所需作业面较大，施工保畅困难。此外，老路沿线新站、楚米、桐梓过境段,高坪至董公寺等段落受城市规划及厂矿建设影响,路侧房屋密集、高楼林立,工业园区、城市道路紧靠路侧布置,拆迁规模极大、影响面广、难以协调。

综上所述,如按现行标准利用老路改扩建,崇溪河至观坝段老路利用率仅为6.3%,不具备提高标准改扩建的条件。观坝至遵义段平纵指标总体能满足现行标准圆曲线最小半径和最大纵坡的要求,老路利用率可达到60.3%,但刘家山特大桥、小凉风垭隧道、夏家庙隧道等大型构造物不具备扩建拼宽的条件,只能分幅另建两条车道行驶,虽尽可能利用现有结构,但存在一定的运营安全隐患。总体上既有老路改扩建利用率仅为22.8%,如图2-2所示。

2)部分利用老路改扩建

因崇溪河至观坝段82km不具备提速改扩建的条件,需按中走廊E线新建双向六车道。过板桥镇后,为充分利用既有崇遵高速公路80km/h路段,路线由泗渡北折向石板溪接上现有高速公路,之后改扩建崇遵高速公路至檬梓桥枢纽段及遵义东北环线,接杭瑞高速公路遵贵扩容工程起点,

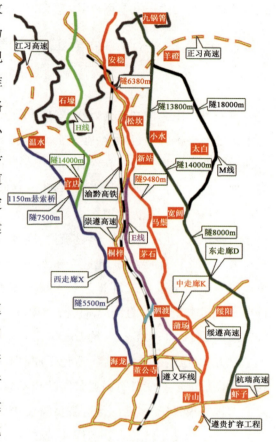

图2-2 走廊方案图

改扩建段四车道改为八车道。该方案重庆境安稳镇至重庆二环里程约99km,贵州境建设里程约131km(其中新建86km,改扩建既有崇遵高速公路15km,改扩建遵义东北环线30km),整个扩容工程运营里程约230km,较既有崇遵高速公路222km(重庆境91km,贵州境131km)增长约8km。匡算投资约274亿元。

该方案主要问题:①由于既有老路占用了有利的地形,新路的桥隧规模及地质处治大幅提高。②利用的既有崇遵高速公路观坝至檬梓桥段调整路拱、超高及施工期间机械碾压损坏需重铺路面;桥梁汽车荷载等级不足,需对旧构造物进行检测、改建;其中高坪至檬梓桥约5km路段房屋、厂房密集,拆迁量大,协调难度大。③遵义东北环线檬梓桥至冯家湾段约20.4km桥隧比达46.9%,分离式路基比例达68.8%,大部分还需采取分离增建的方式。④团泽附近改扩建段穿中桥水库一级水源保护区,存在法律障碍。

⑤邻近渝黔铁路、G210国道、城市大道,施工干扰及保畅的难度极为突出,楚米附近约10km路段与渝黔铁路并行(二者基本均为隧道,距离300~700m),施工风险高,交通组织与管理复杂困难。⑥与桐梓县、遵义市、泗渡镇规划有干扰。

2.3.2 方案二：平行新建六车道扩容工程(中走廊方案)

1) K方案走向

重庆境内主要控制点为万盛、安稳,平行新建路线于下坪附近进入贵州境,路线起点与重庆境渝黔扩容项目顺接,在渝黔交界的下坪尧龙山特长隧道穿至下花园,在桐梓县大河镇以北与既有崇遵高速公路同走廊平行新建,在大河镇以南岔开新建以增大辐射面。然后路线跨松坎河至其右岸,与正习高速公路平行约3km后折向南,以连续隧道至新站东,继续往南,在大河镇东南方向,以大娄山隧道穿至马鬃乡的河坝,然后路线向南过茅石乡东部,进入汇川区,再过板桥、泗渡东进入绥阳县后,顺后水河南下,至冯家湾附近接遵义东北环,而后改扩建遵义东北环,接杭瑞高速公路遵贵扩容工程起点。该方案重庆境安稳镇至重庆二环里程约99km,贵州境建设里程约120km(其中新建里程约111.3km,改扩建里程约8.8km),整个重遵扩容工程运营里程约219km,较既有崇遵高速公路缩短约3km。匡算投资约268亿元。

该方案优点:①走廊直捷,避免了原有高速公路扩建带来的大量拆迁和交通保畅问题。建设标准上不受既有高速公路的技术标准限制,既充分利用桐梓北部单一槽谷地形降低工程规模投资,又兼顾地方发展需要在桐梓南部扩大高速公路覆盖面。②其北段涉及的桐梓—新站是黔北重要的产业带之一,对刚起步的黔北产业布局起进一步强化与集聚作用,由于北段地形切割剧烈,若仅照顾个别乡镇将路线布设于高山上,则代价过于高昂,也不利于发展沿线产业。③桐梓南部则利用地形相对开阔,产业相对密集、成熟等特点,采取与老路不同走廊以带动不同区域的方式进行。缺点主要是桐梓北段新旧高速公路同一走廊,交通流可能不均衡。

2) E方案论证

路线在桐梓县大河镇南面还有E方案。该方案与K方案建设里程相当,控制点与既有老路基本相同,但存在以下缺点,故经论证后放弃:①在楚米附近约10km路段与渝黔铁路并行(二者基本均为隧道,距离仅300~700m);在EK70~EK95约25km路段与渝黔铁路、天然气管道并行及交叉,与铁路、管道并行距离较长,相互干扰大,施工风险高。②桐梓段1.1km穿天门河水源二级保护区,4.2km穿准保护区;团泽段17km斜穿中桥水库二级水源保护区,4km穿准保护区。③压覆双田煤矿、宝山煤矿。④因控制点与既有老路基本相同,在桐梓以南辐射面不广。⑤因从大河至泗渡一带已被崇遵高速公路、渝黔快铁、渝黔铁路、天然气管道、G210国道等占据,本就狭窄的地形更加受限,地方也强烈反对该走向。

2.3.3 方案三：新辟走廊扩容

1）西走廊方案

西走廊X方案是充分利用在建的江津至习水高速公路江津—四面山(寨坝)—温水段作为重庆、习水境的扩容通道,其省界接点为寨坝两路口,路线南进至温水后,将一碗水枢纽由半T变更为十字,向南经保丰、井塘坝,以主跨约1150m的悬索桥跨官店深沟,再经大屋基以7500m隧道穿福灵山,经杨壁坎、大兴寺,由桐梓县西面的蟠龙工业园边缘地带穿过,再经城头箐至楠木,以5500m隧道穿至米粮坝,再经沙湾至海龙,于海龙水库北面接上遵义西北环,而后往东改扩建遵义环线,接杭瑞高速公路遵贵扩容工程起点。西走廊由温水至遵义环线的建设里程约92km,改扩建遵义环线段约36km,加上江习高速公路寨坝至温水段约28km,贵州境里程156km,匡算投资275亿元。重庆境四面山至重庆二环里程约77km,整个重遵扩容工程运营里程约233km,较现有崇遵高速公路增加11km。

西走廊的另一种思路(H方案)是重庆境由赶水至安稳后,沿溪上溯分走石豪镇,于马老背进入贵州,至高石坎以6000m隧道穿至古坟坪跨正习高速公路,由于正习高速公路在此为连续长隧道方案,无设置枢纽互通条件。向南再经大衫、温家坪,以14km超长隧道穿插旗山至杨壁坎接上西走廊。H方案较X方案建设里程多2km,避免了井塘坝处1150m的悬索桥,但穿插旗山则存在14km超长隧道。另外H方案受地形影响,与正习高速公路交叉处为隧道群,难以互联互通,制约了路网功能的发挥。H线走向贵州境建设里程158km,重庆境石豪至重庆二环里程约97km。整个重遵扩容工程运营里程约255km,较现有崇遵高速公路增加33km。

西走廊优点:利用江津至习水高速公路以减少路网建设规模,重庆境可不用新建。缺点:沿线乡镇较少;因横穿官店、九坝的山形构造,使超长隧道、特长隧道众多,桥梁规模也较大;由于地形条件极其复杂,沿线枢纽、互通设置条件极差;加之整个西走廊偏离重庆至遵义的走向,使路线绕长较多,且重庆产业发展在东南部,也不适合用西走廊方案。

2）东走廊方案

东走廊方案的接点位于黔渝交界的九锅箐,以长约10km隧道进入贵州境后即降坡跨羊磴河、以5.6m隧道穿至木瓜，至木瓜后可有如下走法：

D方案：路线往南以13.8km特长隧道穿越文笔山（海拔1694m）至小水乡东面，再折向东南以14km特长隧道穿至绥阳县的宽阔镇，随后绕行于宽阔水国家级自然保护区的西面，再以8km特长隧道下穿宽阔水保护区的西南部，路线继续往南跨黄鱼江，折向东南以5km特长隧道穿越绿独山（海拔1539m），路线行走于绥阳县城规划区东面，过郑场、新舟机场后，在虾子镇南面接上杭瑞高速公路。东走廊贵州境建设里程约151km，其中新建里程约142km，改扩建杭瑞高速公路约9km，匡算投资354亿元。东走廊方案较中走廊方案多31km，在绥阳枧坝以北几乎是以隧道穿行于高山下面，隧道占比达50%以上，仅6座超长隧道的长度就达52km，工程规模及难度极大，运营管养困难。

M线方案：向东南沿水银河上溯，至后坝以18km的超长隧道穿至太白镇的龙筒，再向南经黄杨，在宽阔东与D线相接。M线走向偏僻，路线绕长，贵州境沿线仅有零星乡镇，桥隧规模大，尤其是穿越黄连大山的隧道长达18km，建设难度大。此外，东走廊因路线整体较高，冬季凝冻导致行车安全隐患较大。

2.3.4 走廊方案比较

通过走廊方案比选，部分利用老路改扩建方案走向绕行，与中走廊K方案相比，投资没有节省，加之与渝黔快铁、中桥水库一级水源保护区干扰大，占用为数不多的地方发展用地，与桐梓、遵义规划有干扰等，路线方案不合理；西走廊和东走廊走向偏僻，桥隧规模巨大，投资高，绕行远；而中走廊K方案较为直捷，城镇及工业区密集，辐射广，改扩建段施工组织简单，无大量拆迁问题。结合与重庆市对接的情况，双方对西走廊、东走廊论证后均放弃，通过走廊方案比选之后（表2-5），最后选择中走廊K方案。

主要走廊方案综合比较表　　　　　　表2-5

方案名称	部分利用老路改扩建方案	中走廊方案K	西走廊方案X	东走廊方案D
沿线地方	天坪、松坎、夜郎、新站、小水、大河、楚米、桐梓县城、娄山关、板桥、泗渡、高坪、董公寺等13地	天坪、松坎、夜郎、新站、小水、大河、马鬃、宽阔、桐梓县城、茅石、板桥、枧坝、蒲场、风华、绥阳县城、团泽等16地	温水、仙源、双龙、九坝、燎原、官仓、桐梓县城、板桥、沙湾、海龙、高坪、团泽等12地	羊磴、木瓜、小水、宽阔、黄杨、枧坝、郑场、绥阳县城、新舟、虾子等10地
沿线工业园	新站、夜郎、小水、桐梓	新站、夜郎、小水、桐梓、绥阳	桐梓	木瓜、绥阳
贵州境建设里程（km）	131	120	128（未含寨坝—温水28km）	151

续上表

主要工程难点	2座超长隧道,松坎枢纽,与高铁并行段	2座超长隧道,松坎枢纽	主跨约1150m悬索桥,2座超长隧道	4座超长隧道
主要制约因素	桐梓县、遵义市规划、渝黔铁路、天然气管道、矿产	乡镇、产业园规划、矿产	桐梓县城规划、娄山关、海龙囤景区、矿产、水源	宽阔水自然保护区、绥阳县规划、矿产
贵州境估算投资(亿元)	274	268	275（未含寨坝—温水段33亿元）	354
重庆境建设里程(km)	99	99	77	76
运营里程(km)	230	219	233	227
优点	—	走廊直捷,城镇及工业区密集,辐射广,施工组织简单,无大量拆迁问题	利用江津至习水高速公路减少路网建设规模,重庆境可不用新建	新辟走廊,带动新的区域
缺点	走向绕行,与渝黔快铁、水源干扰大,部分老路设施不能利用,占用为数不多的地方发展用地,与规划有干扰	新老路不协调利用	走廊偏离兰海通道较多,绕行较远,沿线乡镇少,桥隧规模大,矿产资源多,对景区、城镇规划、水源干扰大,改扩建困难	投资高,沿线乡镇少,带动作用小,走向绕行,隧道规模大,14km隧道难实施,海拔高,冬季凝冻导致行车安全隐患大

2.4 建设规模

经过两个阶段设计优化后,项目主要控制点有:起点下坪(省界)、松坎、新站、大河、马鬃、茅石、板桥、蒲场、团泽、新蒲、终点青山,如图2-3所示。

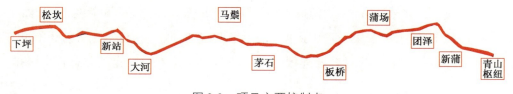

图2-3 项目主要控制点

兰海国家高速公路重庆至遵义段(贵州境)扩容工程路线全长118.918km,设计速度100km/h,主要建设规模见表2-6。

建设规模　　　　　　　　　　　　　表2-6

序号	指标名称	单位	规模	备注
1	公路等级		高速公路(六车道)	改扩建段为八车道
2	设计速度	km/h	100	
3	远景交通量(小客车)	辆/日	57342	2040年
4	占用土地	hm^2	670.867	
5	路线长度	km	118.918	
6	路基土石方数量	km^3	10891	
7	特大桥	延米/座	3995/3	
8	大桥	延米/座	23054/76	
9	中桥	延米/座	1340/17	
10	涵洞	道	84	
11	特长隧道	延米/座	22880/4	
12	长隧道	延米/座	25320/13	
13	中隧道	延米/座	5655/8	
14	短隧道	延米/座	4430/22	
15	互通式立交	处	10(其中4个枢纽)	
16	分离式立交(实建)	处	38(21)	
17	通道(人行天桥)	道	44(6)	
18	拆迁建筑物	m^2	348800	
19	交通工程、沿线设施	km	120.046	

全线共计隧道58285m/47座,隧道占路线总长的48.55%,其中特长隧道群长27.1km(尧龙山隧道5.2km、松坎隧道3.1km、黄家沟隧道5.3km、陈家湾隧道3.0km、大娄山隧道10.5km),在特长隧道群中还夹有磁竹溪隧道2.5km、金竹窝1号隧道0.9km、金竹窝1号隧道0.2km,项目合计连续隧道群路线总长达45km,隧道群总长全国排名第一。

2.5 建设概况

项目于2016年完成工程可行性研究、工可评审及批复概况,2017年完成初步设计、施工图设计的批复,项目业主单位为贵州高速公路集团有限公司。

本项目控制性工程大娄山隧道主洞单洞全长10497m,设有4个斜井,施工划分为两个标段,由贵州省公路工程集团有限公司(T7合同段)和中交第一公路工程局(T8合同段)负责承建。T7合同段负责大娄山隧道进口端施工任务,左幅长6003m(ZK34+508—ZK40+511),右幅长6016m(YK34+530—YK40+546),进口端含1号斜井1448m以及2号斜井1499m;T8合同段负责大娄山隧道出口端施工任务,左幅长4494m(ZK40+511—ZK45+005),右幅长4469m(YK40+546~YK45+015),出口端含3号斜井1570m以及4号斜井452m。

大娄山隧道进口端左洞于2023年5月底贯通,右洞于2023年6月初贯通,2023年9月29日建成通车。

5

CHAPTER THREE 第3章

总体设计

公路建设项目应做好总体设计,使主体工程和交通工程及沿线设施相互协调配套,充分发挥各自功能和项目的整体功能。路线总体设计应统一协调路线、路基、桥梁、隧道、路线交叉、交通工程与沿线设施等各专业内、外部关系,使之成为完整的系统工程。路线总体应确定公路功能、技术标准、建设规模和建设方案。隧道总体设计应在公路总体设计原则的指导下,满足公路规划、公路功能、土地资源、生态环境、可持续发展的要求,统筹平纵线形、建筑限界、净空断面、通风、照明和交通监控等设施,与公路等级相适应,遵循"安全、耐久、经济、节能、环保"的基本原则。

3.1 建设条件

本项目主线主要控制点:起点下坪、松坎、新站、大河、马鬃、茅石、终点青山。由于地形地质复杂,与沿线路网干扰较大,路线总体布设困难,特别是起点至大娄山特长隧道终点段45km内桥隧比例高,特长隧道集中,其中5km以上特长隧道3座,以大娄山隧道为代表的特长群隧道建设及运维挑战大。

3.1.1 沿线城镇现状与规划

勘察设计阶段收集了沿线城镇的规划资料,布设线位时预留了沿线城镇发展空间,考虑到城镇的中远期规划,总体以"近城镇而不进城镇"为基本宗旨。沿线城镇有桐梓县、松坎镇、新站镇、马鬃乡、茅石镇,与主要城镇规划关系如下:

(1)从桐梓县城规划东面经过,距离较远,对其基本无干扰。

(2)以桥梁方式上跨打宝铺片区绿地和松坎河,对松坎镇规划的影响很小。

(3)从新站镇规划东面经过,对其无干扰,设有落地互通为新站、小水产业园服务。

(4)东距马鬃乡规划3km,西距茅石镇规划4.2km,分别设有马鬃互通、茅石互通为乡镇服务,以带动地方经济社会发展。

3.1.2 沿线路网现状

1)公路

(1)G75崇遵高速公路:本项目定位为G75兰海高速公路扩容工程,贵州境主要受制于地形因素,加上两项目路线高差大,因此未考虑与G75崇遵高速公路直接相接,而是先后在韩家店和西山沟附近以分离式下穿G75崇遵高速公路。

(2)正习高速公路:在松坎与正安至习水高速公路设置松坎枢纽互通衔接。

(3) 地方道路:相关的国省干道有 G210、G352 等以及地方通乡公路,通过直接设置互通或间接通过附近枢纽转换与地方干道连接。

2) 铁路

(1) 川黔铁路:本项目打宝铺大桥和松坎枢纽互通 F 匝道桥两处上跨川黔铁路。

(2) 渝贵铁路:本项目平行于渝黔铁路东侧,最近距离 2km,不存在干扰。

3.1.3 沿线自然地理条件

1) 地形、地貌

本项目地势总体中部高,南北两端低,最高点位于大娄山隧道 K38+800 左侧山脊(海拔 1646.4m),最低点位于松坎河河谷(海拔 405.0m),相对高差 1241.4m。根据地貌的成因类型,将沿线地貌划分为溶蚀地貌、侵蚀溶蚀地貌两种类型。

2) 区域地质构造

本项目位于扬子准地台黔北台隆遵义断拱毕节北东构造变形区和凤冈北北东向构造变形区过渡带。区内地质构造复杂,先后形成了纬向、经向和华夏式构造体系。因扭动构造体系中"多"字形构造、棋盘格式构造等十分发育,加之褶皱、断裂广布,形成了极其复杂的地质构造形迹,主要发育构造分布如图 3-1 及表 3-1、表 3-2 所示。

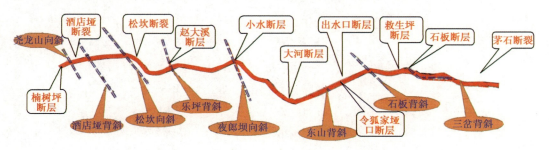

图 3-1 沿线典型断层

路线范围背斜、向斜与路线相交关系　　　　表 3-1

编号	与路线相交桩号	名称	构造走向	与路线构造物关系
1	K1+100	尧龙山向斜	EN~WS	与尧龙山隧道斜交
2	K3+900	酒店垭背斜	EN~WS	
3	K8+700	松坎向斜	EN~WS	与填方路基斜交
4	K15+500	乐坪背斜	EN~WS	与黄家沟隧道交叉

续上表

编号	与路线相交桩号	名称	构造走向	与路线构造物关系
5	K24+580	夜郎坝向斜	EN~WS	与新站特大桥正交
6	K37+500	东山背斜	WN~ES	与大娄山隧道斜交
7	K44+000	石板背斜	WN~ES	
8	K49+600；K57+000	三岔背斜	N~S	与营盘隧道、茶台隧道斜交

路线范围主要断层与路线相交关系统计表　　表3-2

编号	性质	名称	与路线相交桩号	角度	断层走向	与路线构造关系
F1	逆断层	楠树坪断层	K0+050	70°	EN~WS	与尧龙山隧道正交
F2	断层	酒店垭断裂	K2+100		EN~WS	与尧龙山隧道正交
F3	平移断层		K2+300		E~W	
F4	断层		K2+700		EN~WS	
F5	平移断层		K3+300		E~W	
F6	断层	松坎断裂	K9+750		ES~WN	与打宝铺大桥斜交
F7	平移断层		K10+260		EN~WS	与清水溪大桥斜交
F8	正断层	赵大溪断层	K14+600	80°	E~W	与黄家沟隧道斜交
F9	逆断层		K15+050	80°	EN~WS	
F10	断层		K15+8000		EN~WS	与黄家沟隧道斜交
F11	逆断层	小水断层	K24+400	65°	EN~WS	与新站特大桥斜交
F12	正断层	大河断裂	K34+500	60°	EN~WS	与开肩堡大桥斜交
F13	断层		K36+800		E~W	与大娄山隧道斜交
F14	断层		A5K35+600	50°	EN~WS	与三合头大桥斜交
F15	逆断层	令狐家垭口断层	K41+200		N~S	与大娄山隧道斜交
F16	断层	出水孔断层	K42+400		N~S	
F17	断层		K43+400		EN~WS	
F18	断层	救生坪断层	K47+900		E~W	与石板大桥斜交
F19	断层		K48+050		E~W	
F20	逆断层	石板断层	K49+400		EN~WS	与营盘隧道斜交
F21	逆断层		K49+900	70°	EN~WS	
F22	逆断层		K50+100		EN~WS	与大洞沟大桥斜交
F23	逆断层		K45+100		N~S	与大沟大桥斜交
F24	断层		K57+300		EN~WS	与茶台隧道斜交

续上表

编号	性质	名称	与路线相交桩号	角度	断层走向	与路线构造关系
F25	断层	茅石断裂	K58+200		EN~WS	与半箐大桥斜交
F26	断层		K60+250		EN~WS	路线左侧100m
F27	正断层		K60+400		EN~WS	与双山大桥斜交
F28	逆断层		K62+600		N~S	与燕子坝大桥斜交

以上背斜、向斜、断层大多与路线斜交或垂直,断层经过的岩体较破碎,对边坡、桥墩桩基和隧道围岩类别有较大影响,需通过特殊工程措施处理,建设难度大。

3) 地震

项目区地块稳定,地质构造不强烈,无活动断裂发育,属相对稳定区,地震动峰值加速度小于 $0.05g$,地震反应谱特征周期为 $0.35s$,地震基本烈度小于Ⅵ度。

4) 工程地质条件

本项目路线穿越断层 28 条,背斜、向斜构造 8 条,地层岩性变化近 70 次,岩性复杂。场区出露地层为寒武系、奥陶系、志留系、二叠系、三叠系、侏罗系及第四系地层。其中碎屑岩类约占 32%,主要为砂岩、粉砂质泥岩、泥岩、炭质泥岩、煤层。碳酸盐岩约占 68%,主要为灰岩、白云岩、砂质白云岩、泥质白云岩、泥质灰岩等。不良地质主要有滑坡、不稳定斜坡、崩塌堆积体、危岩区、岩溶、采空区及特殊性软土等。

5) 气象与水文地质条件

本项目处于亚热带季风气候区,年均气温 14.7℃,极端最高 36.6℃,极端最低 -6.9℃,年均降水量 1037.3mm,年平均日照时数 1046.9h,年平均相对湿度 80%,年平均蒸发量 1119.5mm,年平均风速 1.9m/s,全年以西北风为多。灾害气候主要为干旱、倒春寒、冰雹、暴雨、凝冻等。

项目区属长江流域的赤水河綦江水系及乌江水系,地表河流以向北流向为主,主要有松坎河、三岔河、磨刀溪、蒙渡河、新站河、浑水河等,河流均无通航要求。根据区域内地下水赋存形式及水点出露特征,地下水主要为松散岩类孔隙水、基岩裂隙水和碳酸盐岩类岩溶水。

3.2 路线总体设计

本项目贵州境段主线起于渝黔交界的下坪,与重遵扩容工程重庆境段顺接,以尧龙山特长隧道穿至下花园,沿松坎镇西面山坡布线,以桥梁上跨松坎河及渝黔铁路后至河右岸,经金竹园、泥村、桶树村、三元,并在这段狭长地带布置与正习高速公路相接的枢纽;之后以松坎特长隧道及黄家沟、磁竹溪、陈家湾连续隧道群穿至新站和小水之间,设置互通后经当门坡、天地窝、金竹窝、开肩堡、三合头,再以大娄山特长隧道穿至马鬃乡的河坝;然后沿河南行,为绕避天门河水源一级保护区,路线在关田坝折向东南方向,以营盘隧道穿山,经中山、平桥、半边山,在刘家箐设置互通后以茶台隧道穿至半箐;再设旧屋基1、2号隧道及老鹰石隧道至本项目终点王家坪,里程长62.825km。

3.3 隧道总体设计

3.3.1 隧道技术标准

本项目隧道主要技术标准为:

(1)公路等级:高速公路;

(2)设计速度:100km/h;

(3)车道数:双向六车道;

(4)隧道建筑限界:净宽 $0.75 + 0.75 + 3 \times 3.75 + 1.00 + 1.00 = 14.75$m,净高5.0m;

(5)设计荷载:公路-Ⅰ级。

3.3.2 隧道群概况

项目起点(YK0+000)至大娄山特长隧道终点(YK45+015)段线路总长为45.015km,该段桥隧结构物集中,桥隧比例高。共设置桥梁20座(10856.1m)、隧道8座(30692m),其中特长隧道5座(27128m)、长隧道1座(2520m)、中、短隧道2座(1044m),如表3-3所示。该段桥隧占路线总长的92.298%,隧道占路线总长的68.18%。

路线隧道分布统计表　　表3-3

序号	隧道名称	起讫桩号	长度(m)	隧道结构形式
1	尧龙山隧道	ZK0-681~ZK4+575	5256	分离式特长隧道
		YK0-688~YK4+555	5243	

续上表

序号	隧道名称	起讫桩号	长度(m)	隧道结构形式
2	松坎隧道	ZK4+955~ZK8+070	3115	分离式特长隧道
		YK4+925~YK8+020	3095	
3	黄家沟隧道	ZK13+070~ZK18+335	5265	分离式特长隧道
		YK13+040~YK18+315	5275	
4	磁竹溪隧道	ZK18+440~ZK20+970	2530	分离式长隧道
		YK18+415~YK20+925	2510	
5	陈家湾隧道	ZK21+145~ZK24+160	3015	分离式特长隧道
		YK21+125~YK24+135	3010	
6	金竹窝1号隧道	ZK31+860~ZK32+733	873	分离式中隧道
		YK31+870~YK32+725	855	
7	金竹窝2号隧道	ZK33+005~ZK33+188	183	分离式短隧道
		YK33+040~YK33+217	177	
8	大娄山隧道	ZK34+508~ZK45+005	10497	分离式特长隧道
		YK34+530~YK45+015	10485	

注:①隧道折合整幅长度为30692m/8座,均为分离式隧道,其中特长隧道27128m/5座,长隧道2520m/1座,中隧道873m/1座,短隧道183m/1座。
②尧龙山隧道左幅全长5256m(其中重庆境内长681m,贵州境内长4575m),右幅全长5243m(其中重庆境内长688m,贵州境内长4555m)。

3.3.3 隧道群特长隧道

1) 尧龙山隧道

尧龙山隧道为分离式特长隧道,左幅全长5256m,重庆境内长681m,贵州境内长4575m,最大埋深约366.85m;右幅全长5243m,重庆境内长688m,贵州境内长4555m,最大埋深约362.54m。左幅隧道进口段平面线形位于$R=4001$m圆曲线上,中间段为直线,出口段位于$R=6000$m圆曲线上;右幅隧道进口段平面线形位于$R=4299$m圆曲线上,中间为直线,出口段位于$R=4500$m圆曲线上。左右幅隧道均为人字坡,左、右幅纵坡均为0.7%、1.9%和-0.61%。隧道进口采用端墙式洞门,出口采用削竹式洞门。

尧龙山隧道左右幅长度均超过5000m,且为跨省市隧道,隧道正常运营工况下采用纵向全射流通风,火灾工况下通过排烟斜井进行集中排烟。斜井长度880m,纵坡10%,排烟口与主洞交叉桩号为YK1+200,采用地上风机房。

2) 松坎隧道

松坎隧道为分离式特长隧道,左幅隧道长 3115m,最大埋深约 569.71m,右幅隧道长 3095m,最大埋深约 569.78m。左、右幅隧道进口段平面线形均位于 $R=6000m$ 圆曲线上,中间为直线,左幅出口段位于 $R=4500m$ 圆曲线上,右幅出口段位于 $R=4000m$ 圆曲线上。左右幅隧道均为下坡,纵坡均为 -2.3% 和 -2.0%。隧道进口采用削竹式洞门,出口采用端墙式洞门。

隧道地质呈单斜构造,构造不发育,主要不良地质为采空区、瓦斯(煤与瓦斯突出)及岩溶。隧址区地形高差大,地表沟谷较多,但多为季节性溪流,仅部分沟谷常年有水。场区地下水类型为第四系松散土层孔隙裂隙水及岩溶裂隙水,地下水受季节影响大,雨季岩溶裂隙水较丰富,水量大。隧道右侧汇水面积较广,利于地下水的富集,雨季隧道开挖会产生大规模突发性涌水、突泥现象。

3) 黄家沟隧道

黄家沟隧道为分离式特长隧道,左幅隧道长 5265m,最大埋深约 530m,右幅隧道长 5275m,最大埋深约 525m。左、右幅隧道进口段平面线形均位于 $R=2150m$ 的圆曲线上,出口段均位于直线上,左洞身段位于直线和 $R=4000m$ 的圆曲线上,右幅洞身段位于直线和半径 $R=4020m$ 的圆曲线上。左右幅隧道均为上坡,左幅纵坡为 1.90%、1.28%,右幅纵坡为 1.90%、1.27%。隧道进口采用削竹式洞门,出口采用端墙式洞门。

隧道穿越的褶皱构造有乐坪背斜、F1 断层,场区上覆第四系残坡积层(Q_4^{el+dl})含碎石黏土。由于隧道有碳酸盐岩分布,隧道左侧汇水面积较广,利于地下水的富集,雨季隧道开挖会产生大规模突发性涌水、突泥现象。

4) 陈家湾隧道

陈家湾隧道为分离式特长隧道,左幅隧道长 3015m,最大埋深约 398m,右幅隧道长 3010m,最大埋深约 403m。隧道左右幅平面线形进口端位于圆曲线上,左幅圆曲线半径 $R=2500m$,右幅圆曲线半径 $R=2250m$;洞身位于直线上,出口端位于圆曲线上,左幅圆曲线半径 $R=1850m$,右幅圆曲线半径 $R=1900m$。隧道左右幅均为上坡,纵坡均为 2.3%、0.5%。隧道进口采用削竹式洞门,出口采用端墙式洞门。下伏基岩为侏罗系下统自流井群(J_1zl)中~厚层状泥岩、砂岩,顶部夹灰岩;中统下沙溪庙组(J_2s^1)中~厚层状泥岩夹砂岩,上沙溪庙组(J_2s^2)中~厚层状泥岩与砂岩不等厚互层。

5) 大娄山隧道

大娄山隧道为分离式特长隧道,左幅起讫桩号为 ZK34+508~ZK45+005,全长

10497m,最大埋深约639.61m,右幅起讫桩号为YK34+530~YK45+015,全长10485m,最大埋深约639.07m。左、右幅隧道进口段平面线形分别位于$R=4070m$、$R=4020m$的圆曲线上,中间均为直线,出口段分别位于$R=1810m$、$R=1950m$的圆曲线上。隧道左右幅均为上坡,纵坡均为1.75%。隧道进口采用端墙式洞门,出口采用端墙式洞门。左幅隧道设置1个斜井(1号斜井)分2段纵向式通风,3号斜井兼作左幅排烟通道。右幅隧道设置2个斜井(2、3号斜井)分3段纵向式通风,斜井均采用地上风机房。

1~3号斜井为通风兼辅助施工斜井,其中1号斜井长1470m,纵坡6.50%;2号斜井长1525m,纵坡7.00%;3号斜井长1605m,纵坡7.50%。为提前揭煤,缩短从出口端施工至煤系地层再揭煤施工的时间,缓解3号斜井无法施工时整体进度慢、主洞小桩号方向施工进度压力大等问题,经多方讨论论证后增加了4号辅助施工斜井。4号辅助施工斜井位于隧道出口段YK43+760~YK43+280右侧,长410m,纵坡7.00%。

隧道穿越的褶皱构造有东山背斜、高桥向斜、茅坝向斜,穿过的断裂主要为开肩堡断层、令狐家垭口断层、出水孔断层和夜猫洞断层。

隧道穿越地层众多,岩性多样,组合复杂。上覆第四系土层分布零星,厚度不大,有碎屑地段的含碎石粉质黏土以及可溶岩地段的黏土。地层岩性有:

(1)三叠系下统茅草铺组(T_1m)灰岩,偶夹透镜状溶塌角砾岩和角砾状白云岩,底部为层厚15~20m的泥岩;

(2)三叠系下统夜郎组第五段(T_1y^5)泥岩夹泥灰岩,第四段(T_1y^4)灰岩,第三段(T_1y^3)泥岩夹泥灰岩,第二段(T_1y^2)灰岩、泥质灰岩、泥岩,第一段(T_1y^1)泥岩;

(3)二叠系上统长兴组(P_3c)灰岩;

(4)二叠系上统龙潭组(P_3l)煤系地层;

(5)二叠系中统茅口组(P_2m)灰岩;

(6)二叠系中统栖霞组(P_2q)灰岩夹炭质泥岩;

(7)志留系中统韩家店组(S_2h)泥岩,局部夹泥质灰岩;

(8)志留系中统石牛栏组(S_2s)泥质泥岩、灰岩夹泥灰岩及泥质粉砂岩;

(9)志留系下统龙马溪组(S_1l)泥质灰岩与泥岩互层,下部为泥岩、黑色炭质泥岩;

(10)奥陶系上统五峰组(O_3w)、涧草沟组(O_3j)、宝塔组中统(O_2b)灰岩、灰岩夹粉砂质泥岩及炭质泥岩;

(11)奥陶系下统湄潭组(O_1m)粉砂质泥岩夹灰岩。

地表分水岭与地下分水岭总体一致,依据地表分水岭及水文网所起的控制作用,将区内分为松坎河流域水文地质区（Ⅰ）、桐梓河流域水文地质区（Ⅱ）及清溪河流域水文地质区（Ⅲ）三个水文地质区，再按构造单元、地貌形态类型，划分为7个亚区，亚区边界是以隔水岩层和阻水断层为界。

隧道穿越多个不同性质的含水岩组，地下水位不一，地下水渗透性亦存在一定差异。但区内60%以上为碳酸盐岩分布，进行隧道涌水量预算时，考虑隧道安全施工，选取区内日最大降水量（173.3mm）状态下，按照地层岩性对隧道进行分段计算。采用大气降雨入渗法+洼地入渗法、地下水径流模数法、半理论半经验公式预测等方法对隧道涌水量进行预测。隧道主洞最大涌水量为192373m^3/d，1号斜井最大涌水量5858m^3/d，2号斜井最大涌水量5858m^3/d，3号斜井最大涌水量28976m^3/d。隧道区地下水埋深一般在50~200m之间，隧道大部分处于地下水位以下，隧道开挖涌水量大。

3.4 隧道土建设计

3.4.1 洞口及洞门设计

隧道作为隐蔽性极强的工程结构，洞口及洞门是整座隧道仅有的外露部分，一般圬工砌筑后需进行建筑装饰，作为每座隧道的显著标志。

随着以生态文明建设引领的绿色发展环保理念在高速公路建设中日益受到重视和普及，在新型环保理念和绿色公路建设中，把隧道洞门的防护功能、调光功能和景观功能结合起来，注重洞口景观设计，实现洞门结构"稳""美""绿"统一协调。

隧道洞口及洞门设计以"早进洞，晚出洞"为原则，最大限度地降低洞口边仰坡的开挖高度，以保证山体的稳定，同时减小对洞口自然景观的破坏。洞门形式主要考虑使用功能和地形的协调美观，并尽可能节省投资，并充分考虑各隧道洞口地形、地貌等因素。隧道洞口地形较陡、存在偏压等条件下才采用端墙式洞门；洞口隧道开阔、仰坡较平缓、隧道轴线与地形正交或偏压较小的洞口尽可能采用削竹式洞门，以尽量减少洞口边仰坡开挖及人工痕迹，保护自然景观。

（1）尧龙山隧道进口采用端墙式洞门，出口采用削竹式洞门（图3-2）；

（2）松坎隧道进口采用削竹式洞门，出口采用端墙式洞门；

（3）黄家沟隧道采用削竹式洞门和端墙式洞门；

（4）磁竹溪隧道采用削竹式洞门和端墙式洞门；

（5）陈家湾隧道进口采用削竹式洞门，出口采用端墙式洞门；

图 3-2 典型洞门——削竹式洞门

(6) 大娄山隧道进口采用端墙式洞门,出口采用端墙式洞门(图 3-3)。

图 3-3 典型洞门——端墙式门洞

在公路隧道洞门设计中,除削竹式、端墙式洞门外,常用的还有翼墙式、柱式、环框式、台阶式、遮光棚式、斜交式等洞门。

3.4.2 衬砌结构设计

本项目隧道洞身衬砌设计以新奥法原理为指导,采用复合式衬砌(图 3-4),以分离式隧道为主,部分洞口为减少占地及便于接线,存在小净距隧道。复合式衬砌以系统锚杆、钢筋网、喷射混凝土、工字形钢拱架作为初期支护,并根据不同的围岩级别辅以大管棚、超前小导管等超前支护措施,二次衬砌采用模筑混凝土或钢筋混凝土,在初期支护与二次衬砌之间敷设 1.5mm 厚 EVA 防水板及无纺土工布作为防水层。隧道衬砌类型、衬砌断面形式、衬砌结构尺寸设计主要采用工程类比法,并对隧道结构进行必要的理论计算及校核,结合构造要求及经济技术比较,根据围岩级别和洞室埋深条件设计相应的支护参数,如表 3-4 所示。

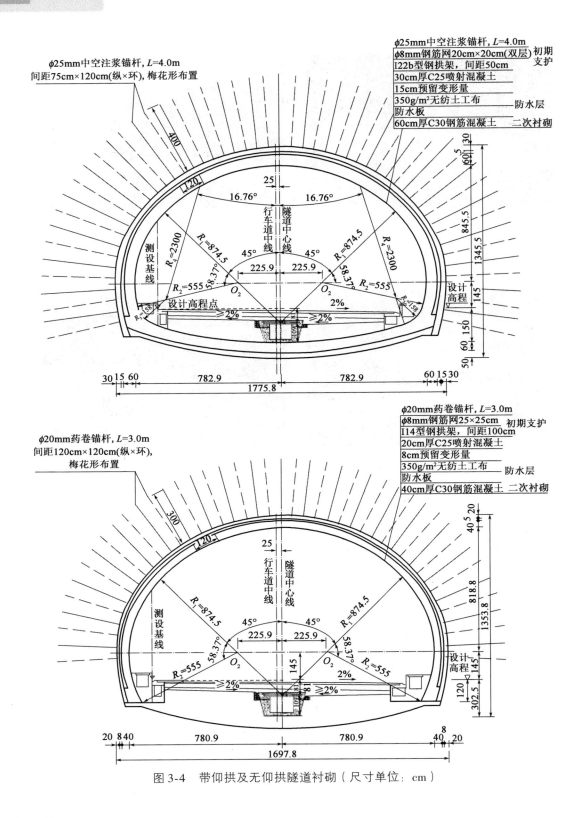

图 3-4 带仰拱及无仰拱隧道衬砌（尺寸单位：cm）

分离式隧道复合式衬砌支护参数　　　　　　　表 3-4

支护参数			衬砌类型						
			S-Ⅴa	S-Ⅴb	S-Ⅴc	S-Ⅳa	S-Ⅳb	S-Ⅳc	S-Ⅲa
初期支护	C25 喷射混凝土（cm）		30	28	26	24	22	22	20
	φ8mm 钢筋网（cm×cm）		20×20（双层）	20×20（双层）	20×20	20×20	20×20	25×25	25×25
	系统锚杆	长度（m）	φ25mm 中空锚杆 $L=4.0$	φ25mm 中空锚杆 $L=4.0$	φ25mm 中空锚杆 $L=4.0$	φ20mm 药卷锚杆 $L=3.5$	φ20mm 药卷锚杆 $L=3.5$	φ20mm 药卷锚杆 $L=3.0$	φ20mm 药卷锚杆 $L=3.0$
		间距（cm）	75×120	90×120	100×120	100×120	100×120	120×120	120×120
	超前支护	小导管（m）	φ50mm ×4mm $L=4.0$	φ50mm ×4mm $L=4.0$	φ50mm ×4mm $L=4.0$	φ42mm ×4mm $L=4.0$	φ42mm ×4mm $L=4.0$	—	—
		间距（cm）	150×35	180×35	240×40	240×40	240×40		
	锁脚锚杆长度（m）		φ42mm ×4mm 钢花管 $L=4.0$	φ42mm ×4mm 钢花管 $L=4.0$	φ42mm ×4mm 钢花管 $L=4.0$	φ20mm 药卷锚杆 $L=3.5$	φ20mm 药卷锚杆 $L=3.5$	φ20mm 药卷锚杆 $L=3.0$	
	钢架型号及间距（cm）		I22b（封闭）	I20b（封闭）	I20b	I18	I16	I16	I14
			50	60	70	80	80	100	100
预留变形量（cm）			15	15	12	12	10	10	8
二次衬砌	边墙拱顶（cm）		60（钢筋）	60（钢筋）	55（钢筋）	50（钢筋）	45（钢筋）	45	40
	仰拱（cm）		60（钢筋）	60（钢筋）	55（钢筋）	50（钢筋）	45（钢筋）	45	40
	主筋	规格	φ25mm	φ25mm	φ25mm	φ22mm	φ22mm	—	—
		间距（cm）	20	20	20	20	25		
	纵筋	规格	φ12mm	φ12mm	φ12mm	φ12mm	φ12mm		
		间距（cm）	25	25	25	30	30		
	箍筋	规格	φ8mm	φ8mm	φ8mm	φ8mm	φ8mm		
		间距（cm）	50	50	50	60	60		

注：小净距段除中间岩柱部位系统锚杆采用 φ42mm×4mm 系统钢花管且加长 1m 外，其余部分支护参数与正常段相同。

本项目为双向六车道大跨度隧道，洞口及堆积体、断层破碎带等地质条件差的段落设计中 S-Va（图3-5）、S-Vb（图3-6）衬砌段采用双侧壁导坑法开挖，S-Vc 衬砌（图3-7）段采用三台阶七步开挖法开挖，Ⅳ级围岩段采用三台阶法施工，Ⅲ级围岩采用台阶法施工。隧道初期支护喷射混凝土采用湿喷工艺，二次衬砌采用整体模筑混凝土。Ⅴ级围岩开挖过程中尽量保留核心土支挡工作面，有利于及时施作拱部初期支护以加强开挖工作面的稳定性，在初期支护的保护下开挖核心土及下部，每循环开挖进尺一般小于1.0m。Ⅳ级围岩段台阶长度不大于20m，采用台阶法施工，先开挖上断面，中、下断面采用左右交错跳槽开挖，每次开挖长度为1.0~2.0m，且不大于2榀拱架间距。Ⅲ级围岩段上台阶长度不大于1.5倍隧道开挖跨度，隧道台阶法开挖上断面后，下断面也左右交错跳槽开挖，每次开挖长度为1.0~3.0m，且不大于3榀拱架间距。

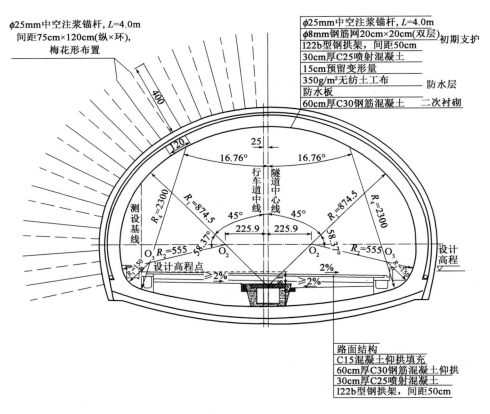

图3-5　S-Va 衬砌（尺寸单位：cm）

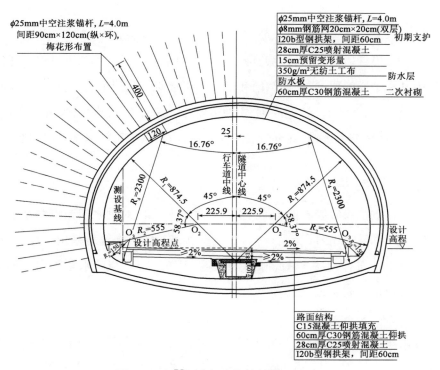

图 3-6　S-Ⅴb 衬砌（尺寸单位：cm）

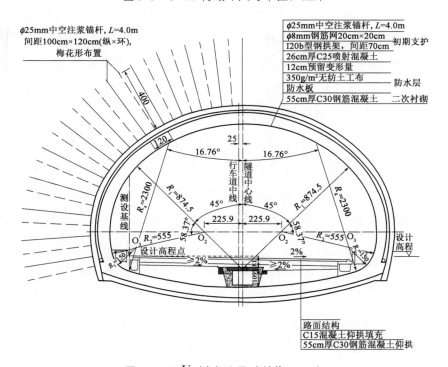

图 3-7　S-Ⅴc 衬砌（尺寸单位：cm）

3.4.3 防排水设计

隧道防排水设计遵循"防、排、截、堵结合,因地制宜,综合治理"的原则,使隧道建成后达到洞内基本干燥的要求,保证结构和设备的正常使用及行车安全;对于地下暗河、管道岩溶水应遵循"宜疏不宜堵"的原则,不改变地下水总的流动趋势;当隧道建设对地表村庄生活、生产带来较大影响,甚至引发地质灾害,应对隧道防排水采取"以堵为主,限量排放"的对策。

(1)洞身防水。

隧道二次衬砌抗渗等级不低于 P8,在初期支护和二次衬砌之间敷设防水层(1.5mm EVA 蜂窝式防水板 + 350g/m² 无纺土工布),隧道施工缝、沉降缝均采用中埋式橡胶止水带。为了确保土工布有效发挥过滤和排水作用,无纺土工布与防水板采用分离式,即先铺设土工布后再铺挂防水板。

(2)洞身排水。

隧道穿越灰岩地层段落长,部分段落岩溶发育,隧道预测涌水量大,后期可能存在地下水结晶堵塞排水管等病害,隧道排水设计不仅考虑排水需求,还需前瞻性地考虑隧道衬砌渗漏水、排水管堵塞失效等特殊情况的病害处治预案。首先是洞身衬砌排水设计,在防水层与喷射混凝土之间设完善的纵、环向排水盲沟,确保衬砌背后的围岩渗水通过中心排水沟通畅排出。隧道开挖后,根据围岩地下水的发育状况在岩面竖向布设 Ω 形弹簧排水管引排围岩渗漏水,使隧道初期支护内排水通畅。在初期支护与防水层之间铺设 ϕ100mm 半圆排水管作为环向排水盲沟,在隧道两侧边墙脚纵向全长各设置 ϕ100mm 的 HDPE 双壁打孔波纹管,并每隔 10m 通过横向导水管 A、B 与路侧排水暗沟相连,然后再通过横向导水管 C 将路侧排水暗沟与隧道中心沟连通,由中心排水沟将地下水排出洞外,排水系统如图 3-8 所示。在隧道路侧排水暗沟上部设置直角梯形路缘边沟排放路面积水、运营清洗污水和消防污水等,使污水和衬砌围岩水分开排放,达到清污分离排放的目的。

由于大娄山隧道长度约 10.5km,采用 1.75% 单向坡,隧道工程地质及水文地质复杂,预测涌水量大。为有效利用双向六车道隧道路面下部仰拱空间,加大排水系统排水能力,并便于运营期排水系统检修、维护等,中心排水沟采用 85cm × 120cm 的大断面,可在运营期间通过人工辅助小型设备进行清理和维护。

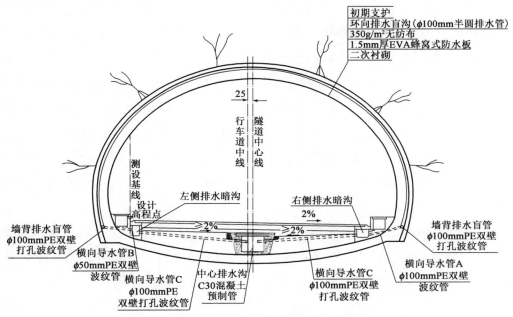

图 3-8 带仰拱隧道洞身排水系统（尺寸单位：cm）

3.4.4 不良地质处治设计

1）不良地质概述

大娄山隧道群大部分隧道均穿越碳酸盐岩溶地层，其中，松坎隧道、黄家沟隧道、大娄山隧道等穿越高瓦斯煤系地层，尧龙山隧道、松坎隧道、黄家沟隧道、大娄山隧道洞身多次穿越断层破碎带，大娄山隧道东山背斜段还存在高地应力。因此，煤层瓦斯、岩溶、断层破碎带、高地应力是大娄山隧道群的不良地质，其中，岩溶和煤层瓦斯是最主要不良地质，也是贵州隧道建设典型的不良地质地层。

大娄山隧道洞身穿越灰岩及夹有灰岩的段落长度约7700m，约占隧道总长的73%，其中岩溶较发育的典型碳酸盐岩地层有二叠系中统栖霞组—茅口组(P_2q-m)灰岩、二叠系上统长兴组(P_3c)灰岩、三叠系下统夜郎组第四段(T_1y^4)灰岩、三叠系下统茅草铺组段(T_1m)灰岩，岩溶洼地、落水洞、溶洞、溶隙及暗河管道等发育。因此隧道存在隐伏溶洞的风险极高，隧道开挖揭露隐伏岩溶的可能性大，开挖揭露溶洞易产生涌水、突泥、坍塌、冒顶等危害。

大娄山隧道洞身两次穿越二叠系上统龙潭组(P_3l)煤系地层，并在东山向斜核部高地应力段穿越志留系下统龙马溪组(S_1l)黑色炭质泥岩，穿越瓦斯地层长度约1100m，特别是龙潭组(P_3l)煤系地层含煤（线）7层，其中可采煤层为C3、C5、C6，煤层总厚度1.93~

6.76m,层位较稳定。收集隧道周边煤矿勘探、矿井瓦斯、渝贵铁路新凉风垭隧道等瓦斯资料,龙潭组(P_3l)煤层瓦斯含量为 6.82~21.34ml/g,瓦斯压力最大达 1.5MPa。根据区域内附近煤矿瓦斯等级鉴定结果,煤层矿井 CH_4 绝对瓦斯绝对涌出量 1.37~7.17m³/min、CO_2 绝对涌出量 0.54~2.81m³/min,CH_4 相对瓦斯涌出量 17.36~26.44m³/t、CO_2 相对涌出量 1.57~5.00m³/t。因此,根据附近煤矿及渝贵铁路新凉风垭隧道瓦斯资料,结合隧道勘察瓦斯测试数据,综合判定该隧道为高瓦斯、煤与瓦斯突出隧道,且煤层的自燃发火倾向性等级为Ⅱ级,属自燃煤。应特别注意高瓦斯、煤与瓦斯突出、煤的自燃发火性等带来的灾害,必须按高瓦斯、煤与瓦斯突出隧道设计,做好揭煤、防突、通风稀释、瓦斯检测监测、瓦斯防渗等措施设计。

大娄山隧道最大埋深约 639m,隧道埋深大,为了解工程场区地应力状态,详勘阶段委托中国地震局地壳应力研究所对大娄山隧道开展了地应力测试、应力场综合分析及影响评价等工作。在大娄山隧道布设了孔深为 550m 的 ZK6 钻孔,在孔内不同深度采用水压致裂法获取地应力数据。通过压力-时间记录曲线,按照相关理论计算求得岩石原地破裂压力值(P_b)、静水柱压力(P_0)、破裂面重张压力值(P_r)和破裂面瞬时闭合压力值(P_s),并计算出最大水平主应力(S_H)值、最小水平主应力(S_h)及岩石的抗拉强度(T)。同时根据岩石的密度和上覆岩层的厚度、按公式估算,给出了各测段的垂直应力(S_v)值,详见表 3-5。

各测段的垂直应力(S_v)值 表 3-5

序号	测段深度(m)	压裂参数(MPa)					主应力值(MPa)			破裂方位(°)
		P_b	P_r	P_s	P_0	T	S_H	S_h	S_v	
1	257.98~258.68	9.03	5.84	6.50	2.53	3.19	11.13	6.50	6.72	—
2	286.17~286.87	8.52	6.79	6.34	2.80	1.73	9.43	6.34	7.45	—
3	300.85~301.55	8.07	5.66	6.12	2.95	2.41	9.75	6.12	7.83	—
4	319.88~320.58	11.10	7.90	7.42	3.13	3.20	10.27	7.10	8.33	N21°W
5	426.47~427.17	12.92	9.37	9.46	4.18	3.55	14.83	9.46	11.10	—
6	431.09~431.79	11.13	8.94	8.90	4.22	2.19	13.54	8.90	11.22	N31°W
7	440.58~441.28	12.12	9.16	9.33	4.32	2.96	14.51	9.33	11.46	—
8	471.55~472.25	14.63	10.41	10.21	4.62	4.22	15.60	10.21	12.27	N17°W
9	535.33~536.03	17.19	12.74	12.79	5.25	4.45	20.38	12.79	13.93	—
10	539.98~540.68	16.70	12.98	13.37	5.29	3.72	21.84	13.37	14.05	—
11	544.15~544.85	12.91	10.93	10.91	5.33	1.98	16.47	10.91	14.16	—

注:垂向应力 S_v 的计算取上覆岩石的密度为 2.65g/cm³。

大娄山隧道工程场区地应力状态及影响评价结论为：

(1)隧道洞身附近的S_H为9.43~21.84MPa，S_h为6.12~13.37MPa，估算S_v为6.72~14.16MPa。隧道水平及垂直应力较大，三向主应力具有随深度增加而增大的趋势。

(2)测区现今应力场状态以NNW~近NW向挤压为主，最大主应力方向一般为N17°~31°W。

(3)当埋深超过500m时，具有产生岩爆的地应力条件，具体能否产生岩爆还要结合具体岩性、地层结构以及隧道断面的力学机制等诸多因素综合而定，施工开挖时应予以重视。

(4)隧道水平及垂直应力较大，当埋深超过550m时，Ⅴ级围岩质软质岩地段易发生软岩变形问题，宜增加侧向约束，防止软岩侧向挤出。

2)煤层瓦斯防治设计预案

大娄山隧道群穿过煤系地层，属高瓦斯煤层，煤与瓦斯具有突出危险性，煤层易自燃、煤尘易爆炸，瓦斯积聚易发生爆炸。

严格按照《贵州省高速公路瓦斯隧道设计技术指南》(JTT 52/02—2014)及《贵州省高速公路瓦斯隧道施工技术指南》(JTT 52/03—2014)等相关规定，在勘察设计阶段依据勘察阶段的瓦斯工区等级及设防等级进行了专项设计，设计的内容包含瓦斯地层超前地质预报、揭煤防突、钻爆作业、衬砌结构瓦斯防护、瓦斯排放等内容，并针对电气设备、作业机械、施工通风、瓦斯检测与监测、安全管理等提出专项技术要求，形成合理的瓦斯防治综合设计。当瓦斯工区等级发生变化时，应及时动态调整专项设计及专项施工方案。

(1)衬砌结构瓦斯防护。

隧道初期支护采用$\phi 42mm \times 4mm$环向注浆钢花管封堵瓦斯，注浆钢花管长4.0m，间距50cm×120cm。初期支护喷射混凝土采用C25气密性纤维喷射混凝土，要求透气系数不大于10^{-10}cm/s，气密剂选用FS-KQ型，掺入量为水泥用量的12%，水泥用量不少于400kg/m³，纤维选用聚丙烯纤维，其掺入量为0.9kg/m³。在初期支护与二次衬砌之间全环设置5mm厚聚乙烯闭孔泡沫板和2.0mm厚CW-S型橡胶瓦斯隔离板封闭瓦斯，施工缝和沉降缝设置2道橡胶止水带。二次衬砌为带仰拱的衬砌结构，采用60cm厚C40防腐蚀气密性钢筋混凝土结构，存在软岩大变形区段适当加深仰拱，并且瓦斯设防等级较高地段的衬砌向较低地段延伸长度不小于20m。二次衬砌采用的C40气密性混凝土透气系数不应大于10^{-11}cm/s，气密剂及其掺入量与初期支护相同，水泥用量不少于330kg/m³。

(2)瓦斯排放系统。

瓦斯工区段隧道边墙设置水气分离装置,两侧隧道边墙纵向各设置 2 根 ϕ100mm PE 双壁波纹管,上部波纹管用于排放瓦斯气体,下部波纹管用于排地下水,每隔 25m 在横向导水管前设置水气分离装置(图 3-9),将瓦斯工区衬砌背后的水通过水气分离装置将水分离出来,然后通过横向导水管排走,瓦斯气体则通过水气分离装置分离后从 ϕ100mm 瓦斯排放管排至洞口。洞口瓦斯排放管采用 ϕ108mm 钢管,设置在距离隧道洞口 20m 以外,排放口距地面 2.0m 以上,ϕ108mm 瓦斯排放钢管应做好防雷接地,接地电阻不应小于 5Ω,周围 20m 范围内禁止有明火火源和易燃易爆物品,并设置遮雨保护装置。

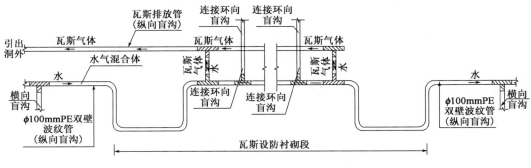

图 3-9 洞内水气分离装置

3)岩溶处治设计预案

岩溶处治应遵循"探测在前、因地制宜、综合治理"的原则,设计阶段进行预案设计,施工阶段动态调整处治方案。

临近溶洞时,应先查明溶洞形态、规模、充填物、洞体稳定程度、溶洞水等特征,确定岩溶类型,综合评估岩溶对隧道施工和运营安全的影响;对隧道施工和运营安全有直接影响的地段应开展专项设计,编制专项施工方案。

应根据溶洞规模、形态、填充特性、岩溶水发育状况、与隧道洞室的空间关系等因素,采取安全、合理、可靠的处治措施。

岩溶水的处治应结合水文地质状况、自然环境状况以及排水系统状况综合确定,一般地段宜采取疏导为主的处理原则,尽量恢复或维持既有排泄通道,必要时增设排水通道;对环境敏感地段,宜遵循"以堵为主、限量排放"的处治原则。

4)洞身断层处治

对于洞身断层破碎带的处治应遵循"管超前、严注浆、短进尺、弱爆破、强支护、紧封闭、勤量测"的原则,根据超前地质预报结果,采取以下措施:

(1) 在有地下水的情况下，采取全断面预注浆对地下水进行封堵，并加强隧道衬砌防排水设计。

(2) 视断层软弱、破碎情况，采用双排或单排注浆小导管进行超前支护。

(3) 对衬砌结构进行加强，并通过设置注浆小导管提高衬砌结构承载力。

5）高地应力软岩大变形

在设计中对大娄山隧道 V 级围岩高地应力大变形处治措施：

(1) 优化断面近似为圆形、加深仰拱。

(2) 增大预留变形量，采用先柔后刚、边支边让、多次支护等措施，具体措施为加强超前支护，采用 R51 自进式锚杆，初期支护采用 U25 型可缩式钢拱架（全环封闭），并在 I20b 型工字钢及 26cm 厚 C25 聚丙烯纤维喷射混凝土二次支护，系统锚杆采用 8m 长 R32 自进式锚杆与 4.5m 长 R25 自进式锚杆梅花形隔排布置，二次衬砌为 80cm 厚 C30 钢筋混凝土。

(3) 调整开挖方式，采用双侧壁导坑法开挖。

3.5　大娄山隧道运营通风设计

3.5.1　通风系统构成

大娄山隧道用于通风的射流风机设置在距离隧道建筑限界以上的位置，标准断面如图 3-10 所示。

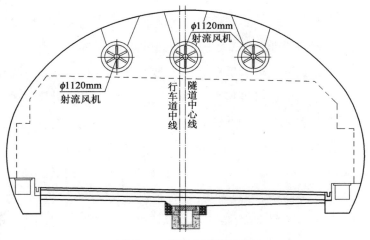

图 3-10　隧道标准断面图

系统方案设计包括隧道环境检测系统、隧道行车道通风系统、行车主洞排烟系统、隧道瓦斯段横通道通风系统等。在通风系统设计中按照一次设计、分期实施的原则,隧道远期射流风机、隧道瓦斯段横通道内射流风机、轴流风机、等设备均在隧道内预留了相应的预埋件及洞室,以备远期实施。

通过设置在隧道内的检测器(一氧化碳检测器、能见度检测器,风速、风向检测器)为隧道运营者在正常运营工况下的正常通风和事故工况下的紧急通风提供依据,保证隧道运营操作的合理性。

3.5.2 通风方案比选

1)主要设计参数

(1)卫生、安全、舒适标准。

根据现行《公路隧道通风设计细则》(JTG/T D70/2-02)确定卫生、安全、舒适标准。

(2)防排烟设计标准。

火灾设计当量30MW,禁止油罐车等易燃易爆品车辆通行;排烟量306.21m^3/s,换气标准3次/h。

(3)风速标准。

隧道内及排风口设计风速≤8m/s,斜井内及排风道设计风速≤20m/s,送风口设计风速≤30m/s,排烟道内设计风速≤15m/s,排烟口设计风速≤10m/s。

2)方案比选

大娄山隧道单洞长约10.5km,若采取全射流通风方式,左线近、远期设计风速均为8.44m/s;右线近期设计风速11.94m/s,远期设计风速17.14m/s。理论上左幅隧道正常运营通风采用纵向全射流通风可满足规范要求,但由于隧道长,隧道内风速较高,行车舒适性较差。右幅隧道全射流通风风速高,不满足规范要求,需采用分段通风。根据隧道地形地质选择通风井位置,综合考虑通风效果、运营安全、环境影响、设备及运营费用、土建费用、施工难度等因素进行通风方案比选,主要通风方案如下:

(1)方案一:右幅隧道双斜井三段式纵向送排式通风,左幅隧道单斜井两段式纵向送排式通风(火灾工况下三段排烟)(地上风机房)。

由于斜井出口场地较为平整,具备建设地面风机房的条件,推荐采用地面风机房,通风方案如图3-11所示。

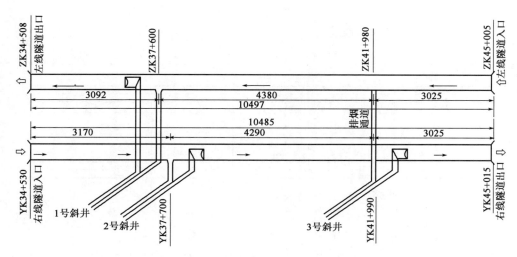

图 3-11 通风系统示意图（方案一）（尺寸单位：m）

（2）方案二：右幅隧道双斜井三段式纵向送排式通风，左幅隧道单竖井两段式纵向送排式通风（火灾工况下三段排烟）（地上风机房）。

通风方案如图 3-12 所示。

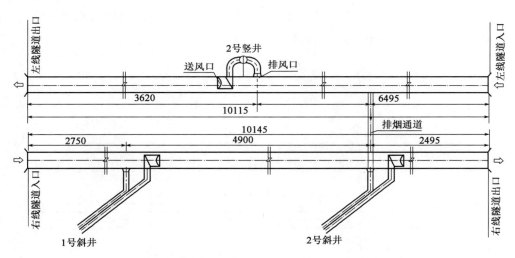

图 3-12 通风系统示意图（方案二）（尺寸单位：m）

（3）方案三：右幅隧道双斜井三段式纵向送排式通风，左幅隧道纵向全射流通风（预留远期互补式通风条件，火灾工况下三段排烟）（地上风机房）。

右幅隧道通风方案与方案一相同。左幅隧道利用右幅隧道排风道，分别设置辅助排烟道与右幅隧道排风道相交，将隧道分成三个排烟区段（图 3-13）。左线速调排烟区段长度分别为 2670m、4690m、2745m 三段，满足规范要求的排烟区段长度要求。

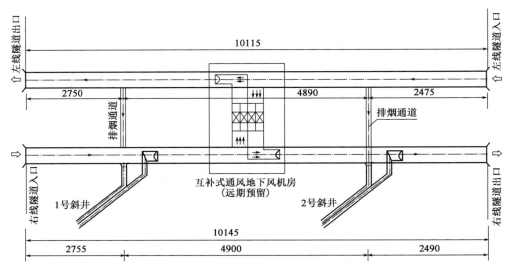

图 3-13 通风系统示意图（方案三）（尺寸单位：m）

(4)方案四:右幅隧道双斜井三段式纵向送排式通风,左幅隧道纵向全射流通风(火灾工况下三段排烟)(地上风机房)。

该方案(图 3-14)与方案三基本类似,主要差异在于互补式通风机房的远期预留,应对未来左幅隧道的正常运营通风需求较方案三要差。

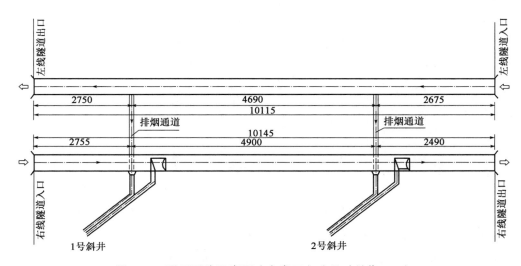

图 3-14 通风系统示意图（方案四）（尺寸单位：m）

(5)方案五:右幅隧道双竖井三段式纵向送排式通风、左幅隧道单竖井二段式送排式通风(左、右幅隧道共用通风竖井)(地上风机房)。

通风系统如图 3-15 所示。

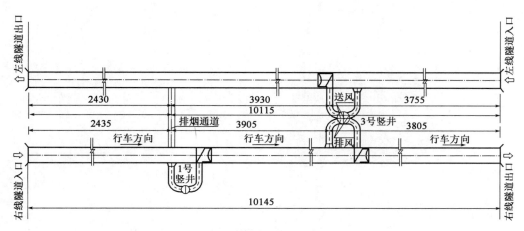

图 3-15 通风系统示意图（方案五）（尺寸单位：m）

（6）方案六：右幅隧道双竖井三段式纵向送排式通风、左幅隧道纵向全射流通风（火灾工况下三段式排烟）。

通风系统设计图如图 3-16 所示。

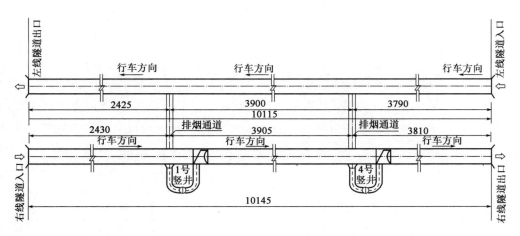

图 3-16 通风系统示意图（方案六）（尺寸单位：m）

各方案通风井主要参数如表 3-6 所示。

各方案通风井主要参数表　　表 3-6

方案	名称	长度(m)	坡度	面积(m²)	备注
方案一	2号斜井	1400	10.05%	94.3	无轨出渣辅助施工
	3号斜井	1400	9.84%	67.48	
	1号斜井	970	36.4%	33.7	—

续上表

方案	名称	长度(m)	坡度	面积(m²)	备注
方案二	1号斜井	1400	10.05%	94.3	无轨出渣辅助施工
	2号斜井	1400	9.84%	67.48	
	2号竖井	522	—	33.7	—
方案三	1号斜井	1400	10.05%	94.3	无轨出渣辅助施工
	2号斜井	1400	9.84%	67.48	
	地下风机房	—	—	500	预留
方案四	1号斜井	1400	10.05%	94.3	无轨出渣辅助施工
	2号斜井	1400	9.84%	67.48	
方案五	1号竖井	408	—	61	左右线共用
	3号竖井	510	—	97	
方案六	1号竖井	408	—	61	左右线共用
	4号竖井	510	—	53	

大娄山隧道通风方案比选如表3-7所示。

3.5.3 通风系统设计

1）主要设计方案

（1）隧道行车道通风系统。

隧道行车道正常运营通风采用左线两段式通风，右幅隧道三段式通风方案。正常运营工况下通过射流风机+轴流风机进行通风换气，污染气体通过排风斜井经过地上风机房的风塔将污染气体收集后进行排放，隧道通风系统平面布置如图3-17所示。

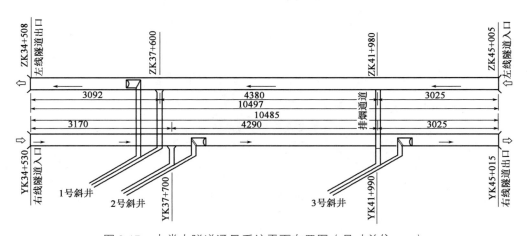

图3-17 大娄山隧道通风系统平面布置图（尺寸单位：m）

大娄山隧道通风方案比选表

表3-7

通风方案	总体描述	安全性比较	环保性比较	施工便利性	交通工程及运营经济性比较(20年)	土建经济性比较	辅助施工比较	总费用(20年)
方案一	右幅隧道双斜井三段式纵向送排式通风(方案一~方案三),左幅隧道单竖井三段式纵向送排式通风(火灾工况下三段式纵向送排烟)(地上风机房)	排烟区段长度均满足规范要求。正常运营环境下方案一~方案三区段风速较高,方案四风速较高,方案五区段风速最为均匀	斜/竖井在位置选取时均考虑了施工的便利性和充分利用现有道路。方案四对环境影响最小	施工较便利,施工便道较短,施工速度较快。1号斜井可以采用无轨出渣,2号斜井利性好。3号斜井需要采用有轨出渣方案	通风运营费用约3 1315万元,设备费用约3200万元	17971万元		52489万元
方案二	右幅隧道双斜井两段式纵向送排式通风(方案一~方案三),左幅隧道纵向全射流通风,预留互补式地下风机房(火灾工况下三段式排烟,地上风机房)			施工便利,施工便道较短,施工进度较快。1号斜井可以采用无轨出渣,2号斜井利性好。3号斜井施工较困难	通风运营费用约30267万元,设备费用约3182万元	17594万元	能够为主洞增加4~8个辅助工作面,能够满足工期的需要	51043万元
方案三	右幅隧道三段式纵向送排式通风,左幅隧道纵向全射流通风(火灾工况下三段式排烟,地上风机房)			施工便利,施工便道较短,施工进度较快。1号斜井可以采用无轨出渣,2号斜井施工较便利性好	通风运营费用约37829万元,设备费用约3564万元	12769万元		54162万元
方案四	右幅隧道双竖井通风,左幅隧道单竖井通风(火灾工况下三段式纵向送排烟)(地上风机房)			施工较便利,施工便道较短,施工进度较快。1号竖井,3号竖井深度较大,施工难度较大	通风运营费用约37829万元,设备费用约3564万元	11969万元		53362万元
方案五	右幅隧道双送排式通风(方案五,方案六),方案五左幅隧道单竖井两段式纵向送排式通风(左幅隧道共用通风竖井)(地上风机房),方案六左幅隧道纵向全射流通风(火灾工况下三段式排烟)			施工便利,施工便道较短,施工进度较快。1号竖井,4号竖井深度较深,施工难度较大	通风运营费用约21350万元,设备费用约2872万元	20396万元	对主洞施工没有帮助。需要另外设置施工斜井2座,费用约10000万元	54619万元
方案六					通风运营费用约27681万元,设备费用约2975万元	16084万元		56740万元
推荐方案	综合比较,推荐方案一作为大娄山隧道通风推荐方案							

(2) 行车主洞排烟系统。

隧道行车主洞排烟系统左线采用三段式排烟,右幅隧道三段式排烟。在火灾工况下根据火灾发生在不同的区段,采用斜井集中排烟或全纵向射流排烟,并利用左、右洞联络横通道作为人员车辆撤离通道。

(3) 隧道瓦斯段横通道通风系统。

在洞内瓦斯段紧急停车带处及横通道处设置瓦斯检测报警装置,用于实时检测隧道内和横通道内的瓦斯含量,瓦斯自动检测系统应具有超限报警与通风联动控制功能。在瓦斯段所有车行和人行横通道内各设置双向可逆式风机一台,进行加压送风换气。

2) 隧道通风设施布置

隧道内设置 $\phi1120mm$、37kW 双向可逆射流风机,三台一组进行布置。风机在纵向上的布置以不小于 150m 为原则。风机在横断面方向中心间距为 3m。风机在布置时尽量避开大型可变信息标志等障碍物。

在瓦斯段所有车行横通道中部设置 $\phi900mm$、22kW 双向可逆射流风机,单台为一组进行布置;在瓦斯段所有人行横通道中部设置 $\phi355mm$、4kW 双向可逆射流风机,单台为一组进行布置。同时,为了保证人员安全及运营方便,在横通道内的安全门上方设置电动风阀配合横通道内射流风机。分别在 1 号、2 号、3 号斜井出口处的地上风机房内设置轴流排风风机、轴流送风风机。

大娄山特长隧道的智慧通风系统详见第 9.2.1 节。

3.6 大娄山隧道照明设计

3.6.1 照明系统设计

隧道照明区段分为入口段照明、过渡段照明、基本段照明、出口段照明和洞外引导照明。大娄山隧道设计交通量为 675veh/(h·ln),亮度与平均照度间的系数为 15lx/(cd·m^2)。结合隧道洞门形式,左右幅洞外亮度均取值 3500cd/m^2。

1) 隧道入口段

(1) 入口段亮度。

大娄山隧道入口段亮度宜根据洞外亮度分两段设置,每段长度 $D_{th1} = D_{th2} = 1/2D_{th}$,各段对应亮度应分别满足式(3-1)及式(3-2)。

$$L_{th1} = k \times L_{20}(S) \tag{3-1}$$

$$L_{th2} = 0.5 \times k \times L_{20}(S) \tag{3-2}$$

式中，L_{th1} 为入口段 1 亮度（cd/m²）；L_{th2} 为入口段 2 亮度（cd/m²）；k 为入口段亮度折减系数，可按表 3-8 取值；$L_{20}(S)$ 为洞外亮度（cd/m²）。

入口段亮度折减系数 k　　　　表 3-8

设计交通量 N [veh/(h·ln)]		k			
		设计速度 v_t（km/h）			
单向交通	双向交通	100	80	60	40
≥1200	≥650	0.045	0.035	0.022	0.012
≤350	≤180	0.035	0.025	0.015	0.01

注：当设计交通量在其中间值时，按内插考虑。

（2）入口段长度。

入口段长度应满足式(3-3)：

$$D_{th} = \left(1.154 D_s - \frac{h - 1.5}{\tan 10°}\right) \tag{3-3}$$

式中，D_{th} 为入口段长度(m)；D_s 为照明停车视距(m)，可按表 3-9 取值；h 为洞口内净空高度(m)。

照明停车视距 D_s 取值表(m)　　　　表 3-9

设计速度 v_t（km/h）	纵坡（%）								
	-4	-3	-2	-1	0	1	2	3	4
100	179	173	168	163	158	154	149	145	142
80	112	110	106	103	100	98	95	93	90
60	62	60	58	57	56	55	54	53	52
40	29	28	27	27	26	26	25	25	25

大娄山隧道左线纵坡 -1.75%，右线纵坡 1.75%，根据表 3-9 中照明停车视距和式(3-3)，经计算得出大娄山隧道左线入口段长度 81m，右线入口段长度 72m。

2）隧道过渡段

（1）过渡段亮度。

过渡段的三个照明段 TR_1、TR_2、TR_3 的亮度可按表 3-10 取值。

过渡段亮度 表3-10

照明段	TR_1	TR_2	TR_3
亮度	$L_{tr1}=0.15L_{th1}$	$L_{tr2}=0.05L_{th1}$	$L_{tr3}=0.02L_{th1}$

(2)过渡段长度。

过渡段1、过渡段2、过渡段3的长度D_{tr1}、D_{tr2}、D_{tr3}可按表3-11取值。

过渡段长度D_{tr}(m) 表3-11

设计速度v_t(km/h)	D_{tr1}	D_{tr2}	D_{tr3}
100	106	111	167
80	72	89	133
60	44	67	100
40	26	44	67

根据大娄山隧道行车速度,过渡段1的长度为108m,过渡段2的长度为117m。

3)隧道中间段

大娄山隧道中间段亮度可按表3-12取值,并根据表3-8要求,对基本照明第二区段进行折减。

中间段亮度L_{in}(cd/m²) 表3-12

设计速度v_t (km/h)	L_{in}		
	单向交通: $N \geq 1200\text{veh}/(\text{h}\cdot\text{ln})$; 双向交通: $N \geq 650\text{veh}/(\text{h}\cdot\text{ln})$	单向交通: $350\text{veh}/(\text{h}\cdot\text{ln}) < N < 1200\text{veh}/(\text{h}\cdot\text{ln})$; 双向交通: $180\text{veh}/(\text{h}\cdot\text{ln}) < N < 650\text{veh}/(\text{h}\cdot\text{ln})$	单向交通: $N \leq 350\text{veh}/(\text{h}\cdot\text{ln})$; 双向交通: $N \leq 180\text{veh}/(\text{h}\cdot\text{ln})$
100	6.5	4.5	3.0
80	3.5	2.5	1.5
60	2.0	1.5	1.0
40	1.0	1.0	1.0

单向交通隧道中间段两个区段对应长度及亮度可按表3-13取值。

中间段分区段设置的长度及亮度取值 表3-13

区段	长度(m)	亮度(cd/m²)	备注
中间段第一区段	设计速度下的30s行程	L_{in}	—
中间段第二区段	余下的中间段长度	$L_{in} \times 80\%$,且不低于1.0cd/m²	—
		$L_{in} \times 50\%$,且不低于1.0cd/m²	采用连续光带布灯方式,或隧道壁面反射系数不小于0.7时

4)隧道出口段

(1)出口段亮度。

大娄山隧道出口段亮度进行分段考虑,靠近隧道出口30m 的亮度取中间段亮度的5倍,靠近隧道中间段末端30m 的亮度宜取中间段亮度的3倍。

(2)出口段长度。

大娄山隧道出口段的长度根据洞口朝向和地形情况设置为60m。

5)应急照明

大娄山隧道采用四分之一的中间段灯具作为隧道应急照明,应急照明洞内路面亮度应不小于中间段亮度的10%,并不低于$0.2cd/m^2$。

6)行人横洞、行车横洞和紧急停车带照明

(1)大娄山隧道人行横洞与车行横洞设计亮度均不低于$1.0cd/m^2$,灯具均采用40W的LED灯,布置间距皆为6m。

(2)大娄山隧道紧急停车带设计亮度不低于隧道中间段照明亮度的2倍,灯具采用40W的LED灯,布置间距为6m。

7)隧道引导照明

大娄山隧道进、出口均设置了路灯照明,布设长度为180m,洞外亮度不小于$2.0\ cd/m^2$。

3.6.2 隧道照明控制设计

隧道照明调光控制系统主要由洞外亮度检测仪、洞内亮度检测仪、车流量检测器、隧道智能照明系统控制器、调光控制柜、亮度可控型公路隧道LED照明灯具、通信系统和上位机监控管理软件等组成。

1)加强照明控制调光

隧道智能照明系统控制器根据洞外亮度、洞内亮度、设计冗余和车流量等信息,经计算后将其转为DC 0~5V的直流模拟信号输出去控制照明系统中加强照明灯上的LED驱动电流,从而实现控制入口各段加强照明亮度的目的。

2)基本照明控制调光

当基本照明出现光衰,致使洞内基本照明检测仪的实测结果低于标准要求时,隧道智能照明系统控制器能自动调节基本照明亮度,使之满足标准要求,实现按需照明。

3）控制回路设置

隧道智能照明系统设加强照明控制回路和基本照明控制回路。隧道左侧和右侧电缆桥架上各敷设一路加强照明控制总线和基本照明控制总线。

大娄山特长隧道的智慧照明系统详见第9.2.2节。

3.7 隧道消防设计

隧道洞内消防器材参照以下规定设置：

（1）洞内防水板和衬砌等作业面和洞内变电站、配电柜等处均配置2台以上的手提式和推车式干粉灭火器。

（2）洞内供水干管每50m预留一处消防水龙头，并配备消防水管和水枪。隧道内火灾救援物资参照表3-14的规定配置。

隧道内火灾救援设备物资配置表　　　表3-14

用途	名称	单位	数量及配置要求
人员自救	自救呼吸器	个	按开挖、支护作业最大单班人员数量配置
灭火施救	手提式干粉灭火器	台	开挖支护、衬砌作业面最少各2台
	推车式干粉灭火器	台	开挖支护、衬砌作业面最少各2台
	消防水龙头	个	每50m安装1个
	防毒面具	个	10个
	消防水管、水枪	套	防水板作业面配2套，其余地段配2套

注：物资设备配置应结合隧道实际救援方案进行调整。

3.8 大娄山隧道安全及景观设计

3.8.1 洞内反光环

反光环主要设置于长度大于300m的隧道内，第一道反光环设置于隧道入口洞口后20m处，后间距200m等距设置，设置间距可视隧道具体情况适当加密。

若隧道内设置的超高或反光环与其他隧道设施发生冲突时，可根据现场实际情况将其断开，确保反光环不得侵入建筑限界且不与其他设施发生冲突。

铝合金板采用 3003 型,厚 2mm,采用铆钉与角钢进行连接,表面粘贴白色 V 类反光膜,相应技术要求应符合交通标志相关国家标准及规范。铝合金板宽 20cm,长 100cm,外形轮廓应与隧道内轮廓一致。相邻铝板采用斜角搭接,搭接长度不小于 3cm。

铝合金板采用角钢焊接而成的支架通过膨胀螺栓固定于隧道壁上,支架设置的环形间距为 50cm,具体可根据现场实际情况进行调整。

3.8.2 隧道语音安全提示系统

外语音安全提示采用的是定压防水号角喇叭,使用高强度的复合材质技术,使它具有实用使用寿命长和防雨性能优秀等优点,号角扬声器采用防风雨设计,附带的安装支架安装极其简便,可调整安装角度,内置 30W(洞内)/50W(洞口)功率广频域喇叭,穿透力强,传输距离远,适用于室外或隧道广播声音,隧道洞内扬声器布置如图 3-18 所示。

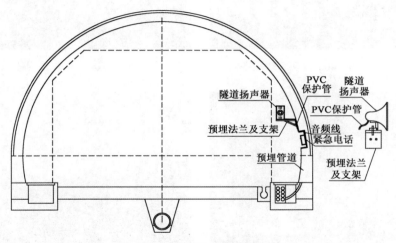

图 3-18 隧道洞内扬声器布置

扬声器主要参数如下:

额定功率:30W(洞内)/50W(洞口);工作电压:70～110V;输入阻抗:8Ω;频率范围:150～7000Hz;灵敏度:>102dB;防护等级:IP66。

3.8.3 洞内饰景观设计

1) 大娄山隧道艺术彩绘设计

为改善隧道内长时间封闭行车环境,提升行车安全感、舒适感,对大娄山隧道洞内行车环境进行创新提升设计,中间设计有 4 段景观段:ZK36+400～ZK36+800、ZK43+470～ZK43+870、YK35+700～YK36+100、YK42+240～YK42+640,共计 1600m。设计内容主要包括:艺术彩绘、涂装、灯具、电线电缆等。

对工程范围内的 4 段景观段(共计 800m)的全断面进行艺术彩绘,其中侧墙图案控制高度为 4m,两侧弧长共 8m,天空顶部彩绘弧长 17m,共计 25m。景观段彩绘段前后有高 3m、长 100m 的涂装过渡段;彩绘涂料为丙烯颜料,需由专人进行艺术手绘墙绘,以自然过渡为原则进行施工。

彩绘内容为艺术彩绘,隧道艺术彩绘为自然山景的图案(图 3-19 ~ 图 3-22)。

图 3-19　ZK36+400 景观段效果图

图 3-20　ZK43+470 景观段效果图

图 3-21　YK35+700 景观段效果图

图 3-22　YK42+240 景观段效果图

2)大娄山隧道涂装设计

隧道内涂装体系设计为氟碳面漆(亚光型),是以优异的水性氟碳树脂作为主要成分的环保型单组分氟碳乳液涂料,涂装结构配套体系见表 3-15,涂装效果见图 3-23。

氟碳漆涂层配套　　　　　　　表 3-15

工序	工序内容及涂料名称	涂装道数	干膜平均厚度(μm)
基层处理	基层打磨、清洗	1	—
基层涂装	渗透型保护剂	1	20
腻子层	填补型腻子	1	—

续上表

工序	工序内容及涂料名称	涂装道数	干膜平均厚度(μm)
腻子层	找平腻子	2	—
打磨	腻子层打磨	1	—
底层	抗碱封闭底漆	1	≤50
面层	氟碳漆面漆一道	1	40
修补	检查点补缺陷	1	—
面层	氟碳漆面漆一道	1	40
保护面层	氟碳罩面保护漆	1	30

图 3-23　涂装效果实景图

3）大娄山隧道景观照明设计

为改善大娄山隧道洞内行车环境,在隧道景观段 ZK37+830~ZK38+030、ZK41+700~ZK41+900、YK37+460~YK37+660、YK41+700~YK41+900,分别进行灯光装饰,采用 60W 投光灯增加洞顶蓝天白云亮度。

(1)每段景观带设置一台景观照明配电箱,共 4 台,配电箱桩号为 ZK37+930、ZK41+800、YK37+560 和 YK41+800。配电箱电源引自隧道内功能性照明配电箱备用回路。

(2)灯光控制系统设计界面:对场景控制要求采用时间控制系统,只对场景控制提出要求,场景组态由 LED 灯具配套的供货商或厂家进行深化设计。

照明采用手控及自动控制相结合,预留通信接口,以便集成到隧道监控系统。

照明设计以模拟室外光环境为主,凸显装饰彩绘主题,以舒适、醒目缓解行车疲劳感,以安全出行为原则;在隧道中间 4 段各选取 200m 进行灯光装饰,在隧道侧壁 4.5m 高位置,安装 60W LED 投光灯,采用 4200K 光色,对隧道顶部位置进行照明。

3.8.4 指示标牌设计

1）隧道进、出口涂装设计方案

隧道进、出口段20m范围内采用全断面涂装,紧接着过渡段180m范围侧墙高3m采用浅灰色涂装,可减轻雨水、泥土污渍,减缓进入隧道的黑洞效应,涂装设计立面图如图3-24所示。

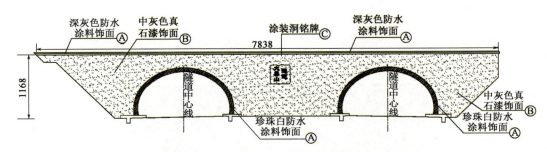

图3-24 大娄山隧道出口洞门涂装设计立面图（尺寸单位：cm）

2）隧道提示区设计方案

单个人行横洞洞口及单个车行横洞洞口,采用长余辉储能发光涂料部分涂装,分别在人行横洞及车行横洞洞口两侧各做长度10m（两侧合计20m,见图3-25和图3-26）、高度3m的绿色长余辉储能发光涂料涂装,实景效果如图3-27、图3-28所示。

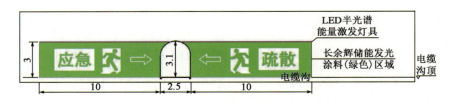

图3-25 隧道单幅人行横洞洞口长余辉储能发光涂料喷涂区域立面图（尺寸单位：m）

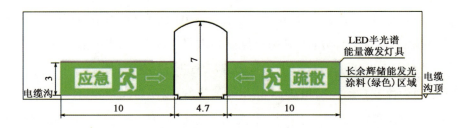

图3-26 隧道单幅车行横洞洞口长余辉储能发光涂料喷涂区域立面图（尺寸单位：m）

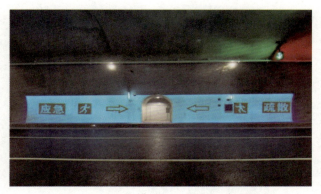

图 3-27　人行横洞洞口提示区实景图

图 3-28　车行横洞洞口提示区实景图

3）隧道消防栓标识设计方案

每间隔 1km 设置一处消防栓强化标志，采用前后长 5m、高 3m 的雅灰色涂装，并在消防栓和灭火器箱外侧采用宽 25cm 的红色涂装，增加美观性的同时，强化消防栓位置，效果如图 3-29 所示。

图 3-29　隧道消防栓标识设计效果图

CHAPTER FOUR 第4章

岩溶

岩溶隧道是风险最高的一类隧道，各种地质灾害频频发生，这主要是因为岩溶地质条件十分复杂，以目前的勘察技术水平，前期勘察准确度不高。因此，在岩溶隧道勘察设计和施工中，一定要在施工前做好各种预案，预防为主，施工中配合超前地质预报、监控量测等逐步推进，密切关注施工过程中的形势变化，及时调整方案予以积极应对，并在处治岩溶地质与岩溶水的同时，综合考虑隧道工程结构的长期运营条件及施工对周围环境的影响，确保对岩溶不良地质的综合治理不仅安全经济，也节能环保，并且不对当地的自然环境及周围群众的生产生活造成较大的影响。

4.1　岩溶区公路修筑技术背景

我国是世界上岩溶分布最为广泛的国家，全国岩溶地域总面积达344万 km^2，占国土面积的1/3以上，西南地区的黔、滇、桂、川、渝，以及中南地区的湘、鄂、粤则是我国岩溶最为发育的地区，并构成了世界上最大的连片裸露型岩溶区。碳酸盐岩型岩溶是我国最常见、重要的岩溶地质类型之一。据统计，中国的碳酸盐型出露面积可达90.7万 km^2，从形态及主要性质来看，中国的岩溶大概可分为3类，即北方的干旱-半干旱型岩溶，青海西藏地区的高山-高寒型岩溶以及西南、华中、华南地区的热带亚热带型岩溶。其中，对工程危害最大、发生工程事故最多的是热带亚热带型岩溶，尤其是涵盖西南、华中、华南地区的广西、贵州、云南、四川、重庆、湖北、湖南和广东等八省区市，面积达55万 km^2 的岩溶地貌连片区，是我国岩溶地质灾害最严重的地区。

热带亚热带型岩溶不仅分布十分广泛，而且埋深较浅，常见为裸露型岩溶或浅覆盖型岩溶，形成岩溶峰丛地貌，岩溶发育高程与工程建设高程几乎重叠，在工程建设过程中遭遇的可能性很高。另一方面，由于这一区域降雨量丰沛，温度适宜，溶蚀作用十分强烈，容易形成高压、富水、填充的巨型溶洞，甚至形成区域性、分布十分复杂的岩溶地下河系统，对工程建设，特别是隧道及地下工程建设威胁极大。目前，国内外对于岩溶的勘察准确度不是很高，导致施工阶段稍有不慎，很容易酿成涌水、突泥及塌方事故，风险很大；运营阶段，由于岩溶分布的随机性、隐蔽性特征，又很容易出现衬砌开裂漏水、路面翻浆、仰拱顶起等诸多病害，对行车安全影响较大。

当今我国工业化进程给环境带来一定影响，局部地区(特别是岩溶地区)已达到环境承载极限。我国西南岩溶石山区，生物多样性较丰富，但岩溶强烈发育，地表水缺失，地下水快速流失，水土生态系统十分脆弱。虽然岩溶地域水资源丰富，但生态脆弱，环境大多恶劣，为具有一定特殊性的人类生存区，岩溶水资源是当地的特有资源，在岩溶区的工程建设活动需以水资源保护为前提。

随着岩溶地区公路建设日益增多，业界也开始致力于岩溶领域的相关研究，并取得了许多有益的研究成果。如：2001年出版了《地质灾害勘察指南》，2002年西部交通建设科技项目"岩溶地区公路修筑成套技术研究"立项，该课题从"岩溶地区公路工程地质勘察与综合评价技术研究""岩溶地区公路基础设计与施工技术研究""岩溶地区筑路材料研究"和"岩溶地区公路建筑环境保护研究"四个方面对我国岩溶地区公路建设技术进行科技攻关，解决了岩溶环境条件下公路修筑的关键技术问题，完善了相关技术标准和规范，支撑了广大岩溶地区的公路工程建设，促进了岩溶地区公路交通与自然环境的协调发展。

为推广应用"岩溶地区公路修筑成套技术研究"课题的"岩溶地区公路工程勘察评价技术、岩溶地区筑路材料利用技术、岩溶地区公路工程病害防治技术和岩溶地区公路工程环境保护技术"主要成果，罗强主持，马平均、康厚荣、谭捍华、梅世龙、吴大鸿、周正峰、母进伟、何文勇等参与，又开展了"岩溶地区公路修筑技术推广应用示范"课题研究，在贵州多数高速公路及湖南、四川、浙江等省岩溶地区部分公路建设工程中，贵州省交通规划勘察设计研究院股份有限公司、贵州高速公路开发总公司、贵州省交通科学研究院有限责任公司、贵州省公路工程集团有限公司、西南交通大学、贵州桥梁建设集团有限责任公司对形成的岩溶地区公路修筑技术成果进行了大规模的推广应用。同时，课题组成员参与编制了《公路工程地质勘察规范》（JTG C20—2011），新编了《贵州高速公路机制砂高强混凝土应用技术规程》和《碳酸盐岩沥青路面抗滑表层设计施工技术指南》2部规程，完善了《岩溶地区公路工程地质勘察技术指南》《岩溶地区公路基础设计与施工技术指南》和《岩溶地区公路建设环境保护技术指南》3部指南，拓展深化了改进隐伏岩溶变形监测技术、岩溶地区路表径流水污染处理技术和设施的优化完善技术，岩溶地区将修筑技术成果推广应用的高速公路总里程达2820.5km，取得了巨大的经济社会和环境效益，并获得国家科技进步二等奖。

近些年来，我国在沪蓉西高速公路、河池至百色高速公路、正习高速公路以及宜万铁路、贵广铁路等公路、铁路项目中又积累了大量的岩溶隧道勘察设计和施工经验，开展了一系列的科学研究，理论技术水平有了很大的提高。

在此过程中，贵州省交通规划勘察设计研究院又开展了大量研究攻关工作，如：吴大鸿和曾耀等的《穿越岩溶》《多变脆弱的"拦路虎"》《岩溶公路技术攻关历史沿革》《岩溶地区公路工程的主要挑战》《岩溶地区公路工程科研现状及成果》和《岩溶地区公路工程未来攻关方向》、田娇、苟德明和杨洪等的《富水岩溶地层隧道仰拱隆起原因分析及控制研究》及《富水岩溶隧道围岩软化效应分析及整治措施研究》、周立和卢妙丹的《隧道底部大型溶洞处治技术研究》和《岩溶漏斗区隧道涌水处治技术研究》、刘敏捷等的《某大跨隧道岩溶管道处治设计与施工技术》、邓少军的《大跨度隧道大型岩溶涌水处治》和《龙塘坪隧道底部大型溶洞处治方案探讨》、党政的《高速公路岩溶路基塌陷地质勘察及处治研究》、苟德明的《高速公路隧道充填块石土大型岩溶坍塌处治》、俞仁泉等的《岩溶地区公路隧道勘察分析》和《跨孔电阻率CT法在岩溶精确勘探中的应用研究》、唐军的《运营岩溶隧道涌水涌泥灾害特征及成因研究》、陈开强等的《峨岭关隧道岩溶段施工开挖控制技术研究》、邹济韬等的《贵州某隧道岩溶涌水连通试验研究》、李平等的《高密度电法在岩溶区隧道勘察中的应用》、刘丽等的《岩溶隧道修建水害风险评估及其防治对策探讨》、张德龙的《岩溶隧道围岩分级研究》、汤新福的《贵州隧道施工中常见的岩溶病害形式》、刘品、龙森等的《岩溶地质对公路建设的影响及治理措施》、柳治国等的《隧道岩溶病害危险性分区在超前地质预报中的应用》、张琳的《高密度电法在岩溶勘察中的应用》、李东的《贵州表层带岩溶水特征及有效开发利用》等系列系统性研究成果,极大地推动了贵州省乃至全国的岩溶区公路修建技术。

但是,目前国内缺乏对岩溶隧道相关经验的总结,各类科研成果应用推广范围较小,各地区的岩溶隧道勘察设计和施工技术水平参差不齐。

本章的撰写旨在总结、分析岩溶隧道勘察设计和施工方面的经验和科研成果,供公路岩溶隧道建设参考,以降低施工风险,保护岩溶区的水文、地质环境,提升建设质量。

4.2　岩溶分类分级

4.2.1　岩溶分类

岩溶地区地下溶洞、暗河、岩溶管道等交错分布,发育复杂。80%的岩溶隧道施工中会遇到水害,岩溶突水已成为岩溶地区隧道建设的主要灾害源之一。高压富水岩溶隧道修建过程中,首先需要通过地质预报方法探查岩溶的表现形式、规模及环境等条件,常用的地质预报方法分为两大类:地质分析法和地球物理法。地质分析法包括工程地质调查法、超前导洞(坑)法、超前水平钻孔法、断层参数预测法和经验法等;地球物理法包括隧道地震探测法、地质雷达探测法、瞬变电磁法、陆地声呐法和激发极化法等。

依据探查的岩溶发育特征进一步确定不同岩溶的处治方法。岩溶的处治主要有堵、排、绕等方法。"堵"是指采用注浆等方法堵住渗水裂缝、空隙,将隧道周围岩体变成一圈不透水层;"排"是指采取排水钻孔和排水导坑等方法,将衬砌周围的地下水排走,减少衬砌背后的渗水压力和渗水量;"绕"是指先通过迂回导洞绕过难以处理的岩溶,以加快施工进度,待绕避后可以前后同时处理岩溶。

工程上一般采用堵排结合的方法,对于充填清水、水量和水压很小的溶隙和溶管,可以采取排水盲管和排水沟直接引排,并辅以径向和局部注浆,也可以通过注浆进行完全封堵;对于规模不大、充填物松软、水量和水压很小的溶洞,可以采取注浆封堵,并通过锚杆、钢筋网、钢拱架、钢筋混凝土等加强支护;对于规模大、充填物复杂、水量大、水压高的溶洞,则需要通过超前、径向、局部注浆等方法进行封堵,并通过排水导坑限量排水减压;对于隧道底部溶洞充填物,还可以采用底板注浆加固、混凝土、浆砌片石等换填、粉喷、旋喷、钢管桩等加固等方法;对于充填物很少或基本无充填物、水量较大的岩溶暗河,可以采取修建桥梁、涵洞进行跨越,修建涵管疏通过水通道,修建泄水洞排水,修建排水洞或注浆截水等方式处理;对于已经发生突水突泥的溶洞,则需根据溶洞规模、水量、水压、充填物性质等条件,采用超前、径向、局部注浆,超前小导管或大管棚支护,喷射混凝土、锚杆、钢筋网、钢拱架联合支护,条件允许时,可以先迂回后处理。

1) 按埋藏条件分类

岩溶按埋藏条件可分为裸露型、浅覆盖型、深覆盖型以及埋藏型四种类型,其划分标准应符合表 4-1 的规定。

岩溶埋藏条件的分类　　　　　　　　　　　　　　　　　表 4-1

埋藏类型	划分标准			
	地表可溶岩出露情况	覆盖层类型	覆盖层厚度 h (m)	地表水与地下水连通情况
裸露型	大部分	土	$h<10$	密切
浅覆盖型	少量	土	$10 \leqslant h < 30$	较密切
深覆盖型	几乎没有	土	$h \geqslant 30$	一般不密切
埋藏型	无	非可溶岩	—	不密切

2) 按形态大小分类

目前,国内外尚没有明确的岩溶大小划分标准,根据隧道工程施工处理措施需要,按岩溶发育体积大小,将岩溶划分为小型、中型、大型、特大型四个等级。岩溶规模小于 10m 为小型岩溶,这类岩溶一般采取回填处理;岩溶规模 10～100m³ 为中型岩溶,这类岩溶一般应采取防护措施;岩溶规模 100～1000m³ 为大型岩溶,这类岩溶应采取支护加强措施;岩溶规模大于 1000m³ 为特大型岩溶,这类岩溶应采取特别处理。

按照岩溶的形态大小不同,可以将岩溶分为洞穴型、裂隙型、管道型和大型溶洞四个类别:

(1) 洞穴型:指发育规模小于 50m³ 的干溶洞或充填型溶洞。

(2) 裂隙型:指由各种构造裂隙经溶蚀形成的岩溶裂隙。

(3) 管道型:指岩溶裂隙经进一步溶蚀扩大呈汇流的管道特征。

(4) 大型溶洞:指发育规模大于 50m³ 的干溶洞或充填型溶洞。

3) 按充填特征分类

根据岩溶的充填特征,可将岩溶分为充填型岩溶、半充填型岩溶和无充填型岩溶三个类别:

(1) 充填型岩溶:由充填物充填的岩溶称为充填型岩溶。

(2) 半充填型岩溶:岩溶溶腔内既有部分充填物,又有一部分空腔的岩溶称为半充填型岩溶。

(3) 无充填型岩溶:岩溶溶腔内无充填物,为干溶腔的岩溶称为无充填型岩溶。

4) 按充填物性质分类

根据岩溶内充填物的不同,可将岩溶分为充填黏土型、充填淤泥型、充填粉细砂型、充填块石土型、充水型五个类别:

(1) 充填黏土型:是指岩溶内充填物为黏性土的充填型溶洞。

(2) 充填淤泥型:是指岩溶内充填物为淤泥的充填型溶洞。

(3) 充填粉细砂型:是指岩溶内充填物为粉细砂型的充填型溶洞。

(4) 充填块石土型:是指岩溶内充填物为块石土的充填型溶洞。

(5) 充水型:是指岩溶内充填物为水的充填型溶洞。

5) 按岩溶水量分类

按岩溶涌水量大小可将岩溶分为特大涌水型、大量涌水型、中等涌水型、少量涌水型、微量涌水型,见表4-2。

岩溶涌水类型表　　　　　　　　　　　　　表4-2

序号	涌水分类	涌水量(m³/h)	涌水类型	危害程度
1	特大涌水	>10000	暗河或岩溶管道涌水	影响施工顺利进行,可造成重大设备及人身事故,排水困难
2	大量涌水	1000~10000	岩溶管道涌水	影响施工进行,可造成设备、人身事故,排水较困难
3	中等涌水	100~1000	脉状岩溶管道涌水	对施工有一定影响,较易排水
4	少量涌水	10~100	脉状岩溶管道涌水	对施工影响不大
5	微量涌水	<10	岩溶裂隙涌水	对施工影响小

6)按涌水动态变化特点划分

根据涌水量动态变化特点,可将岩溶分为水文型、稳定型、突发型三个类别:

(1)水文型:涌水量大小与降雨及地表水补给关系十分密切,涌水量变化明显。多出现在浅部岩溶含水层中。

(2)稳定型:当岩溶含水层水量稳定时,涌水量也比较稳定。多出现在深部岩溶含水层中。

(3)突发型:枯水季节无涌水,暴雨时期,岩溶管道易被冲开,发生突然涌水,且涌水量大,多发生在洪枯水位变动带内。

7)按地质构造特征划分

根据地质构造特征,可将岩溶分为向斜轴部岩溶承压水型、背斜岩溶水型、多层岩溶含水层同时涌水型、单一岩溶含水层暗河涌水型、火山岩中灰岩包裹体封存水涌水型五个类别:

(1)向斜轴部岩溶承压水型:处于向斜轴部的岩溶含水层,往往存在较高的压力。地下洞室遇到这类含水层时,将造成较长时期的高压涌水。

(2)背斜岩溶水型:在背斜地层中,两种岩层接触带会存在大量的岩溶水。

(3)多层岩溶含水层同时涌水型:当隧洞穿过多层岩溶含水层时,多层同时涌水,总涌水量较大。

(4)单一岩溶含水层暗河涌水型:隧洞开挖中遇岩溶暗河,易造成突水或较为稳定的涌水。

(5)火山岩中灰岩包裹体封存水涌水型:对于包裹在玄武岩中的灰岩块体,其中封存大量地下水,隧洞开挖到灰岩时地下水立即喷涌而出。此种封存水,在单一岩溶含水层中也常出现。但由于延续时间短,影响不大。

4.2.2 岩溶地质复杂程度分级

1) 按地形环境分级

岩溶隧道隧址区的地形环境按复杂程度可分为简单、中等、复杂三个级别,其划分标准应符合表 4-3 的规定。

岩溶隧道地形环境复杂程度分级　　　　　　　　表 4-3

地形环境复杂程度	地形、环境特征
简单	隧道仅穿越单个山峰,进出口基岩裸露、岩体完整、无岩堆、危岩分布;无村屯、高等级电塔;隧道以贫水岩溶为主,隧道开挖对水环境几乎无影响
中等	隧道穿越较小规模的峰丛洼地、峰丛谷地、垄脊槽谷、垄岗谷地、峰丛垭口;地面仅分布零星村屯,无高等级公路、铁路、高等级输电线路及河流水库等大型地表水体;隧道进出口植被较发育、地形较完整、岩堆危岩规模较小;隧道开挖可能出现地表泉干涸、地下河流量减小
复杂	隧道沿线地面为峰丛洼地、峰丛谷地、垄脊槽谷、垄岗谷地、溶丘洼地、溶丘盆地、溶丘谷地、岩溶高山峡谷、岩溶中山峡谷;地面存在厂矿、大型村镇、高等级公路、铁路、高等级输电线路、河流水库等大型地表水体的区域;隧道进出口植被发育、地形凌乱、岩堆危岩发育;隧道开挖可能造成地下河干涸、地表水全渗漏、地面塌陷

2) 按岩溶发育程度分级

岩溶按发育程度可分为强烈发育、中等发育、弱发育、微弱发育四个级别,其划分标准应符合表 4-4 的规定。

岩溶发育程度分类　　　　　　　　表 4-4

岩溶发育程度	特征
强烈发育	以较纯的碳酸盐岩岩性为主;沿断裂、褶皱、不整合面等溶蚀强烈;地表洼地、漏斗、竖井、落水洞等广泛分布,地下较大规模溶洞、廊道发育;地下洞穴系统基本形成,有大型暗河;钻孔见洞隙率 $k_j > 30\%$,钻孔线岩溶率 $k_x > 20\%$
中等发育	以次纯碳酸盐、间夹型可溶岩为主;沿断裂、褶皱、不整合面等溶蚀明显;地表洼地、漏斗、竖井、落水洞分布较多,地下中小型串珠状洞穴发育;地下洞穴系统未形成,有中小型暗河或地下集中径流;钻孔见洞隙率 $10\% \leq k_j \leq 30\%$,钻孔线岩溶率 $5\% \leq k_x \leq 20\%$
弱发育	以不纯碳酸盐岩为主,多间夹型或互夹型;沿裂隙面、层面溶蚀;地表岩溶形态稀疏发育,地下以溶隙或小型洞穴为主,裂隙连通性差;少见集中径流,常见裂隙流水;钻孔见洞隙率 $1\% \leq k_j < 10\%$,钻孔线岩溶率 $1\% \leq k_x < 5\%$
微弱发育	以泥质、硅质、炭质灰岩为主,裂隙状岩溶或溶孔为主;裂隙不连通,裂隙透水性差;钻孔见洞隙率 $k_j < 1\%$,钻孔线岩溶率 $k_x < 1\%$

3）按水文地质条件复杂程度分级

岩溶地区水文地质条件按复杂程度可分为简单、中等、复杂三个级别，其划分标准应符合表 4-5 的规定。

水文地质条件复杂程度分级　　　　　　　表 4-5

水文地质复杂程度分级	水文地质特征
简单	隧道处于垂直渗流带内，一般位于洼地高程之上，地形有利于自然排水；主要充水含水层和构造破碎带富水性弱至微弱；仅发育微量涌水型岩溶，水压不超过 0.5MPa
中等	隧道大部分洞段处于季节变动带内，部分洞段位于洼地高程之下，地形有自然排水条件；水文地质边界较复杂，主要充水含水层和构造破碎带富水性中等至强，地下水补给条件一般；或附近地表水不构成隧道的主要充水因素，地下水补给条件差，第四系覆盖面积小且薄，疏排水可能引发少量塌陷；发育中等及少量涌水型岩溶、水压 0.5~1.5MPa 的高压涌水
复杂	隧道部分洞段处于水平径流带内，大部分洞段位于沿线洼地、谷地高程以下；水文地质边界复杂，主要充水含水层富水性强，补给条件好，并具较高水压；构造破碎带发育、导水性强且连通区域强含水层或地表水体；第四系厚度大、分布广，疏于排水有引发大面积塌陷、沉降的可能；推测可能发生或已出现大量至特大涌水型岩溶

4）按岩溶地质复杂程度分级

按岩溶地质复杂程度可分为简单、中等、复杂、极复杂四个级别，其划分标准应符合表 4-6 的规定。

岩溶地质复杂程度分级　　　　　　　表 4-6

岩溶地质复杂程度分级	简单	中等	复杂	极复杂
地形环境复杂程度	简单	简单~中等	中等~复杂	复杂
水文地质条件复杂程度	简单	简单~中等	中等~复杂	复杂
岩溶发育程度	微弱	微弱~中等	中等~复杂	复杂
突水（泥）程度	无突水涌泥	小型突水涌泥	中型突水、涌泥，可能引发小型灾害	高水压、大型突水涌泥，成灾性高

续上表

洞穴稳定程度	洞顶无缓倾结构面、无水,自稳性较好,掉块	洞顶有缓倾结构面,弱富水,有一定自稳性,可能引起小型坍塌	洞顶有缓倾夹泥结构面,中等富水,自稳性较差,可能引起中型坍塌	洞顶有缓倾夹泥结构面且存在不稳定节理组合,自稳性差,富水,可能引起大型失稳坍塌
物探异常情况	无异常	较小物探异常	较大物探异常	重大物探异常

4.2.3 岩溶隧道围岩稳定性分级

公路岩溶隧道围岩级别的确定应符合表 4-7 及表 4-8 的规定。

公路岩溶隧道围岩分级　　　表 4-7

围岩级别	围岩特征	围岩基本质量指标修正值 BQ
Ⅰ	地形简单;节理不发育,层间结合良好,巨厚至整体块状结构;水文地质简单,多处于垂直渗流带;构造、岩溶微发育,电阻率或地震波速度无异常;岩体完整,围岩稳定性好,跨度≤20m,可长期稳定;偶有掉块,无塌方,极少发生地下水疏干等问题	≥551
Ⅱ	地形简单;节理弱发育,层间结合较好,厚层至块状结构;水文地质简单,一般处于垂直渗流带至季节变动带;构造、岩溶弱发育,电阻率或地震波速度无明显异常;岩体完整,围岩稳定性较好,跨度 10~20m 可基本稳定;局部可发生掉块或小塌方,侧壁稳定,层间结合差的平缓岩层顶板易塌落,较少发生地下水疏干等问题	550~451
Ⅲ	地形简单至中等;节理弱发育,层间一般结合较好,偶有夹泥,中厚层状结构;水文地质或简单或复杂或兼而有之,处于垂直渗流带至季节变动带为简单,处于水平循环带或深部缓流带或与富水地下暗河相通为复杂;构造、岩溶较发育,电阻率或地震波速度有异常;岩体完整~较完整,围岩稳定性较好至一般,跨度 10~20m 可稳定数日至 1 月,拱部可产生小坍塌,爆破震动影响大,侧壁较稳定,层间结合差的平缓岩层顶板易塌落;水文地质较简单的隧道开挖仅会引发较小地质灾害,水文地质复杂的,则可能会发生中型突泥涌水灾害,导致地表泉水流量减少	450~351
Ⅳ	地形中等至复杂;节理较发育,层间结合较差且多夹泥,中薄层至镶嵌状结构;水文地质简单至复杂,处于季节变动带为中等,处于水平循环带或深部缓流带,或与富水地下暗河相通为复杂;构造、岩溶发育,电阻率或地震波速度异常明显;岩体较完整~较破碎,围岩稳定性一般至较差,跨度 10~15m 可稳定数小时至数日,数日至数月内可能发生松动变形、小塌方,进而发展成中~大塌方,埋深小时,以拱部松动破坏为主,埋深大时,有明显塑性流动变形和挤压破坏;水文地质中等复杂的,隧道施工会引发小型突泥涌水、地面塌陷地质灾害,运营期雨季则可能发生地表水渗漏至隧道,影响运营安全甚至结构破坏;水文地质复杂的,则可能会发生较大型突泥涌水灾害,导致地表泉水干涸、地下河流量减小	350~251

续上表

围岩级别	围岩特征	围岩基本质量指标修正值 BQ
V	地形中等至复杂;节理发育且多夹泥,碎裂至散体结构;水文地质简单至复杂,处于季节变动带为中等,若隧道处于水平循环带或深部缓流带,或与富水地下暗河相通为复杂;构造、岩溶发育,电阻率或地震波速度异常显著;岩体破碎~极破碎,围岩无自稳能力,易坍塌,处理不当会出现大坍塌,浅埋时易出现下沉或塌至地表;水文地质中等的,隧道施工会引发中型突泥涌水、地面塌陷地质灾害,运营期雨季则可能发生地表水渗漏至隧道,影响运营安全甚至结构破坏;水文地质复杂的,则可能会发生特大型突泥涌水灾害,导致地下河干涸、地表水漏失、地面塌陷	≤250

岩溶隧道围岩基本质量影响因素修正系数　　　表4-8

修正因素		BQ				
		≥551（Ⅰ）	550~451（Ⅱ）	450~351（Ⅲ）	350~251（Ⅳ）	≤250（Ⅴ）
岩溶影响修正系数 K_0	简单	0	0	0	0	0
	中等	0.1	0.1	0.2	0.3	0.4
	复杂	0.3	0.4	0.6	0.6	0.5
	极复杂	0.5	0.7	0.9	0.8	0.7
地下水状态影响修正系数 K_1	潮湿或点滴状出水,$p^① ≤0.1$ 或 $Q^② ≤25$	0	0	0(0.1)	0.2~0.0（0.1~0.2）	0.4~0.6（0.2~0.4）
	淋雨状或涌流状出水,$0.1<p≤0.5$ 或 $25<Q≤125$	0	0~0.1	0.1~0.2	0.4~0.6（0.3~0.5）	0.7~0.9（0.6~0.8）
	淋雨状或涌流状出水,$p>0.5$ 或 $Q>125$	0.0（0~0.1）	0.1~0.2	0.2~0.3（0.3~0.5）	0.7~0.9	1.0
主要软弱结构面产状影响修正系数 K_2	结构面走向与洞轴线夹角<30°,结构面倾角30°~75°	0.4~0.6（0.4~0.5）	0.4~0.6（0.5~0.6）	0.4~0.6（0.6~0.7）	0.4~0.6（0.4）	0.4~0.6（0.0）
	结构面走向与洞轴线夹角>60°,结构面倾角>75°	0~0.2（0.0）	0~0.2（0.0）	0~0.2（0.1）	0~0.2（0.2）	0~0.2（0.0）
	其他组合	0.2~0.4（0.2）	0.2~0.4（0.2）	0.2~0.4（0.3）	0.2~0.4（0.4）	0.2~0.4（0.0）

续上表

修正因素		BQ				
		≥551 （Ⅰ）	550~451 （Ⅱ）	450~351 （Ⅲ）	350~251 （Ⅳ）	≤250 （Ⅴ）
初始应力状态影响修正系数 K_3	极高应力区	1.0 (0.5)	1.0 (0.5)	1.0~1.5 (0.6)	1.0~1.5 (0.7)	1.0 (0.6)
	高应力区	0.5 (0.2)	0.5 (0.3)	0.5 (0.4)	0.5~1.0 (0.5)	0.5~1.0 (0.5)

注：①p 为岩溶地下水水压，单位为 MPa。

②Q 为每 10m 洞长岩溶地下水水量，单位为 L/(min·10m)。

岩溶隧道围岩基本质量影响因素修正系数确定原则：

（1）考虑岩溶对隧道围岩的影响，在一般隧道围岩基本质量影响因素地下水状态、结构面产状及其与隧道轴线关系、初始地应力状态等三个修正因素的基础上，增加岩溶影响因素修正是科学合理且必要的。

（2）岩溶发育受地下水、地质构造、应力环境影响并相互作用，各因素之间关系极为复杂，从继承和发展、方便使用的角度出发，《岩溶区公路隧道技术规范》（DB 45/T 2125—2020）用各主要因素并列平行的修正方式。

（3）岩溶区隧道围岩的基本特点是：要么岩体完整、稳定性很好、施工及运营无地下水害，要么存在巨型不稳定块体或严重的突水突泥，给施工甚至运营造成很大困难，要么围岩稳定、施工期地下水不丰富，但在运营时强降雨期间出现隧道涌水，或影响道路通行，甚至引发结构破坏。

（4）考虑到岩溶、地下水、不利结构面、应力环境之间不是简单叠加关系，不能因为岩溶因素的加入使围岩变得更差，所以，考虑到各种因素之间或许存在"此消彼长"关系，原则上总的修正力度与一般岩体基本持平，只是更加精细一些。

总之，贵州以喀斯特地貌著称，在此类地质区建设隧道风险高、难度大。

4.2.4 岩溶发育的基本条件

岩石和水是岩溶发育的基本条件。岩石的可溶性、透水性、水中的 CO_2 含量和流动性都是影响岩溶发育的重要因素。此外，气候、地形、地貌、生物和土壤等自然条件也影响着岩溶的发育。

1）可溶性岩石的成分

可溶性岩石是岩溶发育的物质条件。可溶性岩石的化学成分、矿物成分、岩石结构等对岩溶的发展速度、发育程度、发育特征等都有着明显的影响。可溶性岩石按化学成分和矿物成分可分 3 种类型：碳酸盐类碉灯岩石（石灰石、白云岩及其间的过渡岩石），硫酸盐类岩石（石膏、芒硝）、卤盐类岩石（石盐、钾盐）。硫酸盐类岩石和卤盐类岩石分布面积不广，岩体较小，一般不普遍，岩溶发育亦不典型。碳酸盐类岩石分布面积广，发育典型，与工程建设关系密切。据统计，整个地球陆地上碳酸盐类岩石分布面积约 $4000 \times 10^4 km^2$，我国的分布面积在 $200 \times 10^4 km^2$ 以上，其中出露的碳酸盐类岩系约为 $125 \times 10^4 km^2$，占我国领土的 13%，尤以鄂西、贵州、广西、滇东分布集中。碳酸盐类岩石以其组成的矿物成分划分为石灰岩、白云岩两大类及一系列过渡类型。岩石中含有 50% 以上方解石或文石的属石灰岩类，含 50% 以上白云石的属白云岩类，两者间的过渡类型则按 CaO 和 MgO 的比值来划分。

2）可溶性岩石的透水性

可溶性岩石的透水性取决于岩石中的孔隙和裂隙。

（1）碳酸盐类岩石的孔隙。

碳酸盐类岩石的孔隙受原始沉积物和沉积环境的控制，还受粒屑组分、基质、胶结物胶结类型的控制和成岩作用后期改造的影响。

（2）碳酸盐岩的孔隙度。

孔隙度的定义为孔隙空间体积与岩石总体积的比率，即：

孔隙度 = 孔隙体积／岩石总体积 ×100%

有效孔隙度为相互连通的孔隙体积与岩石总体积的比率，有效孔隙度是计算碳酸盐类岩石渗透度的重要指标之一。

3）岩溶水的溶蚀力

第一阶段：碳酸钙溶解于水，生成 Ca^{2+} 和 CO_3^{2-} 离子。

第二阶段：溶解于水的 CO_2 与水起反应。溶解于水的 CO_2 有两种形式，一种为物理态，一种为与水化合生成碳酸的化学态。化学态的 CO_2 在水中电离成 H^+ 和 HCO_3^- 离子。这里生成的 H^+ 离子与第一阶段产生的 CO_3^{2-} 离子结合生成 HCO_3^- 离子，使第一阶段碳酸钙的溶解平衡被破坏，引起碳酸钙的不断溶解。

第三阶段：水中物理态和化学态的 CO_2 之间有一个平衡关系。由于第二阶段的作用,化学态的 CO_2 不断与水化合,生成碳酸,因此其平衡也被破坏,使物理态的 CO_2 与水化合,转化为化学态的 CO_2,成为新的碳酸。

第四阶段:由于水中 CO_2 含量与外界 CO_2 也有平衡关系,水中 CO_2 含量的减少,使平衡受到破坏,必然要吸收外界的 CO_2,使水中的 CO_2 达到新的平衡。

从这四个阶段可以看出,石灰岩继续不断溶解,首先取决于 CO_2 扩散进入水中的速度。

碳酸盐类岩石的溶蚀作用是化学作用中的平衡连锁反应关系,其中一个环节失去平衡,就影响到其他平衡系统的平衡。当外界 CO_2 不足时,往往发生沉淀作用,若 CO_2 能不断地得到补充,则溶解作用将持续不断地发展。

4) 自然因素对岩溶发育的影响

气候是影响岩溶发育的重要因素之一。气候因素能够决定气温高低、风化作用的性质及强度,岩溶作用过程化学反应的速度,降水量及降水性质,降水的季节分配,蒸发量,地面径流量与渗透量之间的比例关系等,从多方面影响着岩溶作用过程。实践证明,溶解速度是随温度的增高而增加的,降水量的多寡常影响着岩溶水的运动交替,而且雨水在通过空气和土壤层时,水中的游离 CO_2 大大增加,侵蚀作用明显加强。植被和土壤是岩溶水中 CO_2 的主要来源。植被的覆盖使空气中湿度增加,截留地表径流,使水的下渗作用增强。雨水在通过植被腐殖层和富含有机质的土壤时,水中的有机酸和碳酸的含量明显增加,促进碳酸盐类岩石的溶蚀和潜蚀。地貌形态也影响着岩溶的发育程度,因为岩溶发育很大程度受地表水和渗透条件的影响,而这两者又常受地貌条件的制约,如地面坡度、切割密度及深度、水系分布等,所以,地貌发育过程常与岩溶发育过程密切相关。

4.2.5 岩溶发育的一般规律

1) 岩溶与岩性

一般情况下,岩溶化程度最强的为灰岩,其次为白云质灰岩和白云岩,再次为泥质灰岩。

从碳酸盐岩的结构来说,一般晶粒愈粗,溶解度就愈大,岩溶发育也就愈强烈。因为晶粒愈粗大,岩石的空隙也大,吸水率高,抗侵蚀能力弱,有利于溶蚀。一般岩层愈厚,岩溶就愈发育,且形态齐全,规模较大。薄层碳酸盐岩地层岩溶化程度较弱。

2）岩溶与地质构造

岩层产状为水平或缓倾时，地下水以水平运动为主，岩溶形态也主要是水平溶洞。岩层倾斜较陡时，地表水多沿层理下渗，地下水运动也较强烈，岩溶发育方向主要受层面的控制。

断裂构造为地下水活动和岩溶作用提供了极为有利的条件，岩溶常沿着断裂破碎带发育，如图 4-1 所示。一般情况下，张性断层附近的岩溶发育程度较强，而压性断层附近岩溶发育程度相对较弱。

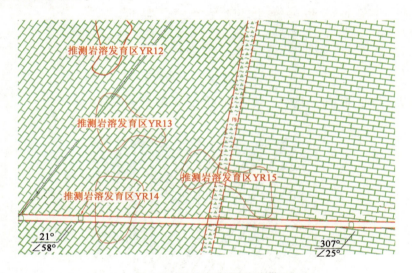

图 4-1　岩溶与断裂破碎带

在褶皱发育地区，因背斜轴部张性节理发育，地下水顺节理下渗，并向两翼运动，岩溶的形态以垂直方向为主，如图 4-2 所示。

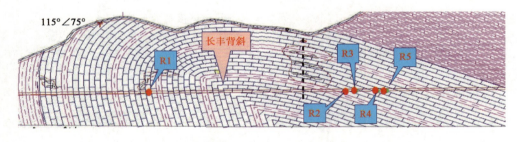

图 4-2　岩溶集中出水点 R1、R2、R3、R4、R5 与背斜

而在向斜轴部，虽然裂隙多呈闭合状态，但地下水多汇集于此，所以岩溶亦较发育，如图 4-3 所示。

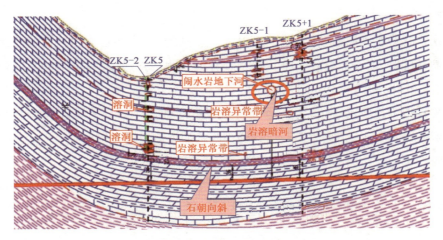

图 4-3 岩溶暗河与向斜

当可溶岩与非可溶岩接触时,其接触面附近岩溶发育如图 4-4 所示。

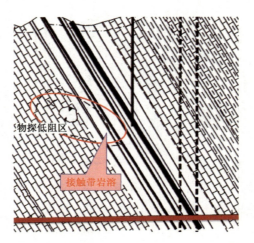

图 4-4 岩溶与可溶岩和非可溶岩接触面

4.2.6 岩溶隧道处治设计方案

1)岩溶隧道处治总体原则

公路岩溶隧道建设应贯彻"安全第一、预防为主、综合治理"的方针,坚持"以人为本、安全经济、节能环保"的原则,采取安全环保的技术措施。

岩溶处治应遵循"探测在前、因地制宜、综合治理"的原则,设计阶段进行预案设计,施工阶段根据超前地质预报、监控量测和施工期间补充勘察或施工地质勘察成果,动态调整处治方案。

公路岩溶隧道施工前通常要建立隧道工程地质、水文地质多元信息融合评价指标和体系,将动态勘察设计贯穿到施工全过程。施工过程中要充分利用超前预报成果,对影响隧道稳定性的溶洞及其填充物进行合理处置,以确保施工安全、快速推进,不留后患。

岩溶发育过程漫长,形成规律极其复杂,根据目前的勘察手段,难以准确掌握溶洞规模、形态、填充特性、岩溶水发育程度、与隧道洞室的空间关系等情况,设计阶段应根据地勘成果,进行处治预案设计,确定处治的规模及费用。施工过程中,根据超前地质预报的成果,进行动态调整。

2) 岩溶隧道处治设计步骤及内容

岩溶隧道应按照超前地质预报设计文件要求开展地质工作,遵循物探普查、以钻为主、综合探测、相互验证的原则,采用地质调查、物探、钻探和水文观测等多种手段进行综合判识。

隧道岩溶处治前,根据全寿命周期风险评估结果,分析岩溶对隧道施工和运营安全方面的影响程度。对于风险等级比较高,对隧道施工和运营安全有直接影响的岩溶地段,要求应开展专项设计,系统开展岩溶专项勘察,制定消除风险的措施。

岩溶处治设计应根据岩溶的类型及与隧道的空间关系,制定针对性的措施,满足合理、可靠的要求。溶腔处治一般采取"超前地质预测预报、超前预注浆、超前大管棚注浆预支护、排水降压、迂回绕行、加强型复合式衬砌"等系列工程措施。

对于充填黏土型岩溶,通常采取径向注浆加固、超前帷幕注浆和大管棚支护处治技术;对于充填淤泥型岩溶,通常采取锚网喷防护、格栅钢架支护和大管棚处治注浆技术;对于充填泥沙型岩溶,通常采取超前帷幕注浆、大管棚和小导管注浆处治技术;对于充填块石型岩溶,通常采取锚网喷防护、大管棚支护和相应的隧底结构处治技术(如板跨、钢管桩梁跨等);对于充水型岩溶,通常采取迂回绕行、分水降压、大管棚支护和相应的隧底结构处治技术;对于无充填型岩溶,通常采取超前帷幕注浆、大管棚支护和相应的隧底结构处治技术。

岩溶处治尽量不改变岩溶水的径流路径,保持其原有循环和储存平衡状态,减少水对主体结构和生态环境的破坏,故对岩溶水的既有排泄通道要尽量恢复或维系。但实践证明,由于既有通道存在淤堵或暴雨季节岩溶水量骤增的可能,从而引起岩溶水位上升对衬砌结构造成破坏,因此要求必要时增设排水通道,对既有排泄通道采取利用但不完全依赖的设计理念。但对于环境敏感地段,要进行注浆封堵地下水通道,减少水土流失,将对环境的影响降低到最小。

巨型溶洞、高压富水溶洞及复杂暗河往往工程地质条件和水文地质条件十分复杂，处治不当极易引发地质灾害，施工风险很高，因此必须拟定多种方案进行比选、详细研究。富水岩溶隧道（地段）选择在枯水季节施工，可以一定程度上避免或减弱岩溶水带来的施工问题。

3）涌水突泥处理

大娄山隧道岩溶发育，隧道上部存在采空区，施工开挖时易产生突水现象。施工中，应进行超前探水，查明隧道前方地下水分布情况及水量后，适时采取预注浆，将大量的地下水尽可能地封堵在围岩内，使隧道开挖不出现大量的涌水，为后续施工和洞室稳定创造条件。

为保护地表水环境，应根据实际情况分别采用全断面深孔预注浆、部分断面深孔预注浆、深孔周边预注浆、开挖后周边注浆及开挖后局部注浆堵水。

4）溶洞处理

大娄山隧道部分段落为灰岩，隧道施工中可能遇见溶洞、裂隙而导致突水、涌泥现象，施工中需加强超前地质预报，根据超前地质预报探测溶洞位置、规模、性质，可采取以下处治措施：

（1）当溶洞在隧底，小型溶洞可挖出充填物换填；对于规模较大的溶洞，根据跨度大小采用梁跨、拱跨等措施。

（2）溶洞在侧墙，可局部挖除溶洞充填物后在衬砌外采用混凝土或浆砌片石砌筑。

（3）溶洞在隧顶，可待溶洞充填物自流稳定后，在拱顶以上浇筑混凝土护拱，护拱之上充砂或用轻质泡沫混凝土灌注充填，然后再修建隧道；溶槽在隧顶，利用超前支护钻孔对隧顶溶槽充填物进行高压劈裂注浆加固后再进行开挖，并加强隧道支护。

5）隧道开挖轮廓外发育小型溶洞处理方案

（1）对隧道拱顶及拱腰以上发育深度小于 2m 的溶洞，清除溶洞充填物后在溶洞周边打设 $\phi 20mm$ 药卷锚杆（长 2.0～3.0m，间距 120cm×120cm，深入基岩＞1.0m），待初期支护施作完成后分次泵送 C15 混凝土回填，如图 4-5 所示。

（2）对于隧道边墙发育高度小于 3m 的溶洞，用干砌片石回填，并采用厚度不小于 2m 的 M7.5 浆砌片石进行封堵，并且每隔 2m 设置一道 $\phi 100mm$ PE 双壁打孔波纹管与中心排水沟相连。

（3）对于隧道仰拱及路面下发育深度小于 2m 的溶洞，清除溶洞充填物后采用 C15 片石混凝土回填。

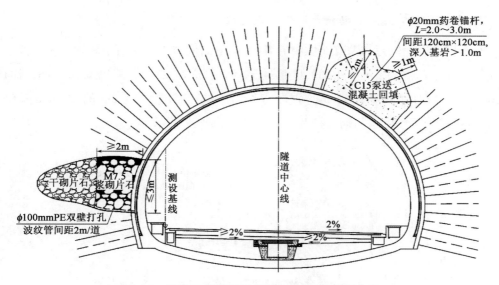

图 4-5 隧道开挖轮廓外发育小型溶洞处理方案

6) 隧道拱腰以上无充填物大溶洞处理方案

对于拱腰以上发育大型无充填物（或充填物可清除）的溶洞，沿溶洞周边打设 ϕ20mm 药卷锚杆（长 3.0m，间距 120cm×120cm，深入基岩 >1.5m），设置 ϕ20mm 钢筋网（间距 20cm×20cm）后泵送 C25 混凝土，其最薄厚度不小于 80cm，两侧嵌入岩石内不小于 50cm，待混凝土强度达到 70% 后采用砂袋回填，如图 4-6 所示。

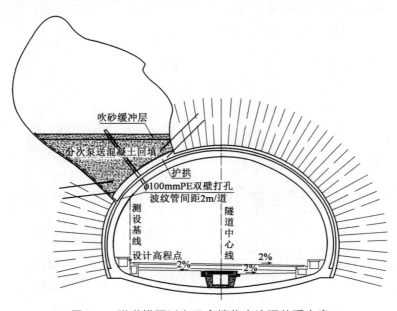

图 4-6 隧道拱腰以上无充填物大溶洞处理方案

7)隧道拱腰以上有充填物大溶洞处理方案

对于拱腰以上发育大型有充填物的溶洞,沿溶洞周边打设超前小导管或大管棚作为超前支护,隧道开挖后初喷 10cm 厚混凝土,然后施工 I22b 型钢拱架、ϕ8mm 钢筋网 20cm×20cm(双层)及喷射 50cm 厚混凝土作为护拱,并设置长 3.0m 的 ϕ20mm 锁脚锚杆,在护拱保护下再施工初期支护及二次衬砌,如图 4-7 所示。

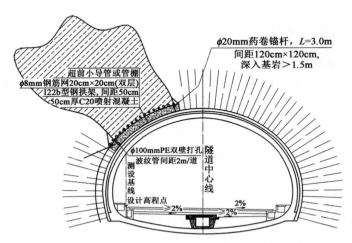

图 4-7　隧道拱腰以上有充填物大溶洞处理方案

8)隧道仰拱及边墙发育大型无充填溶洞处理方案

(1)上部宽度较窄的溶洞,采用 M7.5 浆砌片石回填及 C25 钢筋混凝土梁跨越,施工中预埋 ϕ100mm PE 双壁打孔波纹管作为泄水通道,如图 4-8 所示。

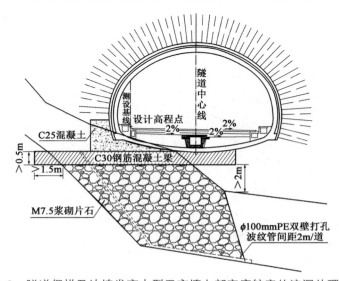

图 4-8　隧道仰拱及边墙发育大型无充填上部宽度较窄的溶洞处理方案

（2）上部宽度较宽的溶洞，采用桩基及钢筋混凝土梁跨越，如图4-9所示。

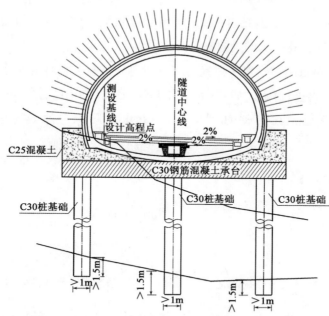

图4-9　隧道仰拱及边墙发育大型无充填上部宽度较宽的溶洞处理方案

9）隧道拱底发育大型充填溶洞处理方案

对于隧道拱底发育大型充填溶洞（图4-10），由于隧底为溶洞充填物，基底承载力不满足要求，基底采用C15混凝土回填以及$\phi 76mm \times 5mm$钢花管注浆加固，如图4-10所示。

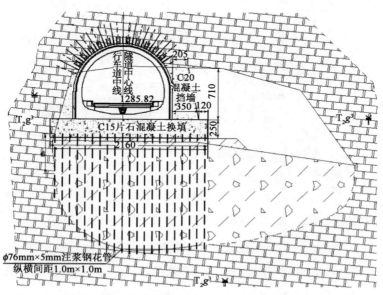

图4-10　隧道拱底发育大型充填溶洞处理方案（尺寸单位：cm）

10) 岩溶富水段落超前探水、排水预案

（1）隧道穿越岩溶富水段落，隧道施工可能导致涌水、突水，为防止涌突水事故发生，采取超前探水和钻孔排水的措施进行处理。

（2）隧道开挖接近岩溶富水区位置前 10m 处掌子面打超前探孔 1 个（1 号孔），如钻孔无水，掘进 10m，再进行探水，如有水，但水量小，无压力，施工 2、3、4 号孔，如 4 孔均水量小，无压力，掘进 10m，再探水，如 4 孔中任一孔水有压力，应停止掘进，施工排水孔如图 4-11 所示。

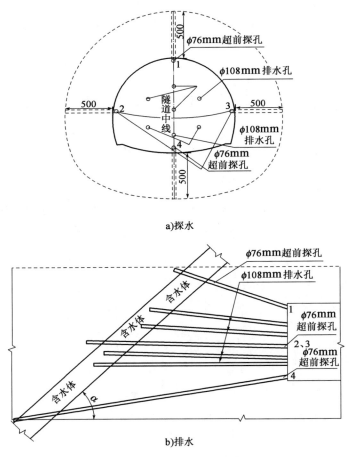

图 4-11 岩溶富水段落超前探水、排水预案（尺寸单位：cm）

（3）排水工程中，应记录排水孔压力、流量等数据，在确保开挖完全的前提下，方可进行开挖，岩溶富水段落超前探水、排水动态施工工序如图 4-12 所示。

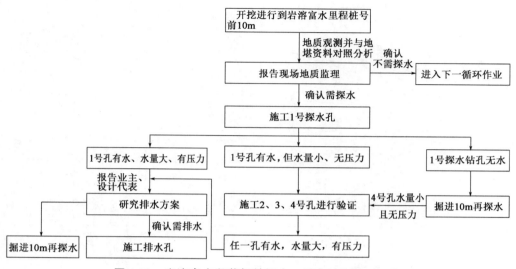

图 4-12 岩溶富水段落超前探水、排水动态施工工序

11) 隧道涌突水超前全断面帷幕注浆处理方案

隧道涌突水超前全断面帷幕注浆处理注浆孔布设方案如图 4-13 所示,具体要点如下:

(1) 在预注浆前应认真分析设计提供的勘测资料,并通过超前地质预报、超前物探及超前钻孔等方法探明地下水、岩溶裂隙水的发育情况,超前钻孔应在距离预测突水位置前 5~10m 进行,每个断面 2~3 个超前探孔。

(2) 注浆孔自掌子面沿开挖方向以隧道中心线为中心呈伞状布置,全断面帷幕注浆范围为开挖轮廓线外 5m,共设 6 环注浆孔,第 Ⅰ~Ⅲ 环每环 22 个注浆孔,第 Ⅳ 环 16 个注浆孔,第 Ⅴ 环 10 个注浆孔、第 Ⅵ 环 4 个注浆孔,局部注浆孔数量及位置可根据超前地质预报及超前钻孔探测的地下水发育情况进行调整。

(3) 每循环注浆长度为 25m,注浆后开挖 20m,预留 5m 不开挖作为下一循环注浆的止浆岩盘,施工中注浆段落位置及长度可根据超前地质预报及超前探孔探测的地质情况作适当调整。

(4) 单孔注浆浆液扩散半径为 2.0m,每循环孔底间距不大于 3.0m,使注浆扩散圈有效重叠,形成阻水帷幕。

(5) 注浆前在止浆岩盘内钻 ϕ115mm 钻孔并埋设 ϕ108mm×4mm 热轧无缝钢管作为孔口管,孔口管长 3.0m,孔口管外露 20~30cm,其余注浆孔为 ϕ90 钻孔。

(6) 注浆材料采用水泥-水玻璃双液浆,浆液浓度应据地质及水文条件进行调整,初拟注浆参数为:C∶S(体积比) = 1∶(0.6~1.0),水泥浆水灰比为 0.8∶1~1∶1,水玻璃模数 2.6~2.8,水玻璃浓度 35Be′,注浆压力为 0.5~1.5MPa。

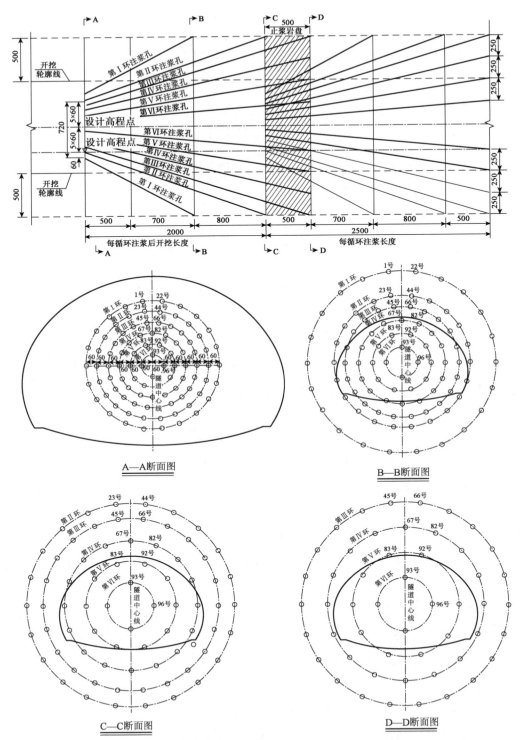

图 4-13　隧道涌突水超前全断面帷幕注浆处理方案（尺寸单位：cm）

(7) 注浆结束标准：单孔注浆压力达到设计终压并稳定 10min 以上可结束本孔注浆，单孔注浆量与设计注浆量基本相同，结束时的进浆量在 20~20L/min 以下时可结束本孔注浆。

(8) 注浆堵水效果检查：每循环全部注浆孔注浆完成后，在主要出水点附近设置至少 5 个检查孔测孔内涌水量，要求全断面涌水量小于 $1.0m^3/(d·m)$，或进行吸水试验，即在 0.75MPa 的压力下吸水量小于 2L/min 为注浆合格，否则应补孔注浆。

(9) 超前预注浆起始工作面应距预测突水位置 5~10m，以保证足够的止浆盘，其终点应超过预测突水段 5m。

4.3 大娄山特长隧道群岩溶特点

4.3.1 大娄山隧道岩溶概况

大娄山隧道穿越的碳酸盐岩地层有二叠系中统栖霞组-茅口组灰岩、二叠系上统长兴组灰岩、三叠系下统夜郎组第四段灰岩、三叠系下统茅草铺组段灰岩。岩溶发育形态主要为岩溶洼地、落水洞、溶洞、溶隙及暗河管道，受岩性和构造限制，多呈带状和块状出现。

大娄山隧道左洞 ZK34+631 左侧处出现溶洞（图 4-14），一直延伸至 ZK34+643.3 处，开挖轮廓线外溶洞的最大宽度为 4.8m，最大高度为 9m；ZK34+640 右侧处出现溶洞（图 4-15），一直延伸至 ZK34+678 处，开挖轮廓线外溶洞的最大宽度为 10.9m，最大高度为 11.5m；ZK34+682.5 左侧处出现溶洞，一直延伸至 ZK34+689.5 处，开挖轮廓线外溶洞的最大宽度为 1.86m，最大高度为 7m；从 ZK34+631 处下台阶左侧拱脚出现岩溶管道，掌子面往前推进后，岩溶管道移动至 ZK34+640 右侧，再移动至 ZK34+689.5 左侧，现消水通道桩号为 ZK34+670 处。

图 4-14 ZK34+631 处溶洞内部空间

图 4-15 ZK34+640—678 段上导右侧溶洞初期情况

大娄山隧道在 ZK39+525(YK39+660)下穿龙洞塘暗河管道,总体南向北发育,南起自大河镇饮用、灌溉。根据地质调查及物探资料,隧道 ZK39+525(YK39+660)段从该岩溶管道尾端下方通过,距离隧道顶板约 230~250m,隧道施工揭露该管道下伏隐伏溶洞存在袭夺该岩溶管道水,带来大量集中涌水、涌砂的风险。

大气降水、地表水的直接入渗是大娄山隧道场区地下水的主要补给来源。大娄山隧道穿越多个不同性质的含水岩组,区内60%以上为碳酸盐岩分布,结合隧址区地形地貌、地层岩性、构造及水文地质条件等进行隧道涌水量预算时,考虑隧道安全施工,选取区内日最大降水量(173.3mm)状态下,按照地层岩性对隧道进行分段计算。隧道各段涌水量采用大气降水入渗法、地下水径流模数法、半理论半经验公式法进行预测,主洞隧道最大涌水 $19.23×10^4 m^3/d$(全隧),一号斜井最大涌水 $5858m^3/d$,二号斜井最大涌水 $5858m^3/d$,三号斜井最大涌水约 $2.89×10^4 m^3/d$,四号斜井最大涌水约 $2.73×10^4 m^3/d$。主洞排水系统不仅具备主洞排水功能,还承担了4座总长度达5052m斜井的排水任务。

4.3.2 区域岩溶地质情况介绍

1)岩溶洼地、落水洞

区内岩溶洼地主要发育于隧道进口和洞身段二叠系栖霞、茅口组灰岩中,受水文网控制,洼地内多有落水洞发育,洼地汇水从溶隙、落水洞排泄。洼地一般呈椭圆形,长50~300m,宽40~200m,深10~100m,规模较大。落水洞则多为圆形、矩形,直径或长宽0.5~5.0m,可见深1~11m,洞口大都偏小。洼地地表水、地下水转换较强烈,部分下面有暗河管道产生。由于溶隙、落水洞排泄不畅,一些洼地时常发生水淹。

2)溶洞、溶隙

通常灰岩、白云岩地带地表、地下都有溶洞、溶隙存在,地表以敞口和小型溶沟、溶槽形式存在。

地表溶洞形成有5处,其长 5~10m、宽 3~20m、高 3~5m,规模小。物探在不同位置不同深度均揭示地下溶洞、溶隙的存在。

3)暗河管道

分布有两处,分别是龙洞塘暗河管道和马打洞暗河管道。

(1)龙洞塘暗河管道:隧道在 ZK39+525(YK39+660)下穿岩溶管道,总体南向北发育,南起自大河镇天桥村伏流进口,大致沿东山背斜外围径流,北在原大河煤矿下面的松坎河出露,长13.5km,宽 2~8.0m,高 0.5~5.0m,埋深 50~220m,水量200L/s,沿线有多个洼地、落水洞与管道相连,部分可直接从其内抽水饮用、灌溉。

(2)马打洞暗河管道:位于隧道右侧3~4km处,管道发源于龙坪村万灵山消水洞,长2.8km,宽0.8~2.0m,高0.5~3.0m,埋深10~100.8m,在下面马打洞排出地表,水量约120L/s,附近瓦房村民长期利用该水进行灌溉,该管道对隧道无影响。

(3)根据地质调绘,碳酸盐分布地段地表多处存在岩溶洼地、落水洞,物探资料显示多处存在低阻体,因此隧道存在隐伏溶洞的风险极高,隧道开挖揭露隐伏岩溶的可能性大,需采取相应的辅助工程措施,确保洞室稳定。

4.3.3 各隧道场区岩溶特点、重点、难点介绍

区内出露地层多样,根据地层岩性及其组合特征、地下水赋存条件、水理性质和水力特征,将区内地下水类型分为碳酸盐岩岩溶水、基岩裂隙水和第四系松散层孔隙水,以碳酸盐岩岩溶水为主。

1)碳酸盐岩岩溶水

碳酸盐岩岩溶水依据含水介质组合及水动力特征又可进一步分为碳酸盐岩裂隙—溶洞水、不纯碳酸盐岩溶洞—裂隙水两个亚类。

碳酸盐岩裂隙—溶洞水:该含水岩组为灰岩、白云岩,水量较丰富,泉水及地下河流量一般为5~30L/s,最大流量达200L/s,枯季地下水径流模数7.10~7.80L/(s·km^2),富水性中等~强,含水层中地下水分布的均一性视岩石类型的不同而有较大差异。石灰岩中地下水主要集中于裂隙带和岩溶管道中,分布极不均匀;而白云岩中地下水多赋存于溶孔、溶隙中,分布较为均匀。地下水水位埋藏一般较深,地下水水力坡度较大。

不纯碳酸盐岩溶洞—裂隙水:该含水岩组为灰岩、泥质灰岩夹泥岩。含水岩层与隔水层相间分布,地下水在碳酸盐岩层中通常作顺层运动,含水性不均一,水量较为丰富,泉流量一般5~10L/s,枯季地下水径流模数4.50~5.09L/(s·km^2)。属碳酸盐岩夹碎屑岩类溶洞裂隙水,富水性中等。

2)基岩裂隙水

根据调查,区内隧道进出口一带分布围岩,其面积较广,岩性为泥岩、粉砂岩夹灰岩及煤层,其中灰岩厚度薄,整体是主要的基岩裂隙水含水层。泉水流量一般0.1~1.0L/s,个别构造汇聚可达12.0L/s,枯季径流模数1.3~2.46L/(s·km^2),富水性弱~中等。

3)第四系松散层孔隙水

主要赋存于山间洼地、宽缓斜坡下部沟谷边缘的第四系冲洪积、残坡积层中,富水性

差,水量贫乏,对隧道影响较小。

4)地下水补给、径流、排泄特征

场区为相互交接的高耸山地,补、径、排较为多变,地下水沿分水岭分别以不同方式排往松坎河、桐梓河和清溪河。

大气降水是区内地下水的主要补给来源,部分地段存在地表水相互补给,补给方式为降水形成的片流、地表径流通过裂隙、溶隙、溶槽、落水洞(漏斗)下渗补给。调查区内地下水径流部位,一般为斜坡地带,排泄区为谷地及河流,受地貌、岩溶、地质构造、水网展布控制,地段性差异较大,但一般都与岩层走向一致。隧道穿过碳酸盐岩区段较多,施工存在诱发涌水、突泥事故可能。

5)地下水动态和埋藏深度

受地层岩性影响,隧道区地下水具较强关联性,广泛接受大气降水和部分地表水补给,地下水动态类型基本属于渗入-径流型。

根据地貌组合情况以及收集和施工钻孔实测的稳定水位和隧道周边出露泉点显示,区内可划分为地下水浅埋区和地下水水位深埋区,地下水埋深一般 50～100m,局部地段大于 200m,隧道基本都位于地下水位以下。

另外,地表分布有大量泉眼,隧道施工易造成地表水下降和泉水枯竭。

4.4 大娄山特长公路隧道群穿越岩溶地层施工关键技术

4.4.1 岩溶探测技术

为防止岩溶在施工中的危害,关键的一环是事前探明岩溶的性状。超前探测预报技术主要是通过先进的物探手段对隧道施工掌子面前方的地质条件进行探测,进而准确地预报该区域是否存在不良地质体,避免不良地质灾害事故的发生。超前探测预报方法有很多,长距离超前探测预报技术 TSP 与地质雷达 GPR 短距离超前探测预报技术是隧道施工常用的两种技术方法。此外,岩溶探测技术还有:地质调查、超前地质钻探、地质素描、TGP、电阻率测深法、大地电磁法、红外探水法、瞬变电磁法、高密度电法、管波探测技术、CT 技术、孔内三维激光扫描、钻孔取芯、压水试验、面波检测探测技术等。

4.4.2 超前预报技术

超前地质预报可有效探测隧道前方地质情况,施工时将超前地质预报纳入隧道施工正式工序管理,正确指导现场施工,必须在检测报告提交确定施工方案后方可进行隧道开挖。掌子面未经超前地质预报检测,不得进入下一阶段开挖施工。

根据不同的地质复杂程度分级,针对不同的地质问题,选择不同的物探方法和手段开展超前地质预报,采用多种方法的组合探测有利于互相印证,提高对掌子面前方地质情况的认识水平。

大娄山隧道采用的长短距离超前地质预报、超前地质钻探等方法如下:

(1)中、长距离地质预报:该方法可采用TSP隧道地震探测仪等设备进行远距离较宏观长距离预报,一般地段洞身每100~150m施作一次,地质复杂地段视情况加密进行,中长隧道全隧道进行,应采用技术先进、可靠,性能良好的设备进行,并由有经验的人员操作和判断。

(2)短距离地质预报:一般采用地质雷达法(GPR)进行短距离预报,一般地段洞身每20m施作一次,全隧道进行,应采用技术先进、可靠、性能良好的设备进行,并由有经验的人员操作和判断。

(3)超前地质钻探:当通过超前地质预报系统探测发现隧道地质异常,推测存在岩溶、富水软弱断层破碎带、富水岩溶发育区、煤层瓦斯等有害气体发育区,隧道施工中可能发生涌水、突泥或瓦斯突出等地段以及其他重大物探异常区,必须采用超前探孔对预报成果加以核查与确认。

(4)超前探孔数量和长度结合超前地质预报成果确定,根据不良地质性质及规模,选择在开挖面布置1~5个钻孔进行探测(图4-16、图4-17)。在较强富水地段、断层破碎带及小型岩溶发育段布设1个探孔,探孔长度30~50m,直径不小于ϕ76mm。在向斜及初步判断前方有大型隐伏溶洞或发育中大型岩溶管道地段布设3个探孔,探孔长度30~50m,直径不小于ϕ76mm。判断隧道前方拱顶、底板均存在大型隐伏溶洞或者大规模采空区地段布设5个探孔,探孔长度30~50m,直径不小于ϕ76mm。

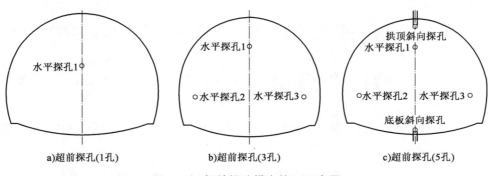

图4-16 超前探孔横向施工示意图

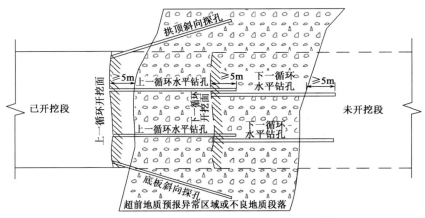

图 4-17 超前探孔纵向施工示意图

（5）当隧道左右洞分别施工至进入暗河影响区时采用瞬变电磁法地表探测拱顶上方岩溶管道。

加强超前地质预测预报，并采用超前地质水平钻验证，确保探明高压富水断层富水区域位置及富水水压、水量，探放水施工现场记录如表4-9所示，为下一步制定处置措施提供依据。

探放水施工现场记录 表4-9

施工地点：　　　　　　　　　　　　　　　　　　　施工日期：

序号	时间	钻孔		钻孔角度（°）	硬度（N/m²）	煤/岩	涌水情况（m³/h）	观察记录人
		编号	深度(m)					

施工人员：　　　　　　　　　　　　　　　　　　　验收人员：

超前地质预报具体操作方式：

①隧道开挖爆破后立即进行地质调查并进行地质素描，每10m记录一次，地质条件变化时，增加素描；

②在围岩变化处前100m预先进行超前探测，利用TSP对前方进行探测，粗略掌握掌子面前方的不良地质分布情况；

③用地质雷达在接近不良地质体30m左右时探测，进一步核实与了解不良地质的分布情况；

④如探明前方存在富水情况，在接近不良地质体30m左右时采用红外线探测，进一步探明前方富水情况；

⑤若物探方法初步判定前方有不良地质体，当掌子面接近不良地质体10m左右时，

采用超前钻孔进行验证；

⑥根据物探与钻探结果，并结合前期地勘成果及地质调查资料，综合判定不良地质体的范围与程度。

4.4.3 施工关键工艺

1）高压富水断层注浆方案

超前预注浆主要目的是封堵地下水，加固周边软弱围岩，并为开挖创造良好条件。针对穿越高压富水断层区，采取全断面超前预注浆方式，对富水断层进行加固堵水改良。注浆段纵向长度为第一循环30m，全断面注浆加固范围为开挖工作面及隧道轮廓线外5m。第一循环完成后，根据注浆钻孔探明的地质情况及时调整注浆范围。

富水断层主要是截堵地下水不侵入作业面，方便施工。它对浆材的凝胶时间要求高，要求凝胶时间短并在一定范围内能容易准确地控制。

针对前方断层破碎带裂隙或含水层地质状况，制定针对性堵水方案，并通过止浆墙设计、科学合理选择注浆参数、注浆设备、注浆材料、注浆参数修正、现场效果检验等程序，有组织、有次序地完成整个堵水施工。

在帷幕注浆设计中，浆液扩散半径通过理论公式计算并结合现场注浆试验来确定。设计的关键是止浆墙和如何合理地确定注浆孔孔距、孔数，既满足防渗要求，又安全经济。

（1）注浆施工工艺流程。

超前帷幕注浆施工工艺流程如图4-18所示。

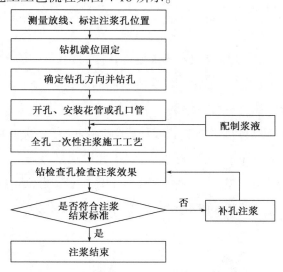

图4-18 超前帷幕注浆施工工艺流程图

(2)止浆墙的设计。

止浆墙是人工浇筑在工作面的挡水墙,目的是防止工作面有裂隙时跑漏浆,致使注浆压力、扩散半径达不到要求;同时,也为了有效将涌水控制在静止状态,使注浆效果更好。

止浆墙厚度按式(4-1)确定:

$$B = \frac{PS\lambda}{\tau L} \quad (4-1)$$

式中,B 为止浆墙厚度(m);P 为注浆终压(MPa);S 为断面面积(m^2);λ 为过载系数;τ 为岩石允许抗剪强度(MPa),砂质泥岩、泥岩一般取3MPa;L 为巷道周边长度(m)。

(3)帷幕预注浆分段长度的选择。

注浆段长是指一次注浆的长度,段长太大,浆液在一定注浆压力下,大裂隙扩散远、小裂隙扩散近,上部裂隙吸浆多,下部裂隙吸浆少,对裂隙不能进行有效的封堵,达不到注浆效果。围岩软,分段短;围岩相对较硬,可适当加长。

根据富水断层总体长度,合理分段,既可满足注浆效果要求,还可提高工效、节省注浆工期和成本。

(4)扩散半径的选择。

扩散半径是指注浆时浆液的理想渗透半径。扩散半径同时也是控制注浆范围的重要因素,注浆质量要求在规定的注浆范围内不能出现空白区。扩散半径根据注浆终压、浆液渗透系数确定。单孔注浆扩散半径的确定主要是考虑选用不同的注浆材料的渗透性及不同岩层的裂隙率。

(5)注浆压力。

注浆压力对浆液扩散、裂隙充填起着决定性作用,具有足够的压力,才能克服静水压和地层阻力将浆液注入岩层中,以保证注浆帷幕圈的形成。

注浆终压应为静水压力的2~3倍。一般情况下注浆压力可人为控制,注浆压力应由低向高逐渐过渡,在注浆开始时,注浆压力要控制低一些,一次注浆达不到终压而注入量较大时可在低压下结束注浆,而后复注,直到该孔段达到终压。工作面超前预注浆压力的主要影响因素是岩层裂隙大小、浆液的浓度和注浆量,裂隙大小不易控制,所以通过掌握浆液的浓度的变化及调节泵量的大小来控制压力的变化。

(6)浆液注浆量。

单孔注入量 Q 按式(4-2)确定:

$$Q = A \times L \times \pi \times R^2 \times \eta \times B \times C \quad (4-2)$$

式中，A 为浆液损失系数，一般取 $1.2\sim1.5$；L 为注浆段长度(m)；R 为浆液扩散半径(m)，一般取 $3\sim5$m；η 为岩石裂隙率，一般取 $0.5\%\sim3\%$；B 为浆液充填系数，一般取 $0.8\sim0.9$；C 为复孔注浆量，一般取 $1.1\sim1.3$。

注浆段总注入量 Q_0 按式(4-3)确定：

$$Q_0 = Q \times n \times m \quad (4\text{-}3)$$

式中，Q 为单孔注浆量(m^3)；n 为每段注浆孔孔数；m 为注浆段数。

按理论及经验公式计算，因受到各种地质因素的限制，与实际存在着一定的差异，故将浆液注入量能以完全封堵水并不浪费材料的前提作为依据。

(7) 注浆材料的选择。

注浆材料是注浆堵水工程中的一个重要组成部分，它关系到注浆工艺、工期、成本及注浆效果，直接影响注浆经济指标。

水泥中加入水玻璃有两个作用，一是作为速凝剂使用，另一作用作为主材料使用，即"水泥+水玻璃"双液浆，浆液克服了水泥浆液凝结时间较长，难以控制，注入地层后易被地下水稀释，无法保持其原有胶凝化性能的缺陷。

令狐家垭口断层、出水孔断层、夜猫涧断层根据具体围岩岩质、岩性、裂隙、风化程度、水量、水压大小等参数确定注浆材料。

(8) 注浆结束的标准。

①一般认为实际浆液注入量大于或接近设计计算的注入量；

②注浆压力呈规律性增加，并达到注浆设计终压；

③达到注浆终压时最小吸浆为 $60\sim120$L/min；

④维持注浆终压和最小吸浆量的时间为 $10\sim15$min。

(9) 注浆效果检验。

注浆的目的就是在含水裂隙地层形成一个基本不透水的注浆帷幕，为掘进创造一个涌水较小的工作条件。通过对注浆施工技术资料的分析，水文地质条件的变化和隧道实际掘进观察分析来检查注浆效果及质量。

2) 高压富水断层段开挖支护方案

开挖支护方案与断层破碎带开挖支护方案一致。令狐家垭口断层、出水孔断层、夜猫涧断层破碎带隧道开挖施工时严格按照"管超前、短进尺、弱爆破、强支护、勤量测"的原则进行组织施工。断层破碎带属Ⅴ级围岩，开挖方式选择上严格按设计双侧壁导坑法开挖，后期根据业主、设计、监理、施工单位对开挖工法调整后，以三台阶七步开挖法或上台阶预留核心土的三台阶七步开挖法作为备选开挖方案,每循环进尺控制在1榀拱架,确保断层段施工安全。夜猫洞断层属瓦斯突出风险断层,还应加强施工过程中的瓦斯监测、检测,并严格按瓦斯隧道相关规范要求施工,衬砌采用抗水压衬砌。

3) 超前地质预报

令狐家垭口断层、出水孔断层、夜猫洞断层依据设计勘测资料,存在高压富水可能,存在突水、突泥施工风险。施工至区段附近时,应加强超前地质预报,根据预测预报结论,制定处置方案,预防突水突泥灾害事故发生。

采用综合超前预报 + 超前帷幕注浆或超前局部注浆方式通过。在接近岩溶或断层破碎带富水区时,采用TSP203地质超前预报仪对掌子面前方30～100m范围内的不良地质体的位置、性质作较为详细的预报,粗略预报围岩级别和地下水情况,每100m施作一次,当有异常情况时适当加密。

在地震波探测仪基础上采用水平钻机超前钻孔验证,每个断面布设3个探测孔(其中一孔取岩芯),对掌子面前方地下水、围岩情况进行探测,探测孔25m一个循环,单孔长度30m左右,相邻探测孔之间的搭接长度5m。当有异常情况时,结合预测结果判释,可加密钻孔或加深部分爆眼孔,钻孔布置应针对物探异常进行调整。

对多项预测预报手段所得的资料进行综合分析与评判,相互印证,并结合掌子面揭示的地质条件、发展规律、趋势及前兆进行预测、判断,根据超前地质预测结果,相应优化调整措施,以确保施工安全及结构安全。

4) 超前预注浆堵水

对可能发生大规模的突水、突泥的地段施工,需要维系岩溶水通畅时,上报监理和设计单位进行变更,采取预注浆加固措施,预注浆加固前先采取引排措施,然后进行注浆。

根据设计文件,在开挖进入富水地段前,加强地质预探、预报工作,准确掌握前方地下水含率、压力、分布,并结合预测结果设置超前探水孔,判断是否有发生涌水的可能。

根据水源补给、涌水量和突出水压等预测预报情况,分别采用帷幕注浆、超前注浆和管道引排等方法,排除部分地下水,减少水量,降低水压。

注浆结束后先施工超前管棚然后开挖,根据围岩级别采取对应开挖方法开挖,开挖后及时进行初期支护并封闭成环,仰拱和二衬及时紧跟,以"管超前、严注浆、短进尺、弱爆破、强支护、勤量测"的原则组织施工。

(1)开挖后隧道周边情况探测。

开挖完成后,及时采用地质雷达对隧道的拱顶、边墙及隧底情况进行探测,当发现异常时采用5m钻孔进行钻探验证,如发现隧道周边5m以内有空腔,必须进行填充和加固。

(2)隧道周边径向注浆。

开挖后及时对隧道周边进行径向注浆,封堵地下水,控制地下水排量,如果隧道洞顶有住户,要严格控制地下水流失,采取"以堵为主,限量排放"的原则。

(3)超前帷幕注浆方案。

帷幕注浆具有堵水效率高、耐时久、兼有加固地层的作用。在防水要求高或富水软弱地层隧道施工中,已经成为隧道治水的必要手段。

①施工工艺。帷幕注浆施工工艺流程参见第4.2.6节。

②施工方法。

a)钻孔。采用管棚钻机或地质钻机按照设计要求进行钻孔,钻孔方向控制在钻孔前,要按照设计及钻机所在位置,计算出各钻孔在工作面上的坐标,用全站仪放出注浆孔的准确位置,开孔前在钻机的尾部中点安装点光源(激光灯),经钻机前端中点与掌子面钻孔位置于同一轴线上,固定钻机,保证钻杆中心线与设计注浆孔中心线相吻合,在钻孔过程中也要及时检查校正钻杆方向。

b)孔口管安装方法。安设孔口管前,先在钢管上缠绕麻丝,用钻机强力推入孔中并用膨胀螺栓加固,以免测量水压或注浆时孔口钢管冲出孔外,影响注浆和危及人身安全。

c)制浆。

单液水泥浆的配制:单液水泥浆属颗粒性材料,胶凝时间相对较长,主要适用于注浆量大、裂隙宽度大于0.15mm的围岩注浆。单液水泥浆配制先在搅拌机内放入定量清水进行搅拌,同时加入速凝剂,等全部溶解后放入水泥,继续搅拌3min即可。

水泥-水玻璃双液浆的配制:水泥-水玻璃双液浆(CS浆)中水泥浆越浓,水泥浆与水玻璃液比值越大,凝胶时间越短,可加入缓凝剂及速凝剂来调整凝胶时间。水泥浆的配制同上,水玻璃浆的配制要先在搅拌桶内加一定量的清水,再放入一定量的浓水玻璃,搅拌均匀即可。两种浆液通过注浆机在混合器处混合后进入地层。

d)注浆准备工作。对于在工作面显露并和注浆孔连通的裂隙,应用喷射混凝土予以封闭。开始注浆前,应首先根据预计的注浆量,并对注浆系统进行压水检查,最后检查止浆塞的磨损程度,若发现止浆塞不能有效密封止浆,应立即更换。

e)注浆塞安装。在一般水压的钻孔中,采用人力或通过说明书帮助能够将栓塞送入孔中的情况下,尽可能采用机械膨胀栓塞。当静水头很高时,普通的止水栓塞难以送入孔中,必须选用小直径高膨胀压式栓塞。

f)压水试验。注浆系统检测合格后,立即转入压水试验。观测静止水位,每分钟应观测一次,当连续三次变化小于1cm/min时,则最后一次水位为静止水位。压水试验压力起点为静水压力,完成系列升压步骤后紧接着减压(MPa):0.1→0.3→0.5→0.7→1.0→0.7→0.5→0.3→0.1。

g)注浆。注浆方式采用分段前进式注浆,先钻孔后注浆,钻一段注一段,直至设计深度。对于成孔困难地层,施工应准备夯管锤;为防止未注浆段地下水涌向作业面及注浆时跑浆,注浆起始于掌子面应以喷射混凝土做成止浆墙,厚度不小于20cm,每个注浆段终止处均应保证有不小于3m厚的止水盘。注浆段完成注浆,经检查孔检测合格后,进入下一段注浆段,如此往复,直至全部注完。

h)注浆压力的控制。开泵前旋转压力调节旋钮将油压调在要求的油压刻度上,随注浆阻力的增大,泵压随之升高,当达到调定值时,会自动停机,防止因超压注浆产生危险。

i)注浆泵流量的控制。注浆泵流量大小通过注浆泵的排量调节控制钮和排量记录仪加以控制。

j)凝胶时间的控制。通过操作注浆泵上的两个按钮,调节注浆泵的两个出浆口的流量,变化水泥浆与水玻璃浆的注入比例来控制。在注浆过程中,为保证胶凝时间的准确,须经常测试,每变换一次浓度或配比时,需要取样实配,测定凝胶时间;同时在泄浆口接浆测定双液浆的实注凝胶时间,避免异常情况发生。

注浆结束标准根据注浆压力和注浆量来控制,一般采用定压注浆。注浆结束时,应先打开泄浆管阀门,再关闭进浆管阀门,并用清水将注浆管冲洗干净后方可停机。

(4)涌水、突泥应对措施。

施工中,首先要依靠地质超前预报作出判断,根据涌泥量的大小,提前采用超前帷幕注浆或超前小导管预注浆进行封堵,以加固地层并止水。

一旦发生有突泥时,须尽快将口堵住。堵塞的材料以钢筋、钢管和型钢为骨架,填塞草袋、劈柴和木板。堵口后,用喷混凝土将其封闭,并将周围洞身加固;然后沿开挖面周边设超前钢管支护,采用直径$\phi 40mm$、$\phi 50mm$或$\phi 80mm$、长6~8m的无缝钢管。必要时两层、三层重叠,形成"套管"以增大其抵抗松散地层压力的能力。同时,在此断面附近设置监控量测点,监控量测围岩的收敛变形情况。

4.5 大娄山特长公路隧道群岩溶处治案例

4.5.1 黄家沟隧道进口左幅涌水处治

1）黄家沟隧道进口左洞 ZK13+909～ZK13+921 段溶洞开挖揭露情况

2019 年 6 月 25 日,掌子面实际施工至 ZK13+909,掌子面为中风化灰岩,于掌子面上台阶左侧揭露一溶洞,洞内宽度约 1.5～3m,高度约为 4～5m(开挖轮廓线外 1～4m),溶洞向掌子面右前方及拱顶部位发育,发育深度及长度不详,溶洞内填充大量水以及少量黏土夹碎石,溶腔壁有少量松动岩块,其余部位岩体较破碎,如图 4-19、图 4-20 所示。

图 4-19　ZK13+910 及 ZK13+913～918 左侧拱腰滑层、塌孔

图 4-20　ZK13+918 掌子面及左侧拱腰

将 ZK13+909~ZK13+921 段 12m 衬砌类型由 S-Ⅲa 调整为 S-Ⅴb,开挖工法为三台阶法。

2)黄家沟隧道进口左洞 ZK13+921~ZK13+933 段溶洞开挖揭露情况

2019 年 7 月 3 日,由 ZK13+909 揭露溶洞发育至当前掌子面 ZK13+921,溶洞位于掌子面上台阶拱部位置,溶腔宽度约 1~4m,洞内高度约为 3~5m(开挖轮廓线外),溶腔壁有少量松动岩块,溶洞内地下水呈淋雨状,洞内充填少量黏土夹碎石,溶洞向掌子面上部前方发育,发育深度及长度不详,如图 4-21、图 4-22 所示。

图 4-21　ZK13+922~926 拱顶空洞

 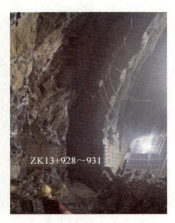

图 4-22　ZK13+922~926 右侧拱腰

3)黄家沟隧道进口左洞 ZK13+933~ZK13+945 段溶洞开挖揭露情况

2019 年 7 月 10 日,由 ZK13+909 揭露溶洞发育至当前掌子面 ZK13+933,溶洞位于掌子面上台阶拱部位置,溶洞宽度 2~3m,高度 2~4m(开挖轮廓线外),溶腔壁有少量松动岩块,溶洞内地下水发育,呈点滴状及淋雨状,洞内充填少量黏土夹碎石,溶洞向掌子面前方发育,可见深度 7~10m,如图 4-23、图 4-24 所示。

图 4-23　隧道掌子面上台阶拱部岩溶发育

图 4-24　隧道掌子面出现黏土夹碎石

4) 黄家沟隧道进口左洞溶洞处理综合措施

针对黄家沟隧道进口左洞 ZK13+909~ZK13+945 段溶洞开挖揭露情况在施工过程中采取了如下处理措施:

(1) 黄家沟隧道进口左洞 ZK13+909~ZK13+945 段衬砌类型由 S-Ⅲa 调整为 S-Ⅴb,开挖工法为三台阶法。

(2) 在溶洞空腔位置预留混凝土泵送管、检查管,待初支完成后及时分次泵送 C20 混凝土回填密实,回填厚度为 300cm。在溶洞出水点较大位置,预留泄水洞室,断面尺寸参照人行横洞尺寸,深度为 2m。

(3) 下台阶施工过程中必须对仰拱拱底进行探测,探测可采用物探结合钻探的方式进行,探测深度不小于 10m,若发现有影响隧道结构整体稳定性的岩溶发育,必须及时进行处理,以保证隧道的安全运营。

(4)严格控制开挖进尺,施工过程中加强超前地质预报和隧道监控量测,保障隧道施工安全。

4.5.2 大娄山隧道进口左幅涌水以及软弱围岩处治

1)左洞溶洞概况

主洞左洞 ZK34+631 左侧处出现溶洞(图 4-25~图 4-27),一直延伸至 ZK34+643 处,开挖轮廓线外溶洞的最大宽度为 4.8m,最大高度为 9m;ZK34+640 右侧处出现溶洞,一直延伸至 ZK34+678 处,开挖轮廓线外溶洞的最大宽度为 10.9m,最大高度为 11.5m;ZK34+682.5 左侧处出现溶洞,一直延伸至 ZK34+689.5 处,开挖轮廓线外溶洞的最大宽度为 1.86m,最大高度为 7m;从 ZK34+631 处下台阶左侧拱脚出现岩溶管道,掌子面往前推进后,岩溶管道移动至 ZK34+640 右侧,再移动至 ZK34+689.5 左侧,现消水通道桩号为 ZK34+670 处,如图 4-28~图 4-31 所示。

图 4-25　ZK34+631 处开挖后出现溶洞

图 4-26　ZK34+631 处溶洞灌浆处理

图 4-27　ZK34+631 处溶洞内部空间

图 4-28　ZK34+651 处掌子面围岩情况

图 4-29　ZK34+640~678 段上导右侧溶洞初期情况

图 4-30　ZK34+640~678 段上导右侧溶洞后期情况(箭头标记为渗水位置方向)

图 4-31　ZK34+680 上导掌子面左半部出现含水溶洞

2）处理方式

（1）溶洞段初期支护 I18 型钢调整为 I22 型钢,间距从原来的 80cm 调整为 60cm；

（2）在 ZK34+691.8 处顶部采用 I22 型钢及 φ108mm 钢花管进行加强支护；

（3）采取泵送混凝土回填。

3）溶洞泵送混凝土回填量

大娄山隧道左幅溶洞回填处理,泵送混凝土浇筑时间及方量等情况如表 4-10 所示,溶洞现场处理记录、照片等如图 4-32~图 4-35 所示。

大娄山隧道左幅溶洞回填混凝土处理　　　　表 4-10

浇筑时间	浇筑桩号及区域	泵送点	混凝土强度等级	浇筑方量（m³）
2018.11.19	ZK34+630.2~642.2	ZK34+631 中台阶左侧	C15	276
2018.12.14	ZK34+630.2~642.2	ZK34+637 左侧拱顶	C15	106
2018.12.15	ZK34+630.2~642.2	ZK34+640.6 拱顶	C15	133
2018.12.17	ZK34+630.2~642.2	ZK34+640.6 拱顶	C15	68
2018.12.20	ZK34+687~693	ZK34+652.6 拱顶右侧	C15	40
2018.12.21	ZK34+687~693	ZK34+652.6 拱顶右侧	C15	36
2018.12.22	ZK34+687~693	ZK34+660.6 拱顶右侧	C15	46
2018.12.26	ZK34+687~693	ZK34+688 拱顶左侧	C15	110
2018.12.27	ZK34+687~693	ZK34+688 拱顶左侧	C15	120
2018.12.28	ZK34+687~693	ZK34+691.8 拱顶左侧	C15	276
2018.12.29	ZK34+687~693	ZK34+691.8 拱顶左侧	C15	106

图 4-32 ZK34+630~+640 溶洞处理

图 4-33 ZK34+687~+693 上台阶掌子面溶洞第二次处理

图 4-34 ZK34+687~+693 上台阶掌子面溶洞第四次处理

图 4-35 ZK34+687~+693 溶洞第五次处理

4.5.3 大娄山隧道斜井工区突泥处治

1）斜井工区左洞 ZK39+775 附近突泥概况

2022 年 6 月 8 日凌晨，大娄山隧道斜井左洞 ZK39+778.4 段上台阶开挖初支施工出渣结束后，23:52—00:54 进行挖机排险，在清除危石过程中掌子面揭露左侧为褐色泥岩（图 4-36），未发现任何异常及异响。排险结束后，进行测量工作，经测量掌子面左侧褐色泥岩约高 5.75m，纵深有 3.2m。凌晨 01:15 测量结束，掌子面处发生异响，现场技术员及安全哨人员立即组织左洞所有人员撤离，撤离的同时黑色泥质围岩处发生突泥情况，未出现人员伤亡，人员撤离后及时将左洞封闭。

2）斜井工区左洞 ZK39+775 附近突泥处治

（1）现场情况及初步应急处理措施。

①开挖台车完全损坏，并往前推移约 30m，突泥长约 70m，体积约 3500m³，突泥距离仰拱约 3m，现场查勘时突泥未见增加，但掌子面一直持续有较大异响，视线所及范围内初支未发生变形，如图 4-37 所示；

图 4-36　ZK34+778.4 处掌子面左侧褐色泥岩

图 4-37　ZK34+778.4 处突泥情况

②左洞所有人员全部撤离,在栈桥处增设照明设施,同时通过视频监控及固定手机对掌子面进行摄像;

③斜井右洞掌子面及相应仰拱,二衬也暂停施工;

④安全哨人员在安全施工范围内对突出泥岩进行观察,随时观察后续过程中是否有明显的发展情况,同时提醒无关人员不要进入突泥区域。

(2)设计变更情况。

原设计为Ⅲ级围岩,围岩为中风化灰岩,2022 年 6 月 11 日现场确定将该段围岩调整为Ⅳ级,支护参数由原设计支护类型为Ⅲ级交叉口衬砌支护变更为Ⅳ级交叉口衬砌支护。具体支护参数为:超前支护参数,$\phi 42mm \times 4mm$ 超前小导管,$L=4.0m$,$\alpha=10°\sim15°$,环向间距 40cm,纵向排距 240cm。初期支护参数,$\phi 20$ 药卷锚杆,$L=3.5m$,间距 80cm×120cm(纵×环),呈梅花形布置;锁脚锚杆:$\phi 20mm$ 药卷锚杆,$L=3.5m$,纵向间距 80cm;$\phi 8mm$ 钢筋网 20cm×20cm;I18 工字钢,间距 80cm;24cm 厚 C25 喷射混凝土;二次衬砌,50cm 厚 C30 钢筋混凝土;50cm 厚 C30 钢筋混凝土仰拱。

(3)处治措施。

①施工单位要加强现场监控量测工作,对左洞岩溶突泥段落内的初期支护结构稳定状况进行详细观测,及时掌握初支结构变形趋势;

②掌子面增设视频监控探头,实时对岩溶突泥溃口的情况进行观察。同时应在突泥范围内适当位置设置醒目且牢固的参照物标识或标志,对突泥变化情况进行观测;

③根据现场实际情况,左洞突泥情况已基本趋于稳定,应先进行清淤处理,为确保施工安全,要求先沿隧道大里程方向右侧铺设一条施工作业通道兼应急疏散通道,同时仰拱栈桥后移至适当位置放置;在开挖台车处采用洞渣回填,形成厚 3~4m 的拦淤墙;左侧预留 2m 宽度作为溶洞填充物流出通道,在仰拱与拦淤墙之间选一点作为清淤平台,开展清淤作业,直至溃口完全揭露;溃口揭露后,对揭露的溶洞空腔采用混凝土进行回填,并预留排水管进行排水。

CHAPTER FIVE 第5章

瓦斯

贵州省煤炭资源丰富，贵州境内修筑高速公路穿越含瓦斯煤系地层不可避免，建设风险极大，瓦斯的渗、突、涌对工程建设影响巨大。为降低建设风险，大娄山特长公路隧道群根据工程实践，提炼总结了瓦斯探测、预报、区域综合防突、局部综合防突、煤层瓦斯抽采、瓦斯段通风、设备改装及瓦斯监测等关键技术。

5.1 含瓦斯地层公路修筑技术背景

瓦斯具有与岩溶显著不同的特点，但都是工程建设的典型不良地质。早期，公路隧道为避免面对瓦斯问题，常在设计阶段有意避让煤系地层；之后，在必须面对瓦斯时，公路隧道建设则是借鉴铁路瓦斯隧道及煤矿工程的相关规范，煤矿的配电和照明虽具有较好的参考价值，但公路隧道断面大、无轨运输，在瓦斯等级划分指标、瓦斯检测、施工通风要求等方面的与煤矿巷道、铁路隧道有很大差异不同。公路瓦斯隧道施工面临瓦斯燃烧和爆炸、煤与瓦斯突出等重大安全问题。为此，交通运输部于2020年1月15日发布了《公路瓦斯隧道设计与施工技术规范》（JTG/T 3374—2020）（简称《瓦斯隧道规范》），自2020年5月1日起施行。《瓦斯隧道规范》作为我国公路行业首部关于瓦斯隧道建设安全的技术规范，首次从勘察、设计、施工和运营等建设全过程进行了系统全面规定，具有较强的适用性和指导性，是对《公路隧道设计规范》《公路隧道施工技术规范》《公路工程地质勘察规范》和《公路工程施工安全技术规范》的重要补充和完善。《瓦斯隧道规范》和贵州省地方标准《公路瓦斯隧道技术标准》（DB 52/T 1666—2022）（简称《贵州瓦斯隧道地标》）明确公路瓦斯隧道施工应贯彻"安全第一、预防为主、综合治理"的方针，坚持"以人为本、安全经济"的原则，采取安全技术措施。

《瓦斯隧道规范》将公路瓦斯隧道划分为微瓦斯、低瓦斯、高瓦斯和煤（岩）与瓦斯突出四类；瓦斯隧道工区分为非瓦斯工区、微瓦斯工区、低瓦斯工区、高瓦斯工区、煤（岩）与瓦斯突出工区五类；瓦斯隧道类别应按瓦斯地层或瓦斯工区的最高类别确定。

同时，为规范贵州省高速公路瓦斯隧道工程施工的技术要求，使瓦斯隧道施工符合安全实用、技术先进、经济合理、环境保护的要求，贵州省公路工程集团有限公司于2014年2月组织制定了《贵州省高速公路瓦斯隧道施工技术指南（试行）》（简称《指南》）。之后，贵州省市场监督管理局于2022年5月31日发布了《贵州瓦斯隧道地标》，并于2022年9月1日起实施。《贵州瓦斯隧道地标》规定了公路瓦斯隧道设计、施工、运营的术语和定义、基本要求、瓦斯隧道分类、瓦斯地质勘察、设计、施工准备、电气设备与作业机械、施工通风、瓦斯检测与监测、超前地质预报、开挖与支护作业、揭煤防突、施工安全管理、运营安全管理、质量检验与工程验收等。

5.2 煤与瓦斯简介

1)煤

煤是古代植物埋藏在地下,经历了复杂的生物化学和物理化学变化逐渐形成的固体可燃性矿产,俗称煤炭。煤主要由碳、氢、氧、氮、硫和磷等元素组成,碳、氢、氧三者总和约占有机质的95%以上,是非常重要的能源,也是冶金、化学工业的重要原料,同样也是不可再生的资源。

2)瓦斯

在地层中赋存或逸出的烷烃类气体,其成分以甲烷(CH_4)为主。根据其生成、赋存条件将其分为煤层瓦斯、非煤瓦斯两类。非煤瓦斯包括天然气(油田气、气田气、泥火山气、生物生成气等)和邻近煤系地层渗透至非煤系地层的瓦斯。

广义上将凡从围岩或煤层渗入隧道的有害气体均称为瓦斯,其主要成分为:甲烷(沼气 CH_4)、二氧化碳(CO_2)、氮气(N_2)以及少量的硫化氢(H_2S)、一氧化碳(CO)、氢气(H_2)、二氧化硫(SO_2)及其他碳氢化物、稀有气体等。狭义上讲瓦斯单指甲烷(CH_4),包括煤层甲烷和石油甲烷。甲烷(CH_4)为无色、无味的气体,其密度为 $0.554kg/m^3$,比空气轻,不溶于水,具有较强的扩散性和可燃性。

瓦斯在高温火源作用下,与氧气发生化学反应,生成二氧化碳和水蒸气,并释放大量能量,即为燃烧。若反应剧烈,生成物迅速膨胀,形成高温、高压,并以极高的速度向外冲出,就形成瓦斯爆炸。

5.3 瓦斯隧道分类

1)瓦斯地层地段类别

指含有煤层瓦斯或非煤瓦斯的地层。瓦斯地层可分为煤系瓦斯地层和非煤系瓦斯地层,瓦斯地层地段类别分为微瓦斯、低瓦斯、高瓦斯、煤(岩)与瓦斯突出地层地段。

2) 瓦斯隧道类别

凡隧道通过的地层中预计含有瓦斯或检出瓦斯,即属于瓦斯隧道(与瓦斯地段长度占全隧道比例大小无关)。

根据瓦斯工区的判定结果,瓦斯隧道类别可分为微瓦斯隧道、低瓦斯隧道、高瓦斯隧道及煤(岩)与瓦斯突出隧道(简称瓦斯突出隧道)。

瓦斯隧道的类别应根据瓦斯工区判定结果的最高等级确定。

3) 瓦斯工区等级

施工工区分为非瓦斯工区和瓦斯工区。瓦斯工区等级分为微瓦斯工区、低瓦斯工区、高瓦斯工区、煤(岩)与瓦斯突出工区。勘察设计阶段瓦斯工区等级宜根据钻孔测定的吨煤瓦斯含量或瓦斯压力判定。当按吨煤瓦斯含量、瓦斯压力确定的工区等级不一致时,应取较高者,判定指标见表5-1。

勘察设计阶段吨煤瓦斯含量、瓦斯压力判定指标 表5-1

工区等级	非瓦斯	微瓦斯	低瓦斯	高瓦斯	瓦斯突出
吨煤瓦斯含量 $W(m^3/t)$	0	<0.5	$0.5 \leq W < 1.0$	$1.0 \leq W < 8.0$	≥ 8.0
瓦斯压力 $P(MPa)$	0	<0.1	$0.1 \leq P < 0.2$	$0.2 \leq P < 0.74$	≥ 0.74

施工阶段微、低、高瓦斯工区等级根据施工工作面的绝对瓦斯涌出量判定,校核并动态调整勘察设计阶段瓦斯工区等级,判定指标见表5-2。采用巷道式通风时应取两个工作面绝对瓦斯涌出量的较大值确定工区等级。

施工阶段绝对瓦斯涌出量判定指标 表5-2

瓦斯工区等级	绝对瓦斯涌出量 $Q_{CH_4}(m^3/min)$		
	双车道	三车道	四车道
微瓦斯	$Q_{CH_4} < 0.5$	$Q_{CH_4} < 0.5$	$Q_{CH_4} < 0.5$
低瓦斯	$0.5 \leq Q_{CH_4} < 1.5$	$0.5 \leq Q_{CH_4} < 2.0$	$0.5 \leq Q_{CH_4} < 3.0$
高瓦斯	$1.5 \leq Q_{CH_4}$	$2.0 \leq Q_{CH_4}$	$3.0 \leq Q_{CH_4}$

施工阶段瓦斯突出工区根据以下条件判定:

(1)隧道穿越具有下列情况之一的煤层时,应进行煤层突出危险性鉴定,或直接认定为突出煤层:

①煤层有喷孔、顶钻、夹钻等明显瓦斯动力现象的。

②煤层瓦斯压力达到或超过0.74MPa,尚未进行突出危险性鉴定的。

③相邻矿井开采或工程穿越的同一煤层发生突出的。

④相邻矿井开采或工程穿越的同一煤层被鉴定、认定为突出煤层的。

(2)煤与瓦斯的突出危险性可借用隧址区矿井的临界值进行鉴定,全部指标均达到或超过表5-3所列临界值的,应确定为突出煤层。如无矿井资料,应当根据实测煤(岩)的破坏类型、最大瓦斯压力、瓦斯放散初速度和煤的坚固性系数等指标进行鉴定。但当 $f \leq 0.3$、$P \geq 0.74$MPa,或 $0.3 < f \leq 0.5$、$P \geq 1.0$MPa,或 $0.5 < f \leq 0.8$、$P \geq 1.50$MPa,或 $P \geq 2.0$MPa时,一般鉴定为突出煤层。

评估煤层突出危险性的单项指标临界值　　　　表5-3

判定指标	破坏类型	瓦斯放散初速度 ΔP（mmHg）	坚固性系数 f	煤层瓦斯压力 P（MPa）
有突出危险的临界值及范围	Ⅲ、Ⅳ、Ⅴ	≥10	≤0.5	≥0.74

瓦斯工区等级应按以下要求判定:

(1)瓦斯工区等级应根据穿越瓦斯地层地段的最高级别确定,瓦斯工区划分见图5-1。

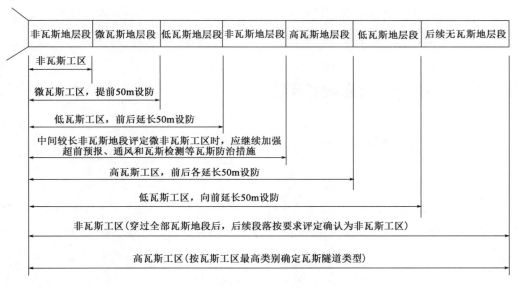

图5-1　瓦斯工区划分示意图

(2)瓦斯工区内全部瓦斯地层施工完毕,经检测评定无瓦斯,且后续施工区段无瓦斯地层,后续施工区段确定为非瓦斯工区。

4)隧道瓦斯特点

(1)岩层中瓦斯放出类型。

岩层中放出瓦斯,可分为三种类型:

①瓦斯的渗出:它是缓慢地、均匀地、不停地从煤层或岩层的暴露面的空隙中渗出,延续时间很久,有时带有一种嘶音。

②瓦斯的突出:在短时间内,从煤层或岩层中,突然猛烈地喷出大量瓦斯,喷出的时间可能从几分钟到几小时不等,喷出时常有巨大轰响,并夹有煤块或岩石。

③瓦斯的喷出:比渗出强烈,从煤层或岩层裂缝或孔洞中放出,喷出的时间有长有短,通常有较大的响声和压力。

(2)瓦斯的燃烧和爆炸性。

当瓦斯浓度小于5%,遇到火源时,瓦斯只是在火源附近燃烧而不会爆炸;当瓦斯浓度在5%~6%到14%~16%时,遇到火源具有爆炸性;当瓦斯浓度大于14%~16%时,一般不爆炸,但遇火能平静地燃烧。

大娄山特长公路隧道群遭遇煤系地层及非煤瓦斯地层区段多、里程长,本项目的设计、施工、监测、监理等工作均严格按照或高于《公路瓦斯隧道设计与施工技术规范》(JTG/T 3374—2020)和《贵州省高速公路瓦斯隧道施工技术指南(试行)》的标准执行,下面就大娄山特长公路隧道群瓦斯特点、穿越含瓦斯地层施工关键技术及煤与瓦斯处理案例等展开介绍。

5.4 大娄山特长公路隧道群瓦斯特点

5.4.1 原设计煤系地层情况

1)煤系地层情况

大娄山隧道进口端左洞煤系地层设计段落桩号为 ZK39+890~ZK40+090(图 5-2),长 200m,右洞煤系地层段落桩号为 YK39+970~YK40+210,长 240m;出口端左洞煤系地层段落桩号为 ZK43+385~ZK43+620,长 235m,右洞煤系地层段落桩号为 YK43+480~YK43+715,长 235m,如图 5-3 所示。根据收集距大娄山隧道较近的渝黔高铁新凉风垭隧道瓦斯压力测试成果,煤层瓦斯压力最大达 1.5MPa,瓦斯压力大,而瓦斯压力随深度增加有增大趋势,在隧道埋深范围内的瓦斯压力实际远高于测试结果,瓦斯地段等级一级。

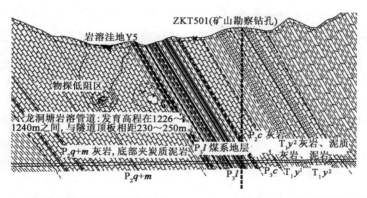

图 5-2　大娄山隧道煤系地层（ZK39+890~ZK40+090）主要煤层分布图

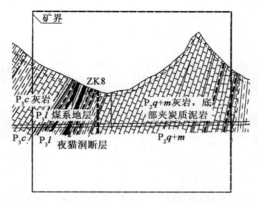

图 5-3　大娄山隧道出口端煤系地层段地质纵断面图

2）瓦斯含量

大娄山隧道 P_3l 煤系地层含煤（线）7 层，其中可采煤层为 C3、C5、C6，煤层总厚度 1.93~5.76m，层位较稳定。渝黔高铁新凉风垭隧道与大娄山隧道相距较近，且穿过同一套煤系地层，穿煤段埋深基本相当，其所测瓦斯数据可用于大娄山隧道中。根据新凉风垭隧道瓦斯资料显示，煤层瓦斯含量 6.82~21.34ml/g，瓦斯含量高，且煤层瓦斯含量有向深部略有增高的趋势。

3）瓦斯成分

根据勘探资料，区内主要煤层中瓦斯的自然成分以甲烷（CH_4）为主，其次为氮气（N_2）、二氧化碳（CO_2）、氢气（H_2），重烃（C2~C8）含量较少。甲烷（CH_4）：C6 煤层为 88.351%；C5 煤层为 85.147%；C3 煤层为 87.630%。

4）瓦斯分带

据隧址区勘察资料，按瓦斯风化带的划分方法，以每克可燃物质 2mg 甲烷含量相对应的深度为准,推算 C3 煤层瓦斯风化带距地表垂深 42m 左右,C5 煤层瓦斯风化带距地表垂深 44m 左右,C6 煤层瓦斯风化带距地表垂深 56m 左右。上述方法结合 $CH_4<80\%$,确定 C3、C5、C6 煤层瓦斯风化带距地表垂深约 56m,其下为瓦斯带。

5) 瓦斯压力

煤层瓦斯压力最大达 1.5MPa,瓦斯压力大,且随深度增加呈增高趋势,在隧道埋深范围内的瓦斯压力实际远高于测试结果。

6) 煤与瓦斯突出危险性

根据瓦斯压力、瓦斯放散初速度、煤的坚固性系数、煤的破坏类型等,对煤与瓦斯突出危险性进行判定,结果见表 5-4。

瓦斯突出标准判定表　　　　表 5-4

判定指标	煤层瓦斯压力 P（MPa）	瓦斯放散初速度 ΔP	煤的坚固性系数 f	煤的破坏类型	突出判别
有突出危险的临界值及范围	$P\geq0.74$	$\Delta P\geq10$	$f\leq0.5$	Ⅲ、Ⅳ、Ⅴ	
本项目实测值	1.5	13.153	0.2	Ⅲ	突出

根据判定结果以及隧道周边的煤矿瓦突鉴定报告显示,穿煤段具有煤与瓦斯突出的高风险,2004 年 7 月 14 日、2006 年 6 月 30 日桐梓煤矿曾发生过煤层瓦斯突出爆炸事故,因此大娄山隧道穿煤段存在煤与瓦斯突出的危险性。

7) 煤尘爆炸性及煤的自燃倾向

根据《贵州省桐梓县响水—黑神庙矿区普查地质报告》,煤尘无爆炸性,煤层的自燃发火倾向性等级为Ⅱ级,属自燃煤。

总之,大娄山隧道穿煤段瓦斯含量高、瓦斯压力大,煤与瓦斯具有突出危险性。施工过程中高瓦斯、煤与瓦斯突出、煤的自燃发火性等致灾风险极高。

5.4.2　东山背斜非煤瓦斯概况

1) 非煤地层瓦斯情况

大娄山隧道进口段洞身斜穿东山背斜,东山背斜地质为志留系下统龙马溪组,该地层为泥质灰岩与泥岩赋存,下部为泥岩、黑色炭质泥岩,为含烃地层。背斜核部碳质泥岩发育,隧道埋深 640m,隧道穿越背斜核部长约 800m,原设计为非瓦斯地层。施工过程中,炮眼施钻时出现严重喷孔动力现象(喷孔距离3~5m)和明显的顶钻、夹钻现象及瓦斯燃烧情况。通过钻孔、岩样送检、现场调查、访谈等方式得出结论,大娄山隧道东山背斜核部地层泥岩、炭质泥岩具有生烃能力及储烃能力,瓦斯以页岩气(主要成分为甲烷)的形式赋存于该地层中(图5-4)。受施工扰动,在地应力与瓦斯压力共同作用下,钻孔内岩石碎屑和瓦斯突然喷出到采掘空间,经鉴定为岩石与瓦斯突出动力现象,瓦斯气体检测结果如表5-5所示。

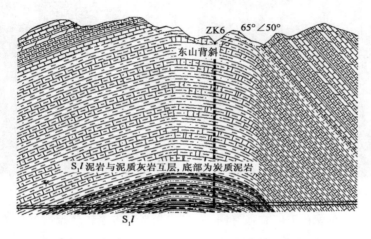

图 5-4　大娄山隧道东山背斜非煤瓦斯段分布示意图

瓦斯气体检测结果表　　　　　　　　　　表 5-5

试验编号			W1901009	W1901010	W1901011
来样编号			重遵大娄山隧道气体1	重遵大娄山隧道气体2	重遵大娄山隧道气体3
样品状态			双阀铝覆膜气袋	双阀铝覆膜气袋	双阀铝覆膜气袋
气体组成	氧气	O_2(10^{-2}mol/mol)	18.51	18.29	18.01
	氮气	N_2(10^{-2}mol/mol)	76.69	76.69	76.15
	甲烷	CH_4(10^{-2}mol/mol)	4.63	4.83	5.68
	乙烷	C_2H_6(10^{-2}mol/mol)	0.06	0.06	0.07
	丙烷	C_3H_8(10^{-2}mol/mol)	<0.01	<0.01	<0.01
	二氧化碳	CO_2(10^{-2}mol/mol)	<0.01	<0.01	<0.01
	其他	(10^{-2}mol/mol)	0.11	0.13	0.10

2）东山背斜非煤瓦斯特点

（1）东在山背斜核部碳质泥岩发育段落进行瓦斯超前探孔施工时，孔内瓦斯浓度超10%，并伴有喷孔现象。

（2）掌子面在钻爆孔施钻过程中，部分钻孔内存在明显喷孔动力现象，喷孔部位与炭质泥岩分布情况相关，如图5-5所示。

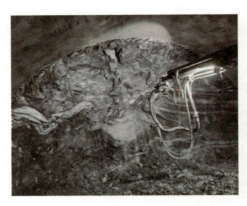

图5-5　大娄山隧道非煤瓦斯段掌子面

（3）同一掌子面喷孔强度有强有弱，强弱情况与炭质泥岩分布情况相关。

（4）喷孔衰减时间相对于煤系地层较短，最快2天后喷孔现象逐渐消失。

（5）采取施作排放（泄压）孔消突措施后，在钻爆孔施钻过程中局部还会存在喷孔、顶钻等动力现象，较未施作排放孔消突措施的掌子面瓦斯动力现象有明显衰减，但不彻底，如图5-6所示。

图5-6　瓦斯排放（泄压）孔施工

（6）施工过程中，瓦斯浓度和喷孔现象随着掌子面远离东山背斜核部区域而逐渐衰减，当掌子面逐渐靠近背斜核部时，瓦斯浓度逐渐增高，喷孔现象出现。

5.5 大娄山特长公路隧道群穿越含瓦斯地层施工关键技术

5.5.1 瓦斯探测、预报技术

5.5.1.1 超前地质预报总体方案

目前常用瓦斯探测技术有：微震技术、震动波计算机断层扫描技术、基于激光雷达的 SLAM 机器视觉技术、无线电波坑透探测技术、地震波反射法、地质雷达法、高分辨直流电法等。

超前地质预测预报目的主要是通过物探、钻探等手段，探测掌子面前方、周围的地质情况，力图在施工前掌握前方、周边的岩土体结构、性质、状态，以及地下水、瓦斯等的赋存情况、地应力情况等地质信息，为进一步的施工提供指导，以避免施工及运营过程中发生涌水、瓦斯突出、岩爆、大变形等地质灾害，保证施工的安全和顺利进行，是确保施工安全的重要措施。

超前地质预报以工程地质综合分析为核心，坚持粗查与精查相结合，物探与钻探相结合的原则。根据本隧道地质情况，针对不同的地质复杂程度及部位，采取不同的超前探测方法，分别为地质调查法、物探法和超前钻探法。

5.5.1.2 地质调查法

地质调查法适用于全隧道，包括分析、研究、利用已有勘察资料、隧道地表补充地质调和隧道地质素描。隧道开挖爆破后立即进行地质调查并进行地质素描，一般地段每 20m 记录一次，地质发生变化时，增加素描。

煤层瓦斯段：补充调查、收集已关、停、井、转和正在开采的煤矿的巷道布置、煤层开采和采空区分布情况，分析其余隧道的空间关系。补充调查收集各矿所采煤层特征、吨煤瓦斯含量、压力、涌出量、放散初速度、煤的坚固性系数、煤的破坏类型等参数。根据煤矿坑洞位置、走向、高程等，分析其与隧道的空间关系。

5.5.1.3 物探法

不同的地质条件，可采取不同的物探措施组合方式，具体的物探组合方式见表 5-6。根据本合同段隧道瓦斯情况，采用 WT-2 物探类型实施超前地质预报。

物探措施分类表 表5-6

序号	物探类型	主要手段	适用条件
1	WT-1	地震波反射法	软弱夹层，非可溶岩接触带，地表物探异常带，差异风化带及可能出现其他不良地质体，含炭（煤）地层
2	WT-2	地震波反射法+地质雷达法	含炭（煤）地层
3	WT-3	地震波反射法+高分辨直流电法	非可溶岩地段断层及其破碎带、可溶岩岩溶中度发育地段，可能出现的节理密集带
4	WT-4	地震波反射法+地质雷达法+高分辨直流电法	可溶岩岩溶强烈-极强烈发育地段、可溶岩与非可溶岩接触带等可能出现溶洞，溶蚀破碎带及富水节理密集带。煤层采空区；高压富水断层

根据工程地质特征，大娄山隧道采用地震波反射法、地质雷达法两种物探方法。

5.5.1.4 超前钻探法

1）超前钻探法类别

超前钻探法可分为超前钻孔及炮孔加深超前探测。

（1）长距离钻孔：采用φ89mm水平钻孔，超前100m，验证物探探测的异常地段，每循环30m，每孔长50m，钻孔是否取芯根据现场实际情况确定。

（2）短距离钻孔：采用φ89mm水平钻孔，超前探测30~50m，验证物探探测的异常地段，每循环25m，每孔长30m，钻孔是否取芯根据现场实际情况确定。

（3）加深炮眼：即加深炮眼超前探测，利用在隧道开挖工作面上的炮眼钻孔来探测前方围岩的地质情况，在每一循环钻设炮眼时布置3~5个钻孔加深3m以上作为探测孔，如表5-7所示。

钻探法分类表 表5-7

钻探类型	主要手段	适应条件	超前钻孔位置	加深炮孔位置	备注
ZT-1	超前钻孔（3孔）	非煤地层	前方、左帮、右帮	前方、左帮、右帮	安全搭接距离20m
ZT-2	超前钻孔（5孔）+加深炮眼（3孔）	非煤瓦斯段	前方、左帮、右帮、上方、下方	前方、左帮、右帮、上方、下方	
ZT-3	超前钻孔（5孔）+加深炮眼（5孔）	煤系地段	前方、左帮、右帮、上方、下方	前方、左帮、右帮、上方、下方	

注：开挖面指的是先开挖的工作面，根据施工方案的不同，先开挖工作面的位置不同，如CD法开挖为第Ⅰ部分，台阶法开挖为上台阶部分，全断面开挖为全隧道断面。

根据物探结果选用相应的超前钻探组合类型进行验证。

2）超前地质钻孔

大娄山隧道超前钻孔采取长、短距离结合的地质钻孔手段，技术参数见表5-8。

超前地质钻孔技术参数 表5-8

不良地质类型	孔数	孔长(m)	孔径(mm)	孔外插角(°)	取芯孔数
非瓦斯地段	3	50	108	10	
非煤瓦斯地段	5	50	89	10	
煤层瓦斯地段	5	100	89	15	3

注：①钻探过程中应进行动态控制和管理，根据情况适时调整钻孔深度，以达到超前预报的目的。
②连续预报时，非煤地层前后两循环钻孔重叠长度不小于5m，煤系地层钻孔重叠长度不小于20m。

3）加深炮孔

（1）孔深较爆破孔长3m以上。

（2）富水段终孔于开挖轮廓线外3m。

（3）孔径与爆破孔相同。

（4）连续预报时前后两循环钻孔应重叠2~3m。

（5）在富水段发现异常情况应及时反馈信息，严禁盲目装药放炮。

（6）严禁在爆破残眼中实施超前地质钻探。

4）超前钻探要求

实施超前地质钻探的人员应经技术培训和考核，经考核合格后方可上岗。

钻探前地质技术人员应进行技术、质量交底，并做好瓦斯喷孔安全措施，并做好机电防爆排查，排除危险源后，报项目部总工程师批准后方可实施。

超前钻探过程中应在现场做好钻探记录，包括钻孔位置、开孔时间、终孔时间、孔深、钻进压力、钻进速度随钻孔深度变化情况、冲洗液颜色和流量变化、涌砂、空洞、振动、卡钻位置、突进里程、冲击器声音的变化、孔口瓦斯含量、喷孔情况等。

超前钻探过程中应及时鉴定岩芯、岩粉，判定岩石名称，对于断层带、溶洞填充物、煤层、代表性岩土等，应拍摄照片备查，并选择代表性岩芯整理保存，重要工程钻探过程监理应进行旁站。

在富水地段进行超前钻探时必须采取防突措施；测探孔内水压时，需安装空口管，接上高压球阀、连接件和压力表，压力表读数稳定一段时间后即可测得水压。

应加强钻进设备的维修与保养，使钻机处于良好状态；强化协调和管理，各方应积极配合,缩短施钻时间。

5)经验判断

煤与瓦斯突出的前兆:开挖工作面地层压力增大,鼓壁,深部岩层或煤层的破裂声明显、响煤炮、掉渣、支护严重变形;瓦斯浓度突然增大或忽高忽低,工作面温度降低,闷热,有异味等;煤层结构变化明显,层理紊乱,由硬变软,厚度与倾角发生变化,煤由湿变干,光泽暗淡,煤层顶、底板出现断裂、波纹起伏等;钻孔时有夹钻、顶钻、顶水、喷孔等动力现象;工作面发生瓦斯强突的嘶嘶声,同时带有粉尘;工作面有移动感。

6)超前钻探实施方案

(1)超前钻探要求:大娄山隧道不良地质为岩溶及煤层瓦斯,钻探预报以岩溶及煤层瓦斯预报为主。瓦斯预报以地质调查法为基础,以超前钻探法为主,结合多种物探手段进行综合超前地质预报。根据隧道所穿过的地质情况分析,考虑岩层厚度、孔深、探放效果可靠性、钻孔效率等因素,参照《防治煤与瓦斯突出细则》,按照隧道设计要求分为高瓦斯地段与低瓦斯地段突出危险性的指标预测。

(2)钻孔的工艺流程及操作要点。

钻孔工艺流程见图 5-7,操作要点:施钻前搭设钻孔平台,制作导向架,并检查其安全稳定性,施钻时固定牢固,以防止钻杆在推力和振动力的双重作用下上下颤动,导致钻孔不直。钻机开孔时要低压力,待成孔 1.0m 后,压力逐渐增大,转速升至正常转速,第一节钻杆钻入围岩后,尾部剩余 20~30cm 时,停止钻进,钻机退回原位,人工装入第二根钻杆;换钻杆时,注意检查钻孔质量,偏离时及时调整。在施钻进程中及时记录和收集岩性及钻孔参数。钻孔达到要求深度后,拆卸钻杆,钻机退回原位。

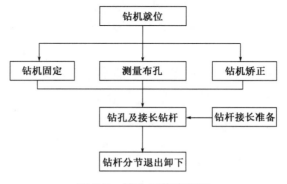

图 5-7 钻孔工艺流程图

(3)基于超前钻孔信息的瓦斯突出判定。

对各个探测孔进行参数测定,并根据《防治煤与瓦斯突出细则》判定是否有突出危险性。

①气压力:钻孔内最好不要存有水,封孔质量要好,岩壁不要有瓦斯泄漏,6 个钻孔的实测瓦斯压力最大值 P_{max},根据《防治煤与瓦斯突出细则》,当实测最大瓦斯压力 $P_{max} \geq 0.74$ MPa 时,本段地层应具有突出危险性。

②瓦斯涌出情况:在探测孔施工中,如果发生喷孔、顶钻现象,参照《防治煤与瓦斯突出细则》,判断本段岩层具有突出危险性。

③钻孔变形量:探测孔终孔后均进行变形测量,发现各孔是否有不同程度的变形,其中是否有钻孔在终孔后 1~2d 就自行闭塞,如有这种情况出现,则表明该岩层地应力较大。

④圆片状取芯:探测段岩层在钻进过程中,孔口瓦斯浓度较低还是较高,瓦斯浓度达到多少,片状岩芯达到多少片每米,如果出现一面微凹,一面微凸,是典型的高应力破碎现象,钻孔无、有明显变形,钻进速度是否正常,钻进过程中有无瓦斯、水喷孔现象发生,喷孔程度怎么样,岩石结构有无破坏,破坏程度怎么样,依据《防治煤与瓦斯突出细则》规定判断该段岩层突出危险性不大还是有严重突出危险性。

⑤瓦斯岩石排放半径:探测孔中出现喷孔现象者距离隧道中心的 4 号孔距离是多少米,距离最近的不喷孔者距离是多少米,根据喷孔现象表明,这个距离内,相互之间没有影响。最后施工的 3 号、5 号孔在钻进中如发生了喷孔现象,该孔距离 4 号孔多少米,该孔喷孔对 4 号孔瓦斯压力影响如果不大,为了使瓦斯压力有效释放,排放钻孔的间距应确定在该孔和 4 号孔间的距离之内。

综合以上 5 个参数的分析,可以判定该分段地层是否为突出危险地层。

(4)基于超前钻孔实测瓦斯压力。

隧道开挖中,在含瓦斯地段,利用上述直径 $\phi 89$ mm 的水平探测钻孔,测定瓦斯压力,并详细记录有关参数。当隧道回风流中瓦斯浓度超过 0.5% 时,则一定要测定瓦斯压力。采用黏土测压方法:

①在测压钻孔内插入带有压力表接头的紫铜管,其管径为 6~8mm,长度不小于 7m。

②将特制的柱状黏土(含自然水分经炮泥机挤压成型的炮泥)送入钻孔内,柱状黏土末端距紫铜管末端 0.2~0.5m,每次送入 0.3~0.5m,并用木棍捣实。

③每堵 1m 黏土柱打入 1 个木塞,木塞直径小于钻孔直径 10~15mm,打入木塞时应保护好紫铜管,以防折断。

④在孔口(0.5~1.0m)用水泥砂浆封堵,经过 8h 水泥凝固后,安装压力表测压,并详细记录瓦斯压力上升与时间的关系,直到压力稳定为止。稳定后压力即为瓦斯压力 P,若实测瓦斯压力 $P < 0.74$ MPa,则无突出危险。

⑤瓦斯超前钻孔应符合下列规定：

每个钻孔均应穿透煤层并进入顶(底)板不小于0.5m；正式探测孔应取完整的岩(煤)芯；各钻孔直径不宜小于76mm；钻孔过程中应观察孔内排出的浆液、煤屑变化情况，并做好记录。开挖工作面出现煤与瓦斯突出前兆时，应立即报警，停止工作，撤出人员，切断电源，并上报有关部门。

(5)基于超前钻孔的精确探测及含量测定。

当地质超前钻孔遇煤，且煤层厚度大于0.3m时，必须掌握煤层层位、倾角、厚度、顶底板岩性、地质构造等可靠的基础参数，因此当开挖工作面距推测煤层位置法向距离为10m时，施工5个直径ϕ94mm的地质超前钻孔穿透煤层全厚，并且进入底板岩层不小于0.5m，其终孔位置应控制掘进面开挖轮廓外6m左右，如图5-8、图5-9所示。同时在隧道工作面距煤层法线距离不小于10m位置时，需测定煤层瓦斯含量。钻孔应布置在岩层比较完整的地方，测定钻孔可利用上述精确探测超前钻孔，打钻过程中取煤样测定瓦斯含量，且观察钻孔施工过程中是否发生喷孔、顶钻等明显突出预兆。

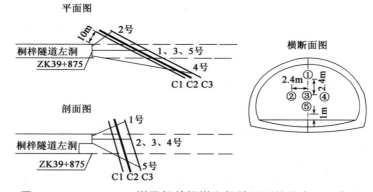

图5-8　C1、C2、C3煤层超前探煤和超前预测钻孔布置示意图

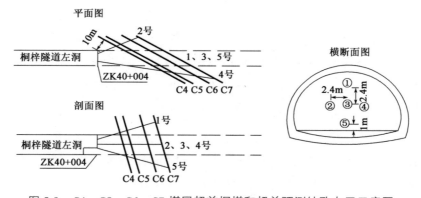

图5-9　C4、C5、C6、C7煤层超前探煤和超前预测钻孔布置示意图

测定钻孔施工进入煤层后采集煤样,利用相关设备直接测定煤层瓦斯含量,若煤层瓦斯含量值大于 $8m^3/t$(突出危险临界值),则该揭煤工作面有突出危险,需采取防突措施(抽采或排放)。

(6)超前钻孔成果整理。

超前地质钻孔由地质技术人员进行地质编录和孔内必要的测试后,整理得到超前探孔成果,内容如下:

①钻孔柱状图,描述地层、岩性、节理裂隙特征,记录钻孔过程中有价值的信息,提出围岩完整性评价。

②记录孔内排出的浆液、煤屑变化情况。

③编写钻探报告。

隧道工作面从掘进至距突出煤层前方 100m 范围内可采用物探初步判断可能存在的较大煤层异常情况及岩体的完整状况,并施工超前探孔进行预测预报,若钻孔内检测到瓦斯,则视为进入煤系地层。

根据现场实际情况,大娄山隧道前探钻孔每循环设计长度为 100m,钻孔重点控制隧道中上部,钻孔参数如表 5-9 所示。每循环搭接长度为 20m。终点控制在巷道轮廓线外 5~10m 位置。

超前探钻孔设计参数表　　　　　　　表 5-9

钻孔编号	与隧道中线夹角(°)	倾角(°)	长度(m)
1 号	0	10	96
2 号	10	0	96
3 号	0	−10	94
4 号	左 10	0	96
5 号	右 10	0	96

5.5.2 区域综合防突措施

区域综合防突措施是针对煤层突出风险大范围、整体性的控制措施。实施综合防突措施可以实现区域煤层突出风险评价,并整体降低区域范围煤层突出风险,控制突出强度。根据大娄山隧道实际情况,采用揭煤前穿层钻孔抽放瓦斯的防突措施,为进一步实施工作面综合防突措施提供支持。

5.5.2.1 区域预测突出危险性

1)区域预测指标及方法

区域预测一般根据煤层瓦斯参数结合瓦斯地质分析的方法进行,也可采用其他经试验证实有效的方法。

根据大娄山隧道的实际情况及《防治煤与瓦斯突出细则》第58条,区域预测应采用煤层瓦斯参数结合瓦斯地质分析的区域预测方法,具体应当按照下列要求进行:

(1)煤层瓦斯风化带为无突出危险区。

(2)根据已开采区域确切掌握的煤层赋存特征、地质构造条件、突出分布的规律和对预测区域煤层地质构造的探测、预测结果,采用瓦斯地质分析的方法划分出突出危险区,如图5-10所示。

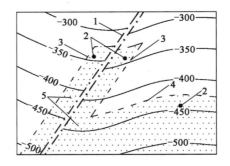

图 5-10　根据瓦斯地质分析划分突出危险区示意图

1-断层;2-突出点或者突出预兆位置;3-根据突出点或者突出预兆点推测的断层两侧突出危险区边界线;4-推测的下部区域突出危险区上边界线;5-突出危险区(阴影部分)

(3)在第一项划分出的无突出危险区和第二项划分的突出危险区以外的范围,应当根据煤层瓦斯压力 P 和煤层瓦斯含量 W 进行预测。预测所依据的临界值应当根据试验考察确定,在确定前可按表5-10预测。

根据煤层瓦斯压力和瓦斯含量进行区域预测临界值表　　　表 5-10

瓦斯压力 P(MPa)	瓦斯含量 W(m^3/t)	预测结果
$P<0.74$	$W<8$(构造带 $W<6$)	无突出危险区
除上述情况以外的其他情况		瓦斯突出危险区

如果采用煤层瓦斯压力和煤层瓦斯含量进行开拓后区域预测时,煤层瓦斯压力、瓦斯含量等参数应当为实测数据,用直接法测定瓦斯含量时应当定点取样。

2)区域预测方案

根据《防治煤与瓦斯突出细则》第59条,区域预测所依据的主要瓦斯参数测定应当符合:①煤层瓦斯压力、瓦斯含量等参数应当为井下实测数据,用直接法测定瓦斯含量时应当定点取样;②测定煤层瓦斯压力、瓦斯含量等参数的测试点在不同地质单元内根据其范围、地质复杂程度等实际情况和条件分别布置;同一地质单元内沿煤层走向布置测试点不少于 2 个,沿倾向不少于 3 个,并确保在预测范围内埋深最大及高程最低的部位有测试点。

大娄山隧道通过在小导洞内布置测点进行各煤层区域预测指标的测定,测点布置方案如图 5-11 所示。

3) 区域预测结果技术管理

对已确切掌握煤层突出危险区域的分布规律,并有可靠的预测资料的,区域预测工作可由总工程师组织实施;否则,应当委托有煤与瓦斯突出危险性鉴定资质的单位进行区域预测。区域预测结果应当由企业技术负责人批准确认,区域预测指标测点布置如图 5-11 所示。

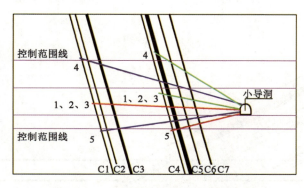

图 5-11 区域预测指标测点布置图

5.5.2.2 区域防突措施

降低煤层瓦斯赋存量是减弱煤层突出风险的有效手段,通常采用钻孔瓦斯抽放或钻孔瓦斯排放实现。而针对煤层透气性低、抽放效果不理想的情况,综合的增透措施可以提升抽排瓦斯效率。

大娄山隧道揭煤区域防突措施,应在与突出煤层间的最小法向距离 7m 之前进行,采用"穿层钻孔预抽隧道揭煤区域煤层瓦斯"相结合的方式治理揭煤区域煤层瓦斯,且结合隧道揭煤区域煤层瓦斯赋存情况适当采取卸压增透措施。

大娄山隧道揭煤为单向揭煤,为提升瓦斯防治效果、保障顺利开挖,设计巷道宽 5.24m,高 5.17m,长 276m,小导洞断面如图 5-12 所示。为避开小导洞在碳质泥岩中掘进,本次隧道瓦斯治理在距离 C7 煤层法线距离 17m 的位置沿粉砂质泥岩地层走向布置瓦斯抽放巷,抽放巷开挖位置为 YK40+165 处,如图 5-12 所示,揭煤防突措施钻孔布置如图 5-13 ~ 图 5-15 所示。

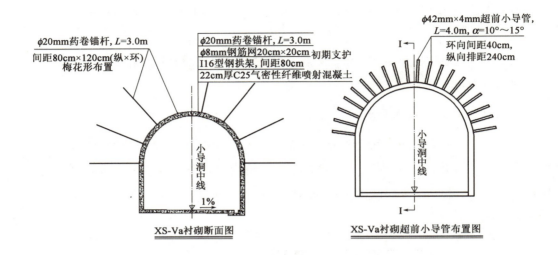

图 5-12 小导洞断面图

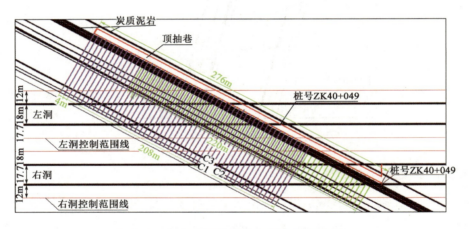

图 5-13 揭煤防突措施钻孔布置平面示意图

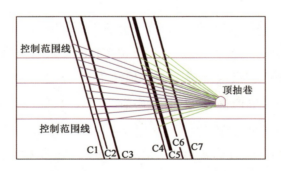

图 5-14 揭煤防突措施钻孔布置剖面示意图

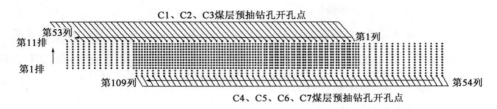

图 5-15　煤层预抽钻孔开孔点

5.5.3　局部综合防突措施

5.5.3.1　掌子面预测

根据《防治煤与瓦斯突出细则》第 79 条,大娄山隧道揭煤工作面突出危险性预测采用钻屑瓦斯解吸指标法,在掌子面距离 C1 煤层最小法向距离 5m 前向隧道所揭煤层的适当位置施工一定数量钻孔,并测定煤层的钻屑瓦斯解吸指标,大娄山隧道在揭煤前的工作面危险性预测和区域验证合并进行。钻屑瓦斯解析指标 K_1 值的临界值参照表 5-11 执行。采用钻屑瓦斯解吸指标法预测井巷揭煤工作面突出危险性时,由工作面向煤层的适当位置至少施工 3 个钻孔,在钻孔钻进到煤层时每钻进 1m 采集一次孔口排出的粒径 1~3mm 的煤钻屑,测定其瓦斯解吸指标 K_1 或者 Δh_2 值。测定时,应当考虑不同钻进工艺条件下的排渣速度。

钻屑瓦斯解吸指标 K_1 值预测临界值表　　　　表 5-11

煤样	Δh_2 指标临界值(Pa)	K_1 指标临界值[mL/(g·min$^{1/2}$)]
干煤样	200	0.5
湿煤样	160	0.4

采用钻屑瓦斯解吸指标法进行工作面突出危险性预测时,钻孔布置和取样工艺应符合下列要求:

(1)在岩石段宜采用湿式打钻,钻孔孔径 50~75mm,见煤后退出钻杆,先用压风将孔内泥浆吹净,再用干式打钻直至见到煤层底板。

(2)钻孔数量不得少于 3 个,1 个钻孔位于工作面中部,沿工作面前进方向略偏上布置,另 2 个钻孔分别位于左上角和右上角,终孔点应位于工作面轮廓线外上部 5m、两侧 3m 以外。

(3)各钻孔每隔 1m 取 1 个煤样测定钻屑瓦斯解吸指标 K_1。当钻孔钻进到预定取样深度前 0.5m 时,用 1mm 和 3mm 分样筛取样进行筛分,将筛分后的 1~3mm 粒径煤样装入煤样杯或煤样瓶中。在孔口开始接煤样的同时启动秒表,直至开始启动瓦斯解吸仪测

量的时间间隔 t_0，测定 K_1 指标时要求 $t_0 \leqslant 2\min$。

（4）在钻孔钻至距预定取样深度小于 0.5m 至接取煤样结束前不允许停止钻进，否则该煤样应作废。打钻过程中，应保持钻进速度稳定，钻进速度保持 1m/min 左右，同时保持钻进方位、倾角一致，平稳钻进，以免孔壁煤样混入。

5.5.3.2 安全防护措施

（1）隧道在瓦斯突出地层施工全过程中必须遵守《煤矿安全规程》《防治煤与瓦斯突出细则》《公路瓦斯隧道设计与施工技术规范》（JTG/T 3374—2020）《贵州省高速公路瓦斯隧道施工技术指南》（JTT 52/03—2014）等有关规定，采取安全防护措施，加强通风，确保施工和人身安全。

（2）施工人员必须进行岗前培训方能上岗，与矿山救护队建立联系（或组建矿山救护队），并设专职瓦斯监测员经常检查、监测瓦斯，掌握突出预兆。

（3）建立稳妥可靠的通风系统，大娄山隧道设计除通风需要的风机数量外，均应配置独立的双向回路电源，施工前应全面检查风门、风管、风机及电源等，保证风机的正常运转，备用风机应保持良好状态。

（4）掘进时起爆点应设在洞外，放炮时隧道必须停电，全部人员撤至洞外，人员及机电不要正对洞门，爆破前应清理洞口和通风机房周围 50m 范围内的一切火源。

（5）瓦斯设防段施工时，隧道各分部断面均应按设计及时施作初期支护和加强支护。

（6）进入有突出危险掘进工作面的人员应佩戴隔离式自救器。

（7）电气设备与作业机械必须使用防爆型。全封衬砌段，钢架纵向连接钢筋及锁脚锚杆的安装均宜采用冷连接，连接角钢与钢架的焊接需在洞外工厂化预制，洞内直接采用螺栓连接钢筋。

（8）其他未尽事项按照《防治煤与瓦斯突出细则》《公路瓦斯隧道技术规范》（DB52T 1666—2022）有关规定操作。

5.5.4 隧道煤层瓦斯抽采技术

5.5.4.1 煤层瓦斯基本参数

1）煤层瓦斯含量

根据《兰州至海口国家高速公路重庆至遵义段（贵州境）扩容工程第 CZTJ-7 标段揭 P3L 段瓦斯治理项目参数井 TZ-C1 井技术总结报告》，TZ-C1 参数井自上而下钻遇第四系、下三叠统夜郎组玉龙山段、沙堡湾段、上二叠统长兴组、龙潭组、中二叠统茅口组。共遇见 7 层煤，分别为 C7、C6、C5、C4、C3、C2、C1 煤层，且煤层分布与周边矿区较一致，与周边矿区钻孔煤层对比可靠。参数井 TZ-C1 井对钻遇的煤层及炭质泥岩采样进行瓦斯含量测定，测得煤层瓦斯含量如表 5-12 所示，煤层瓦斯梯度计算及总含气量预测如表 5-13 所示。

含气量测试结果统计表　　　　　　　　　　　表 5-12

煤层	采样深度（m）	解析气甲烷含量（ml/g）	损失气甲烷含量（ml/g）	残余气甲烷含量（ml/g）	解析气+损失气含气量（ml/g）	总甲烷含量（ml/g）	可燃气体总含气量（ml/g）	（解析气+损失气）/总含气量（%）
C7（移孔前）	385.4~385.6	6.36	1.45	1.96	7.81	9.77	9.86	79.94
C7	428.6~428.8	4.18	1.73	5.89	3.91	9.80	9.86	39.90
C6	440.8~441.1	4.01	0.87	2.85	4.88	7.72	7.78	63.21
C5	461.9~462.1	4.18	0.44	5.49	4.62	10.11	10.18	45.70
C4	468.2~468.4	0.32	0.02	3.55	0.34	3.89	3.92	8.74
C3	530.5~530.7	8.99	0.80	1.65	9.79	11.45	11.48	85.50
C2	542.6~542.9	1.56	0.18	4.19	1.74	5.94	6.01	29.29
C1	549.05~549.35	1.06	0.10	2.06	1.16	3.22	3.25	36.02
炭质泥岩 1	373~373.2	1.11	0.01	3.48	1.12	4.6	4.66	24.03
炭质泥岩 2	354.5~354.7	0.48	0.03	5.27	0.51	5.78	5.81	8.78

煤层瓦斯梯度计算及总含气量预测　　　　　　表 5-13

煤层	地面露头见煤高程（m）	参数井煤层埋深（m）	参数井实测煤层总含气量（m³/t）	隧道见煤高程（m）	煤层瓦斯梯度（m³/t）/100m	隧道高程计算煤层总含气量（m³/t）
C7	1055.86	410.5	9.86	991.6	2.24	11.29
C6	1041.94	423.6	7.78	991.6	1.59	8.58
C5	1035.72	429.28	10.18	991.6	2.22	11.16
C4	1024.94	439.64	3.92	991.6	0.51	4.09
C3	954.5	492.78	11.48	990.6	2.19	10.69
C2	945.66	499.3	6.01	990.6	0.91	5.60
C1	938.76	504.76	3.25	990.6	0.28	3.10

注：风化带下界平均深度为 60m，瓦斯风化带下界的甲烷含量为 2m³/t。

2)煤层瓦斯压力

项目共对隧道 C7、C6、C5、C3 煤进行瓦斯压力测试,测试结果如表 5-14 所示。

瓦斯压力测试结果表　　　　　　　　　　表 5-14

煤层编号	底板深度(m)	厚度(m)	瓦斯压力(MPa)
C7	430.03	1.68	1.15
C6	442.96	0.98	1.27
C5	463.17	3.55	1.04
C3	532.43	2.41	1.48

3)隧道控制范围线内瓦斯资源量与需抽瓦斯资源量

隧道控制范围内原有煤炭资源量 36982t,瓦斯地质资源量 438341m^3,需抽采瓦斯总量 118701m^3。

5.5.4.2　瓦斯抽采方法选择

1)选择抽采瓦斯方法的原则

本次隧道瓦斯抽采方法应根据煤层赋存条件、瓦斯基础参数、瓦斯来源、隧道布置、抽采瓦斯目的等因素确定,并遵循以下原则:

(1)瓦斯抽采方法应适合煤层赋存状况、巷道布置、地质条件和开采技术条件。

(2)应根据矿井瓦斯涌出来源及涌出量构成分析,有针对性地选择抽采瓦斯方法,以提高瓦斯抽采效果。

(3)抽采方法在满足矿井安全开采的前提下,还需满足开发、利用瓦斯的需要。

(4)巷道布置在满足瓦斯抽采前提下,应尽可能利用生产巷道,减少抽采工程量。

(5)选择的抽采方法应有利于抽采巷道的布置和维护。

(6)选择的抽采方法应有利于提高瓦斯抽采效果,降低抽采成本。

(7)抽采方法应有利于钻场、钻孔的施工和抽采管网设计,有利于增加抽采时间。

2)抽采瓦斯方法选择

降低煤层瓦斯赋存量是降低煤层突出风险的有效手段,通常采用钻孔瓦斯抽放实现。而针对煤层透气性低、抽放效果不理想的情况,综合增透措施可提升抽排瓦斯效率。

根据《防治煤与瓦斯突出细则》关于区域突出措施的相关规定，结合本次隧道揭煤区域防突措施，应在与突出煤层间的最小法向距离7m之前进行，采用"小导洞穿层钻孔网格抽采隧道揭煤区域煤层瓦斯"的方式治理揭煤区域煤层瓦斯，且结合隧道揭煤区域煤层瓦斯赋存情况采取煤层卸压增透措施。

5.5.4.3 抽采钻孔设计

1）水平井井形选择

由于是在大娄山隧道内施工 TZ-HF1 井（左洞）和 TZ-HF2 井（右洞）两口浅埋深水平井，受限于空间位置的影响，且井口距离着陆点、靶点的垂深差较小，如图 5-16 所示，优选为单分支水平井，采用 FDP-150 非开挖定向钻机进行施工（图 5-17）。

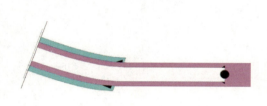

图 5-16　隧道内 L 形单分支水平井示意图　　图 5-17　FDP-150 非开挖定向钻机

2）井身结构及套管设计

（1）井身结构。

①一开采用 φ311.2mm 钻头，钻至着陆点后继续钻进 20m，下入 φ244.5mm 套管、固井，固井水泥返至井口。

②二开采用 φ215.9mm 钻头钻进，中靶后终孔，下 φ139.7mm 套管、固井，固井水泥返至井口。

隧道内水平井 TZ-HF1 井、TZ-HF2 井井身结构示意图分别如图 5-18 和图 5-19 所示。

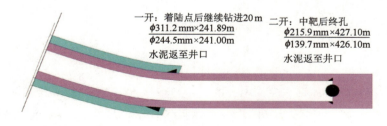

图 5-18　隧道内水平井 TZ-HF1 井井身结构示意图

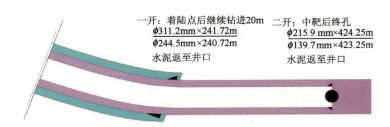

图 5-19　隧道内水平井 TZ-HF2 井井身结构示意图

（2）套管。

TZ-HF1 井和 TZ-HF2 井套管情况如表 5-15 所示。

表 5-15　TZ-HF1 井和 TZ-HF2 井套管情况表

套管层序	规格			钢级	抗外挤强度（MPa）	抗内压强度（MPa）	抗拉强度（kN）
	直径（mm）	壁厚（mm）	内径（mm）				
一开套管	244.5	10.03	224.4	N80	22.4	20.10	4587
二开套管	139.7	9.17	121.4	P110	76.5	70.5	2852

（3）钻井标准。

钻井施工作业按《煤层气钻井作业规范》（DZ/T 0250—2010）执行，钻井工程质量达到《煤层气钻井工程质量验收评级规范》（NB/T 10003—2014）的要求，井深以转盘面为基准，校核钻具以实长为准；每钻进 100m 应校核钻具长度。

3）主要钻井设备性能要求

（1）钻井深度（127mm 钻杆）不小于 1000m（两口井）。

（2）最大推拉力不小于 100t。

（3）泥浆泵功率不小于 75kW。

（4）发电机组输出功率不小于 300kW。

（5）提供全套钻井工具和仪表。

（6）配备二级固控设备。

4）钻具组合及主要措施

（1）一开定向段。

螺杆钻具：ϕ311.2mm 钻头 + ϕ241.3mm、1.25°~1.5°单弯动力钻具 + 钻具止回阀 + ϕ203.2mm 无磁钻铤 ×1 根 + MWD + LWD + ϕ203.2mm 钻铤 + ϕ165.1mm 钻铤 + 旁通阀 1 只 + ϕ127mm 斜坡钻杆。

主要措施：

①固井候凝期间，检修、保养设备。准备二开用水及黏土造浆。

②组合钻具，下钻探水泥面，小钻压灰塞至井底，继续钻进至造斜点，之后起钻。

③按水平井指令组合钻具，并积极配合水平井作业。

④在斜井段内钻具因故停止转动（洗井、测斜、机修等）时，钻具须 3~5min 上提下放活动一次，活动距离不小于 6m。钻进过程中注意返砂情况，必要时大排量循环，循环时长距离(9m)活动钻具，防止冲出大肚子及划出新井眼。

⑤动力钻具入井，严禁划眼和悬空处理泥浆，遇阻时，活动钻具下放，若无效，起钻换钻具通井，以防划出新眼。

（2）二开水平段。

螺杆钻具：ϕ311.2mm 钻头 + ϕ241.3mm、1.25°~1.5°单弯动力钻具 + 钻具止回阀 + ϕ203.2mm 无磁钻铤×1 根 + MWD + LWD + ϕ203.2mm 钻铤 + ϕ165.1mm 钻铤 + 旁通阀 1 只 + ϕ127mm 斜坡钻杆。

主要措施：

①水平段采用柔性钻具组合，密切注意观察扭矩表变化，若扭矩太大则不能继续转动转盘，采用螺杆钻具滑动钻进。对测量数据及时处理，对井底数据准确预测，及时调整钻进参数和井身轨迹，避免大幅度调整井斜、方位，尽量减小摩阻。

②采用随钻仪器随钻测量，监控井眼轨迹；确保在设计轨道内钻进，采用推动钻进方式施工，随时调整井斜方位、测量自然伽马、钻时、井斜数据。

③处理钻井液，使性能达到设计要求，净化设备正常运行。

④及时活动钻具防粘卡、防止岩屑沉积，严格执行钻进目的层技术措施。

⑤下钻遇阻及时开泵顶通，避免猛提猛放，严禁出新眼。

⑥根据井下情况短起下钻，起钻前充分洗井。

⑦每钻进 80~100m 短起下一次，保证井眼畅通。

⑧固控系统二级净化装备开动率达到设计要求，确保钻井液的悬浮稳定性、流动特性、润滑性，防止黏附、沉砂、压差卡钻。

⑨钻具因故在井下静止时，要循环、活动钻具或将钻具提至套管内，防止滞留时间长而造成井下复杂情况。

抽采井设计为二级井控，安装旋转防喷井口，施工井队做好井控应急预案。

5）小导洞设计

根据大娄山隧道设计施工方案，T7 标隧道揭煤由进口端单向揭煤，为提升瓦斯防治效果、保障进口端顺利开挖,本次隧道瓦斯治理采用小导洞穿层钻孔预抽过煤层段的煤层瓦斯。其中,小导洞布置在距离 C7 煤层法线距离 17m 的位置,避开炭质泥岩,且由出口端开挖,开挖桩号位置 YK40+168 处,设计小导洞长度 276m,设计巷道宽 5.24m,高 5.17m。

6) 抽采钻孔设计

根据大娄山隧道过煤层段煤层的赋存情况,本次隧道瓦斯治理设计按终孔间距为 4m,分别在两煤组部署钻孔。掌子面揭煤预抽煤层瓦斯区域防突措施钻孔布置开孔、终孔位置和平面图、剖面图如图 5-20 ~ 图 5-23 所示。

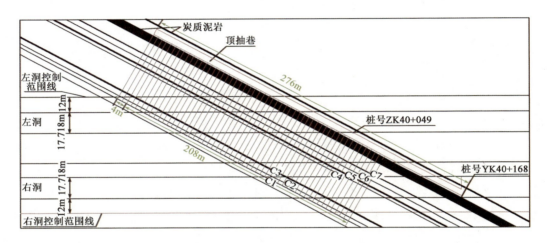

图 5-20　小导洞　下煤组（C1、C2 和 C3 煤层）预抽钻孔平面图

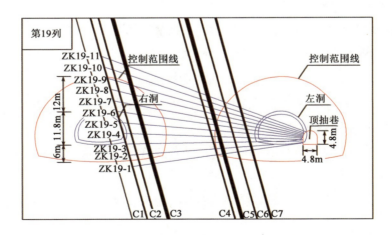

图 5-21　小导洞　下煤组（C1、C2 和 C3 煤层）预抽钻孔布置剖面示意图

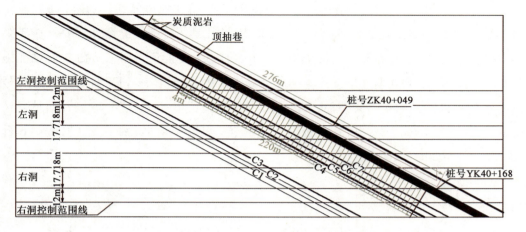

图 5-22 小导洞 上煤组（C4、C5、C6 和 C7 煤层）预抽钻孔平面示意图

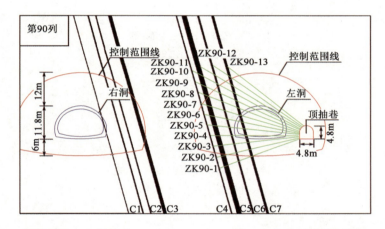

图 5-23 小导洞 上煤组（C4、C5、C6 和 C7 煤层）预抽钻孔布置剖面示意图

下煤组（C1、C2 和 C3 煤层）联合治理预抽钻孔 38266m/583 孔，上煤组（C4、C5、C6 和 C7 煤层）25816m/728 孔，施工钻孔工程量 64082m/1311 孔。

7）抽采钻孔施工计划

为了保证进口端的开挖不受瓦斯治理的影响，首先在小导洞内施工下煤组 C1、C2、C3 煤层瓦斯抽采钻孔，再施工上煤组 C4、C5、C6、C7 煤层瓦斯抽采钻孔。其中下煤组 C1、C2、C3 煤层瓦斯抽采钻孔共计划 6 台钻机平行作业施工，计划施工时间段于 2022 年 6 月 7 日开始至 2022 年 7 月 20 日结束，钻孔具体分配情况是：1 号钻孔施工第 1 列至第 9 列瓦斯抽采钻孔，2 号钻孔施工第 10 列至第 18 列瓦斯抽采钻孔，3 号钻孔施工第 19 列至第 27 列瓦斯抽采钻孔，4 号钻孔施工第 28 列至第 36 列瓦斯抽采钻孔，5 号钻孔施工第 37 列至第 45 列瓦斯抽采钻孔，6 号钻孔施工第 46 列至第 53 列瓦斯抽采钻孔；上煤组

C4、C5、C6、C7煤层瓦斯抽采钻孔共计划6台钻机平行作业施工,计划施工时间段于2022年7月20日开始至2022年8月18日结束,钻孔具体分配情况是:1号钻孔施工第1列至第9列瓦斯抽采钻孔,2号钻孔施工第10列至第18列瓦斯抽采钻孔,3号钻孔施工第19列至第27列瓦斯抽采钻孔,4号钻孔施工第28列至第36列瓦斯抽采钻孔,5号钻孔施工第37列至第45列瓦斯抽采钻孔,6号钻孔施工第46列至第56列瓦斯抽采钻孔。下煤组C1、C2、C3煤层和上煤组C4、C5、C6、C7煤层瓦斯抽采钻孔施工过程中6台钻机施工分布如图5-24所示。

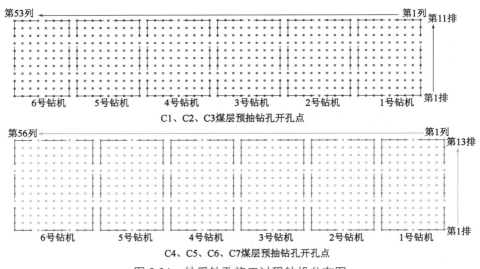

图5-24 抽采钻孔施工过程钻机分布图

8)抽采瓦斯参数的确定

(1)预抽时间。

钻孔预抽煤层瓦斯的C1~C3煤层采用CO_2致裂处治后计划抽采时间为15d;C4~C7煤层采用CO_2致裂处治后计划抽采时间为48d。

(2)钻孔轨迹测定数量。

为保证预抽瓦斯钻孔的有效性,本次瓦斯治理方案建议对区域防突措施预抽瓦斯钻孔进行轨迹测定,设计每10个钻孔至少测定一个钻孔的轨迹。

(3)抽采负压。

根据《煤矿瓦斯抽采达标暂行规定》和邻近煤矿的瓦斯抽采经验,预抽钻孔孔口负压不低于15kPa。

5.5.4.4 煤层CO_2增透技术措施

CO_2致裂煤层增透技术是提高低渗透煤层瓦斯抽采率的新工艺和新技术。该技术工艺简单、可靠安全、综合成本较低,可大幅度提高瓦斯抽采率和抽采速度,降低煤层瓦斯含量和瓦斯压力,有效消除煤与瓦斯突出危险。

1) CO_2 致裂增透解吸技术原理

CO_2 致裂器由充装阀、发热装置、储液管、定压剪切片、密封垫、释放管等 6 个部分组成,CO_2 致裂器储液管内,利用专用的充装设备注入液态 CO_2,保持储液管内液态 CO_2 压力为 8~10MPa,启动加热装置产生足量热量,使 CO_2 温度不断升高且压力持续增大,突破了 CO_2 的气液变化临界点(31℃、7.4MPa),管内 CO_2 由气-液两相转化为次临界状态及超临界状态。超临界 CO_2 具有接近液体的高密度和接近于气体的低黏度、高扩散系数,极易渗透到煤岩体深处的孔隙、裂纹中,有利于促进煤体中的裂隙扩展。

储液管内急剧升高的压力最终达到定压剪切片极限强度(可设定)时,高压 CO_2 冲破定压剪切片从释放管释放,瞬间喷出的超临界 CO_2 在煤体内产生了以应力波和爆生气体为主要动力的破煤能量。在应力波作用下,介质质点产生径向位移,由此在煤体中产生径向压缩和切向拉伸,当切向拉伸应力超过煤的动抗拉强度时会产生径向裂隙。在应力波向煤体深部传播的同时,爆生气体紧随其后迅速膨胀,进入由应力波产生的径向裂隙中,由于气体的尖劈作用,使裂隙继续扩展。随着裂隙的不断扩展,爆生气体压力迅速降低。当压力降到一定程度时,煤体开裂的应力因子小于煤体的断裂韧性,裂隙停止扩展。最终,在钻孔周围形成一片透气性高、裂隙发育的区域,从而达到预裂爆破的目的。

2) CO_2 致裂实施方案

沿掌子面开挖方向抽放钻孔控制煤层范围为上帮、左帮、右帮在轮廓线以外不得小于 12m,下帮不得小于 6m(煤层线方向距离)。

本次大娄山隧道 CO_2 增透钻孔按巷道轮廓线控制范围上帮、左帮、右帮均在轮廓线以外 12m,下帮轮廓线以外 6m。致裂钻孔采用瓦斯抽采钻孔,不再增加钻孔工程量。下煤组(C1、C2、C3 煤层组)CO_2 增透钻孔共布置 26 列,每列部署 5 排,网间距 8m,共布置 130 个钻孔,上煤组(C4、5、C6、C7 煤层组)CO_2 增透钻孔共布置 28 列,每列部署 6 排,网间距 8m,共布置 168 个钻孔,合计部署钻孔 298 个。

3) 致裂器拆除

(1) 保压时间结束后通风调度查看巷道内探头瓦斯浓度,巷道内瓦斯浓度在 0.5% 以下,专职瓦斯检查员方可进入工作面检查致裂钻孔附近 20m 范围内瓦斯、CO_2 浓度,确认浓度都在 0.5% 以下时,相关技术人员进入致裂地点开始拆除工作。

(2) 当致裂孔内压力降至 0.2MPa 时，打开低压测试阀门，直至其降低到小于 0.1MPa，保证孔内无压力后开始拆除。

(3) 将封孔器卸压，在卸压期间致裂孔孔口 5m 内严禁非相关人员进入。

(4) 封孔器卸压完毕后，启动钻机将封孔器及致裂器一起退出。

(5) 若致裂器卡在钻孔内，可上下抽送致裂器数次缓慢拔出，不可强行硬拔。

(6) 清点使用过"CO_2 致裂器"并将其回收至地面。

5.5.4.5 主要安全技术措施

(1) 瓦斯抽放系统运行前，必须对瓦斯抽放泵及管路系统进行全面检查维修，检查内容：瓦斯抽放泵电气设备的完好，水电闭锁、供水及排水系统等，正负压侧管路的密封，管路内的锈垢等，确认无问题方可正常运行。

(2) 瓦斯抽放泵运行前，应在负压侧管路的低洼点安装放水器。

(3) 由于抽放管路为新安装的钢管，使用前须使用压风或水冲刷，且在抽放管路负压侧安装铁筛网装置过滤。

(4) 瓦斯抽放泵运行过程中，应确保有专职瓦斯抽放泵司机值班、操作，抽放泵司机须是由经过培训并取得合格证的人员担任，并且严格按照抽放泵的操作规程操作，严格执行现场交接班制度。

(5) 瓦斯抽放泵运行过程中，抽放泵司机应认真观察抽放泵的运行情况，做好运行状况、抽放管内的瓦斯流量、瓦斯浓度、排水等情况的记录工作，发现异常及时停泵处理，并汇报调度室及相关人员。

(6) 加强抽放地点的瓦斯管理，抽放管与弹簧管之间的连接段必须使用铁丝扎紧。

(7) 抽放地点必须建立专用的瓦斯检查记录牌，实行巡回检查，次数不少于 3 次。

(8) 抽放泵站方圆 20m 范围内，不得有明火，不得有易燃、易爆物品，并安装四只干粉灭火器和不少于 $0.5m^3$ 的黄砂。

(9) 必须保护好瓦斯抽放管路（为方便识别，抽放管路涂红色防腐漆），严禁砸撞管路，一旦撞坏，必须立即通知泵站司机停泵，并汇报调度室处理。

(10) 加强瓦斯抽放泵正、负压侧管路检查和维修，每天安排专人对所有管路进行巡回检修，发现问题及时处理，确保抽放管路处于完好状况

(11) 加强瓦斯抽放室的检查和管理，瓦斯抽放室内必须配备《抽放泵司机岗位责任》《抽放泵司机操作规程》《瓦斯抽放管理制度》《抽放系统图》交接班记录本、设备运行记录本等。

(12) 瓦斯抽放室为危险场所,非工作人员不得入内。

(13) 瓦斯抽放泵操作程序。

开启:检查→供水→启动泵站→检查运行方向→检查水位→启动电机→打开阀门。

停泵:关闭阀门→停电机→停水。

5.5.5 瓦斯段通风设计与通风安全措施

5.5.5.1 通风设计原则

(1) 瓦斯隧道各掘进工作面必须独立通风,严禁任何两个工作面之间串联通风。

(2) 瓦斯隧道需风量应按照洞内同时工作最多人数、爆破排烟、稀释瓦斯、作业机械等分别计算,并按允许风速进行检验,采用其中最大值。

(3) 瓦斯隧道施工中,对瓦斯易集聚空间和衬砌模板台车附近区域,可采用局扇实施局部通风办法消除瓦斯聚集。

(4) 瓦斯隧道在施工期间,应实施连续通风。因检修、停电等原因停风时,必须撤出人员,切断电源。恢复通风和供电前,必须检查瓦斯浓度。压入式局部通风机及其开关地点附近 20m 以内风流中瓦斯浓度都不超过 0.5% 时,方可人工开启局部通风机。

(5) 采用巷道式通风时,除用作回风横通道外,其他不用横通道应及时封闭,留作运输用的横通道应设两道风门。

(6) 瓦斯隧道各工区在贯通前,应做好风流调整准备工作。贯通后必须调整通风系统,防止瓦斯超限,待通风系统风流稳定后,方可恢复工作。

(7) 压入式通风机必须装设在洞外或洞内新风流中,避免污风循环。瓦斯工区的通风机应设两路电源,并装设"风-电"闭锁装置,当一路电源停止供电时,另一路应在 10min 内接通,保证风机正常运转。

(8) 瓦斯工区必须有一套同等性能备用通风机,并经常保持良好状态,使用风机和备用风机之间应实现自动切换,如无法自动切换,备用通风机应能在 10min 内启动。

(9) 高瓦斯隧道掘进工作面附近的局部通风机,均应实行专用变压器、专用开关、专用线路及风电闭锁、瓦电闭锁供电。

(10) 瓦斯隧道应采用抗静电、阻燃风管,风管口到开挖面距离不大于 15m,风管距离 $1000 < L < 2000m$ 时,百米漏风率不大于 2%;风管距离 $L > 2000m$ 时,百米漏风率不大于 1.5%。

5.5.5.2 通风方案

1) 进口工区通风方案

大娄山隧道揭煤进口端揭煤,左右洞贯通后,进口端施工结束,本阶段通风为高瓦斯工区,通风采用巷道式通风,风机移至 8 号车行横洞前,设置 4 台 2×185 风机(一备一用)在风机前方设置风墙,防止污风进入进风通道,如图 5-25 所示。施工过程中保持最前方一处车行横洞使用,后方车行横洞及时装设风门封堵,施工过程中最前方一处横洞处设置小功率射流风机一台帮助和引导左洞污风排放,在右洞隧道内。2 号斜井与主洞右洞交叉口位置设置一台防爆射流风机帮助和引导污风放。1 号斜井及进口左洞作为进风道,2 号斜井及进口右洞作为回风道,相关参数计算及通风管理需进行验算。

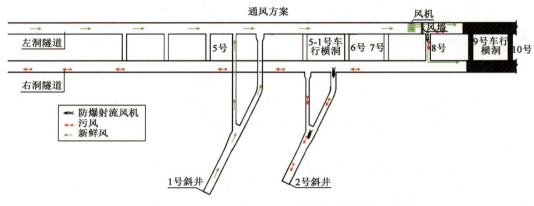

图 5-25 大娄山隧道进口端工区通风示意图

2) 出口工区通风方案

施工过程中对横洞(车行、人行)靠右洞侧采用砖砌墙体进行封闭(禁止人、车通行),并在左洞采用局部风机进行导流防止横洞内残存瓦斯,在 3 号斜井井底位置设置防爆风门用以隔绝右洞新鲜风与斜井回风,保证风机处于洞内新鲜风流中,小导洞通风即形成巷道式通风,左右洞按照独立工区进行通风管理,进入设计瓦斯段落按照瓦斯工区进行安全管理,右洞按高瓦斯工区进行管理;左洞按微瓦斯工区进行管理,左洞采取动态设计动态施工原则,在施工中检测到瓦斯浓度超标应立即停止施工并封闭掌子面,保证施工安全。

在主洞 YK42+050 位置的 3 号斜井井底(洞内新鲜风流中)安装 4 台 2×185kW 风机,两台负责左洞供风,两台负责右洞主洞供风(按一用一备),3 号斜井作为右洞排风道,左洞作为左洞排风道,形成巷道式通风,同时在右洞新鲜风流中安装 37.5kW 防爆射流风机进行新鲜风导流,保证通风效果,射流风机总共需要10个。大娄山隧道3号斜井工区通风示意图如图5-26所示。

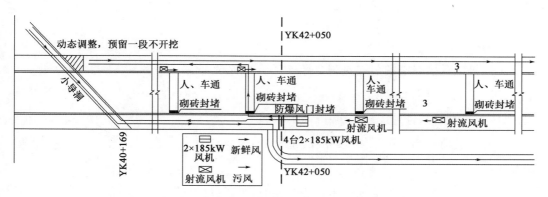

图5-26 大娄山隧道3号斜井工区通风示意图

3) 揭煤工区通风设备配置

大娄山隧道揭煤工区通风设备配置情况如表5-16所示。

大娄山隧道通风设备配置表 表5-16

方案	设备名称	规格型号	数量	备注
揭煤端	变频轴流风机	SDF-No14,2×185kW	4台	2台使用,备用2台
	PVC软风管	φ1.8m	2089.2m	用于新鲜风洞
		φ1.8m	4207.5m	用于掌子面通风,双抗
	射流风机	SSF-No12.5,45kW,4p	4台	右洞,加速污风排放,防爆,根据现场实际情况调整

4) 抽采工区通风设备配置

大娄山隧道3号斜井风机风管配置如表5-17所示。

大娄山隧道3号斜井风机风管配置表 表5-17

序号	项目	单位	数量	型号、规格	备注
1	防爆风机	台	3	SDF(c)-N14(变频),2×185kW	风机1用1备,左洞1台
2	防爆射流风机	台	10	37kW	隔500m设置1台
3	风管	m	2300	φ2.0m高强、抗静电、阻燃的软质风管	—

5.5.5.3 通风安全措施

1)通风安全技术措施

(1)风机安装。

①风机设置揭煤端安装在左洞 8 号车行横洞前方,抽采端设置在 YK42+050 处。

②风机支架应稳固结实,避免运行中振动,风机出口处设置加强型柔性管与风管连接,风机与柔性管结合处应多道绑扎,减少漏风。

③通风机前后 5m 范围内不得堆放杂物,通风机进气口应设置铁箅,并应装有保险装置。

④当洞内的风速小于通风要求最小风速时,可布设局扇防止瓦斯聚集。

⑤洞内风机的移动,采用小平板车移动,移动前,提前做好风机支座或支架,以保证洞内不间断的空气循环。

⑥配备同功率大小的备用风机。

(2)风管安装。

①风管出厂必须有合格证,使用前进行外观检查,保证无损坏,粘接缝牢固平顺,接头完好严密。通风管采用高强、抗静电、阻燃且百米漏风率不大于 1.5% 的螺旋风管。

②风管挂设应做到平、直、无扭曲和褶皱。在正洞作业时,衬砌地段根据衬砌模板缝每 5m 标出螺栓位置,未衬砌地段,先由测量工在边墙上标出水平位置,然后用电钻打眼,安置膨胀螺栓。布 8 号镀锌铁丝,用紧线器张紧。风管吊挂在拉线下。为避免铁丝受冲击波振动、洞内潮湿空气腐蚀等原因造成断裂,每 10m 增设 1 个尼龙绳挂圈。

③通风管破损时,应及时修补或更换。当采用软风管时,靠近风机部分,应采用加强型风管。通风管的节长尽量加大,以减少接头数量,接头应严密,每 100m 平均漏风率不大于 1.5%。弯管平面轴线的弯曲半径不得小于通风管直径的 3 倍。

④风管最前端距掌子面 15m,并且风管前段采用可折叠风管,以便放炮时将此段迅速缩至炮烟抛掷区以外。

(3)通风系统日常管理和维护措施。

①通风机应有专人值守,按规程要求操作风机,如实填写各种记录。

②通风机使用前应卸去废油,换注新油,以后每半月加注一次。

③风机应尽量减少停机次数,发挥风机连续运转性能。需停机或开启时,根据洞内调度通知进行。为减少风机启动时的气锤效应对风管的冲击破坏,应采用分级启动,分级间隔时间为 3min。

④控制好风流方向,防止污浊空气形成小循环。

⑤专职风管维修工每班必须对全部风管进行检查,发现破损等情况及时处理。对于轻微破损的管节,采用快干胶水粘补,先将破损部位清洁打毛后,再行粘补;破损口小于15cm时,直接粘补;破损口大于15cm时,先将破口缝合后再行粘补,粘补面积应大于破损面积的30%。粘补后10min内不能送风。对于严重破损管节,必须及时更换。确保风管百米漏风率不大于1.5%,控制风管总漏风率。

⑥因洞内渗水和温度变化影响,风管内会积水,故应定期排水,以减少风管承重和阻力。

(4)贯通通风管理措施。

①瓦斯隧道对向掘进工作面相距50m前,应停止并封闭一个掘进工作面,但不得停风,并做好风流调整准备工作。

②贯通时必须有专人在现场统一指挥,当两个对向掘进工作面风流中瓦斯浓度均低于0.5%时方可采用钻爆法贯通。

③贯通后应及时调整通风系统,检测瓦斯浓度,待风流稳定且两端瓦斯浓度均低于0.5%后,方可恢复施工。

(5)防瓦斯聚集措施。

瓦斯聚集是指局部瓦斯浓度达到0.5%,体积超过$0.5m^3$的现象。

①易于积存瓦斯的地点有掌子面隅角、顶板冒落空洞内、低风速顶板附近、停风盲巷、台车附近、加宽带等。及时处理局部积存瓦斯是日常瓦斯管理的重要内容,也是预防瓦斯爆炸事故、保证安全生产的关键工作。

②加强通风是防止瓦斯聚集的主要措施合理选择最佳的通风系统,加强通风管理,做到有效、稳定和连续不断,才能将涌出瓦斯及时冲淡排出,使工作面和隧道内瓦斯浓度符合规定要求。通常采用方法是向瓦斯积存地点加大供风量或提高风速,将瓦斯冲淡排出,将盲巷和顶板空洞内积存的瓦斯封闭隔绝,必要时应采取抽放措施。

③防塌方:有许多隧道瓦斯事故是由于隧道塌方造成瓦斯聚集,在处理塌方过程中引起瓦斯事故,因此隧道施工过程中应注意防止塌方。防止塌方主要措施包括短进尺、弱爆破、强支护、早封闭、勤量测、衬砌紧跟。

2)通风安全保证措施

(1)安全管理保证措施。

①瓦斯隧道施工过程中,根据瓦斯隧道内瓦斯涌出情况、里程段落长度、考虑一定安全系数,及时做好风量调整,确保隧道空气中的瓦斯浓度稀释到允许浓度以下。

②施工过程中加强瓦斯隧道施工通风管理,对通风机械设备、通风管路要做到经常性维护保养和检查,降低通风系统的故障率、减少通风管路的漏风量,确保施工通风系统正常和通风效果。

③瓦斯隧道施工通风机如遇停电故障等情况,按照停风应急预案处理。

④因工序衔接、施工组织等临时停工的施工地点不得停风,不得在停风或瓦斯超限的区域进行机械施工作业。

⑤对施工通风系统或通过设施等出现异常时,如通风风筒脱节或破坏等,必须及时组织修复,尽快恢复正常通风。

⑥发生瓦斯涌出、喷出的异常状况时,必须及时采取措施,首先考虑杜绝一切可能产生火源、断电、加强通风,同时尽快撤出施工人员,对隧道进行警戒,进一步研究考虑采取抽排瓦斯的具体安全措施。

(2)风管防漏降阻措施。

①以短代长:风管节长度尽量配备 50~100m,减少接头数量,即减少漏风量。靠近掌子面的地方采用 10~20m 风带接入掌子面。

②以大代小:在净空允许条件下,采用直径为 2m 的大直径风管。

③截弯取直:风管安装前,由测量人员按 5m 间距于边墙上或喷射混凝土面上标记风带悬挂点,统一悬挂高度,这样可使风管安装达到平、直、稳、紧,不弯曲、无褶皱,减少通风阻力;加强风管检查维修,发现破损及时粘补。风管采用无缝黏结风袋,风袋接头采用拉链连接,风管的出风口距工作面 5~10m,通风管的安装应平顺,接头牢固严密,避免转小于 135°急弯,弯道半径不小于管径的 3 倍。

(3)建立风电闭锁系统。

大娄山隧道出口端三号斜井工区主通风设备和局部通风设备与开挖面动力设备主开关间设有电气闭锁线路,即"风电闭锁"。任何情况下风机停止则开挖面动力设备即停止工作,通风机启动时,其他动力设备不会同时启动,以保证安全。风电闭锁系统在通风控制系统中设置断电仪,实现"风电闭锁",即正洞通风机断电停止工作后,立即全洞断电。

(4)建立可靠供电系统。

瓦斯隧道的施工必须保证连续供电,一旦隧道通风设备供电中断,不仅影响隧道的正常施工,而且极易造成瓦斯聚集而引发事故。洞内供电设施均配备双电源线路独立系统,当供电系统出现停电情况时,自备电源立即启动,取代系统电源供电。

5.5.6　瓦斯段作业机械配置与改装

由于瓦斯隧道施工的高风险性,普通机械设备在瓦斯隧道内作业存在安全隐患,因此机械设备防爆改装在瓦斯隧道施工中非常重要,机械设备的防爆性能直接决定瓦斯隧道施工的成败。其隧道车辆防爆改装分为两类:主动防爆改装和被动防爆改装。

主动防爆改装指用隧道车辆瓦斯防爆断电控制仪和低浓度甲烷传感器对机械和车辆进行主动防御防爆改装,形成车载瓦斯监控系统。

被动防爆改装:①通过控制明火以及排气温度、机体表面温度使得改装车辆达到基本防爆的要求:对发动机尾气进行处理,彻底消除排气火焰,同时降低排气温度,使发动机尾气中的明火不能与外界的可燃气体接触且高温尾气不能直接排出车外与外界的可燃气体接触。②按照车辆原有的电气线路原理及功能,使用一系列防爆组件或设备对车辆进行电器系统的改装:包括照明系统、启动系统、发电机系统、蓄电池系统、控制系统。消除电器系统的明火与外界接触的机会,使得改装后的车辆设备具有基本的隔爆性能,改装后的设备可工作在有危险易爆气体场合。

本项目方案采用车载瓦斯自动监控报警与断电系统(以下简称"系统"),即采用甲烷传感器及断电设备等,使机械设备在瓦斯超限条件下自动停止作业,瓦斯在正常范围后设备重新启动作业。

系统由甲烷传感器、报警装置、断电装置、熄火电磁阀、机动车排气火花熄火器等构成。系统为一氧化碳、二氧化氮、硫化氢等有毒有害气体预留接口。

选定相应车载的瓦斯自动监测报警闭锁系统。该系统安装在机械车辆上,实时监测其隧道空气中的瓦斯浓度,当环境瓦斯浓度超过报警值,系统发出声光报警;浓度继续上升,超过断电上限后,监控系统发出车辆自动断电断油电信号,控制车辆上相关电子装置实现自动断电熄火功能。当环境瓦斯浓度降到安全限值以下时,报警解除,该机械车辆方可再次启动。因此,系统可以实现瓦斯超限提前预警并使机械车辆停止作业,提高安全生产的效率。

系统主要通过采集机械车辆周围的环境瓦斯浓度传输给断电装置,断电装置根据采集的浓度值进行分析处理和发出控制信号。当机械车辆周围环境瓦斯浓度逐渐上升,达到比较危险的浓度(比如按照有关规定设定为0.3%),断电装置向报警器发出报警信号,报警器发出声光报警,司乘人员听到或看到报警信号后,立即停止作业,通知相关人员(瓦检员)核查现场实际情况,在查明起因并解除危险后再行作业,可以实现危险提前处理的作用。如果瓦斯浓度上升较快或者施工机械现场无人值守时,环境瓦斯浓度达到较高危险值(比如按照有关规定为0.5%),此时控制分站向机械的断油熄火控制器和电源控制器发出控制信号,使机械自动停止工作关闭总电源,实现闭锁,防止机械工作中或不知情人员重新启动,因火花造成爆炸事故。系统工作原理示意如图5-27所示。

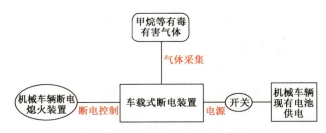

图 5-27　防爆改装系统工作原理

断电控制装置安装位置可根据机械自身的结构特点进行选择，可安装在驾驶室、机械底部或侧面以及驾驶室与车厢连接处等，传感器安装于驾驶室顶部通风处。由于机械是一个振动剧烈的载体，因此相关设备加固与防振设计，在机械车辆的尾气排放处安装尾气防火抑爆装置，系统布置如图 5-28 所示。

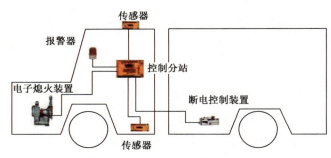

图 5-28　改装系统布置示意图

5.5.7　瓦斯段施工关键工艺

大娄山隧道穿越煤系地层，设计文件左幅桩号 ZK39+890～ZK40+090，总长 200m，右幅桩号 YK39+970～YK40+210，总长 240m，左幅进入煤系地层里程为 ZK39+890、右幅为 YK39+970，具体桩号需根据实际超前钻探确定。瓦斯段施工关键工艺主要有揭煤、通风、泄压、装备、初支、二衬、全环封闭等。

5.5.7.1　煤系地层施工工法

1）煤系地段开挖方案

煤系地层洞身开挖作业必须在实施揭煤防突措施并经防突效果检验无突出危险后进行。煤系地段施工严格按照"先探后掘、管超前、短进尺、弱爆破、强支护、快封闭"的施工组织原则。大娄山隧道设计施工图在煤系地段采用双侧壁导坑开挖方式，编制《煤系地层施工爆破专项方案》。

2) 煤系地段施工工艺

双侧壁导坑法是双侧壁导坑超前中间台阶法的简称,也称眼镜工法,也是变大跨度为小跨度的施工方法。双侧壁导洞法以台阶法为基础,将隧道断面分成双侧壁导洞和上、下台阶4部分,将大跨度分成3个小跨度进行作业,其双侧壁导洞尺寸以满足机械设备和施工条件为主确定,双侧壁导坑施工开挖步骤如图5-29所示,煤系地层双侧壁导坑法开挖工序控制要点如表5-18所示,具体工艺流程见6.4.4.2。

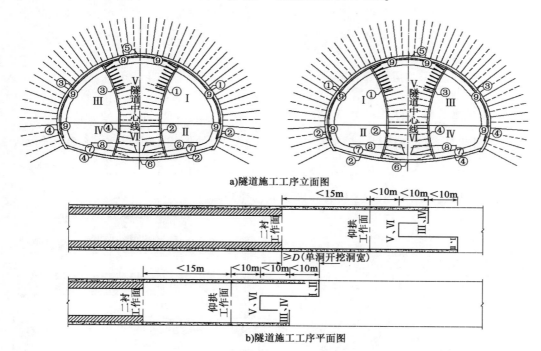

图5-29 双侧壁导坑施工开挖步骤图

煤系地层双侧壁导坑法开挖工序控制要点　　　　表5-18

序号	工序	作业控制要点
1	超前钻探	根据超前地质预报、设计预计桩号,在距煤系地层100m前,实施超前钻探,预测煤层位置,距煤层垂距20m断面实施区域预测定位煤层、实施揭煤防突程序
2	测量放线	每一循环测出开挖轮廓线、开挖断面中线、高程,保证开挖高程、轮廓符合设计要求
3	开挖	开挖必须是在揭煤防突效果检验有效后施行,顺序见双侧壁导坑法六步开挖施工示意图(图5-29),开挖轮廓线按照外放15cm;开挖进尺每次0.5m,上下台阶错开长度3～5m,左导坑、右导坑、中部掌子面错开长度小于10m,带坑侧上下台阶高度严格控制

续上表

序号	工序	作业控制要点
4	初期支护、临时支护	循环开挖一部后,及时对暴露岩面喷射气密性混凝土,尽可能减少瓦斯的涌出,增大稀释难度,施作初期支护、临时支护,按设计施作超前支护
5	临时支护系统拆除	①拆除必须在监控量测确定围岩变形稳定之后进行。②拆除时加强观测并做好安全防护
6	开挖检查	检测开挖断面超挖值,拱部控制在15cm左右,边墙控制在10cm,严格控制欠挖,拱墙和拱脚以上1m内断面严禁欠挖

5.5.7.2 煤系地层爆破方案设计

1) 煤系地层隧道开挖参数选择

大娄山隧道煤系地层衬砌结构有 WS-V_a、WS-V_b 两种形式,如图 5-30、图 5-31 所示,设计参数对比见表 5-19。预留变形均为 15cm,喷射混凝土 WS-V_a 比 WS-V_b 厚度多 2cm,因此选择最大断面 WS-V_a 作为爆破参数选择断面。

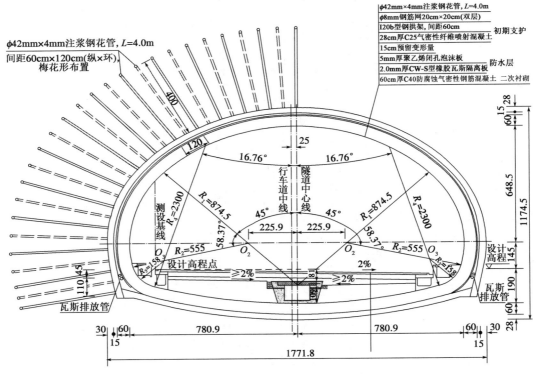

图 5-30 瓦斯地段 WS-V_b 衬砌结构(一)(尺寸单位:cm)

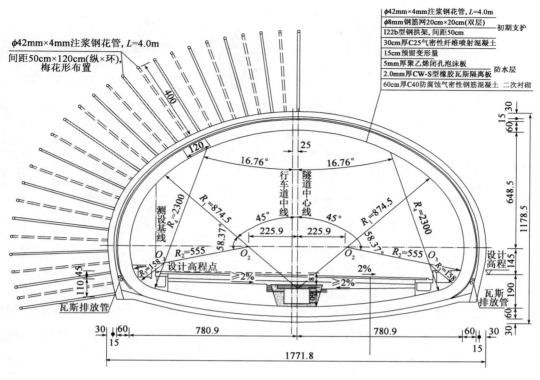

图 5-31 瓦斯地段 WS-V_a 衬砌结构（二）（尺寸单位：cm）

瓦斯地段衬砌结构主要参数对比表　　　　表 5-19

对比项目	WS-W_a	WS-W_b
开挖面积(m^2)	169.29	168.3
初期支护厚度(cm)	30	28
二衬厚度(cm)	60	60
工字钢间距(cm)	50	60
喷射气密性混凝土(m^3)	14.49	13.54
C40防腐气密性混凝土(m^3)	26.37	26.37

2）爆破顺序

双侧壁导坑开挖分六步进行，按图 5-32 中的步骤 1~6 实施。其中 1 部和 3 部、4 部和 2 部开挖面积均同，仅设计 1 部即可，4 部和 5 部开挖面积不同，参照上下台阶法布设。

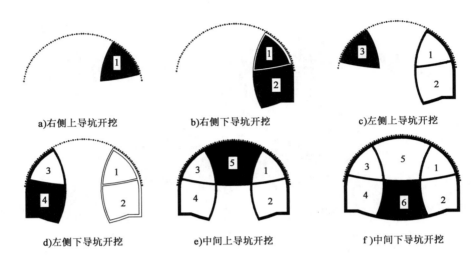

图 5-32 双侧壁导坑法六步开挖施工示意图

3) 爆破器材选用

无瓦斯地段爆破方案详见《实施性施工组织设计》,在煤系地段必须使用煤矿许用炸药和煤矿许用电雷管。在施工中不断修订爆破参数,达到最佳爆破效果。煤层瓦斯地段爆破器材选用见表 5-20。

爆破器材选择表 表 5-20

部位	爆破器材名称	规格	备注
无瓦斯段	乳胶炸药	$\phi 32mm \times 200g$	有水地段
	非电毫秒雷管	1~17 段	
	导爆索	$\phi 5.7mm \sim 6.2mm$	
煤系瓦斯地段	煤矿许用毫秒延期电雷管	8 号覆铜壳、1~5 段	
	煤矿许用毫秒延期电雷管	8 号发蓝壳	
	煤矿许用瞬发电雷管	8 号纸壳	
	煤矿许用瞬发电雷管	8 号发蓝壳	
	三级煤矿许用乳化炸药	$\phi 32mm \times 200g$	
	二级煤矿许用乳化炸药	$\phi 32mm \times 150g$、$\phi 32mm \times 200g$	
	二级煤矿许用乳化炸药	$\phi 27mm \times 150g$	
	一级煤矿许用乳化炸药	$\phi 32mm \times 200g$	

4) 装药量计算

装药量:光面爆破周边眼装药量按要求严格控制,以求达到光爆效果。

(1) 单孔光面爆破经验装药量计算。

$$g = (E + W) \times L \times 10 \sqrt{R_b} \tag{5-1}$$

式中，g 为单孔装药量(kg)；E 为孔距(m)；W 为抵抗线(m)；L 为孔眼长度(m)；R_b 为岩石抗压强度(MPa)。

(2)装药集中度。
$$q = g/L = (E+W) \times 10\sqrt{R_b} \tag{5-2}$$

计算后与《公路隧道施工技术规范》(JTG/T 3660—2020)中光爆装药集中度 q 参考值进行对比选取。

(3)炮眼数目计算。
$$N = 5.5 \times S^{1/2} \times f^{2/3} = 5.5 \times 30^{1/2} \times 4^{2/3} = 52(\text{个}) \tag{5-3}$$

式中，N 为炮眼数目(个)；S 为掘进断面积(Ⅰ部面积)(m²)，为 35m²；f 为煤系地层煤矸石及煤坚固性系数，取 $f=3$。

(4)单位装药量计算。
$$q = (1.68 \times K_m \times f^{1.2})/S^{0.75} = 0.25(\text{kg/m}^3) \tag{5-4}$$

式中，q 为单位装药量(kg/m³)；K_m 为煤层厚度影响系数，取 0.95。

(5)爆破进尺计算，按不宜大于 1.5m 控制，取有效进尺取 80%。
$$L = 1.0\text{m} \times 80\% = 1.2(\text{m}) \tag{5-5}$$

(6)爆破体积计算。
$$V = S \times L = 35\text{m}^2 \times 1.2\text{m} = 42(\text{m}^3) \tag{5-6}$$

(7)总装药量计算。
$$Q = V \times q = 42\text{m}^3 \times 0.25\text{kg/m}^3 = 25(\text{kg}) \tag{5-7}$$

隧道煤系地层双侧壁导坑开挖第Ⅰ步爆破布置见图 5-33。

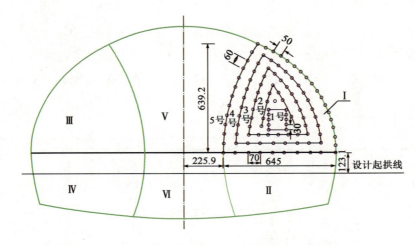

图 5-33 煤层瓦斯地段爆破炮眼布置图（尺寸单位：cm）

5)钻孔作业

钻孔采用简易台架风枪钻孔,钻眼前,钻工要熟悉炮眼布置图,严格按钻爆设计实施。特别是周边眼和掏槽眼的位置、间距及数量,未经主管工程师同意不得随意改动。定人定位,周边眼、掏槽眼由经验丰富的公司钻。准确定位凿岩机钻杆,使钻孔位置误差不大于5cm,保持钻孔方向平行,严禁相互交错。周边眼钻孔外插角度控制:眼深3m时外插角小于3°,眼深5cm时外插角小于2°,使两茬炮接口处台阶不大于15cm。同类炮眼钻孔深度要达到钻爆设计要求,眼底保持在一个铅垂面上。

掏槽眼:隧道爆破采用中空直眼掏槽形式,为保证掏槽钻眼精度,掏槽位置选择在隧道中线偏下的位置。

周边眼:根据光面爆破选定的周边眼间距,严格控制外插角以减少超挖。

内圈眼:内圈眼所在位置在周边眼抵抗线的边缘,内圈眼的孔距稍大于周边眼抵抗线w。当下台阶开挖有两个或两个以上自由面时,在岩层中最小抵抗线不得小于0.5m,在岩层中最小抵抗线不得小于0.3m,当浅眼装药爆破大岩块时,最小抵抗线和封泥长度都不得小于0.3m。

扩大眼:掘进炮眼,其炮孔间距视岩石坚硬程度、装运手段、岩石破碎程度的要求等因素而定,一般取0.65~1.2m,岩石坚硬取小值,反之取大值。

底板眼:底板眼沿开挖轮廓线布置,并适当增加药量起翻渣作用,使爆落的岩渣翻松,便于装载设备装渣。

6)装药作业

(1)装药结构。

周边眼采用$\phi 32mm$药卷间隔装药,在炮孔底装半卷或1卷$\phi 32mm$药卷做加强药包。其他炮孔均采用$\phi 32mm$药卷,连续装药。瓦斯工区采用电雷管起爆时,严禁反向装药。采用正向连续装药结构时,雷管以外不得装药卷,炮眼装药结构见图5-34。

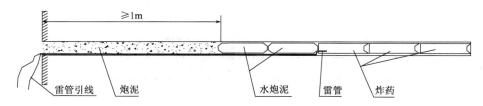

图5-34 炮眼装药结构示意图

(2)装药工艺。

清孔:装药前要用高压风清孔,吹干净孔内积水及渣粒。

装药:装药要核对雷管段数,使与设计相符,同时按钻爆设计的装药结构及药卷规格药量装药,不许随意面编,装药时,药要装到孔底,起爆药包用炮棍缓慢送入,防止拉雷管或雷管线。

装药检查:装药时,应将雷管段数标于孔外雷管线上,由于人对雷管段数进行复核,确保绝对无误,同时核对药卷规格及装药长度,使每孔装药符合设计要求,检查后做好记录。

堵塞:炮眼封泥应用水炮泥,水炮泥外剩余的炮眼部分,应用黏土炮泥封实炮堵塞。眼深度和炮眼的封泥长度,水炮泥用量,必须符合下列要求:在岩层内爆破,当炮眼深度不足0.9m时,装药长度不得大于炮眼深度的1/2;当炮眼深度为0.9m以上时,装药长度不得大于炮眼深度的2/3。在煤层中爆破,装药长度不得大于炮眼深度的1/2。

所有炮眼的剩余部分应用炮泥封堵。炮泥应用水炮泥和钻土炮泥。水炮泥外剩余的炮眼部分应用钻土炮泥填满封实。严禁用煤粉、块状材料或其他可燃性材料作炮泥。

7)爆破网路和连线

必须采用串联连线方式。线路所有连线接头应相互扭紧,明线部分应包覆绝缘层并悬空;母线和连线不得与轨道、金属管、钢丝绳等导体接触。母线与电缆、电线、信号线应分别挂在隧道的两侧,若必须在同一侧时,母线必须挂在电缆下方,并应保持0.3m以上的间距;母线应采用具有良好绝缘性和柔软性的铜芯电缆,并随用随挂,严禁将其固定。母线的长度,必须大于规定的爆破安全距离;必须采用绝缘母线单回路爆破,严禁利用轨道、金属管、水或大地等作为回路;严禁将瞬发电雷管与毫秒电雷管在同一串联网路中使用。雷管的电阻值测量和网路的导通检查,必须用爆破专用仪表。仪表的工作输出电流应小于30mA。

8)起爆方法

起爆应使用煤矿许用瞬发电雷管或煤矿许用毫秒延期电雷管,并使用防爆型发爆器起爆。1个工作面只能使用1台放炮器放炮,在掘进工作面须全断面一次正向起爆。

9)爆破器材的保护与使用

开箱取出防爆型起爆器时,应小心不使防爆型起爆器受损伤,应尽可能保持防爆型起爆器的原包装和防爆型起爆器接头的封口,尽可能不要损坏。起爆器的连线长度应根据眼孔深度、炮孔间距和网络分组连接方法确定,以便于装药、连接、控制和节省材料的消耗;起爆药卷的脚线应避免接头,在眼孔长度范围内,不能使用有接头。使用前应对起爆器接头和连线进行直观检查。放炮母线应采用标准的专用线,发现已破裂段的应切去;接头必须错开连接,并用防水胶布包实并严禁接地。放炮雷管必须采用串联接法,始末两端接于发爆器两接线柱,各接线端必须连接牢靠,以杜绝火花;雷管线之间如需加长,必须用双条线连接。加工起爆药卷时,应注意勿使雷管段数标签或标记失落,并注意不损伤雷管线,对破损的雷管线不许使用。应将不同数的起爆药卷分开装箱,以便装药时按照起爆顺序"对号入座"。

10) 瓦斯地段爆破作业安全规定

(1) 隧道所有爆破作业地点必须编制爆破作业说明书,放炮员必须依照说明书进行爆破作业。说明书内容及要求包括:

①炮眼布置图必须标明采煤工作面的高度和打眼范围或掘进工作面的巷道断面尺寸,炮眼的位置、个数、深度、角度及炮眼编号,并用正面图、平面图和剖面图表示;

②炮眼说明表必须说明炮眼的名称、深度、角度、使用炸药、雷管的品种、装药量、封泥长度、连线方法和起爆顺序;

③爆破作业说明书必须编入采掘作业规程,并根据不同的地质条件和技术条件及时修改补充。

(2) 瓦斯隧道中的爆破作业,放炮员、班组长、瓦斯检查员都必须在现场执行"一炮三检制"和"三人连锁放炮制"。

"一炮三检制":即装药前、爆破前、爆破后要认真检查爆破地点附近的瓦斯,瓦斯超过1%,不准爆破。

"三人连锁放炮制":爆破前,放炮员将警戒牌交给班组长,由班组长派人警戒,并检查顶板与支架情况,将自己携带的放炮命令牌交给瓦斯检查员,瓦斯检查员经检查瓦斯煤尘合格后,将自己携带的放炮牌交给放炮员,放炮员发出爆破口哨进行爆破,爆破后三牌各归原主。

(3) 有瓦斯或煤尘爆炸危险的采掘工作面,应采用毫秒爆破。在掘进工作面须全断面一次起爆;在掘进工作面,可采用分组装药,但一组装药必须一次起爆。严禁在一个工作面使用2台及以上放炮器同时进行爆破。

(4) 无瓦斯或煤尘爆炸危险的掘进工作面采用毫秒爆破时,应反向起爆;有瓦斯或煤尘爆炸危险的采掘工作面采用毫秒爆破时,可反向起爆,但必须制定安全措施,报总工程师批准。

(5) 瓦斯隧洞爆破作业,洞内严禁明火,严禁使用普通导爆索、非电导爆管爆破和放糊炮。

(6) 高瓦斯出露地段,处理卡钻时,可采用空气炮;无其他办法时,经总工程师批准,可爆破处理,但必须遵守下列规定:

①必须采用经煤炭部批准的煤矿许用刚性被筒炸药或不低于此安全度的煤矿许用药包;

②每次爆破只准使用一个煤矿许用电雷管,最大装药量不得超过450g;

③每次爆破前,必须检查眼内堵塞部位的上部和下部空间的瓦斯;

④每次爆破前,必须洒水灭尘;

⑤威胁安全的地点必须撤人、停电。

(7) 装药时,首先必须用掏勺或用压缩空气清除炮眼内的煤粉或岩粉,再用木质或竹质炮棍将药卷轻轻推入,不得冲撞或捣实。炮眼内的药卷必须彼此密接。潮湿或有水的炮眼,应用抗水炸药。装药后,必须把电雷管脚线悬空,严禁电雷管脚线、放炮母线同运输设备、电气设备以及掘进机械等导电体相接触。

(8) 炮眼封泥应用水炮泥,水炮泥外剩余的炮眼部分,应用黏土炮泥封实。封泥长度应按本规定第(9)条执行。炮眼封泥也可用不燃性的、可塑性松散材料,如砂子、黏土和砂子的混合物等制成的黏土炮泥。严禁用煤粉、块状材料或其他可燃性材料作炮眼封泥。对无封泥、封泥不足或不实的炮眼,严禁爆破。

(9) 炮眼深度和炮眼的封泥长度,水炮泥用量,必须符合下列要求:

①炮眼深度小于0.6m时,不得装药、爆破。在特殊条件下,如卧底、刷帮、挑顶确需浅眼爆破,必须制订安全措施,报总工程师批准;

②炮眼深度为0.6~1m时,封泥长度不得小于炮眼深度的1/2,水炮泥用量不得少于1个;

③炮眼深度超过1m时,封泥长度不得小于0.5m,水炮泥用量不得少于2个;

④炮眼深度超过2.5m时,封泥长度不得小于1m,水炮泥用量不得少于3个;

⑤工作面有两个或两个以上自由面时,在煤层中最小抵抗线不得小于0.5m,在岩层中最小抵抗线不得小于0.3m,浅眼装药爆破大岩块时,最小抵抗线和封泥长度都不得小于0.3m。

(10) 有下列情况之一者,都不准装药、爆破:

①装药前和爆破前,放炮员必须检查瓦斯,如果爆破地点附近20m以内风流中瓦斯浓度达到1%时;

②在爆破地点20m内,有车辆、未清除的炮渣或其他物体阻塞隧道断面1/3以上时;

③炮眼内发现异状、温度骤高骤低、有显著瓦斯涌出、煤岩松散、透老顶等情况时。

有上述情况之一者,必须报告班、队长,及时处理。在作出妥善处理前,放炮员有权拒绝装药和进行爆破。

11)爆破后检查

在爆破 15min 后瓦检员首先检查通风情况,确认通风正常后下进入洞内检查瓦斯浓度,若瓦斯浓度超标则,则进一步加强通风,直至瓦斯检测浓度符合作业要求;在掌子面 20m 范围内喷水除尘;专职安全人员检查掌子面及开挖面情况,清除危石,确认安全后,由专职爆破工检查爆破情况,检查无误后方可开始出渣作业。遇到成组拒爆情况,可重新连线,检查后进行二次起爆;遇有瞎炮、残炮等情况,不可贸然处理,应仔细分析原因,采用重新连线或重新换装雷管进行起爆。

5.5.7.3 开挖作业规定

瓦斯工区钻爆作业必须执行"一炮三检制"和"三人联锁"放炮制。在瓦斯工区应严格控制超挖和塌腔。瓦斯地层开挖工作面装药前、爆破前和爆破后,放炮员、专职瓦检员、安全员应同时检查开挖工作面附近 20m 范围内的瓦斯浓度,瓦斯浓度值应符合规定,并填写一炮三检记录表。瓦斯地层爆破工作的全过程应检测瓦斯,爆破前应进行下列检查工作并确认安全后方可起爆:

(1)应检查爆破连线。

(2)应组织设置警戒、撤出人员、清点人数。

(3)应检查瓦斯、煤尘浓度。

发生瓦斯喷出等异常状况或其他煤(岩)与瓦斯突出预兆时,应立即报警、切断电源、停止工作、撤出人员,并启动应急预案。

瓦斯地层钻孔作业必须符合下列规定:

(1)开挖工作面附近 20m 风流中瓦斯浓度应小于 1%。

(2)钻孔应采用湿式钻孔,严禁使用煤电钻;移挪钻机时,必须切断电源进行,严禁带电作业。

(3)有 2 个及以上爆破临空面时,煤层中最小抵抗线不得小于 0.5m;岩层中最小抵抗线不得小于 0.3m。

(4)炮眼深度不小于 0.6m。炮眼最大抵抗线不得小于 0.3m。

微瓦斯地层可采用常规爆破器材。低瓦斯地层、高瓦斯地层及煤(岩)与瓦斯突出地层使用的爆破器材必须符合下列规定:

（1）低瓦斯地层中的煤层段应使用安全等级不低于二级的煤矿许用炸药。高瓦斯地层中的煤层段必须使用安全等级不低于三级的煤矿许用炸药。煤（岩）与瓦斯突出工区瓦斯地层和揭煤施工必须使用安全等级不低于三级的煤矿许用含水炸药。

（2）必须使用煤矿许用瞬发电雷管、煤矿许用毫秒延期电雷管或煤矿许用数码电雷管。使用煤矿许用毫秒延期电雷管时，最后一段的延期时间不得超过130ms。使用煤矿许用数码电雷管时，一次起爆总时间不得超过130ms，并应当与专用起爆器配套使用。一次爆破必须使用同一厂家、同一品种的煤矿许用炸药和电雷管。

（3）起爆母线应选用具有良好绝缘和柔顺性的铜芯电缆。放炮母线或辅助母线的破皮、裸露接头，必须做绝缘处理。

（4）起爆器应选用防爆型。

装药前和爆破前，存在下列任意一种情况，严禁装药，严禁爆破：

（1）爆破地点20m以内，风流中瓦斯浓度达到或超过规定值。

（2）爆破地点风量不足。

（3）炮眼内发现异响、稳定骤高骤低、瓦斯明显涌出、穿透采空区等现象。

瓦斯地层装药应符合下列规定：

（1）装药前应清除炮眼内的煤粉、岩粉，再用木质或竹质炮棍将药卷轻轻推入，不得冲撞或捣实。炮眼内的各药卷应彼此密接。

（2）爆破地点20m内，风流中瓦斯浓度应小于0.5%。

（3）高瓦斯工区及煤（岩）与瓦斯突出工区不得采用反向起爆。

（4）炮眼有水时，应使用抗水型炸药。

（5）不得使用破损的电雷管。

（6）爆破地点20m内，各类施工机具设备、碎石、煤渣、材料等堵塞开挖断面不得大于1/3。

（7）开挖工作面风量足、风向稳定，局部通风机无循环风。

（8）炮孔内无异状，无明显瓦斯逸出、煤岩松动等现象。

（9）装药后，应把电雷管脚线悬空，严禁电雷管脚线、爆破母线与运输设备、电气设备等导电体接触。

（10）装配起爆药卷，电雷管应由药卷顶部装入，严禁用电雷管代替竹、木棍扎眼。电雷管应全部插入药卷内。严禁将电雷管斜插在药卷中部或捆在药卷上。电雷管插入药卷后，应用脚线将药卷缠住，并将电雷管脚线扭结成短路。

（11）严禁裸露爆破，炮眼应采用规定长度的炮泥封严，无封泥、封泥不足或不实的炮眼严禁爆破。

瓦斯地层炮眼封堵必须符合下列规定：

（1）炮眼封堵必须使用水泡泥，水泡泥外剩余的炮眼部分应采用黏土炮泥或其他不燃可塑松散材料制成的炮泥封实。

（2）炮眼封堵严禁采用煤粉、块状材料或其他可燃性材料。

（3）存在没有封堵、封堵不足或不实的炮眼，严禁爆破。

（4）炮眼封堵长度应符合规范规定。

瓦斯工区爆破网络和连线必须符合下列规定：

（1）必须采用绝缘母线单回路爆破，严禁利用轨道、金属管、金属网、水或大地等作为爆破回路。

（2）严禁将毫秒延期雷管或瞬发雷管接入同一串联网路中混合使用。

（3）爆破母线与电缆、电线、信号线不应设在同一侧。不得不设在同一侧时，爆破母线应设在下方，且距离不小于0.3m。母线应随用随设。

（4）煤（岩）与瓦斯突出工区的瓦斯地层，起爆器宜设置在洞外。起爆器不能设在洞外时，应根据爆破安全距离、预计煤（岩）与瓦斯突出强度、通风系统等确定；起爆器应安装在新鲜风流中，起爆器20m以内风流中瓦斯浓度必须小于1.0%。

（5）一个开挖工作面严禁同时使用两台及以上起爆器起爆。一次装药不得分次起爆。

瓦斯地层爆破作业应符合下列规定：

（1）瓦斯地层段隧道爆破前，所有人员不得在爆破隧道内躲避。低瓦斯地层爆破前，爆破隧道内人员宜撤至非爆破隧道内或洞外；高瓦斯地层、煤（岩）与瓦斯突出地层爆破前，所有人员应撤至洞外；不能全部撤至隧道以外的，应在距离爆破工作面500m以外建设临时避难洞室或设置可移动式救生舱躲避。

（2）爆破前，爆破母线拉至规定起爆地点后，应检查点爆网络全电阻值。严禁采用起爆器打火放电方法检测电爆网络。

（3）在有煤尘爆炸危险的煤层中，爆破前后，爆破地点附近20m应洒水降尘。

（4）爆破后人员进场条件、浓度限值应符合相关规定。

5.5.7.4 煤系地层超前支护工序

根据超前地质预报的结果，选用超前小导管超前支护，增强煤层和围岩的稳定性，避免高冒诱发煤与瓦斯突出。

(1)超前大管棚(金属骨架)。

当隧道超前地质预报综合分析,煤系地层围岩及煤层稳定性差时,选用超前大管棚作为煤系地层揭煤施工的超前支护措施。

所有钻孔施作完毕排放至少15d且经检测排放钻孔瓦斯涌出不明显后,施作 $\phi108mm$ 大管棚(金属骨架的一部分),导管采用 $\phi108mm$ 热轧无缝管,壁厚6mm,导管周壁钻注浆孔,孔径 $10\sim16mm$,孔纵向间距 $15\sim20cm$,呈梅花形布置,尾部留不小于150cm的不钻孔的止浆段。拱部环向间距0.3m,边墙环向间距0.6m,长度以一环穿透煤层进入顶(底)板岩层0.5m;当不能穿透时,进入煤层的长度不小于15m。管棚内插入钢筋笼,钢筋笼由3根 $\phi12mm$ 钢筋组成,呈正三角布置,每米设置钢筋箍。对管棚注砂浆,以注满为原则。

(2)超前小导管。

当隧道超前地质预报综合分析,煤系地层围岩及煤层稳定性较好时,选用超前小导管作为煤系地层揭煤施工的超前支护措施。

5.5.7.5 瓦斯设防段的处理措施

(1)大娄山隧道瓦斯段的衬砌结构应向非瓦斯地段延伸,延伸长度不宜小于20m。

(2)当隧道瓦斯段瓦斯含量高且测定压力超过0.5MPa时,除采用封闭式衬砌结构外,还宜向衬砌背后压注水泥浆或化学浆液,封闭瓦斯通路。

(3)气密性喷射混凝土和二次衬砌混凝土拌和用水泥、细集料、粗集料及外加剂等材料的质量、规格与性能指标应符合现行有关规范规定和设计要求。

(4)气密性混凝土配合比,应通过试验确定并满足设计强度、气密性及施工工艺要求。

(5)瓦斯段应加强超前支护和超前预加固,防止塌方引发瓦斯事故;锚喷支护应紧跟开挖及时施作,尽快封闭围岩,减少瓦斯溢出。

(6)超挖部分必须回填密实,严重超挖部位应在初期支护上预留注浆管,初期支护封闭后及时注浆回填。

(7)喷射混凝土的厚度和表明平整度应满足设计与施工规范要求,表面应密实、平整,无凹陷、空鼓、脱落、裂缝、漏喷和露筋等现象,避免瓦斯溢出和局部积聚。

(8)环向钢架节段之间应采用螺栓连接,相邻两榀钢架之间纵向连接筋宜用螺栓或预焊在钢架上的套管连接。当采用焊接作业时,应符合动火要求。

(9)隧道衬砌环向受力钢筋接头宜采用冷挤压套筒机械连接方式,接头性能应符合强度和变形要求;其他钢筋可采用绑扎搭接。当采用焊接作业时,应符合动火要求。

(10)防水卷材应采用无钉铺设工艺,搭接宜采用冷黏法,其纵向和横向搭接尺寸均不小于 100mm。当采用热熔焊接工艺时,应符合动火要求。

(11)瓦斯地段应严格控制防水板铺设长度,并及时施作二次衬砌,避免瓦斯积聚在防水板背后。

(12)瓦斯地段二次衬砌距工作面的距离应根据监控量测反馈信息确定,但不宜大于 50m。

(13)二次衬砌施工时拱顶部位应预留注浆孔,衬砌完成后及时压浆回填拱部空洞,封闭瓦斯。

(14)二次衬砌的施工缝和变形缝应按设计要求做好防瓦斯渗透处理。

5.6 大娄山特长公路隧道群煤与瓦斯处理案例

5.6.1 大娄山隧道新增 4 号斜井

5.6.1.1 新增 4 号斜井概况

1)4 号斜井设计参数

在 3 号斜井与大娄山隧道出口间增设 4 号斜井,4 号斜井长度 452m(含井底连接长度),斜井井口位置在 YK44+280 右侧约 160m 处,斜井井口设计高程约为+1098m,4 号斜井与主洞交叉桩号为 YK43+810,设计高程为+1058.87m,4 号斜井综合纵坡为9.18%。距设计煤系地层(YK43+715~YK43+480)95m。4 号斜井井位参数如表 5-21 所示,4 号斜井平面布置如图 5-35 所示,4 号斜井纵断面布置如图 5-36 所示。

4 号斜井井位参数表 表 5-21

项目名称	单位	4 号斜井
4 号斜井井底与主洞交叉桩号	—	YK43+810
斜井起点高程	m	1058.87
斜井出口高程	m	1098
斜井长度(含井底连接长度)	m	452
井位综合纵坡	%	9.18

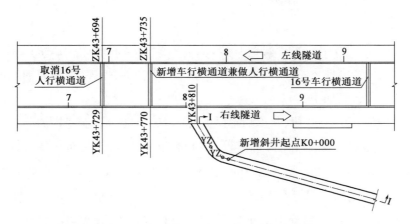

图 5-35　大娄山隧道出口端 4 号斜井平面布置图

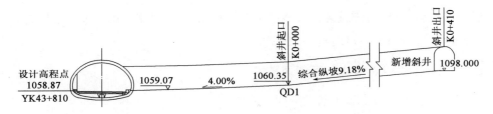

图 5-36　大娄山隧道出口端 4 号斜井纵断面布置图

4 号斜井衬砌内轮廓的形状和尺寸考虑围岩级别、结构受力的特点及便于施工，采用半径为 4.9m 的单心圆，内轮廓设计高程距拱顶高度 6.65m，净宽 9.8m，净空面积为 54.5m^2，净空周长 28.13m，具体设计参数如图 5-37 所示。

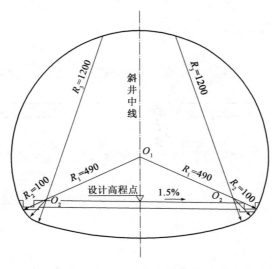

图 5-37　大娄山隧道出口端 4 号斜井内轮廓设计图（尺寸单位：cm）

2) 围岩分级

根据岩体坚硬程度、完整性对隧道围岩进行初步分级，在初步确定隧道围岩基本质量指标的基础上，考虑地下水、结构面、煤系地层、地应力等对斜井围岩级别的影响，作进一步划分，对各段分级如下：

（1）K0−040～K0+060段，长100m，顶板埋深100～118m。洞身围岩为中风化灰岩，岩质较硬，岩体较完整，隧道开挖可能产生涌流状、淋雨状出水，按Ⅲ级围岩进行支护。

（2）K0+060～K0+330段，长270m，顶板埋深50～170m。洞身围岩为中风化灰岩夹炭质泥岩、粉砂质泥岩，岩质较软，岩体较破碎～较完整，隧道开挖可能产生涌流状、淋雨状出水。围岩无支护时易产生松动变形、挤压破坏和坍方，按Ⅳ级围岩进行支护。

（3）K0+330～K0+400段，长70m，顶板埋深0～50m。洞身围岩为强、中风化粉砂质泥岩、灰岩，岩体破碎，隧道开挖可能产生淋雨状、点滴状出水。围岩无自稳能力，无支护时易产生坍方、掉块及冒顶，按Ⅴ级围岩进行支护。

5.6.1.2 新增4号斜井工区通风技术

大娄山隧道4号斜井施工通风分四个阶段：

第一阶段通风（图5-38）：4号斜井独头掘进，4号斜井掘进至与隧道右洞交叉处，4号斜井进入主洞后往小桩号掘进，不施工YK43+770处新增车行横通道，设计采用压入式通风。该阶段通风长度约650m，在4号斜井隧道洞口通过1台轴流式通风机（现场需设置备用风机）进行压入式通风，风机距离洞口不小于20m。同时应根据现场实际情况在通风死角采取局部通风措施，在车行横洞及斜井主洞交叉口附近等设置射流风机，引导污风流向，加快污风排出速度。

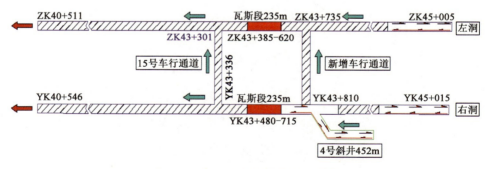

图5-38　第一阶段通风系统示意图

第二阶段通风（图5-39）：出口端工区右洞往小桩号掘进至与4号斜井工区右洞贯通，4号斜井工区右洞、出口端工区左洞继续向进口端方向掘进。此段掘进前方为高瓦斯突出工区段(YK43+715~YK43+480、ZK43+620~ZK43+385),采用独立压入式通风,在4号斜井洞口通过1台轴流式通风机(现场需设置备用风机)对右洞进行独立供风,风机距离洞口不小于20m。同时应根据现场实际情况在通风死角采取局部通风措施,在主洞回风流、斜井主洞交叉口附近、斜井转弯处等设置射流风机,引导污风(瓦斯)流向,加快污风(瓦斯)排出速度,保障隧道安全施工。

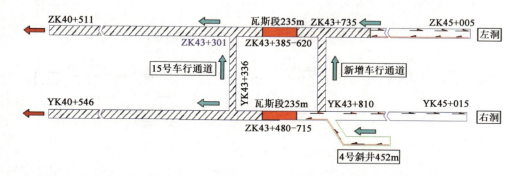

图5-39　第二阶段通风系统示意图

第三阶段通风(图5-40):4号斜井右洞揭煤施工完成后继续往小桩号施工至YK43+286,然后施工15号车行横洞通往左洞,出口工区右洞与4号斜井贯通而左洞尚未贯通前,视情况将通风机移至4号斜井交叉口处,通过2台轴流式通风机分别给左右洞掌子面供风,在轴流式通风机后方一定距离(约200m位置)布置射流风机加快新鲜风流风速,同时控制风流方向,防止污风逆流。

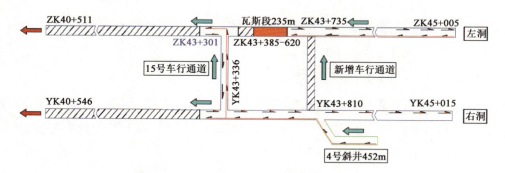

图5-40　第三阶段通风系统示意图

同时应根据现场实际情况在通风死角采取局部通风措施,在车行横洞、主洞回风流、斜井主洞交叉口附近、斜井转弯处等设置射流风机,引导污风(瓦斯)流向,加快污风(瓦斯)排出速度。

第四阶段通风(图5-41):出口工区左右洞均与4号斜井工区贯通后,按照施工进度,此时4号斜井工区左右洞均已超过15号车行横洞位置,此时拆除出口端工区左洞风机,在4号斜井交叉口处设置2台轴流风机分别给左右洞掌子面供风,在轴流风机后方一定距离(约200m位置)布置射流风机加快新鲜风流风速,同时控制风流方向,防止污风逆流。

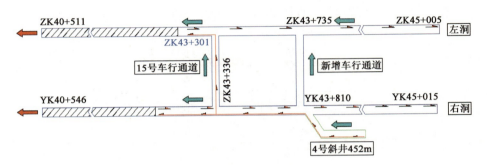

图5-41 第四阶段通风示意图

后续随着左右洞掌子面向前推进,掌子面分别越过15号人行横洞、14号车行横洞、14号人行横洞直至与三号斜井工区贯通,期间轴流式通风机及通风管逐步向前移动,必要时在横洞位置安装导流风机,引导污风流方向,在主通风机后方进风侧安装射流风机加快新鲜风流速,在回风侧安装射流风机加快污风排出速度。

1) 通风设计标准

(1) 驱散瓦斯集聚风速:大于1m/s。

(2) 氧气含量:按体积不小于20%。

(3) 瓦斯浓度:小于0.5%。

(4) CO最高允许浓度:0.0024%以下。

(5) CO_2浓度:小于1.5%(按体积计)。

(6) 氮氧化物:换算成NO_2为0.00025%以下。

(7) 粉尘最大允许浓度:每方空气中含有10%以上游离二氧化物的粉尘为2mg。

(8) 洞内气温:小于28℃。

2) 通风设计主要参数

(1) 开挖面积S,按不同施工阶段断面尺寸和作业面数量计。

(2) 洞内最多工作人数,按不同施工阶段断面尺寸和作业面数量计。

(3) 风管采用直径$\phi 2000$mm螺旋风管。

(4) 每名工作人员所需新鲜空气取4m^3/min。

(5)风管百米漏风率 β 取 1.5%,漏风系数 P 根据通风长度计算。

(6)空气密度 $\rho = 1.2 \text{kg/m}^3$。

(7)通风临界长度,取 300m。

(8)一次爆破耗药量按不同围岩开挖工艺及设计取。

(9)爆破后通风排烟时间取 30min。

(10)各内燃机功率:1 台 WA380-3 型装载机 165kW,1 台 CLGB56 型装载机 165kW,1 台 PC220 挖掘机 134kW,1 台 2530 型北奔自卸车 211kW。机械数量根据不同施工阶段确定。

3)风量计算

施工通风所需风量按洞内同时作业最多人数、洞内允许最小风速、一次性爆破所需要排除的炮烟量、内燃机械设备总功率和瓦斯涌出量分别计算,取其中最大值作为控制风量。

(1)按洞内同时作业最多人数计算:

$$Q_1 = qmk \tag{5-8}$$

式中,q 为洞内每人每分钟需要新鲜空气标准(m^3/min),取 $4\text{m}^3/\text{min}$;m 为洞内同时工作最多人数;k 为风量备用系数,包括隧道漏风和分配不均匀因素,取 1.25。

(2)按洞内允许最小风速 0.25m/s 计算:

$$Q_2 = 60 v_{\min} S \tag{5-9}$$

式中,$v_{\min}$ 为最小风速(m/s),取 0.25m/s;S 为隧道最大断面积(m^2)。

(3)按稀释瓦斯所需风量计算:

$$Q_3 = \frac{K \cdot A}{c_1 - c_0} \tag{5-10}$$

式中,K 为瓦斯涌出不均衡系数,取 1.5~2;A 为绝对瓦斯涌出量(m^3/min);c_0 为送风瓦斯浓度(%),取 0.00%;c_1 为隧道内允许瓦斯浓度(%),取 0.5%。

(4)按爆破工作量所需风量计算:

按洞内同一时间内爆破使用最大炸药量计算:

$$Q_4 = \frac{5Eb}{t} \tag{5-11}$$

式中,E 为一次爆破所用最大装药量(kg);b 为每公斤炸药爆炸生成的有害气体量(L/kg),取 $b=40$L/kg;t 为通风时间(min),一般为 20~30min。

(5)按稀释和排炮烟所需风量计算:

$$Q_5 = 7.5\left[E \times (S \times D)^2\right]^{1/3}/t \tag{5-12}$$

式中,E 为一次爆破所用最大装药量(kg),施工中据实调整;S 为开挖断面积(m²);D 为巷道全长或临界长度(m);t 为通风时间(min),一般为 20~30min。

(6)按内燃机械设备总功率计算:

按无轨运输,洞内内燃设备配置较多,废气排放量较大,供风量应足够将内燃设备所排放的废气全部稀释和排出,使有害气体浓度降到允许浓度以下,按下式计算:

$$Q = \sum_{i=1}^{N} T_i K N_i \tag{5-13}$$

式中,K 为功率通风计算系数[m³/(min·kW)],不宜小于 4.5m³/(min·kW);N_i 为各台柴油机械设备的功率(kW);T_i 为利用率系数。

爆破出渣+仰拱施工+台车衬砌施工所用内燃设备最多,通风计算以此为最大耗风量计算。大娄山隧道 4 号斜井工区施工期间分四阶段通风,针对每个阶段进行需风量计算。

第一阶段通风:4 号斜井独头掘进,4 号斜井掘进至与隧道右洞交叉处,4 号斜井进入主洞后,右洞向进口端掘进至 YK43+610,掘进长度 200m,该阶段通风长度约 650m,大娄山隧道 4 号斜井工区第一阶段需风量计算结果如表 5-22 所示,在 4 号斜井隧道洞口通过 1 台轴流式通风机(现场需设置备用风机)进行压入式通风,风机距离洞口不小于 20m。

大娄山隧道 4 号斜井工区第一阶段需风量计算表　　表 5-22

计算项目	计算公式	系数说明	计算结果
按洞内同时作业最多人数计算	$Q_1 = qmk$	q——洞内每人每分钟需要新鲜空气标准,取 4m³/min; m——洞内同时工作最多人数,取 60 人; k——风量备用系数,包括隧道漏风和分配不均匀因素,取 1.25	300

续上表

计算项目	计算公式	系数说明	计算结果
按洞内允许最小风速计算	$Q_2 = 60 v_{\min} S$	$v_{\min}$——最小风速,取 0.25m/s; S——隧道最大断面积,正洞Ⅲ级围岩开挖,取 133m²	1995
按稀释瓦斯所需风量计算	$Q_3 = \dfrac{K \cdot A}{c_1 - c_0}$	K——瓦斯涌出不均衡系数,取 2; A——绝对瓦斯涌出量,取 7.17m³/min; c_0——送风瓦斯浓度,取 0.00%; c_1——隧道内允许瓦斯浓度,取 0.5%	2868
按爆破工作量所需风量计算	$Q_4 = \dfrac{5Eb}{t}$	E——一次爆破所用最大装药量,施工中据实调整,取 320kg; b——每公斤炸药爆炸生成的有害气体量,取 b = 40L/kg; t——通风时间,一般为 20~30min,取 30min	2133
按稀释和排炮烟所需风量计算	$Q_5 = 7.5[E \times (S \times D^2)]^{1/3}/t$	E——一次爆破所用最大装药量,施工中据实调整,取 320kg; S——开挖断面积,正洞Ⅲ级围岩开挖,取 133m²; D——巷道全长或临界长度,取 300m; t——通风时间,一般为 20~30min,取 30min	1997
按内燃机械设备总功率计算	$Q = \sum\limits_{i=1}^{N} T_i K N_i$	K——功率通风计算系数,不宜小于 4.5m³/(min·kW); N_i——各台柴油机械设备的功率,2 台装载机 330kW,1 台挖机 134kW,2 台自卸车 422kW; T_i——利用率系数,装载机取 0.8,挖机取 0.8,自卸车取 0.4	2430
漏风系数	$P = 1/(1-\beta)^{L/100}$	β——百米漏风率,取 1.5%; L——该阶段通风区段最大长度,取 650m	1.1
风机供风量 (m³/min)	$Q_{供} = Q_{\max} P$	P——风管漏风系数	3155

第二阶段通风:出口端工区右洞往小桩号掘进至与 4 号斜井工区右洞贯通,4 号斜井工区右洞、出口端工区左洞继续向进口端方向掘进。此段掘进前方为高瓦斯突出工区段(YK43 +715 ~ YK43 +480、ZK43 +620 ~ ZK43 +385),采用独立压入式通风,在 4 号斜井洞口通过 1 台轴流式通风机(现场需设置备用风机)对右洞进行独立供风,风机距离洞口不小于20m。同时应根据现场实际情况在通风死角采取局部通风措施,在主洞回

风流、斜井主洞交叉口附近、斜井转弯处等设置射流风机,引导污风(瓦斯)流向,加快污风(瓦斯)排出速度,保障隧道安全施工。该阶段右洞最大通风长度约1000m,第二阶段需风量计算结果如表5-23所示。

大娄山隧道4号斜井工区第二阶段需风量计算表　　　　　　表5-23

计算项目	计算公式	系数说明	计算结果
按洞内同时作业最多人数计算	同表5-22		300
按洞内允许最小风速计算			1995
按稀释瓦斯所需风量计算			2868
按爆破工作量所需风量计算			2133
按稀释和排炮烟所需风量计算			1997
按内燃机械设备总功率计算			2430
漏风系数			1.16
风机供风量(m^3/min)			3327

第三阶段通风:4号斜井右洞揭煤施工完成后继续往小桩号施工至YK43+286,然后施工15号车行横洞通往左洞,出口工区右洞与4号斜井贯通而左洞尚未贯通前,视情况将通风机移至4号斜井交叉口处,通过2台轴流式通风机分别给左右洞掌子面供风,在轴流式通风机后方一定距离(约200m位置)布置射流风机加快新鲜风流风速,同时控制风流方向,防止污风逆流。

同时应根据现场实际情况在通风死角采取局部通风措施,在车行横洞、主洞回风流、斜井主洞交叉口附近、斜井转弯处等设置射流风机,引导污风(瓦斯)流向,加快污风(瓦斯)排出速度,此阶段最大通风长度约1300m,第三阶段需风量计算结果如表5-24所示。

大娄山隧道4号斜井工区第三阶段需风量计算表　　　　　　表5-24

计算项目	计算公式	系数说明	计算结果
按洞内同时作业最多人数计算	同表5-22		300
按洞内允许最小风速计算			1995
按稀释瓦斯所需风量计算			—
按爆破工作量所需风量计算			2133
按稀释和排炮烟所需风量计算			1997
按内燃机械设备总功率计算			2430
漏风系数			1.22
风机供风量(m^3/min)			2965

第四阶段通风:出口工区左右洞均与 4 号斜井工区贯通后,按照施工进度,此时 4 号斜井工区左右洞均已超过 15 号车行横洞位置,此时拆除出口端工区左洞风机,在 4 号斜井交叉口处设置 2 台轴流风机分别给左右洞掌子面供风,在轴流风机后方一定距离(约 200m 位置)布置射流风机加快新鲜风流风速,同时控制风流方向,防止污风逆流。

后续随着左右洞掌子面向前推进,掌子面分别越过 15 号人行横洞、14 号车行横洞、14 号人行横洞直至与三号斜井工区贯通,期间轴流式通风机及通风管逐步向前移动,必要时在横洞位置安装导流风机,引导污风流方向,在主通风机后方进风侧安装射流风机加快新鲜风流速,在回风侧安装射流风机加快污风排出速度。此阶段最大通风长度约 1600m,第四阶段需风量计算结果如表 5-25 所示。

大娄山隧道 4 号斜井工区第四阶段需风量计算表　　　　表 5-25

计算项目	计算公式	系数说明	计算结果
按洞内同时作业最多人数计算	同表 5-22		300
按洞内允许最小风速计算			1995
按稀释瓦斯所需风量计算			—
按爆破工作量所需风量计算			2133
按稀释和排炮烟所需风量计算			1997
按内燃机械设备总功率计算			2430
漏风系数			1.27
风机供风量(m^3/min)			3086

4) 主通风机选型

通风机风压用来克服风流沿程的阻力,为风管(或风道)的沿程阻力与局部阻力之和。因此风压计算过程中应考虑以下因素:①风机的风压大于通风管道的通风阻力;②风管(或风道)沿程摩擦阻力;③隧道内沿程摩擦阻力;④局部阻力;⑤通风阻力由沿程摩擦阻力与局部阻力构成。

大娄山隧道出口端采用分阶段施工通风,前期采用压入式通风方式,后期采用巷道式通风方式。各阶段通风距离与通风方式根据施工进度发生变化,沿程阻力也将发生变化,需对最大风压进行计算。为确保能将足够的新鲜风送入工作面,并在风管出口保持一定的风速,就需要风机提供一定的风压以克服沿程阻力与局部阻力。通风机的风压用来克服风流沿程的阻力,为风管(或风道)的沿程阻力与局部阻力之和,风压计算过程中应考虑以下因素:风机的风压大于通风管道的通风阻力;风管(或风道)沿程摩擦阻力;

隧道内沿程摩擦阻力;局部阻力;通风阻力由沿程摩擦阻力与局部阻力构成。各阶段通风距离与通风方式根据施工进度发生变化,沿程阻力也将发生变化,需对最大风压进行计算。

为确保能将足够的新鲜风送入工作面,并在风管出口保持一定的风速,就需要风机提供一定的风压,以克服沿程阻力与局部阻力。

压入式通风时,设风筒出口动压损失为 h_{vo},则通风机全风压 H_t(Pa)按下式计算:

$$H_t = R_f Q Q_a + h_{vo} = R_f \cdot Q \cdot Q_a + 0.811\rho \cdot \frac{Q_a^2}{D^4} \tag{5-14}$$

式中,h_{vo} 为风筒出口动压损失;R_f 为压入式风筒的总风阻(Ns²/m⁸)(ϕ2000mm 螺旋风筒百米风阻 0.1Ns²/m⁸,四号斜井工区不同阶段最大通风长度按 1200m 计);Q 为通风机风量(不同阶段通风机最大风量按 57.37m³/s 计);Q_a 为风筒出口风量(不同阶段风筒出口风量按 47.8m³/s 计);ρ 为空气密度,取 1.2kg/m³;D 为风筒直径,取 2m。

经计算得通风机全压 $H_t = 3430$(Pa)。

5)主通风机设备选型

根据上述选型计算,结合经济成本,以最大风机供风量和最大通风阻力配置通风设备,以避免重复采购设备造成资料浪费。同时考虑一定富裕系数,大娄山隧道出口端4号斜井工区单洞选择 2 台(一备一用)SDF(P)-No14 型通风机,配备电机功率为 2×185kW,最大供风量为 4100~4206m³/min,风机全压 6567~6860Pa,具体性能参数如表 5-26 所示,风机供风量完全可以满足要求。隧道通风采用风管直径为 2.0m 的螺旋风管,风管布置示意图如图 5-42 所示。

SDF(P)-No14 型通风机性能参数表 表 5-26

名称	规格型号	频率(Hz)	风量(m³/min)	风压(Pa)
隧道风机	SDF(P)-No14 2×185kW 变频(30~50Hz)	34	1744~1840	1594~1952
		36	2040~2135	2254~2576
		38	2336~2450	2914~3245
		40	2635~2737	3574~3894
		42	2928~3033	4234~4563
		44	3224~3344	4894~5146
		46	3520~3645	5554~5896
		48	3816~3938	6214~6532
		50	4100~4206	6567~6860

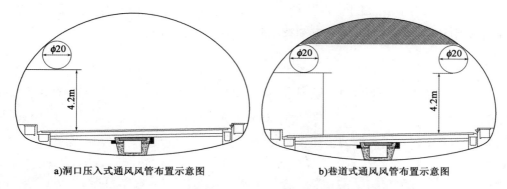

图 5-42　大娄山隧道 4 号斜井工区风管布置示意图

5.6.2　大娄山隧道 YK40+546~YK47+410 段通风关键技术

YK40+546~YK47+410 段，P_3l 煤系地层含煤（线）7 层，其中可采煤层为 C3、C5、C6，煤层总厚度 1.93~6.76m，层位较稳定。渝黔高铁新凉风垭隧道与大娄山隧道相距较近，且穿过同一套煤系地层，穿煤段埋深基本相当，其所测瓦斯数据可用于大娄山隧道中。根据新凉风垭隧道瓦斯资料显示，煤层瓦斯含量 6.82~21.34ml/g，瓦斯含量高。区内 P_3l 煤层矿井 CH_4 绝对瓦斯绝对涌出量 1.37~7.17m³/min，CO_2 绝对涌出量 0.54~2.81m³/min，CH_4 相对瓦斯涌出量 17.36~26.44m³/t，CO_2 相对涌出量 1.57~5.00 m³/t，为高瓦斯矿井。

5.6.2.1　总体施工方法

全隧道采用新奥法施工。明洞段采用明挖法施工，在确保洞口边坡稳定的条件下，就地全断面整体模筑钢筋混凝土。暗洞主要工序采用机械化作业，隧道出渣采用无轨运输方式，二次衬砌浇筑采用模板台车。S-Ⅴa、S-Ⅴb 衬砌段采用双侧壁导坑法开挖，S-Ⅴc 衬砌段采用三台阶七步开挖法开挖，Ⅳ级围岩段采用三台阶法施工，Ⅲ级围岩采用台阶法施工。隧道初期支护喷射混凝土采用湿喷工艺，二次衬砌采用整体模筑混凝土。Ⅴ级围岩开挖过程中应尽量保留核心土支挡工作面，有利于及时施作拱部初期支护以加强开挖工作面的稳定性，核心土以及下部开挖在初期支护的保护下进行，每循环开挖进尺不宜太长，一般每循环进尺小于 1.0m。Ⅳ级围岩段台阶不宜过长，台阶长度不大于 20m，隧道台阶法开挖上断面后，中、下断面采用左右交错跳槽开挖，每次开挖长度为 1.0~2.0m，且不大于 2 榀拱架间距。Ⅲ级围岩段上台阶长度不大于 1.5 倍隧道开挖跨度，隧道台阶法开挖上断面后，下断面采用左右交错跳槽开挖，每次开挖长度为 1.0~3.0m，且不大于 3 榀拱架间距。

采用光面爆破，作业面采用多功能作业台架配风动凿岩机开挖，无轨运输出渣，钢架、径向锚杆及挂网喷混凝土系统支护,采用仰拱栈桥为作业运输通道,衬砌混凝土采用拌和站集中拌制、罐车运输、输送泵配合全断面液压衬砌台车施工。

5.6.2.2 作业工区划分

大娄山隧道先开挖明洞段,然后从明洞由出口往进口方向掘进,与3号斜井贯通掘进长度3015m,3号斜井井身施工长度1570m,进入斜井底拐入正洞后往进口单幅掘进长度1479m。各工区掘进长度列表如表5-27所示。

瓦窑湾隧道工区划分表　　　　　　　　　　　　　　　表5-27

序号	隧道名称	工区划分	掘进长度(m)	备注
1	大娄山隧道	左洞出口—3号斜井	3015m	高瓦斯
1	大娄山隧道	右洞出口—3号斜井	3025m	高瓦斯
2	3号斜井	斜井井身-正洞施工左、右幅—进口贯通	1570m	低瓦斯

5.6.2.3 通风方案及风量计算

1)设计文件要求

根据设计文件(兰海高速公路重庆至遵义扩容建设项目)《两阶段初步设计》要求,隧道通风设计需根据隧道长度、断面大小、施工方法、施工设备配套、瓦斯涌出量等综合考虑,长大隧道必须采用机械通风,宜采用压入式或混合式通风,并辅以射流风机的通风系统。根据相关要求,主洞按高瓦斯工区考虑,斜井按低瓦斯工区考虑。主洞最大独头通风距离3015m,斜井最大独头通风距离3049m。隧道施工通风主要采用机械通风,其通风方式按风道类型一般分为巷道式和管道式两种,其中,后者按送风方式不同又可分为压入式、吸出式和混合式三种。它们各有其优缺点,见表5-28。

几种管道式通风方案的比较　　　　　　　　　　　　　　表5-28

序号	通风方式	布置形式	优点	缺点
1	压入式		能很快地排除工作面的污浊空气,拆装简单	污浊空气流经全洞
2	吸出式		工作面净化较快,洞内空气较好	风机移动频繁,噪声大,管道漏风可造成循环污染
3	混合式		洞内空气好、净化快	噪声大,受空间限制

综合考虑隧道独头掘进长度、断面大小、开挖方法、出渣运输方式、设备条件等因素,并参考设计文件,通过分析比较,确定采用压入式通风,可使足够的新鲜空气能很快被送至工作面,实现快速掘进,如图5-43所示。

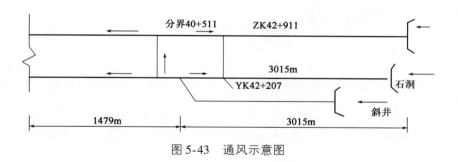

图 5-43　通风示意图

2）通风系统

（1）瓦斯隧道各掘进工作面都必须采用独立通风，严禁任何两个工作面之间串联通风。

（2）瓦斯隧道需要的风量须按照爆破排烟、同时工作的最多人数以及瓦斯绝对涌出量等分别计算，并按允许风速进行检验，采用其中的最大值。

（3）瓦斯隧道施工中，对瓦斯易于集聚的空间和衬砌模板台车附近区域，可采用局扇等设备，实施局部通风的办法，以消除瓦斯聚集。

（4）瓦斯隧道在施工期间，应实施连续通风。因检修、停电等原因停机时，必须撤出人员，切断电源。恢复通风前，必须检查瓦斯浓度，压入式局部通风机及其开关地点附近 20m 以内风流中的瓦斯浓度都不超过 0.5% 时，方可人工开动局部通风机。

（5）瓦斯隧道各工区在贯通前，应做好风流调整的准备工作。贯通后，必须调整通风系统，防止瓦斯超限，待通风系统风流稳定后，方可恢复工作。

3）通风设备

（1）压入式通风机必须装设在洞外或洞内新风流中，避免污风循环。瓦斯工区的通风机应设两路电源，并装设风电闭锁装置，当一路电源停止供电时，另一路应在 10min 内接通，保证风机正常运转。

（2）瓦斯工区，必须有一套同等性能的备用通风机，并经常保持良好的使用状态。

（3）通风机必须设置两路电源并装设风电闭锁装置。停电后，须在 10min 内启动备用电源，实行 24h 不间断通风。

（4）瓦斯突出隧道掘进工作面附近的局部通风机，均应实行专用变压器、专用开关、专用线路及风电闭锁、瓦电闭锁供电。

（5）瓦斯隧道采用抗静电、阻燃的螺旋焊接风管。风管口到开挖面的距离应小于 5m，风管百米漏风率不大于 1%。

5.6.2.4 风量计算及配置

1）计算依据

大娄山特长隧道出口和斜井采用独头掘进，隧道采用独立供风，通风计算以最大供风长度计算为例。

按照《公路隧道施工技术规范》(JTG/T 3660—2020)的规定，结合现场施工组织，计算参数如下：

(1)供给每人的新鲜空气量按 $m = 3\text{m}^3/\text{min}$ 计，洞内施工人员最多按 $n = 100$ 人计。

(2)内燃机械作业时所需供风量按 $Q_0 = 4.5\text{m}^3/(\text{min}\cdot\text{kW})$ 计，隧道内使用的内燃设备情况如表 5-29 所示。

隧道内使用的内燃设备情况统计　　　　表 5-29

车型	洞内最多工作台数	每台额定功率(kW)
装载机(50型)	2	175
自卸车(豪沃)	8	200
混凝土罐车	4	180
挖掘机(PC220)	1	175
交通车	2	75

(3)按照分部开挖的最不利因素，全隧施工通风最小风速不小于 $V_{\min} = 0.25\text{m/s}$ 计。

(4)隧道内气温不超过 28℃。

(5)正洞最大开挖面积按 $S = 133\text{m}^2$ 计(Ⅲ级按全断面开挖计)。

(6)正洞全断面开挖爆破一次最大用药量 $A = 425.6\text{kg}(133 \times 4 \times 0.8)$ (Ⅲ级围岩全断面三臂凿岩台车开挖，每循环进尺 4m 计算)。

(7)正洞爆破后通风时间按 $t = 30\text{min}$ 计。

(8)风管百米漏风率 $\beta = 1\%$，风管内摩擦阻力系数为 $\lambda = 0.0078$。

(9)炸药爆炸时，有害气体 CO 生成量，取 $b = 40\text{L/kg}$；瓦斯绝对涌出量 $1.37 \sim 7.17\text{m}^3/\text{min}$。

(10)扩散系数，取 $k = 0.6$。

(11)风量备用系数，取 $K = 1.5$。

(12)供风最大长度取 3015m。正洞软质风管直径 $\phi = 1.8\text{m}$，风管节长 30m。

2) 通风机功率、数量计算

(1) 风量计算。

①按洞内允许最小风速要求计算风量：

$$Q_{风速} = V_{\min} \times S \times 60s = 0.25 \times 133 \times 60s = 1995(\text{m}^3/\text{min})$$

②按洞内同一时间工作的最多人数计算风量：

$$Q_{人} = mKn = 3 \times 100 \times 1.5 = 450(\text{m}^3/\text{min})$$

③按照爆破后稀释一氧化碳(CO)至许可最高浓度的计算风量：
采用压入式通风，工作面需要风量：

$$Q_{CO} = \frac{7.8}{t}\sqrt[3]{AS^2L^2} \tag{5-15}$$

式中，t 为通风时间(min)，取 $t = 30\text{min}$；A 为同时爆破炸药用量(kg)，按Ⅲ级围岩考虑，每循环最大进尺取 4m；L 为通风 30min 内新鲜风将掌子面炮烟向外排出距离(m)，按 300m 计。

则开挖主洞施工时工作面需要风量：

$$Q_{CO} = \{7.8 \times [425.6 \times (133 \times 300)^2]^{1/3}\}/30 = 2283(\text{m}^3/\text{min})$$

则按照稀释爆破有害气体所需要的风量为 2283m³/min。

④按内燃机作业废气稀释的需要计算：

$$Q_{内燃} = W \times \sum P_i \times t \times q_i \times N_i \tag{5-16}$$

式中，$Q_{内燃}$ 为内燃机械设备废气稀释需要风量(m³/min)；W 为内燃机每千瓦所需风量(m³/min)，取 4.5m³/min；P 为平均负荷率，装载机与挖掘机平均负荷率取 0.8，自卸车平均负荷率取 0.4；t 为时间(min)，取 1min；q 为功率指标(机械利用率)，装载机与挖掘机平均功率指标取 0.3，自卸车平均功率指标取 0.3；N 为内燃机械设备功率(kW)，1 台 WA380-3 型装载机 165kW，1 台 CLGB56 型装载机 165kW，1 台 PC220 挖掘机 175kW，1 台自卸车 211kW，混凝土灌车 1 台 180kW。

$Q_{内燃} = 4.5 \times (2 \times 0.3 \times 1 \times 0.8 \times 175 + 1 \times 0.8 \times 1 \times 0.3 \times 175 + 8 \times 0.4 \times 1 \times 0.3 \times 200 + 4 \times 0.4 \times 1 \times 0.3 \times 180 + 2 \times 0.4 \times 1 \times 0.3 \times 75) = 1900.8(\text{m}^3/\text{min})$。

因此，隧道内内燃机械设备废气稀释需要风量为 1900.8m³/min。

⑤按瓦斯涌出量计算：

$$Q_{涌} = \frac{Q_{CH_4} \cdot \alpha}{B_g} \tag{5-17}$$

式中，$Q_{涌}$为稀释瓦斯所需风量(m^3/min)；α为瓦斯涌出的不均衡系数，1.5~2.0；B_g为隧道内瓦斯浓度安全控制值，0.5%；Q_{CH_4}为隧道内单位时间瓦斯涌出量(m^3/s)。

$Q_{涌} = (1.37 + 7.17)/2 \times 2/0.005 = 1708 (m^3/min)$。

综合上述5种计算，所需风量统计见表5-30。

分类计算所需风量统计表　　　　　　表5-30

分类计算风量	计算结果(m^3/min)
按允许最低平均风速计算	1995
按洞内同时工作的最多人数计算	450
按照爆破后稀释一氧化碳至许可最高浓度计算	2283
按稀释和排除内燃机废气计算	1900.8
按瓦斯涌出量计算	1708

正常条件下风量取值：

$$Q = \max\{Q_{风速}, Q_{人}, Q_{CO}, Q_{内燃}, Q_{涌}\} = 2283 (m^3/min)$$

上述五种计算结果，取其最大值作为通风布置设计量，即2283m^3/min，加上瓦斯隧道百米漏风率小于等于2%计算出工作面所需供风量，则有 $Q_{需} = 2283 \times (1 + 2\%) = 2329 m^3/min$。

（2）风压计算。

①摩擦阻力：

$$H_{摩} = 6.5 \times \alpha \times L \times Q_{供}^2 \times \frac{g}{d^5} \tag{5-18}$$

式中，$H_{摩}$为风管中风受到的摩擦阻力(Pa)；α为风管摩擦系数，取0.00013；L为通风长度(m)，取3015m；$Q_{供}$为通风机要求提供风量(m^3/s)，取39m^3/s；g为重力加速度，取9.8m/s^2；d为风管直径(m)，取1.8m。

$H_{摩} = 6.5 \times \alpha \times L \times Q_{供}^2 \times \frac{g}{d^5} = 6.5 \times 0.00013 \times 3015 \times 39 \times 39 \times 9.8/(1.8^5) = 2010 (Pa)$

②局部阻力：

$$H_{局} = \xi \times Q_{供}^2 \times \frac{r}{2S^2} \tag{5-19}$$

式中,ξ 为局部阻力系数,一般取 1.5;$Q_{供}$ 为通风机要求提供风量(m^3/s),取 $39m^3/s$;r 为空气重量(kg/m^3),取 $1.225kg/m^3$;S 为管道净面积(m^2),取 $S = \pi(d/2)^2 = 2.54m^2$。

因此,$H_{局} = \xi \times Q_{供}^2 \times \dfrac{r}{2S^2} = 1.5 \times 39^2 \times 1.225/(2 \times 2.54^2) = 216.7(Pa)$。

③其他局部阻力:

其他局部阻力按局部阻力的 5% 考虑。

④风机风压:

$$H_J = H_{摩} + 1.05 H_{局} = 2010 + 1.05 \times 216.7 = 2237(Pa)$$

(3)通风机选择及配置风机型号比选。

长大隧道通风,主要需要轴流风机和射流风机两种。

隧道施工专用轴流通风机以其高效、低噪、节能、"变极多速"不同的通风方式和节能效果,改变了传统叶片不可调的缺陷,实现了有选择的可调性并能适用于高原气候环境下的施工通风。其中 C 型为可变极多速,可根据需要调节风速。

根据上述的计算结果,参考风机参数(表 5-31)及风机性能曲线选择风机,要求风量、风压处于被选择风机的高效区内,即 $\eta = 0.8$ 为佳。

风机参数　　　　　　　　　表 5-31

风机型号	速度	风量（m^3/min）	风压（Pa）	高效风量（m^3/min）	最高点功率（kW）	最大配用电机功率（kW）
2×AVH-R140-160.4.8（瑞典风机）	高	2346~3900	5866	3315	320	160×2
SDZ – №12.5	高	1650~2800	5000~1500	2400	270	135×2
	中	1200~1900	2600~700	1600	90	45×2

(4)通过风压风量比选。

SDZ-№12.5 型防爆轴流风机功率为 $2 \times 135kW$,压力为 $5000Pa > H(2237Pa)$,流量可达 $2400m^3/min > Q_{机}(2329m^3/min)$。因此风机选用 SDZ-№12.5 型防爆轴流风机,配以 $\phi1800$ 阻燃、抗静电风管。

风速验算:$2400/133/60 = 0.25m/s < 0.30m/s < 1m/s$,在隧道顶可能形成瓦斯层流,主洞段施工需局部通风。

(5)射流风机配备与局部通风。

通风时,隧道内二衬台车处因台车存在会对空气流动有阻碍作用,因此必须考虑此处空气流动的影响。另外，随着隧道施工长度增加，空气流动有一定损耗，综合考虑，在隧道内增加射流风机。

SDS 系列射流风机广泛用于公路、铁路隧道的运营通风系统中，一般在隧道中每隔一段距离，在顶部或两侧悬挂几台风机，当风机工作时，流经隧道的总空气流量的一部分被风机吸入，经叶轮做功产生较高推力后，由风机出口高速喷出，如此高速气流将把能量传给隧道内的空气推动隧道内的空气一起向前流动，当经过一段距离，风速降至一定值时，下一组风机则继续工作，这样就实现了从隧道进口端吸入新鲜空气，从出口端排出污染空气的通风目的。同时也可吹淡吹散层流中的瓦斯。

经过对市场调查，SDS-125 型射流风机风量为 $30m^3/s$，配置 2 台达 $60m^3/s$，可以满足风量 $39m^3/s$ 的要求。

主洞隧道 1000m 后，每个洞内二衬台车附近增加 2 台 SDS-125 型 30kW 射流风机，风管布置如图 5-44 所示。

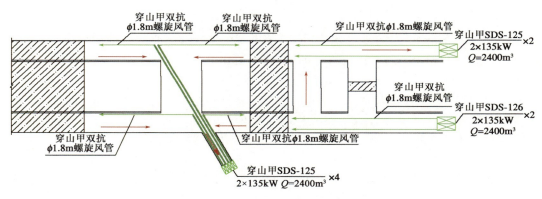

图 5-44 大娄山隧道风管布置断面图

5.6.2.5 施工通风安全技术措施

1）风机安装

（1）风机设置在离洞口不小于 30m 左右的位置。

（2）风机支架应稳固结实，避免运行中振动，风机出口处设置加强型柔性管与风管连接，风机与柔性管结合处应多道绑扎，减少漏风。

（3）通风机前后 5m 范围内不得堆放杂物，通风机进气口应设置铁箅，并应装有保险装置。

（4）当洞内的风速小于通风要求最小风速时，可布设局扇防止瓦斯聚集。

(5)洞内风机的移动,采用小平板车移动,移动前,提前做好风机支座或支架,以保证洞内不间断的空气循环。

(6)配备同功率大小的备用风机。

2)风管安装

(1)采用的风管,出厂必须有合格证,使用前进行外观检查,保证无损坏,粘接缝牢固平顺,接头完好严密。通风管采用高强、抗静电、阻燃且百米漏风率不大于1%的螺旋焊接风管。

(2)风管挂设应做到平、直、无扭曲和褶皱。在正洞作业时,衬砌地段根据衬砌模板缝每5m标出螺栓位置,未衬砌地段,先由测量工在边墙上标出水平位置,然后用电钻打眼,安置膨胀螺栓。布8号镀锌铁丝,用紧线器张紧。风管吊挂在拉线下。为避免铁丝受冲击波振动、洞内潮湿空气腐蚀等原因造成断裂,每10m增设1个尼龙绳挂圈。

(3)通风管破损时,应及时修补或更换。当采用软风管时,靠近风机应采用加强型风管。通风管的节长尽量加大,以减少接头数量,接头应严密,每100m平均漏风率不大于1%。弯管平面轴线的弯曲半径不得小于通风管直径的3倍。

(4)风管最前端距掌子面5m,并且前55m采用可折叠风管,以便放炮时将此55m迅速缩至炮烟抛掷区以外。

3)通风系统日常管理和维护措施

(1)通风机应有专人值守,按规程要求操作风机,如实填写各种记录。

(2)通风机使用前应卸去废油,换注新油,以后每半月加注一次。

(3)风机应尽量减少停机次数,发挥风机连续运转性能。需停机或开启时,根据洞内调度通知进行。为减少风机启动时的气锤效应对风管的冲击破坏,应采用分级启动,分级间隔时间为3min。

(4)控制好风流方向,防止污浊空气形成小循环。

(5)综合保障班组中应设专职风管维修工。每班必须对全部风管进行检查,发现破损等情况及时处理。对于轻微破损的管节,采用快干胶水粘补:先将破损部位清洁打毛后,再行粘补;破损口小于15cm时,直接粘补;破损口大于15cm时,先将破口缝合后再行粘补,粘补面积应大于破损面积的30%。粘补后10min内不能送风。对于严重破损的管节,必须及时更换。

(6)因洞内渗水和温度变化的影响,风管内会积水,故应定期排水,以减少风管承重和阻力。

(7)严禁在煤与瓦斯突出段安装辅助通风设备。

(8)局部通风机供风的地点必须实行风电闭锁,保证停风后切断停风区域内所有非本质安全型机电设备的电源。

(9)瓦斯隧道施工期间必须24h连续通风。

(10)通风设备必须经过监理验收合格后方可投入正常运行,运行期间应加强巡视及维护工作,保证通风系统正常运行。

4)瓦斯防聚集措施

所谓瓦斯聚集是指局部瓦斯浓度达到0.5%、体积超过$0.5m^3$的现象。

(1)易于积存瓦斯的地点有:工作面上隅角、顶板冒落的空洞内、低风速的顶板附近、停风的盲巷、坑洞、采空区边界处、台车附近、坑道、综合洞室、下锚段等。及时处理局部积存的瓦斯,是日常瓦斯管理的重要内容,也是预防瓦斯爆炸事故、保证安全生产的关键工作。

(2)加强通风:是防止瓦斯聚集的主要措施合理选择最佳的通风系统,加强通风管理,做到有效、稳定和连续不断,才能将涌出的瓦斯及时冲淡排出,使工作面和隧道的瓦斯浓度符合规定要求。通常采用的主要方法是:向瓦斯积存地点加大供风量或提高风速,将瓦斯冲淡排出;将盲巷和顶板空洞内积存的瓦斯封闭隔绝;必要时应采取抽放的措施。

(3)防塌方:有许多隧道瓦斯事故都是由于隧道塌方造成瓦斯聚集,在处理塌方过程中引起的。因此,防止塌方是防瓦斯聚集的首要任务。防止塌方主要措施:短进尺、弱爆破、强支护、早封闭、勤量测、衬砌紧跟。

5.6.3 大娄山隧道东山背斜非煤系地层瓦斯动力现象处治关键技术

5.6.3.1 东山背斜勘察情况

东山背斜为区内的主要褶皱,北起东山车盆坳,南至庄子青龙庙,全长41km左右,轴向近南北,轴面微西倾,倾角80°~85°,如图5-45所示。东山背斜核部附近,埋深约640m。隧址区大致位于背斜中段,隧道从ZK37+815(YK37+910)处斜穿背斜轴部,隧道与背斜轴部呈40°斜交,在隧址区背斜核部地层为S_1l泥质灰岩、炭质泥岩、泥岩,无煤层分布,为非煤系地层。对大娄山隧道开展了地应力测试、应力场综合分析及影响评价等相关工作。通过对该处550m深孔地应力测试:隧道在ZK37+730~ZK37+920段、YK37+780~YK37+980段按高地应力V级围岩段落设计。

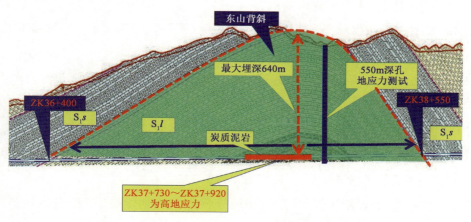

图 5-45　地质勘察结果(纵断面)

5.6.3.2　隧道瓦斯发现情况

2019 年 10 月 2 日,在左幅 ZK37+571 掌子面炮眼(深度 3.5m)施钻过程中出现严重喷孔动力现象(喷孔距离 2~4m),导致施工工人受伤,同时出现明显的顶钻、夹钻现象,事发位置如图 5-46 所示。

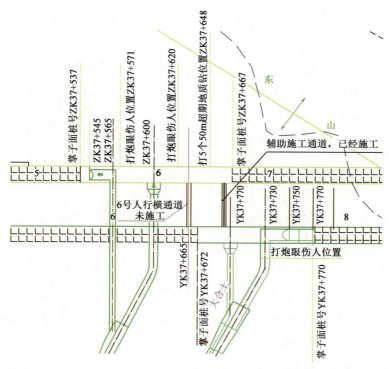

图 5-46　事发位置情况图

2019年10月25日下午6:30左右,在2号斜井送风道(5号交叉口处)掌子面炮眼(深度4m)施钻过程中出现严重喷孔瓦斯动力现象(喷孔距离3~5m),导致施工工人脸部、胳膊受伤,同时出现明显的顶钻、夹钻现象。

2019年11月1日早上8:20左右,在施工ZK37+620处,开挖钻进过程出现卡钻,并有喷孔现象,同时有工人被喷出的砂粒喷到脸部,造成一定伤害。

2019年11月9日,当施工到ZK37+648.3处,工人在立架焊接时,左侧拱脚发生瓦斯引燃现象,随后立即撤离人员并加强通风,在多个部位进行瓦斯浓度检测。经检测,左拱脚处瓦斯平均浓度在2.1%左右,最高浓度达到3.5%。

2019年12月,通过钻孔、岩样送检、访谈等形式,得出初步结论,该地段在地应力与瓦斯压力共同作用下,破坏岩石和瓦斯突然喷出到采掘空间,判定该瓦斯动力现象为岩石与瓦斯突出动力现象,同时伴有少量的煤参与。根据鉴定报告结论:大娄山隧道左幅ZK37+667.4~ZK37+753,右幅YK37+758.6~YK37+788为瓦斯突出段落。

5.6.3.3 原因分析

(1)斜井井底埋深约640m,且位于东山背斜核部附近,由于背斜常是良好的储气构造,因此井底段炭质泥岩处于一个相对封闭的环境中,瓦斯来源于井底段炭质泥岩中的游离状瓦斯及其他气体。

(2)当隧道开挖至相邻段落时,存储在炭质泥岩中的气体由于受到施工震动影响,造成部分节理裂隙贯通,进而导致瓦斯气体扩散到已开挖的隧道中,因此在局部位置施工中产生自燃现象,并检测到瓦斯浓度。

(3)井底段由于以透镜状形式分布的炭质泥岩在高地应力以及自身封闭环境作用下内部产生较大压力,在钻孔过程中由于揭穿炭质泥岩,瓦斯及其他气体由于压力瞬间释放,进而发生喷孔现象。

通过对东山背斜炭质泥岩段施工,以及施工过程中观察及总结,该段瓦斯主要有以下几个特点。

(1)该处瓦斯来源于炭质泥岩,瓦斯赋存量不大,以游离状为主、吸附状次之,气体产生扰动或揭穿后衰减快。

(2)掌子面围岩分布有透镜状炭质泥岩,且其余泥质灰岩较完整时,钻孔中揭穿透镜状炭质泥岩易发生冲孔现象。

(3)由于受东山背斜构造影响,该段落炭质泥岩分布不均匀,大多数以透镜状或局部赋存形式存在,其余部分围岩均以泥质灰岩为主。

相较于二叠系上统龙潭组(P_3l)煤系地层,该段落瓦斯及围岩存在的区别:

(1)该处围岩为泥质灰岩、炭质泥岩、泥岩,无煤层分布。

(2)该段围岩完整性及自稳能力相较于煤系地层较好,整体围岩强度高于煤系地层。

(3)类似埋深条件下,该处瓦斯含量相对低,以游离状为主、吸附状次之,气体产生扰动或揭穿后衰减快。

5.6.3.4 处治方案

根据分析,对未施工的突出段落,考虑到瓦斯来源于透镜状炭质泥岩,瓦斯赋存量不大,以游离状为主、吸附状次之,气体产生扰动或揭穿后衰减快,与煤层瓦斯有较大区别,消突措施以钻孔排放为主。瓦斯排放范围不小于衬砌两侧 6m,拱顶开挖外轮廓线外 6m,仰拱底部 3m。排放孔自掌子面沿开挖方向以隧道中心线为中心呈伞状布置,共设 6 环排放孔,第Ⅰ~Ⅲ环每环 10 个排放孔,第Ⅳ环 8 个排放孔、第Ⅴ环 6 个排放孔、第Ⅵ环 4 个排放孔。

瓦斯段落衬砌结构防护等级按一级防护,Ⅴ级围岩具体支护参数如下:

超前支护:$\phi 50mm \times 4mm$ 超前小导管,$L = 4.0m$,$\alpha = 10° \sim 15°$,环向间距 35cm,纵向排距 150cm。初期支护:30cm 厚 C25 气密性纤维喷射混凝土,I22b 型钢拱架,间距 50cm,$\phi 8mm$ 钢筋网 $20cm \times 20cm$(双层),$\phi 42mm \times 4mm$ 注浆钢花管,$L = 4.0m$,间距 $50cm \times 120cm$(纵×环),梅花形布置。防气层:全包防气,5mm 厚聚乙烯闭孔泡沫板,2.0mm 厚 CW-S 型橡胶瓦斯隔离板。二次衬砌:60cm 厚 C40 防腐蚀气密性钢筋混凝土。开挖工法为三台阶法。

瓦斯段落衬砌结构防护等级按一级防护,Ⅳ级围岩具体支护参数如下:

超前支护:$\phi 42mm \times 4mm$ 超前小导管,$L = 4.0m$,$\alpha = 10° \sim 15°$,环向间距 40cm,纵向排距 240cm。初期支护:24cm 厚 C25 气密性纤维喷射混凝土,I18 型钢拱架,间距 80cm,$\phi 8mm$ 钢筋网 $20cm \times 20cm$,$\phi 42mm \times 4mm$ 注浆钢花管,$L = 3.5m$,间距 $80cm \times 120cm$(纵×环),梅花形布置。防气层:全包防气,5mm 厚聚乙烯闭孔泡沫板,2.0mm 厚 CW-S 型橡胶瓦斯隔离板。二次衬砌:50cm 厚 C40 防腐蚀气密性钢筋混凝土。开挖工法为三台阶法。

5.6.4 大娄山隧道小导洞一次性提前抽采瓦斯关键技术

5.6.4.1 ZK39+890~ZK40+090 段、YK39+970~YK40+210 段施工图设计情况

大娄山隧道分别在 ZK39+890~ZK40+090 段、YK39+970~YK40+210 段穿越高

瓦斯突出型煤层，洞身围岩为中风化灰岩、煤系地层，以软岩为主，R_c = 5MPa。岩体较完整，K_v = 0.56。隧道开挖可能产生潮湿状、点滴状出水。地下水影响修正系数 K_1 = 0.40、[BQ] = 205，围岩无自稳能力，无支护时易产生塌方、掉块，围岩级别为Ⅴ级。煤系地层含煤(线)7层，其中可采煤层为 C3、C5、C6，原设计预案：掘进至石门前，对煤层或煤层群按2个"四位一体"的原则进行揭煤防突，防突措施采用钻孔预抽瓦斯的方式。

5.6.4.2 施工现状及地质补勘情况

为进一步查明 ZK39+863(YK39+995)~ZK40+038(YK40+165)段煤层分布以及瓦斯等级，2021年8月开始布设了钻孔，孔深602m。钻孔共揭示7层煤，其中 C3、C5、C6、C7 > 0.3m，C1、C2、C4 < 0.3m，C1~C3 煤层位置位于隧道下部，C4~C7 煤层位于隧道上部，C3、C5、C6、C7 瓦斯压力分别为 1.48MPa、1.04MPa、1.27MPa、1.05MPa。第三方对瓦斯工区等级进行评定，通过分析出具了《兰海国家高速公路重庆至遵义段(贵州境)扩容工程大娄山隧道龙潭组煤层煤与瓦斯突出危险性评估技术报告》，报告主要结论为：大娄山隧道龙潭组煤系地层探明共有7层煤，其中 C3、C5、C6、C7 > 0.3m，C1、C2、C4 < 0.3m，C3、C5、C6、C7 四层煤均为具有煤与瓦斯突出危险性煤层。

5.6.4.3 变更方案比选

根据施工现状及地质补勘情况，从安全施工角度出发，降低或减少安全隐患，安全快速处治煤层瓦斯，设计了四个处治方案。

处治方案主要内容如下：

(1)方案一：由七标分两次抽采瓦斯，由七标揭煤。

由七标往大里程掘进至石门前，对 C1 至 C3、C4 至 C7 两个煤层群分别按2个四位一体的原则进行揭煤防突，防突措施采用钻孔预抽瓦斯的方式。预抽瓦斯钻孔开孔间距为 0.5m×0.5m，终孔间距 4m×4m，抽排孔数量为 37184m/880 孔。

(2)方案二：由八标分2次抽采瓦斯，由八标揭煤。

由八标往小里程掘进至石门前，对 C7 至 C4、C3 至 C1 两个煤层群分别按2个四位一体的原则进行揭煤防突，防突措施采用钻孔预抽瓦斯的方式。预抽瓦斯钻孔开孔间距为 0.5m×0.5m，终孔间距 4m×4m，抽排孔数量为 46236m/1000 孔。

(3)方案三：由八标右洞施工小导洞、一次性集中瓦斯抽采，由七标揭煤。

在桩号 YK40+165 施工平行于煤层走向的小导洞，在小导洞内钻长孔预抽 C1 至 C3 煤层群瓦斯，钻短孔预抽 C4 至 C7 煤层群瓦斯，提前一次性处治左右幅瓦斯后，在检验有效的前提下，由七标往大里程方向掘进。小导洞净宽×净高＝480cm×480cm，长度

276m。预抽瓦斯钻孔开孔间距为 0.4m×4m,终孔间距 4m×4m,抽排孔数量为 61058m/1258 孔。

(4)方案四:八标抽采 C4 至 C7 煤层群瓦斯,七标抽采 C1 至 C3 煤层群瓦斯,由七标掘进。

由八标往小里程掘进至石门前,对 C7 至 C4 煤层群实施钻孔预抽瓦斯防突措施,由七标往大里程掘进至石门前,对 C1 至 C3 煤层群按两个四位一体的原则进行揭煤防突,防突措施采用钻孔预抽瓦斯方式,由七标往大里程方向掘进。预抽瓦斯钻孔开孔间距 0.5m×0.5m,终孔间距 4m×4m,抽排孔数量为 36598m/950 孔。

CHAPTER SIX 第6章

特长大断面隧道施工关键技术

大娄山特长公路隧道群线路长度(45km)国内第一,又属于大断面隧道群,还伴有高地应力、断层破碎带、岩溶、瓦斯、反坡排水等系列难题。建设者们在修建过程中通过高地应力、大断面隧道工法、玄武岩纤维喷射混凝土等技术研究,结合成套机械化施工技术,全面总结了一套特长大断面隧道施工关键技术。

6.1 高地应力研究

6.1.1 大娄山隧道地应力测试与分析

地应力是指引起地壳岩体产生断裂、变形、褶皱等破坏的作用力,是一种复杂的应力场。地应力测试与分析对山区隧道科学设计和安全建设具有重要意义。

6.1.1.1 水压致裂地应力测量及成果

1)水压致裂法

概括地讲,水压致裂原地应力测量就是利用一对可膨胀的封隔器在选定的测量深度封隔一段钻孔,然后通过泵入流体对该试验段增压,同时利用 X-Y 记录仪、计算机数字采集系统或数字磁带记录仪记录压力随时间的变化。对实测记录曲线进行分析,得到特征压力参数,再根据理论计算公式,可得到测点处最大和最小水平主应力的量值以及岩石的水压致裂抗张强度等岩石力学参数。

2)地应力测试结果

2017 年 5 月至 9 月,先后选取两个测点(ZK6 和 SZK2)进行现场地应力测试工作。ZK6 号钻孔穿越向斜核部,钻孔设计孔深 550m。根据岩芯情况和地质条件,在该孔 257.98~544.85m 的深度域内进行了 11 段压裂测量。各个试验段内破裂压力、重张压力及闭合压力在各个循环清晰可见,重复性好。SZK2 钻孔选择了岩性有代表性的区域,钻孔设计孔深 340m,在该孔 120.82~225.94m 深度域内进行了 10 段压裂测量。

总体来看,在测试深度范围内,ZK6 钻孔和 SZK2 钻孔的三向主应力间的大小关系表现为:$S_H > S_v > S_h$,或 $S_H > S_h > S_v$。这表明该地区在地壳浅部水平应力占主导地位,现今地应力作用较为强烈。分析钻孔不同深度上的三向应力,钻孔主应力值随深度增加而增加。

3)工程区应力特征分析

按照 Anderson 理论和莫尔-库仑理论分析,NW 向断裂的最大水平主应力方向应为

NNW—NWW 向,SN 向断裂的主应力方向应为近 NNW—NNE 向。结合工程区断层走向,可以初步推断出该区区域应力场方向应为近 NNW—NWW 向。

为更好地确定工程区应力场的方向,对 ZK6 和 SZK2 钻孔获得的应力方向数据进行统计分析,通过印模测量得到各测段最大水平主应力方向。

实测最大主应力方向优势方位为 N17°—31°W,利用地质学和地震学方法获得的区域应力场方向为近 NW—NNW 向,而大娄山隧道 ZK6 和 SZK2 工程区内 2 个钻孔获得的应力场方向为 N17°—31°W 和 N23°—30°W,或为 NW—NNW 向。由此可见,工程区应力场仍然主要受到构造水平应力的作用,与大的区域构造应力场基本一致。

6.1.1.2 工程区原地应力状态预测分析

根据 Sheorey 模型,地壳水平应力随深度的变化可表达为:

$$\sigma_h = \frac{\nu}{1-\nu}\sigma_v + \frac{\beta EG}{1-\nu}(H+1000) \tag{6-1}$$

式中,σ_h 为地壳中的水平应力(MPa);σ_v 为地壳中的垂直应力(MPa);β 为岩石线性热膨胀系数;ν 为泊松比;E 为岩石弹性模量(MPa);G 为地壳中地温梯度(℃/m);H 为深度(m)。

浅层地壳水平应力均值与垂直应力的比值随深度的变化表达为:

$$K = 0.25 + 7E_h\left(0.001 + \frac{1}{Z}\right) \tag{6-2}$$

式中,E_h 表示特定深度上岩石的平均水平弹性模量(MPa);Z 表示距地表深度(m)。对于同一构造区域,如果岩性不同,深度不同,可利用式(6-1)和有限的原地应力实测数据进行原地应力状态的预测。

$$K_2 = K_1\frac{0.25 + 7E_2(0.001 + 1/H_2)}{0.25 + 7E_1(0.001 + 1/H_1)} \tag{6-3}$$

式中,K_1、K_2 分别是第 1 点和第 2 点平均侧压力系数;E_1、E_2 分别是第 1 点和第 2 点岩石的平均水平弹性模量(MPa);H_1、H_2 是距地表的不同埋深(m)。

通过对公式分析可知,当深度较浅($Z<100m$)时,K 值偏大,明显不符合现场实测规律,Sheorey 也指出本公式仅适用于 138.87~33.73m 的地壳深度范围,故需要对公式进行修正。由式(6-2)可知,当 E_h 随之变小,就可以较好地拟合现场实测数据。此处要说明的是,Sheorey 在研究过程中并没明确岩石弹性模量和变形模量的区别,Sheorey 也意识到了弹性模量对水平应力分布的影响,并对这一问题进行了深入的研究,但其研究工作还没能很好地解决该问题。通过文献研究成果可知,到了地壳内的一定深度,水平应力

和垂直应力之间的比值接近一个常数。按照 Sheorey 的基本原理和对原地应力场的认识,我们认为式(6-2)中的 E_h 应使用"原位岩体"的变形模量。E. Hoek 和 M. S. Diederichs 对岩体的变形模量进行了详细的分析研究,并利用大量的统计分析得出原位岩体的变形模量和岩体 GSI 指标之间的关系:

$$E_{rm} = 1000 \left(\frac{1 - D/2}{1 + e^{75 + 25D - GSI/11}} \right) \tag{6-4}$$

式中,E_{rm} 为原位岩体变形模量(MPa);D 为岩体扰动指数,D 值的范围为 0~1,取决于外界因素对原位岩体的扰动程度,如爆破、岩体开挖、岩体卸荷等行为;GSI 为地质强度因子。

大多数情况下,实测的原地应力值极为离散,而常用的线性回归拟合方法不能将这些离散数据进行有效归一化处理。而 Sheorey 模型法在实测应力值归一化处理上有着很好的优越性。

根据工程地质勘察资料,并依据上述分析方法和理论,对该区地应力数据进行预测。数据显示:隧道左幅最大水平主应力的变化范围为 2.87~20.32MPa,最小水平主应力变化范围为 1.71~12.06MPa,最大值出现在 ZK41+460 附近;右幅最大水平主应力的变化范围为 2.85~19.46MPa,最小水平主应力变化范围为 1.7~11.56MPa,最大值出现在 YK40+885 附近。预测数据与实测钻孔 ZK6 与 SZK2 应力变化范围具有较好的一致性。

6.1.1.3 灾害分析

1)岩爆分析

岩爆的发生是一种复杂的非线性动力学现象,岩体的力学性质、原地应力状态、岩体渗透特性、地下洞室的截面形状以及开挖方式都在一定程度上构成了某一地区岩爆的形成因素。众多岩爆判据中均主要考虑两个指标:一个是围岩岩样单轴抗压强度;一个是地下空间围岩岩体内的应力。

地下空间截面内最大切向应力实际上是最大主应力或者工程区地应力张量的一个函数,最大切向力和最大主应力从本质上来看反映的是同一个指标。而最大切应力能够反映地下空间在开挖后的二次应力场分布情况,因此,其与岩石单轴抗压强度的比值更能真实反映岩石破坏时的临界应力状态。地下空间截面的最大切向应力可用下式估算,当然也可以利用弹性岩石力学理论的柯西解进行计算。

$$\sigma_{\theta max} = 3\sigma_1 - \sigma_3 \tag{6-5}$$

式中,σ_1、σ_3 为工程场区原地应力张量中最大、最小主应力(MPa)。根据隧道各段落岩性、围岩等级,岩爆预测结果如下:埋深较浅基本不会发生岩爆灾害,埋深超过300m且小于500m,存在岩爆发生的高应力条件,岩爆发生程度为中等;埋深超过500m,岩爆发生的程度为严重。

2)岩爆的防治建议措施

(1)锚网防护范围扩大到整个开挖断面,岩爆严重段还可采取加密锚杆眼、设置双层钢筋网的措施。

(2)加入钢纤维,提高混凝土抗压、弯、折及耐冲击性能,提高支护能力。

(3)采用水力膨胀锚杆,减缓岩爆发生。

(4)条件允许的情况下,架立钢架、棚架防护,防止岩爆伤人。

6.1.1.4 高地应力研究结论

(1)大娄山隧道工程区的现今构造应力仍占主导地位,其强度较为强烈,三向主应力之间的关系表现为:$S_H > S_v > S_h$ 或 $S_H > S_v > S_h$,测区现今应力场状态以NNW—近NW向挤压为主,最大主应力方向约为N17°—31°W。利用钻孔获得水平最大主应力数据计算得到500m左右测压系数约为1.55,表明水平主应力作用明显。

(2)基于Hoek-Brown强度估算理论和修正后的Sheorey模型,利用实测资料和工程地质勘察资料预测了工程区地应力状态,一般随埋深的增大而增大,应力随围岩质量的降低而降低。在埋深最大的地方,最大、最小水平应力值分别为:左幅20.32MPa、12.06MPa;右幅19.46MPa、11.56MPa。

(3)基于预测估算的地应力量值、围岩岩体强度,利用岩体强度应力比法和岩石应力强度比法对地应力状态和岩爆可能性进行了评价。当埋深超过300m时,岩爆可能发生的程度为中等,当超过500m时,岩爆可能发生的程度为严重。

6.1.2 大娄山隧道高地应力技术创新实践

从地勘及现场揭露掌子面围岩来看,大娄山隧道围岩高地应力表现形式以软岩大变形为主。下文将从支护结构参数、工艺流程、施工方法等角度,介绍大娄山隧道高地应力的技术创新与实践。

6.1.2.1 技术参数及工艺

1)技术参数

(1)第一次初期支护:系统锚杆采用长8m的ϕ32mm自进式锚杆与长4.5m自进式

锚杆梅花形隔排布置,其间距为 50cm×100cm 梅花形布置;φ8mm 钢筋网 20cm×20cm(双层);初期支护采用 U29 型可缩式钢拱架(全环封闭),间距为 50cm,喷射混凝土为 28cm 厚 C25 聚丙烯纤维喷射混凝土,预留变形量 40cm。

(2)第二次初期支护:采用 I20b 型工字钢钢拱架,间距 75cm,喷射混凝土采用 26cm 厚 C25 聚丙烯纤维喷射混凝土,预留变形量 15cm。

(3)超前支护:采用 φ51mm 自进式锚杆,$L=9m$,$α=5°\sim10°$,环向间距 40cm,纵向排距 600cm,自进式锚杆注浆采用水泥浆液,水灰比 1∶1,注浆压力 $0.5\sim1.0MPa$,水泥强度等级 42.5。

2)工艺流程

(1)高地应力隧道施工原则。

高地应力隧道施工坚持"释放应力、短进尺、弱爆破、强支护,勤监测、加强通风、快喷锚"等基本原则,"加强通风、释放应力、强支护"更是防止高应力事故发生的关键。及早探明高地应力地段里程、部位,防止应力集中,降低应力范围。

(2)高地应力施工流程。

高地应力施工流程:测试高地应力→超前地质钻孔→超前支护→隧道开挖→第一次初期支护→第二次初期支护→仰拱→二次衬砌。

6.1.2.2 施工方法

高地应力区域的隧道施工,易发生塌方和岩爆等变形破裂现象,当围岩级别较高、质地坚硬、干燥无水时,极易发生岩爆;当围岩级别较低时,易发生软岩变形并引起塌方。

1)施工原则

针对高地应力软岩大变形的特点,施工遵循"超前支护、初支加强、合理变形、先柔后刚、刚柔并济、及时封闭、底部加强、改善结构、地质预报"的原则。

2)处治措施

大娄山隧道 V 级围岩高地应力大变形处治措施:

(1)优化断面近似圆形、加深仰拱。

(2)增大预留变形量,采用先柔后刚、边支边让、多次支护等措施。具体措施为加强超前支护,衬砌支护采用 φ51mm 自进式锚杆,$L=9.0m$,$α=5°\sim10°$,环向间距 40cm,纵向排距 600cm,初期支护柔性支护采用 U29 型可伸缩式钢架及 28cm 厚 C25 聚丙烯纤维喷射混凝土支护,刚性支护采用 I20b 型工字钢及 26cm 厚 C25 聚丙烯纤维喷射混凝土支护,锚杆采用 8m 长 ϕ32mm 自进式锚杆与 4.5m 长 ϕ25mm 自进式锚杆梅花形隔排布置,二次衬砌为 80cm 厚 C30 钢筋混凝土。

(3)调整开挖方式,采用双侧壁导坑法开挖。隧道二次衬砌采用类似圆形钢筋混凝土结构,初期支护采用长短锚杆相结合、U 形可调节钢架及二次初期支护等措施。

3)开挖施工工艺

双侧壁导坑法施工先施作超前支护,然后沿一侧自上而下分为两台阶进行,每开挖一步均应及时施作锚喷支护、安设钢架,施作中隔壁,中隔壁墙依次分步联结而成;下台阶底部施作初期支护,之后再开挖中隔壁的另一侧,其分步次数及支护形式与先开挖的一侧相同。待整个开挖面支护成环且围岩变形稳定后拆除临时支护,浇筑仰拱及填充,然后施作二次衬砌。为了防止喷层变形后侵入二次衬砌的净空,开挖时即加大预留变形量,设计预留变形量为 40cm;根据隧道存在顺层偏压的特点,进行顺层岩层施工力学行为研究,采取了不均衡预留变形量技术。

(1)初期支护:高地应力地段施工支护遵循"先柔后刚,先放后抗、刚柔并济"原则,初期支护能适应大变形的特点。

(2)超前支护:洞身及导坑采用单排 ϕ51mm 自进式锚杆超前支护,单根长度 9m,环向间距 40cm,纵向排距 600cm,外插角 5°~10°,每环 ϕ51mm 自进式锚杆主洞 69 根,导坑 18 根。

(3)第一层初期支护:采用 U29 型可伸缩式钢架及 28cm 厚 C25 聚丙烯纤维喷射混凝土支护,U29 型可伸缩式钢架间距 50cm,纵向采用两道 ϕ25mm 钢筋连接,环向间距 1m,上下断面分界处搭设 2 根 ϕ51mm 自进式锁脚锚杆,长 4.5m。

(4)第二层刚性支护:采用 I20b 型工字钢及 26cm 厚 C25 聚丙烯纤维喷射混凝土支护,钢架间距 50cm,第一层系统锚杆采用 8m 长 ϕ32mm 自进式锚杆,第二层采用 4.5m 长 ϕ25mm 自进式锚杆,每层采用梅花形隔排布置。

(5)临时导坑:采用 I18 工字钢,间距 50cm,系统锚杆采用 ϕ51mm 自进式锚杆,长 9.0m,间距 40cm×600cm,C25 喷射混凝土厚 24cm。

4)仰拱及二次衬砌

侧壁导坑拆除后及时施作仰拱及二次衬砌,仰拱采用栈桥施工工艺整体式浇筑;二次衬砌为 80cm 厚钢筋混凝土,采用整体模筑施工。

5）大变形后应急处理措施

（1）先停止掌子面施工，并进行掌子面封闭。

（2）对封闭掌子面后方支护结构采取加固措施。

（3）尽快将未封闭的仰拱进行封闭。

（4）加大监控量测频率，根据监控量测结果指导施工。

（5）对封闭掌子面后方进浆加固处理。

（6）对掌子面进行注浆加固处理。

（7）处理完毕后对掌子面前方采用短距离综合超前地质预报技术探测前方地质情况。

（8）根据探明的详细地质情况制订相应的施工技术方案，恢复掌子面开挖。

（9）根据掌子面施工情况结合监控结果采取措施对变形区段进行拆换处理。

6）洞身开挖

洞身开挖方法：采用双侧壁导坑法进行开挖。

测量放样：隧道高应力段开挖前先进行测量放样，按照设计要求做好施工测量、放样工作，放出洞身中线、边墙位置和高程，用以控制主洞边墙位置、底面、起拱线及拱顶高度。

双侧壁导坑法是将大断面隧道分成左右双侧壁导坑和中央核心土三个分部，并在开挖前先行施作超前支护，加固拱顶的软弱围岩。划大断面为小断面，步步封闭成环，以缩小开挖跨度，必要时采用风镐开挖或弱爆破以减轻对围岩的扰动，及时施作锚杆，架立工字钢钢架，挂网喷射混凝土，使断面及早形成封闭结构，从而控制围岩变形，提高围岩自身的承载能力。双侧壁导坑法具有控制围岩沉降好、施工安全等优点，但进度慢、成本高，因此特别适合断面大、沉降要求严格、围岩条件特别差的隧道。在开挖过程中，要按设计要求的监控量测频率，对已完成初期支护的洞身段进行监控量测，以了解周边收敛和拱顶下沉的变化趋势，为确定下部的开挖及支护参数提供依据。

（1）施工步骤。

双侧壁开挖施工顺序（图6-1）：开挖导坑Ⅰ，施作初期支护及临时导坑①；开挖导坑Ⅱ，施作初期支护及临时导坑②；开挖导坑Ⅲ，施作初期支护及临时导坑③；开挖导坑Ⅳ，施作初期支护及临时导坑④；开挖导坑Ⅴ，施作初期支护及临时导坑⑤；开挖导坑Ⅵ，施作初期支护及临时导坑⑥；施作第二层初期支护⑦；浇筑仰拱⑧；仰拱回填⑨；整体模筑二次衬砌⑩。

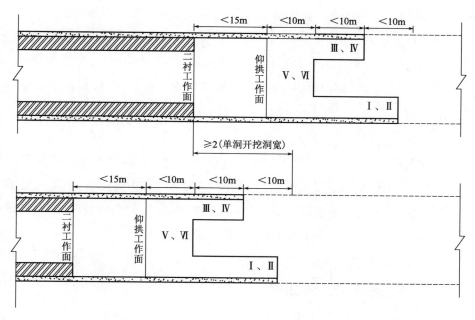

图 6-1　隧道施工工序图

（2）施工方法。

①超前支护。

洞身及导坑采用单排 $\phi51$mm 自进式锚杆超前支护，单根长度 9m，环向间距 40cm，纵向排距 600cm，外插角 5°~10°。每环 $\phi51$mm 自进式锚杆主洞 69 根，导坑 18 根。超前小导管采用多臂凿岩台车钻孔并导入，浆液为水泥单液浆，注浆压力控制在 0.5~1.0MPa 之间。

②先行导坑开挖。

施工中严格遵循"管超前、严注浆、短进尺、少扰动、强支护、快加固、早成环、勤测量"的原则。开挖采用弱爆破为主，软弱破碎岩层采用机械开挖方式，控制最大临界振动速度 $v \leqslant 10$cm/s，开挖进尺控制在 1m 以内。

③先行导坑初期支护。

主洞洞身及导坑侧壁墙初喷后，采用 8m 长 $\phi32$mm 自进式锚杆与 4.5m 长 $\phi25$mm 自进式锚杆梅花形隔排布置，其间距为 50cm×100cm 梅花形布置；$\phi8$mm 钢筋网 20cm×20cm（双层），采用 U29 型可伸缩式钢架及 28cm 厚 C25 聚丙烯纤维喷射混凝土支护，U29 型可伸缩式钢架间距 50cm，纵向采用两道 $\phi25$mm 钢筋连接，环向间距 1m，上下断面分界处搭设 2 根 $\phi51$mm 自进式锁脚锚杆，长 4.5m。第二层刚性支护：采用 I20b 型工字钢及 26cm 厚 C25 聚丙烯纤维喷射混凝土支护,钢架间距 50cm,工字钢钢架之间采用 ϕ20mm 纵向钢筋连接,连接钢筋的环向间距 1m,连接钢筋与钢架焊接牢固。

④后行导洞开挖及支护。

先行导洞与后行导洞距离不大于 10m,开挖进尺控制在 1m 以内,初期支护与先行导坑相同。开挖中间岩土体部位时,可对临时支护锚杆进行拆除,但型钢拱架及喷射混凝土不得拆除。

⑤临时支护拆除及二次衬砌。

临时支撑拆除一定要等围岩变形稳定后才能进行。一次拆除长度应根据量测数据分析慎重确定,并加强拆除过程监控量测。侧壁导坑临时支护拆除时,要防止对初期支护系统形成大的震动和扰动,临时支护拆除后及时施作仰拱及二次衬砌。仰拱采用栈桥施工工艺整体式浇筑,二次衬砌为 80cm 厚钢筋混凝土。

6.2 大断面隧道开挖工法研究

6.2.1 室内模型试验研究简述

大娄山隧道典型的较弱破碎围岩段地质情况如下:

(1) ZK34+508~ZK34+585 段,长 77m,顶板埋深 17~26m。洞身围岩为中风化灰岩夹炭质泥岩,岩质较软,$R_c = 30$MPa,岩体破碎,$K_v = 0.32$,$[BQ] = 220$。

(2) ZK35+740~ZK35+770 段,长 30m,顶板埋深 178~197m。洞身围岩为中风化灰岩、泥质灰岩夹泥岩,岩质较软,$R_c = 20$MPa,$K_v = 0.45$,$[BQ] = 222$。

(3) ZK44+645~ZK44+725 段,长 80m,顶板埋深 15~47m。洞身围岩为强、中风化灰岩、粉砂质泥岩夹灰岩,岩质较软,$R_c = 20$MPa。岩体较破碎,$K_v = 0.42$。隧道开挖可能产生潮湿状、点滴状出水。地下水影响修正系数 $K_1 = 0.4$、$[BQ] = 215$。

室内模型试验按照 1:50 的相似比。隧道现场实际施工从掌子面到开挖仰拱距离取 40m,则隧道模型试验箱内部净空尺寸应为 80cm,为了消除边界效应,左右边界各取 1.5 倍开挖宽度,下边界取 1.5 倍开挖宽度。隧道模型试验台架如图 6-2 所示,其内部尺寸:长 2m,高 1.2m,厚 0.8m。

选择重晶石粉:石英砂:凡士林 = 600:420:80(质量比)配制相似材料模拟大娄山隧道围岩。模型相似比为 1:50,其中重度相似比 γ 为 1;泊松比 μ 为 1;应变 ε 为 1;内摩擦角 φ 为 1;应力 σ 为 50;黏聚力 c 为 50;弹性模量 E 为 50。

a) 试验台架正面　　　　　　b) 试验台架侧面

图 6-2　模型试验台架

围岩材料的力学参数如表 6-1 所示,采用重晶石粉、石英砂、凡士林配制的相似材料满足试验要求。

V 级围岩模拟材料的物理力学参数　　　表 6-1

围岩级别	重度 (kN/m^3)	弹性抗力系数 k (MPa/m)	变形模量 E (GPa)	泊松比 μ	内摩擦角 φ (°)	黏聚力 c (MPa)
原型V级	22.5~17	100~200	<1.3	0.35~0.45	20~27	0.05~0.2
模型V级	22.5~17	2~4	>0.026	0.35~0.45	20~27	0.001~0.004
相似比	1	50	50	1	1	50

6.2.2　施工工艺试验研究

6.2.2.1　三台阶法施工工艺试验

1) 试验工况

针对大娄山隧道施工,本试验拟定五个不同台阶高度的三台阶施工方案进行模型试验,以研究不同台阶高度(表 6-2)下,隧道开挖后围岩应力、支护受力及拱顶沉降的变化规律。台阶法施工台阶高度应满足机械开挖的空间需求,上台阶高度从 $0.4H$ 增加到 $0.6H$,如图 6-3 所示。

不同台阶高度试验方案　　　表 6-2

方案	模型台架高度			原型台架高度(m)		
	上	中	下	上	中	下
方案一	$0.4H$	$0.4H$	$0.2H$	4.74	4.74	2.37
方案二	$0.45H$	$0.35H$	$0.2H$	5.33	4.15	2.37
方案三	$0.50H$	$0.4H$	$0.1H$	5.93	4.74	1.19
方案四	$0.55H$	$0.35H$	$0.1H$	6.52	4.15	1.19
方案五	$0.60H$	$0.3H$	$0.1H$	6.21	3.56	1.19

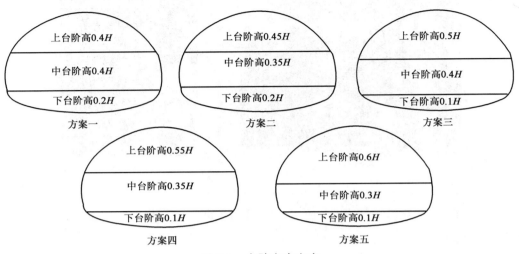

图 6-3 台阶高度方案

隧道台阶法开挖工序见图 6-4,按照台阶超前 10cm(即上台阶超期中台阶 10cm,中台阶超期下台阶 10cm),每步开挖进尺 10cm。模型试验隧道长度为 80cm,按每循环进尺为 10cm,共 8 个循环,需 24 步完成隧道开挖。

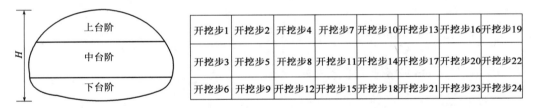

图 6-4 三台阶法模型试验施工示意图

模型试验设置 3 个测量断面:0+20cm、0+40cm 及 0+60cm,对大娄山隧道模型试验的围岩应力、支护受力及拱顶沉降进行测量,围岩应力采用土压力盒进行测量、支护受力采用应变片方式进行测量,拱顶沉降采用百分表进行测量,百分表的精度为 0.01mm(图 6-5)。

模型箱内部净空尺寸为长 2m、高 1.2m、厚 0.8m,拱顶沉降测量断面为 0+20cm 处、0+40cm 处及 0+60cm 处,应变片测量及土压力盒预埋断面为 0+40cm 处。

模型箱填满砂后,隧道模型的埋深为 50cm,可模拟实际埋深为 25m。为了能满足大娄山隧道实际埋深需要,在模型填满砂后,进行加压。加压采用分层砝码加压,每个砝码质量为 20kg,共加两层砝码,每层 44 个,共计 88 个砝码。试验准备工作完成后静置 12h,第二日可进行隧道模型的开挖工作。

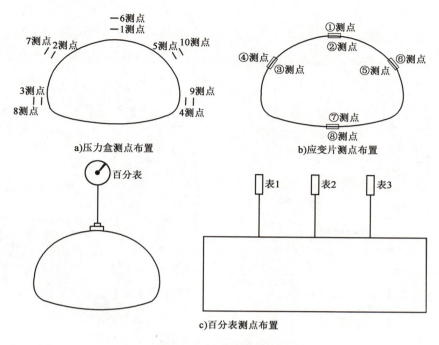

图 6-5 测点布置示意图

试验过程如下：①准备开挖工具；②进行断面划分；③进行每步开挖；④开挖后待围岩变形稳定进行数据采集；⑤重复③、④工作，直至隧道贯通，如图 6-6 所示。

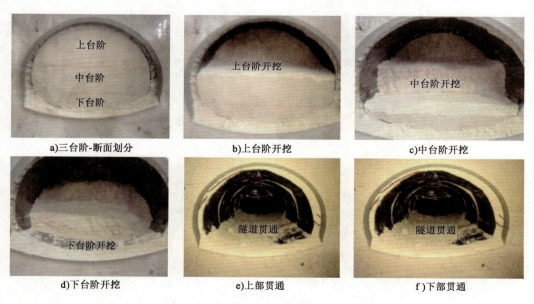

图 6-6 隧道台阶开挖过程示意

2）拱顶沉降分析

0+20cm、0+40cm 及 0+60cm 测量断面的拱顶沉降位移见图 6-7。0+20cm 断面、0+40cm 断面、0+60cm 断面在关键工序拱顶沉降与断面相同。0+20cm 测量断面在关键工序拱顶沉降整理如表 6-3 所示。

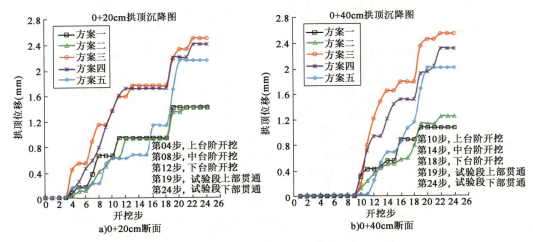

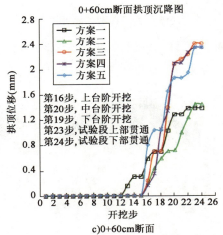

图 6-7 拱顶沉降位移图

0+20cm 断面拱顶沉降值(mm) 表 6-3

方案名称	上台阶开挖	中台阶开挖	下台阶开挖	上部贯通	下部贯通
	第 4 步	第 8 步	第 12 步	第 19 步	第 24 步
方案一	0.075	0.655	0.935	1.405	1.405
方案二	0.032	0.404	0.918	1.333	1.417
方案三	0.440	1.141	1.581	2.166	2.495
方案四	0.132	0.786	1.707	2.191	2.402
方案五	0.157	0.223	0.612	1.691	2.147

以方案一 0+20cm 断面拱顶沉降为例进行说明。上台阶开挖后（第 4 步），拱顶下沉 0.075mm。中台阶开挖后（第 8 步），拱顶下沉 0.655mm。下台阶开挖后（第 12 步），拱顶下沉 0.935mm。试验段上部贯通后（第 19 步），拱顶下沉 1.405mm。试验段下部贯通后（第 24 步），拱顶下沉仍为 1.405mm。将 3 个断面的拱顶沉降进行平均，得到 5 个方案的拱顶沉降值。

由表 6-4 和图 6-8 可得：

（1）0+20cm、0+40cm、0+60cm 断面拱顶沉降随上台阶高度变化一致。

（2）从 0.4H 至 0.50H，拱顶沉降随台阶的高度增加而增大。从 0.50H 至 0.60H，拱顶沉降随台阶的高度增加而减小。当上台阶高度为 0.5H，拱顶沉降最大，达 2.519mm。

（3）上台阶高度 0.4H→0.45H 时，拱顶沉降增加了 6.4%；当上台阶高度增加到 0.5H 时，相较于 0.4H 时，拱顶沉降增加了 87%。

（4）从拱顶沉降看，方案一、方案二隧道拱顶沉降平均比方案一、方案二低，为较优开挖方案。

拱顶沉降值（mm）　　　　　　　　　　　　　　　表 6-4

方案	测点断面里程			平均值
	0+20cm	0+40cm	0+60cm	
方案一	1.405	1.049	1.398	1.284
方案二	1.417	1.223	1.457	1.366
方案三	2.495	2.519	2.255	2.423
方案四	2.402	2.286	2.367	2.352
方案五	2.147	1.985	2.066	2.066

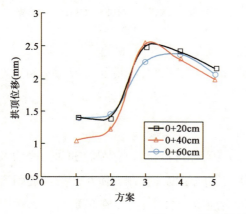 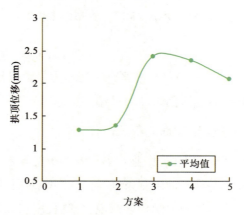

图 6-8　施工关键步拱顶沉降位移

在隧道软弱围岩段采用三台阶法施工时,建议上台阶开挖高度不超过开挖总高度的一半,而中台阶开挖高度越小对隧道稳定越有利,同时中台阶高度应满足工程机械的最小空间要求,下台阶开挖对隧道沉降基本没有影响。

3)围岩压力

方案一~方案五开挖后的围岩压力见表6-5和图6-9。拱顶围岩压力是最小的,拱脚的围岩压力最大。采用方案一开挖时,隧道整体围岩压力都小于方案二和方案三。距离隧道开挖面越近,围岩径向压力越小。

围岩压力(mm) 表6-5

位置	方案一	方案二	方案三	方案四	方案五
左拱脚	27	50	51	37	33
左拱肩	29	51	45	35	33
拱顶	17	35	35	27	26
右拱肩	29	45	46	35	34
右拱脚	20	45	40	34	33

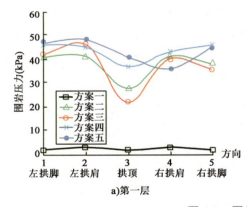
a)第一层

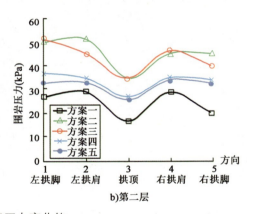
b)第二层

图6-9 围岩压力变化值

从图6-9看出,方案三围岩压力最大,说明采取方案三时,隧道受力最为不利。方案一开挖后隧道围岩应力最小。

4)台阶法施工参数优化

从施工干扰、作业效率和设备布置等方面分析,在选择台阶高度与长度时,受力及变形并不是唯一的限制条件,施工的效率以及便利性问题也是控制台阶尺寸的关键因素。

从变形和力学角度来说,台阶长度与高度适应范围较广,所以在确定台阶参数时可以更多地考虑施工机械以及人工操作的便利性以及施工的效率。

(1)上台阶长度控制在 6m 以内能较好地控制隧道的变形,且机械操作方便,但是不应小于 4m;中台阶长度则主要考虑钻孔作业空间需求。

(2)综合考虑施工作业空间、爆破后机械扒渣效率等因素,上台阶长度宜为 4~6m,中台阶长度宜为 3~5m。

(3)上台阶主要考虑挖掘机扒渣及湿喷机械手作业效率,台阶高度确定为 3.5~5.5m,使用简易台架施工;中下台阶(带仰拱)采用爬梯辅助作业,考虑人工施钻、立拱架操作方便,其台阶高度不宜过高。

综上,隧道 Ⅴ 级围岩段采用三台阶法开挖时,从拱顶沉降、围岩应力、衬砌受力三个方面分析可以得出以下结论:

(1)随着上台阶开挖高度增加,隧道拱顶沉降增加,且在上台阶高度为 $0.5H$ 时,达到拱顶沉降最大值。

(2)中台阶开挖高度对隧道内力也产生影响,中台阶开挖高度不宜超过 $0.4H$。

(3)下台阶开挖对隧道围岩基本不产生影响。

若大娄山隧道 Ⅴ 级围岩段采用三台阶法开挖,建议施工工业参数如下:台阶高度为上台阶 $0.45H$、中台阶 $0.35H$、下台阶 $0.2H$。

6.2.2.2 CD 法施工模型试验

1)试验方案

软弱围岩段采用 CD 法施工能够较好地控制隧道拱顶沉降,有利于围岩稳定。当围岩条件变差时,可以采用此方法进行隧道掘进。

CD 法模型试验数据采集方法与前文中的三台阶法一致,利用应变箱采集围岩压力及支护受力,拱顶沉降采用百分表测量,拱顶沉降监控位置为:0 + 20cm、0 + 40cm、0 + 60cm 处。

选取了三个不同高度的参数进行开挖模型试验(图 6-10),按照每部分开挖高度的不同,拟定了三个方案:

方案一:左(右)上台阶高度 $0.6H$,左(右)下台阶高 $0.4H$;

方案二:左(右)上台阶高度 $0.5H$,左(右)下台阶高 $0.5H$;

方案三:左(右)上台阶高度 $0.4H$,左(右)下台阶高 $0.6H$。

开挖断面分为左上台阶 Ⅰ、左下台阶 Ⅱ、右上台阶 Ⅲ 及右下台阶 Ⅳ。在进行模型试验时,按照实际工程隧道施工步骤,先开挖左上台阶 Ⅰ 部分,每循环开挖进尺为 10cm。其中左上台阶超前右上台阶 20cm。上台阶超前下台阶 10cm。CD 法模型试验开挖步骤及过程如图 6-11 所示。

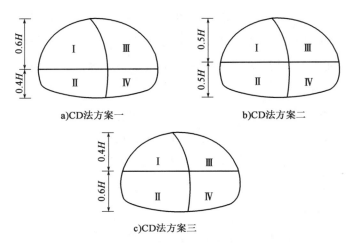

图 6-10 CD 法模型试验断面高度划分

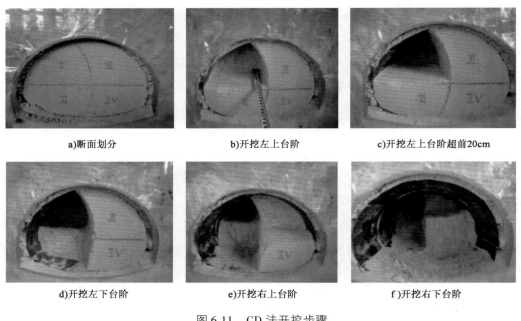

图 6-11 CD 法开挖步骤

2)CD 法方案一试验分析

CD 法方案一开挖,隧道拱顶沉降值分别为 0+20cm 处 2.634mm,0+40cm 处 2.593mm,0+60cm 处 2.669mm。拱顶沉降值在 2.6mm 左右。

隧道拱顶沉降随着开挖步的推进而逐渐增加,如图 6-12 所示。其中,上台阶贯通对隧道拱顶沉降影响较大,如左上台阶贯通 0+20cm 处拱顶沉降从 2.081mm 增加到 2.514mm,0+40cm 处从 2.176mm 增加到 2.286mm,0+60cm 处从 0.906mm 增加到

1.112mm。右上台阶贯通对拱顶沉降亦有影响。但下台阶贯通对隧道拱顶沉降影响不大。

3) CD 法方案二试验分析

CD 法方案二开挖,隧道拱顶沉降值分别为 2.436mm,2.487mm,2.532mm。上台阶贯通对隧道拱顶沉降影响与 CD 法方案一分析基本一致。

CD 法方案二开挖后,隧道拱顶沉降是随着时间而逐渐发展,如图 6-13 所示。CD 法开挖,左上台阶贯通后拱顶沉降有较大发展。

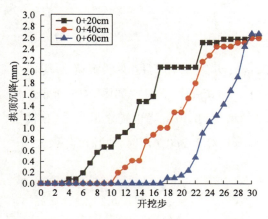

图 6-12　CD 法方案一拱顶沉降变化规律　　图 6-13　CD 法方案二拱顶沉降变化规律

4) CD 法方案三试验分析

CD 法方案三开挖后,隧道拱顶沉降值分别为:0 + 20cm 处 1.721mm;0 + 40cm 处 1.577mm;0 + 60cm 处 1.835mm。隧道拱顶沉降随着开挖步的推进而逐渐增加,如图 6-14 所示。

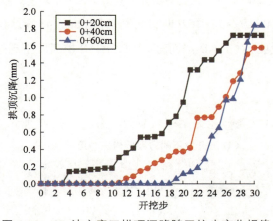

图 6-14　CD 法方案三拱顶沉降随开挖步变化规律

5)CD 法模型试验小结

(1)拱顶沉降。

CD 法不同台阶高度开挖后,测得的拱顶沉降汇总见表 6-6。

CD 法不同方案拱顶沉降汇总(mm)　　表 6-6

方案名称	测点断面里程			沉降平均值
	0+20cm	0+40cm	0+60cm	
方案一	2.634	2.593	2.669	2.632
方案二	2.436	2.487	2.532	2.485
方案三	1.721	1.577	1.835	1.711

方案一开挖后拱顶沉降平均值为 2.632mm,方案二开挖后拱顶沉降平均值为 2.485mm,方案三开挖后拱顶沉降值为 1.711mm。沉降平均值对比如图 6-15 所示。从上不难看出,方案一到方案三,随着上台阶高度的增加,拱顶沉降也随之增大。CD 法上台阶开挖高度为 0.4H 时,拱顶沉降最小,上台阶开挖高度为 0.6H 时,拱顶沉降最大。

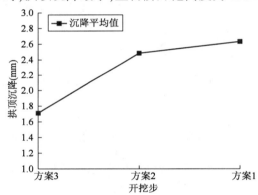

图 6-15　CD 法各方案开挖拱顶沉降值平均值比较

当上台阶高度从 0.4H→到 0.5H 时,拱顶沉降增长了 45%,当增加到 0.6H 时,拱顶沉降增长了 54%。说明,对于 CD 法而言,当上台阶开挖高度不超过隧道高度一半时,隧道围岩受力较为不利。

(2)围岩应力。

通过试验测得 CD 法各开挖方案围岩应力汇总,如表 6-7 所示。

CD 法开挖不同方案围岩应力汇总(kPa)　　表 6-7

方案名称	测点位置					备注
	拱顶	左拱肩	右拱肩	左拱脚	右拱脚	
方案一	3	33	32	40	41	第一层压力盒
	38	35	37	33	32	第二层压力盒

续上表

方案名称	测点位置					备注
	拱顶	左拱肩	右拱肩	左拱脚	右拱脚	
方案二	2	29	28	39	39	第一层压力盒
	21	36	34	33	31	第二层压力盒
方案三	1	27	26	39	37	第一层压力盒
	20	32	30	31	31	第二层压力盒

从表 6-7 可以看出，CD 法方案一开挖围岩应力最大值为 41kPa，最小值为 3kPa；方案二开挖围岩应力最大值为 39kPa，最小值为 2kPa；方案三开挖围岩应力最大值为 39kPa，最小值为 1kPa。CD 拱顶围岩应力最小，拱脚围岩应力最大。随着台阶高度的增加，围岩应力也随之增大。

6.2.2.3 双侧壁导坑法施工模型试验

1）模型试验方案

因隧道开挖对山体有较大影响，双侧壁导坑法一般用于超浅埋段，或岩体破碎、岩石强度低的深埋段。采用双侧壁导坑法可以很好地控制围岩变形，改善支护受力，但其施工效率低下。

双侧壁导坑法模型试验开挖每步开挖进尺仍为 10cm，开挖步骤为：开挖左上台阶Ⅰ部→开挖左下台阶Ⅱ部，此时上台阶超前下台阶 10cm→开挖右上台阶Ⅲ部，此时左上台阶超前右上台阶 20cm→开挖右下台阶Ⅳ部，此时右上台阶超前右下台阶 10cm→开挖中上台阶Ⅴ部，右上台阶超前中上台阶 10cm→开挖中下台阶。按照此步骤，逐步将隧道开挖至贯通即可。双侧壁导坑法，由于断面分割为六个部分，每部分开挖进尺为 10cm，隧道模型长度为 80cm，共需开挖 48 步。拱顶沉降监控位置为：0 + 20cm、0 + 40cm、0 + 60cm 处。双侧壁导坑法模型试验开挖过程如图 6-16 所示。

 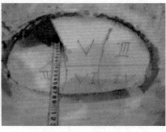 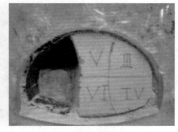

a) 断面划分　　　　　　　b) 开挖左上台阶Ⅰ　　　　　　c) 开挖左下台阶Ⅱ

图 6-16

d) 开挖右上台阶Ⅲ　　　　e) 开挖右下台阶Ⅳ　　　　f) 开挖中上台阶Ⅴ

g) 开挖中下台阶Ⅵ　　　　h) 开挖完成，隧道贯通

图 6-16　双侧壁导坑法模型试验开挖过程

2) 双侧壁导坑法试验分析

0+20cm 断面拱顶沉降为 0.954mm，0+40cm 断面拱顶沉降为 0.685mm，0+60cm 断面拱顶沉降为 0.883mm。对比三台阶法及 CD 法，采用双侧壁导坑法开挖，隧道拱顶沉降较小。三台阶法最大值约为 2.5mm，CD 法拱顶沉降最大值约为 2.4mm。

3) 双侧壁导坑法试验小结

隧道模型试验采用双侧壁导坑开挖时，其施工步骤相较于三台阶法及 CD 法时，所用开挖步为 48 步，开挖耗时多。且从拱顶沉降、围岩应力及隧道衬砌内力来看，虽然采用双侧壁导坑法开挖时其值较小，但施工效率低下。

模型试验采用双侧壁导坑法时拱顶沉降随开挖步变化规律如图 6-17 所示。拱顶沉降测量值分别为 0.954mm、0.685mm、0.883mm，拱顶沉降平均值为 0.84mm。

从拱顶沉降来看，采用双侧壁导坑法时，拱顶沉降值较小。双侧壁导坑法开挖隧道围岩压力情况如表 6-8 所示。

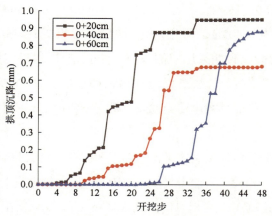

图 6-17 双侧壁导坑法拱顶沉降随开挖步变化规律

双侧壁导坑法围岩压力实测值汇总（kPa） 表 6-8

方案名称	测点位置					备注
	拱顶	左拱肩	右拱肩	左拱脚	右拱脚	
双侧壁导坑法	2	25	24	33	32	第一层压力盒
	17	30	30	26	27	第二层压力盒

围岩压力拱脚处最大，最大值为 32kPa。拱顶围岩压力较小为 2kPa。衬砌轴力最大值为 2250N，弯矩最大值为 2.3N·m。

6.2.2.4 施工方案比较

通过模型试验研究，对大娄山隧道软弱围岩段施工工法和施工工艺分析如下：

(1) 三台阶法：影响隧道围岩稳定的主要施工参数是上台阶高度及中台阶高度，下台阶开挖对隧道稳定基本无影响。拱顶沉降随着上台阶开挖高度增加而增加，当上台阶开挖高度超过 $0.5H$ 时，拱顶沉降突然增大，但上台阶开挖高度继续增加，此时中台阶开挖高度减少，拱顶沉降反而有所减少。隧道围岩应力及衬砌内力也基本符合上述规律。因此，建议三台阶法开挖其开挖参数为：上台阶 $0.45H$，中台阶 $0.35H$，下台阶 $0.2H$。

(2) CD 法：CD 法开挖断面分为左上台阶、左下台阶、右上台阶、右下台阶。随着上台阶开挖高度的增加，拱顶沉降也会增大，围岩应力及衬砌受力也会增大。但上台阶开挖高度超过 $0.5H$ 时，增幅最大。因此，建议 CD 法开挖时，上台阶开挖高度不宜超过隧道开挖高度的一半。

(3) 双侧壁导坑法：双侧壁导坑法开挖时，隧道拱顶沉降、围岩应力及衬砌内力相较于三台阶法、CD 法开挖时更小。为了比较双侧壁导坑法、CD 法、三台阶法开挖优劣，选择各方案开挖后对隧道围岩稳定最有利的开挖参数进行比较。

（4）从拱顶沉降分析，双侧壁导坑法开挖拱顶沉降为0.954mm，而采用优化后的三台阶法开挖拱顶沉降为1.405mm，采用优化后的CD法开挖拱顶沉降为1.835 mm。双侧壁导坑法拱顶沉降最小，说明采用双侧壁导坑法开挖，围岩稳定性高于前面两种开挖方法。从围岩应力分析，三台阶法最大为41kPa，CD法为39kPa，双侧壁导坑法最小为33kPa，但相对变化不大。而从衬砌受力的角度看，三台阶法开挖衬砌受力要大于双侧壁导坑法受力。

（5）通过开挖步进行施工效率的对比，在进行隧道模型试验时，每步开挖后待围岩稳定进行下一步工作。相较于双侧壁导坑法、CD法，三台阶法施工效率高。根据对大娄山隧道软弱围岩段隧道施工工法相似模型试验结果，建议在软弱围岩段可采用效率较高的三台阶法或者CD法。

6.3 玄武岩纤维喷射混凝土研究与应用

大娄山隧道高瓦斯煤系地层段长约830m，局部瓦斯含量高达21.34ml/g，瓦斯压力最大1.5MPa，是典型的高瓦斯隧道。为有效地解决高瓦斯煤系地层隧道施工存在的安全隐患多发、工效低、瓦斯抽排时间长、密封难度大等技术难题，课题组通过制备高气密性抗裂喷射混凝土，对施工中揭露围岩进行及时封闭，利用喷射混凝土的高致密性，对施工过程中的瓦斯溢出进行了有效控制，研究成果也为大娄山隧道实现高效穿煤提供了技术保障，下面对高气密性抗裂喷射混凝土的研制及其在大娄山隧道中的应用进行介绍。

6.3.1 玄武岩纤维高气密性混凝土配合比设计

6.3.1.1 设计原则

大娄山隧道高瓦斯煤系地层段局部瓦斯压力最大1.5MPa＞0.74MPa，瓦斯隧道结构设防等级为Ⅰ级。按照《贵州省高速公路瓦斯隧道设计技术指南》（JTT 52/02—2014）中对瓦斯段隧道衬砌混凝土气密性要求，衬砌结构混凝土需满足如下技术要求：

（1）初期支护喷射混凝土气体渗透系数不大于1×10^{-10}cm/s，二次衬砌混凝土气体渗透系数不大于1×10^{-11}cm/s。

（2）初期支护喷射混凝土最低强度要求为C25。

（3）根据《公路隧道施工技术规范》（JTG/T 3660—2020）关于抗渗混凝土的规定及

国内多座瓦斯隧道相关试验资料,为控制混凝土的渗透性,水灰比适宜控制在 0.55 以内;当使用机制砂时,贵州省机制砂混凝土的配置一般使用中砂,细度模数为 2.6~3.0,根据多座隧道使用经验,细度模数最低限值为 2.8。

6.3.1.2 原材料及配合比

1) 原材料

(1) 水泥:华润普通硅酸盐水泥 P·O 42.5。

(2) 粉煤灰:粉煤灰 F 类 Ⅱ 级。

(3) 集料:砂采用中砂,表观密度 2704kg/m³,堆积密度 1632kg/m³,石粉含量为 6.9%,亚甲蓝 1.1,细度模数 3.0。粗集料为石灰岩碎石,粒径为 5~12mm,表观密度 2710kg/m³,堆积密度 1500kg/m³,含泥量约为 0.3%,压碎指标为 20%。

(4) 水:自来水,pH 约为 7。

(5) 外加剂:DS-J2 缓凝性高性能减水剂,DS-11 型速凝剂。

(6) 玄武岩纤维:贵州石鑫玄武岩有限公司生产的玄武岩纤维,长 15mm,直径 10μm、抗拉强度 1285MPa、弹性模量 2.664GPa、伸长率 2.8%。

2) 配合比设计

根据分析研究结果,选用配合比 5 进行气密性测试及优化(表 6-9),使其满足大娄山隧道瓦斯段所要求的高气密性玄武岩喷射混凝土各方面技术要求。

不同胶凝材料及水灰比下混凝土性能　　　　表 6-9

序号	设计等级	水灰比	每方混凝土材料用量(kg)			28d 强度(MPa)	抗弯拉强度(MPa)	抗渗等级	性能描述
			水泥	粉煤灰	玄武岩纤维				
1	C30	0.38	450	—	1.50	37.3	5.9(3.4)	P10(P6)	
2	C30	0.36	475	—	1.50	39.5	6.1(3.4)	P12(P6)	
3	C35	0.35	489	—	1.50	43.3	6.3(4.0)	P12(P6)	和易性好
4	C40	0.35	500	—	1.50	49.1	7.8(4.4)	P12(P6)	
5	C30	0.38	360	90	1.50	38.4	6.2(3.4)	P12(P6)	
6	C30	0.38	380	95	1.50	38.7	6.0(3.4)	P12(P6)	
7	C30	0.38	391	98	1.50	41.7	5.8(3.4)	P12(P6)	

注:括号中为规范要求最低值。

6.3.2 玄武岩纤维高气密性混凝土气密性

6.3.2.1 气压对混凝土气密性测试结果的影响

通过对混凝土施加不同的进气压力,以测试不同压力下混凝土的透气系数,以确定能够真实反映混凝土气渗系数的最佳进气压力。另外,由于不同强度等级混凝土其内部孔隙结构不同,高强混凝土其内部的孔隙结构更为细化,而孔隙结构的粗细,将可能直接导致气体分子气与孔隙间发生 Klinkenberg 效应,进而影响气体在孔隙结构中的流动。因此,为了找到实际测试中气体流量和施加的气体压力与混凝土气体渗透性的关系,通过现场对上节中配合比 5 混凝土进行现场试喷后钻芯取样(图 6-18),测试不同进气压力下混凝土气渗系数的变化规律(表 6-10),选择水灰比为 0.38、胶材总量为 450kg/m³ 的四种配合比进行试喷。

图 6-18 现场试喷、取样、芯样加工及力学试验

不同进气压力下的混凝土气渗系数试验配合比 表 6-10

强度等级	水灰比	水泥 (kg/m³)	粉煤灰 (kg/m³)	玄武岩掺量 (kg/m³)	28d 抗压强度 (MPa)
C30	0.38	360	90	1.50	38.4

根据现场采集的数据(表 6-11)显示:水灰比为 0.38,(水泥 + 粉煤灰) + 纤维 = (360 + 90)kg/m³ + 1.5kg/m³ 的配合比施工性能好,喷射速度快,回弹量小。

现场试喷试验数据分析　　　　　　　　　　　表 6-11

四种配合比	普通喷射混凝土	粉煤灰取代 20%	普通喷射混凝土 + 纤维 1.5kg/m³	普通喷射混凝土 + 粉煤灰 + 纤维 1.5kg/m³
水泥 + 粉煤灰 + 纤维(kg/m³)	450 + 0 + 0	360 + 90 + 0	450 + 0 + 1.5	360 + 90 + 1.5
回弹量(%)	2.5	2.25	0.22	0.21
喷射速度(m³/h)	12	15.5	19	19.5

采用普通喷射混凝土 + 粉煤灰 + 纤维 1.5kg/m³ 配合比施工,与普通喷射混凝土配合比相比较,节约 1/3 的时间。

对于强度设计等级为 C30 的混凝土,施加于试件的气体压力应该控制在 0.3 ~ 0.6MPa 之间(图 6-19),这时测试结果较真实,此时,混凝土的气渗系数为 0.32 ~ 0.34 × 10^{-10}cm/s。

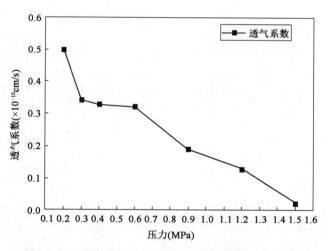

图 6-19　进气压力与 C30 混凝土气渗系数的关系

6.3.2.2　围压对混凝土气密性的影响

对上节中的配合比 5 进行不同围压下透气系数的测试,围压选择为 3MPa、6MPa 和 9MPa,进气压力为 0.6MPa,图 6-20 给出了相较于无围压且进气压力为 0.6MPa 时混凝土透气系数比值。

将无围压时的气渗系数作为混凝土气密性评价值偏于保守,安全系数高。

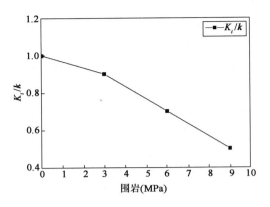

图 6-20　不同围压下混凝土气体渗透系数

6.3.2.3　气密性微观性能评估

为进一步验证配合比的气密性,试验设计了 2 种配合比(表 6-12)进行压汞测试,试样取自现场试喷后钻芯得到的芯样(图 6-21),每种配合比测试三组后综合评价。

气孔测试配合比　　　　　　　　　　　　　　　　　表 6-12

序号	设计等级	水灰比	每方混凝土材料用量(kg)			28d 强度 (MPa)	抗弯拉强度 (MPa)	抗渗等级	性能描述
			水泥	粉煤灰	玄武岩纤维				
1	C30	0.38	450	—	1.50	37.3	5.9(3.4)	P10(P6)	和易性好
2	C30	0.38	360	90	1.50	38.4	6.2(3.4)	P12(P6)	和易性好

图 6-21　压汞测试芯样

图 6-22 分别为 6 组测试结果,从中可以得到最可几孔径,表 6-13 给出玄武岩高气密性喷射混凝土孔结构参数。

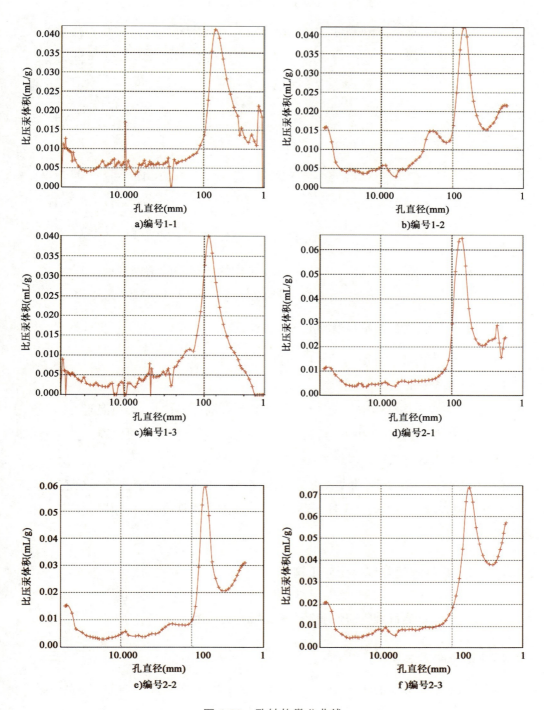

图 6-22 孔结构微分曲线

玄武岩高气密性喷射混凝土孔结构参数 表6-13

编号	孔隙率（%）	孔径分布(%)				最可几孔径（nm）	气渗系数（$\times 10^{-10}$ cm/s）
		<20nm	20~50nm	50~200nm	>200nm		
1-1	15.22	41.67	11.98	8.77	37.54	50.37	0.3245
1-2	13.44	51.22	11.60	11.51	25.69	50.36	0.3244
1-3	18.82	47.36	11.45	10.68	30.51	77.12	0.5550
2-1	12.42	55.80	12.18	9.50	22.51	50.34	0.3242
2-2	12.44	55.22	10.77	9.43	24.58	40.28	0.2448
2-3	9.62	55.97	9.90	9.58	24.55	32.39	0.1860

结果显示,两种配合比气渗系数与6.3.1节中测试得到的结果接近,均符合规范要求,小于1×10^{-10} cm/s,但配合比2的气密性要优于配合比1,推荐采用。

6.3.2.4 玄武岩纤维喷射混凝土研制结论

(1)对于大娄山隧道采用的C30喷射混凝土,测试其气密性时,最佳的进气压力可以采用0.3~0.6MPa。

(2)由于混凝土在结构中承受三维应力状态,有围压存在时,会使混凝土内部气孔进一步封闭,提高其密实性,因此,目前采用的无围压下混凝土气密性测试方法偏于保守,得到的混凝土透气系数可以作为气密性控制值。

(3)孔隙结构分析表明,前期试验室内最终确定的配合比气密性符合规范要求,粉煤灰的加入可以增加混凝土气密性,同时提高混凝土工作性,现场使用时建议采用掺加粉煤灰的配合比。

6.3.3 玄武岩纤维喷射混凝土施工技术

6.3.3.1 玄武岩纤维气密性喷射混凝土配合比试配

1)喷射混凝土配合比设计规定

(1)胶凝材料总量不宜小于450kg/m³;本项目C25的玄武岩纤维气密性喷射混凝土胶凝材料总量的T7标450kg/m³和470kg/m³,T8标470kg/m³;

(2)水泥用量不宜小于300kg/m³;

(3)矿物外掺量总量不宜大于胶凝材料总量的40%;

(4)水灰比不得大于0.45;混合料的坍落度宜大于220mm;

(5)砂率宜为50%~65%;

(6)若需掺加硅粉的混合料,硅粉的掺量宜为硅酸盐水泥重量的2%~5%。

2)喷射混凝土配合比参数控制

施工过程中采用的C30和C25喷射混凝土的配合比参数要求如表6-14所示,表中未明确的其他指标需满足《喷射混凝土应用技术规程》(JGJ/T 372—2016)中的相关要求。

C30 玄武岩纤维气密性喷射混凝土配合比参数 表6-14

强度等级	水灰比	总胶凝材料 (kg/m³)	粉煤灰 (%)	玄武岩纤维 (kg/m³)	28d强度(MPa)	
					抗压	抗弯拉
C30	0.35~0.40	≥450	≥15	1.0~2.5	≥38.2	≥3.8
C25	0.38~0.44	≥420	≥15	1.0~2.5	≥33.2	≥3.5

注:实际配合应该根据项目现场实际材料做验证。

用于制备C30和C25喷射混凝土的集料比例应根据项目类型和集料类型,且通过试验确定。采用砂率可以根据砂的粒度确定。

喷射混凝土的坍落度需大于220mm,扩散度大于650mm,拌合物和易性能良好,不离析不密水,且初凝时间小于3min,终凝不应大于10min。

3)喷射混凝土性能指标控制

喷射混凝土的体积密度可取2300~2400kg/m³,弹性模量C25和C30分别为$2.6 \times 10^4 N/mm^2$、$2.8 \times 10^4 N/mm^2$。

在施工过程中,喷射混凝土的拌合物性能除了必须满足JGJ/T 372—2016中的相关要求外,还需满足表6-15中的技术指标。

玄武岩纤维气密性喷射混凝土技术指标 表6-15

设计 强度等级	规范规定1d 抗压强度 (MPa)	试配28d 抗压强度 (MPa)	规范规定 抗渗等级	规范规定 抗弯拉强度 (MPa)	设计气密 系数	规范规定 弹性模量 (MPa)
C25	>8	33.2	>P6 (取P8)	无(取3.4)	10^{-10}cm/s	2.6×10^4
C30	>8	38.2		3.4	10^{-11}cm/s	2.86×10^4

6.3.3.2 施工控制

1)喷射混凝土拌和与运输

(1)原材料计量:宜采用电子计量设备,原材料计量应符合国家标准《混凝土质量控制标准》(GB 50164—2011)的规定。每盘混凝土原材料计量允许偏差应符合表6-16的规定。

每盘混凝土原材料计量允许偏差(%) 表6-16

原材料种类	胶凝材料	集料	水	外加剂	纤维
每盘计量允许偏差	±2	±3	±1	±1	±1

(2)拌和:必须先把纤维与集料、水泥一起拌和均匀(称之为干拌),才加入水和减水剂进行拌和,当纤维与集料、胶凝材料拌和均匀后,后续再加水和减水剂进行拌和(称为后续拌和)。

拌和时间:根据纤维的长短不一,所需的干拌时间也不一致,纤维越长,所需的干拌时间则越长。在集料干燥的情况下,室内试验干拌需要120~240s,现场干拌时只需90~180s;如果集料含水,干拌时间要增加到300s左右,也可以与粗集料拌和均匀后,再加其他材料进行拌和。后续拌和时间以减水剂完全反应时间为准,一般为90~150s。

(3)运输:采用混凝土罐车运输,且不少于2辆。

2)喷射混凝土作业

(1)喷射混凝土工艺。

喷射混凝土采用湿喷工艺,保证强度、厚度和均匀性,严禁干喷。

(2)温度要求。

喷射混凝土的喷射作业区温度宜为5~35℃,喷射混凝土拌合物温度宜为10~30℃。冬期施工时,应有保温措施,且不得在结冰的待喷面上进行直接喷射。

(3)喷射距离和喷射角度。

影响喷射最佳距离的因素包括拌和料的集料粒径、颗粒级配、气压和输送的速度、喷射面的处理和喷射面的性质、使用的施工机械和操作方法。喷嘴指向与受喷面应保持90°夹角,喷头与受喷面的距离为1.0~2.0m,这样可以达到最佳工作效果,使得喷射混凝土的回弹量最低,密实度最好。喷头与受喷面的角度,一般应垂直于受喷面,但在喷边墙时,宜将喷头略向下俯10°左右,使混凝土束喷射在较厚的混凝土顶端,可避免料束中的粗集料直接与受喷面撞击,减少回弹量。试喷作业如图6-23所示。

图 6-23　试喷作业

(4) 喷射厚度。

混凝土喷射厚度大于 200mm 时,应采用分层喷射;喷射混凝土一次喷射厚度宜符合表 6-17 中的规定。

喷射混凝土一次喷射厚度(mm)　　表 6-17

拌制方法	部位	掺速凝剂
湿拌	水平喷射	100~200
	竖直喷射	100~150

(5) 其他规定。

①喷射混凝土施工顺序应与开挖顺序相适应;

②采用钻爆法施工,喷射混凝土紧跟开挖工作面施工时,混凝土终凝到下一循环爆破的间隔时间不应小于 3h;

③喷射混凝土设计厚度变化处,厚度较大部位应向厚度较小部位延伸 2~3m。

3) 喷射混凝土养护

(1) 喷射混凝土应及时保湿养护,混凝土终凝后养护时间不得少于 7d,重要工程不得少于 14d。

(2) 当喷射混凝土处于相对湿度在 95% 以上的环境中时,可不进行养护。

(3) 对于冬期施工的喷射混凝土,养护应符合下列规定:

①当日均温度低于 5℃时,不得采用喷水养护;

②喷射混凝土受冻前强度不得低于 6MPa,且用普通硅酸盐水泥制备的喷射混凝土强度不得低于设计强度的 40%;

③当混凝土强度达到设计强度等级标准值 50% 时,方可拆除养护措施。

6.4 隧道开挖施工工法

隧道施工必须遵守国家和行业的质量验收标准、国家和行业的安全生产、劳动保护、土地管理以及关于生态保护、环境保护、水资源保护等的法律法规，建立完善的质量保证体系，制定切实可行的质量管理、安全生产制度，采取质量保证、安全保证（防火、照明、通信等）、防护（烟尘、有害气体、噪声、高温、低温、低氧、辐射等）、环境（防止噪声、粉尘、废水等污染）等措施。

隧道开挖施工中应严格遵循"管超前、严注浆、短进尺、弱爆破、勤量测、早封闭"的基本原则。

本项目为山岭公路隧道，开挖方式采用钻爆法，以新奥法理念指导施工，采用控制爆破掘进的手段，进行喷射混凝土和锚杆等主要支护措施，然后通过监测围岩的变形，动态修正设计参数和变动施工方法，其核心内容是充分发挥围岩的自承能力。

新奥法的基本原则可简要概括为："少扰动、早喷锚、勤测量、紧封闭"。在隧道施工过程中，建立"设计—施工检验—地质预测—修正设计"的一体化的施工管理系统，以不断提高和完善隧道施工技术。新奥法施工，按其开挖面的大小位置可分为全断面法、台阶法、分部开挖法等三大类及若干变化方案，下面仅介绍大娄山特长隧道群涉及的台阶法及分部开挖法。

6.4.1 台阶法

台阶法是适应性最广的施工方法，其变化方案多、围岩适应性大，被称为全地质型施工方法。台阶法包括长台阶法、短台阶法和超短台阶法，其划分一般是根据台阶的长度来定义的，如图 6-24 和图 6-25 所示。

施工中选择何种台阶法需要根据以下两个条件来确定：①根据初期支护形成闭合断面的时间要求；②根据上断面施工所用的开挖、支护、出渣等机械设备对施工场地大小的要求。

6.4.2 分部开挖法

分部开挖法是将隧道断面分部开挖成型，且一般将某都超前开挖。分部开挖法可分为几种变化方案：双侧壁导法（详见第 6.4.4.2 节）、中隔壁法（详见第 6.4.4.3 节）、环形开挖预留核心土法、三台阶七步开挖法、交叉中隔壁法等，下面仅就三台阶七步开挖法、交叉中隔壁法做简要介绍。

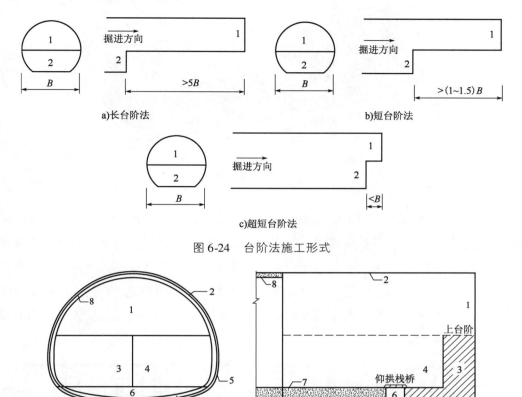

图 6-24 台阶法施工形式

图 6-25 两台阶法施工工序示意图

1-上台阶开挖;2-上台阶初期支护;3、4-下台阶错开开挖;5-下台阶初期支护;6-底部开挖(捡底);7-仰拱及填充(底板);8-二次衬砌

1)三台阶七步开挖法

三台阶七步开挖法是以弧形导坑预留核心土法为基本模式,分为上、中、下三台阶七个开挖面,各部位的开挖与支护沿隧道纵向错开、平行推进的施工方法。三台阶七步开挖法工序见图 6-26。

优缺点及适用条件:施工空间大,方便机械化施工,可以多作业平行作业,部分软岩或土质地段可以采用挖掘机直接开挖,工效较高。地质标间变化时,便于灵活、及时地转换施工工序,调整施工方法。适应不同跨度和多种断面形式,初期支护工序操作便捷。在台阶法开挖的基础上,预留核心土、左右错开开挖,便于开挖工作初期支护工序操作便捷。在台阶法开挖基础上,预留核心土、左右错开开挖,利于开挖工作面稳定。当围岩变形较大或突变时,在保证安全和满足净空要求的前提下,可尽快调整闭合时间。

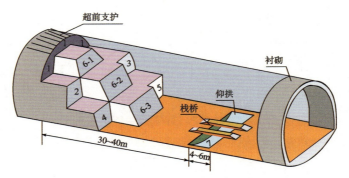

图 6-26 三台阶七步开挖法示意图

2) 交叉中隔壁法（CRD 法）

CRD 法是在软弱围岩大跨隧道中，先分部开挖隧道一侧，施作部分中隔壁和横隔板，并封闭成环；再分部开挖隧道另一侧，完成横隔板施工，最终隧道整个断面封闭成环的施工方法。CRD 法的特点是各部增设临时仰拱和两侧交叉开挖，每步封闭成环，且封闭时间短，以抑制围岩变形，达到围岩沉降可控、初期支护安全稳定的目的。该法除喷锚支护及增设足够强度和刚度的型钢或钢格栅支撑外，还应采用多种辅助措施进行超前加固，CRD 法工序如图 6-27 所示。

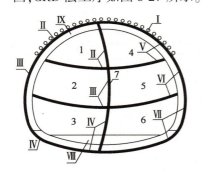
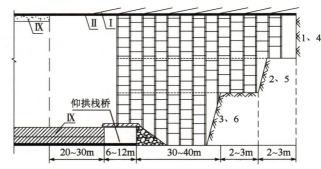

图 6-27 CRD 法工序图

1-左侧上部开挖；2-左侧中部开挖；3-左侧下部开挖；4-右侧上部开挖；5-右侧中部开挖；6-右侧下部开挖；7-拆除中隔墙及临时仰拱；Ⅰ-超前支护；Ⅱ-左侧上部初期支护成环；Ⅲ-左侧中部初期支护成环；Ⅳ-左侧下部初期支护成环；Ⅴ-右侧上部初期支护成环；Ⅵ-右侧中部初期支护成环；Ⅶ-右侧下部初期支护成环；Ⅷ-仰拱及填充混凝土；Ⅸ-拱墙二次衬砌

施工要点：①根据地质条件，隧道断面的分部，应以初期支护受力均匀，便于发挥人力、机械效率为原则，一般水平方向分为两部、上下分二至三层开挖；②先行施工部位的临时支撑（中隔壁、临时仰拱），均应有向外（下）鼓的弧度；③各部分开挖及支护应自上而下，开挖后及时施作初期支护、中隔壁、设置临时仰拱，步步成环；④缩短各部开挖面的间距，使初期支护尽早封闭成环。

6.4.3 斜井与主洞交叉口小导洞扩挖施工创新技术与实践

大娄山隧道为三车道大跨隧道,建筑界限 14.75m×5m,平均断面面积 165m²,新增 4 号斜井与主洞交叉口段围岩整体较破碎,采用小导洞进主洞扩挖施工,据此总结小导洞扩挖施工工法,该工法对大跨隧道斜井交叉口施工关键技术进行了总结和创新,使斜井与主洞交叉口施工更加安全。

6.4.3.1 施工工艺流程

4 号斜井与正洞交叉口段设计为Ⅲ级围岩,但开挖揭露围岩较破碎,局部夹泥,通过对同类大断面隧道的施工方案的分析优化,采用小导洞法进入主洞,进行扩挖形成正洞上台阶断面,然后反向拆除小导洞门架,并施作正洞初期支护,形成隧道正式断面的施工方案。

新增 4 号斜井与主洞交叉口施工工艺流程如图 6-28 所示。

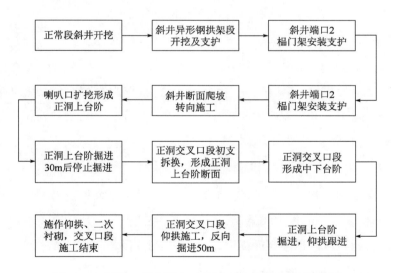

图 6-28 新增 4 号斜井与主洞交叉口施工工艺流程图

6.4.3.2 操作要点

1)新增 4 号斜井底端钢架转向施工

斜井底端钢架转向需调整型钢钢架间距,斜井洞右侧钢架间距按 1.2m/榀设置,斜井洞左侧钢架间距按 1.8m/榀设置,经过 10 榀钢架的调节,逐步将斜井钢架由垂直斜井中心线方向转向平行于正洞中心线方向,如图 6-29 所示。

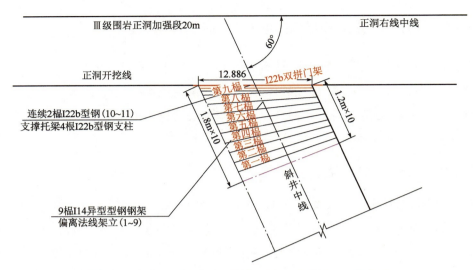

图 6-29 新增 4 号斜井与正洞交叉口段型钢转向示意图

其中 1~9 榀钢架为变断面异形钢架，钢架宽度、高度逐步变化。第 10 榀、11 榀钢架并列焊接，在其外制作 I22b 型钢制作门架并与钢架焊接牢固。

2）门架施工

门架作为正洞钢架的受力支撑平台。门架由双拼 I22b 型钢钢架组合焊接加工而成。当斜井施工至底端第 10 榀前，先扩挖安装双拼 I22 型钢拱架，拱架安装完成后施作斜井底端第 10 榀拱架，并与双拼拱架焊接牢固，在拱架中部各设置一对锁脚锚杆焊接固定，斜井拱架与双拼型钢拱架顶部采用 I22 型钢焊接。

3）新增 4 号斜井正洞内转向施工

新增斜井断面转向初支采用 I14 型钢钢架，以斜井全断面掘进转向。转向段外侧长度 19m，转向内侧长度 7m，按 10 榀钢架完成转向，外侧钢架间距 10×1.9m，内侧钢架间距 10×0.7m，转向阶段拱顶高程逐步抬高，与正洞洞顶高程一致。

4）新增 4 号斜井正洞内喇叭口扩挖施工

喇叭口扩挖采用 6 榀 I14 型钢初支钢架完成，喇叭口扩挖长度 5m，共 6 榀型钢钢架，间距 1.0m，第 6 榀钢架扩挖至正洞上台阶正常断面，扩挖段采用弱爆破、短进尺，及时支护，确保施工安全。正洞内转向施工如图 6-30 所示。

5）正洞上台阶开挖

形成正洞上台阶后，在有条件的情况下，继续施工约 30m 后停止施工，喷射混凝土封闭掌子面。

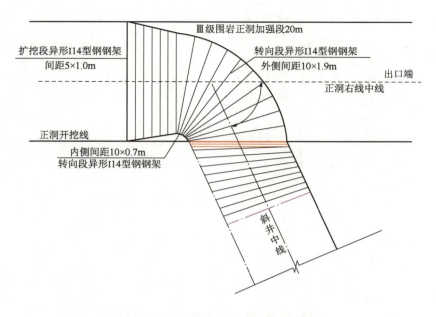

a) 新增4号斜井正洞内转向及转向钢架示意图

b) 新增4号斜井断面正洞内转向施工

图 6-30　正洞内转向施工图

6) 正洞交叉口段初支拆换施工

正洞交叉口段初支拆换施工是新增 4 号斜井与主洞交叉口施工的重点。拆换段有喇叭口段、斜井断面正洞内转向段，总体长约 30m，拆换段范围如图 6-31 所示。

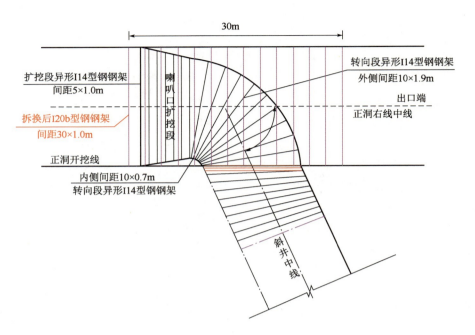

图 6-31　新增 4 号斜井与正洞交叉口段初支拆换范围示意图

（1）超前小导管施工。

小导洞拱架反向拆除前,沿主洞开挖轮廓线外按纵向 240cm×环向 40cm 间距施作长 4m 的 $\phi42mm\times4mm$ 超前小导管,严格注浆工艺,超前小导管尾端与钢架焊接牢固。

（2）正洞初支拆换施工。

拆换型钢钢架应采用"弱爆破、短进尺、快封闭、勤量测"的原则。每次拆换 1 榀钢架,采用弱爆破结合破碎锤、人工风镐拆换。严禁放大炮多榀钢架同时拆换,确保交叉口段施工安全。

正洞反向拆换至转向异形段时,先进行正洞 I14 拱架测量放样,于小导洞拱架与正洞拱架相交处右侧,在小导洞 I14 拱架上打设长度 3m 的 $\phi20mm$ 药卷锁脚锚杆后,再对锁脚锚杆下方的 I14 拱架进行切除,如图 6-32 所示,及时进行主洞 I14 拱架安装等初支作业,凿除拆换过程对拆换前的钢架和正洞拆换后的钢架一同监测,预警交叉口段拱顶大面积坍塌,确保凿除拆换过程中施工质量、安全。

（3）正洞型钢与斜井门框连接。

双拼门架范围内,正洞 I14 型钢与门架的连接采用钢板加螺栓连接,末端设置型钢小牛腿抵挡,加强钢架与门架的连接。在门架上方增设 2 对长度 3m 的 $\phi20mm$ 药卷锁脚锚杆,并在异形钢架与主洞 I14 型钢链接处两侧设置 2 对长度 3m 的 $\phi20mm$ 药卷锁脚锚杆,确保拱架受力完整。

图 6-32　主洞 I14 型钢拱架与斜井门架施工

7) 正洞交叉口段形成中下台阶

待交叉口段初支完成，监控量测数据稳定后，主洞按照上下台阶法跟进施工。

(1) 隧道采用台阶法开挖，施工中先开挖上断面Ⅰ，然后施作初期支护①，然后跳槽开挖下半断面Ⅱ，施作相应的初期支护②，待初期支护趋于稳定后，整体模筑二次衬砌③。

(2) 下台阶Ⅱ部采用左右交错跳槽开挖，每次开挖不大于 2 榀拱架间距。

(3) 施工过程中应加强监控量测，根据量测信息指导隧道施工。

(4) 为确保仰拱施工质量，仰拱采用自行式仰拱栈桥施工工艺整体式浇筑。

6.4.4　洞口地质施工方法

根据隧道洞口的地形、地质条件，结合洞口地段排水要求，按照"早进洞、晚出洞"的原则，采用小开挖、大管棚的进洞方案，减少洞口边仰坡的开挖，保证岩体的稳定性，尽量保持原地形的绿色植被坡面。洞口的地质通常较差，以风化严重的破碎岩体或松散的土体为主，所以往往需要在洞口施作预支护、预加固等超前支护措施，再采取单侧壁导坑法、双侧壁导坑法、预留核心土法等分部开挖的施工方法，以保证隧道进洞施工安全。

6.4.4.1　洞口边仰坡施工

边、仰坡施工主要包括边、仰坡土石方，边、仰坡防护，洞口及边坡排水。

1)洞口土石方

施工便道修通后,先清理洞口上方及侧方可能滑塌的表土、灌木及山坡危石。平整洞顶地表、排除积水、整理隧道周围流水沟渠之后,施作洞口边、仰坡顶处的截水沟。

洞口边仰坡开挖自上而下采用人工配合挖掘机进行开挖、不得掏底开挖或上下重叠开挖。开挖边、仰坡时,随挖随支护,加强防护,随时检测、检查山坡稳定情况。

2)洞口排水、防水工程

在隧道出口刷坡线外 5~10m 设置截水天沟一道,以拦截雨水,截水沟的上游进水口与原地面衔接紧密或略低于原地面,下游出水口应妥善地引入排水系统。采用浆砌片石砌筑。

3)坡面防护

先喷 C20 混凝土 4~6cm 封闭围岩面,然后搭设作业平台。利用风动凿岩机钻[锚杆孔,安装 $\phi 42mm \times 4mm$ 注浆钢花管($L=6.0m$,间距 120cm×120cm),梅花形布置],挂 $\phi 8mm$ 钢筋网(间距 20cm×20cm),钢筋网与喷射混凝土密贴,且与钢花管焊接,再复喷混凝土至设计厚度(10cm)。

6.4.4.2 大娄山隧道进洞双侧壁导坑法施工关键技术

洞口施工中最关键就是进洞的开挖,这关系到隧道开挖稳定及边仰坡的整体稳定。洞口为Ⅴ级围岩,进洞要按"先排水,再进洞,统筹安排,减少干扰"的原则进行。为减少刷坡、少扰动仰坡,经各方论证决定,采用双侧壁导坑法进洞,该方法也用于大娄山隧道其他Ⅴ级围岩段开挖施工。

1)施工顺序

双侧壁导坑法,也是以新奥法基本原理为依据。在开挖导坑时,尽量减少对围岩的扰动,导坑断面近似椭圆,周边轮廓圆顺,避免应力集中。

双侧壁导坑法施工顺序(图 6-33):开挖导坑Ⅰ→施作初期支护及临时支护①→开挖导坑Ⅱ→施作初期支护及临时支护②→开挖导坑Ⅲ→施作初期支护及临时支护③→开挖导坑Ⅳ→施作初期支护及临时支护④→开挖导坑Ⅴ→施作初期支护及临时支护⑤→开挖导坑Ⅵ→施作初期支护及临时支护⑥→浇筑仰拱⑦→仰拱回填⑧→整体模筑二次衬砌⑨。

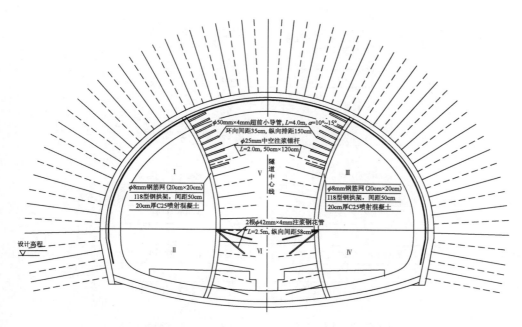

图 6-33 双侧壁导坑法分序开挖及支护示意图

2) 施工关键技术与方法

先进行套拱施工，套拱厚 70cm，长 2.0m。在距暗洞口 2m 段立设 4 榀型钢拱架，间距为 50cm，套拱拱架间采用 C20 纵向钢筋进行连接。在套拱拱架精确安设后，将进行套管的安设。定向管采用 $\phi 127mm \times 4mm$ 钢管制作，在安设定向管前，应在拱架上对定向管的位置精确定位，并要考虑管棚上仰的角度，然后将定向管与拱架进行加固处理。定向管安设完毕后，对套拱进行支模。模板支立完毕后，进行混凝土浇筑。混凝土采用 C25 模筑混凝土，厚度为 70cm。

其次进行管棚施工，采用 $\phi 108mm$ 热轧钢管，壁厚 6mm，环向间距 40cm，外插角 1°~3°，拱部 120°范围布置。管棚施工工艺为：准备工作（机具、料具就位）→管棚布点定位→加工管件、接头→试钻→打设钢管→检查质量、清点数量→注浆固结。

再进行开挖工序（图 6-34），开挖作业采用环形开挖留核心土，开挖循环进尺控制在 0.6m（1 榀钢拱架），各部开挖后立即按施工图要求施作初期支护，初期支护的顺序为：喷混凝土→施工锚杆→安设钢筋网→拱架架设→复喷混凝土至设计厚度。拱部安设间距为 0.5m 的 I20b 钢拱架支护，拱架安装好后，用 C20 纵向钢筋连接成一体，然后锚喷初期支护，喷混凝土至 28cm，然后开挖进洞。

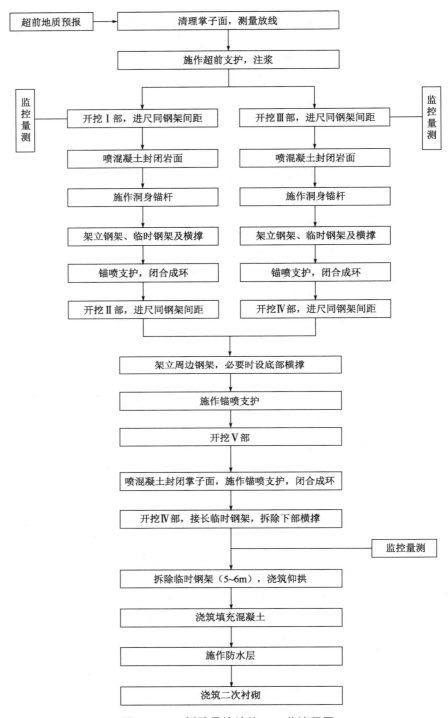

图 6-34 双侧壁导坑法施工工艺流程图

按Ⅴ级围岩施工方案测量,施工过程中加强监控量测工作,及时、准确地提供围岩支护的变形、受力情况,必要时对支护参数、开挖方法进行调整,及早施作仰拱及二次衬砌,确保稳定和安全。

单循环进尺控制在50cm,每开挖一循环,及时进行素喷封闭层面,厚度4cm,然后在支立钢拱架及锚杆施工,再挂网喷护封闭,且覆盖钢架厚度不小于2cm。需续接钢拱架的端部注意保护不被覆盖,以便下部续接方便。

(1)利用上一循环架立的钢架施作隧道侧壁小导管及导坑侧壁锚杆超前支护,人工开挖Ⅰ部,机械配合整修。施作Ⅰ部导坑周边的初期支护和临时支护,即初喷4cm厚混凝土,安装I22型钢钢架和I18临时钢架,沿临时钢拱架外侧施作ϕ25mm中空注浆锚杆进行预加固并设锁脚锚管。中空锚杆长2.0m,纵向间距1.2m,环向间距0.75m。开挖Ⅰ部后先喷5cm厚混凝土封闭掌子面。然后施作Ⅰ部导坑周边的初期支护和临时支护,即按设计初喷4cm混凝土封闭掌子面后安装初期支护钢架(I22)和侧壁临时钢架(I18),并在钢架脚部和墙中打设ϕ42mm锁脚钢管固定钢架,锁脚钢管长2.5m,每处纵向间距0.5m,锁脚锚管每处2根。钻设侧壁临时钢架ϕ25mm中空注浆锚杆、初期支护系统锚杆,铺设钢筋网后临时侧壁复喷混凝土至设计厚度(20cm),隧道拱腰复喷混凝土至设计厚度(30cm)。

(2)在Ⅰ部掘进5~10m后,开挖Ⅱ部。开挖采用人工开挖为主,挖掘机配合开挖,开挖Ⅱ部后施作Ⅱ部导坑周边的初期支护和临时支护,即按设计在导坑周边初喷4cm混凝土,架设初期支护钢架(I22)和侧壁临时钢架(I18),钻设初期支护系统锚杆、铺设钢筋网后复喷混凝土至设计厚度(30cm),侧壁钢架(I18)处喷射混凝土至设计厚度(20cm)。

(3)在Ⅱ部掘进(5~10m)后,开挖Ⅲ部,其步骤及工序同Ⅰ部。

(4)在Ⅲ部掘进(5~10m)后,开挖Ⅳ部,其步骤及工序同Ⅱ部。

(5)在Ⅳ部掘进一段距离(约10m)后,开挖Ⅴ部并施作导坑周边的超前支护,临时支护系统锚杆在拆除时应小心,防止临时钢架变形。开挖采用人工开挖为主,挖掘机配合开挖,开挖Ⅴ部后先喷5cm厚混凝土封闭掌子面。然后施作Ⅴ部导坑拱顶的初期支护,即按设计初喷4cm混凝土,架设初期支护钢架(I22),同Ⅰ、Ⅲ部导坑的钢拱架连接,要求螺栓连接必须牢固。钻设初期支护系统锚杆、钢筋网后复喷混凝土至设计厚度(30cm)。

(6)在Ⅴ部掘进一段距离(5~10m)后,开挖Ⅵ部并施作导坑底部的初期支护,其步骤及工序同Ⅴ部。

大娄山隧道进口端双侧壁导坑法进洞效果如图 6-35 所示。

图 6-35 大娄山隧道进口端双侧壁导坑法进洞效果

6.4.4.3 大娄山隧道 CD 法施工关键技术

1）施工顺序

CD 法是在大跨度隧道中，先开挖隧道的一侧，并施作中隔壁，然后再开挖另一侧的施工方法，本隧道主要应用于 Ⅳ 围岩加宽段。

CD 法施工顺序（图 6-36）：开挖先行导坑上部Ⅰ→施作先行导坑上部初期支护及临时支护①→开挖先行导坑下部Ⅱ→施作先行导坑下部初期支护及临时支护②→开挖后行导坑上部Ⅲ→施作后行导坑上部初期支护及临时支护③→开挖后行导坑下部Ⅳ→施作后行导坑下部初期支护及临时支护④→浇筑仰拱⑤→仰拱回填⑥→整体模筑二次衬砌⑦。

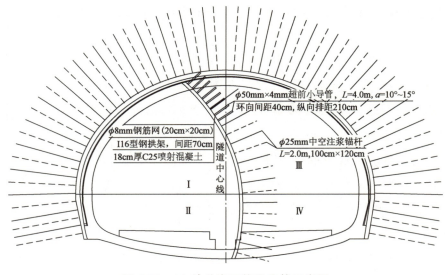

图 6-36 CD 法分序开挖及支护示意图

2) 分步施工方法

(1) 利用上一循环架立的钢架施作隧道侧壁超前小导管及导坑侧壁水平锚杆超前支护。人力配合机械开挖Ⅰ部,施作Ⅰ部导坑周边的初期支护和临时支护,即初喷4cm厚混凝土,架立型钢钢架和I16临时钢架,并设锁脚锚管,安装径向锚杆、小导管及铺设钢筋网片,复喷混凝土至设计厚度。

(2) 在滞后于Ⅰ部一段距离后,挖掘机开挖Ⅱ部,人工整修表面。导坑周边部分初喷4cm厚混凝土,接长型钢钢架和I16临时钢架,并设锁脚锚管。钻设径向锚杆并铺设钢筋网片,复喷混凝土至设计厚度。

(3) 在滞后于Ⅱ部一段距离后,挖掘机开挖Ⅲ部,人工整修表面,施作导坑周边初期支护,步骤及工序同Ⅰ。

(4) 在滞后于Ⅲ部一段距离后,挖掘机开挖Ⅳ部,人工整修表面,施作导坑周边初期支护,步骤及工序同Ⅱ。

(5) 根据监控量测结果分析,待初期支护收敛后,拆除I16临时钢架,利用仰拱栈桥灌筑边墙基础与仰拱。

(6) 利用仰拱栈桥灌筑仰拱填充至设计高度。

(7) 利用衬砌模板台车一次性灌注二次衬砌(拱墙衬砌一次施作)。

大娄山隧道CD法施工效果如图6-37所示。

图6-37 大娄山隧道CD法施工效果

6.4.5 断层、破碎带施工关键创新技术与实践

令狐家垭口断层、出水孔断层、夜猫涧断层采用地质素描、地球物理探测TSP203探测前方100~150m围岩岩性、裂隙、破碎等情况;当TSP2013探测前方地质存在不确定情况时,采用地质雷达GPR对前方10~20m再次探测,以上探测前方围岩存在隐伏岩溶

水、承压水、暗河等,再次采用红外线探水补探。以上超前地质探测:地质素描、TSP 物探、地质雷达 GRP 探测、红外线探测等根据各探测结果互相补充,最终采用超前地质钻孔进行验证,超前地质探孔一般直径 $\phi 89$ mm 或 $\phi 108$ mm,可根据现场钻机设备调整,长一般段 35m,搭接 5m,煤系地层根据实际情况调整钻孔长度 $100\sim150$ m。掌子面单次钻孔数量、钻孔在掌子面上的位置可根据现场围岩具体情况确定,但应坚持"开挖必探、不探不挖"的原则,不在不明前方地质情况下进行隧道开挖,以降低开挖施工风险。

6.4.5.1 夜猫涧煤系断层破碎带超前地质预报

夜猫涧煤系地层、断层破碎带具有瓦斯突出风险,超前地质预报与令狐家垭口断层、出水孔断层超前地质预报略有不同,区别主要为超前水平钻的探测。

经地质勘测钻探揭示,大娄山隧道出口端夜猫涧断层 ZK43 + 405 ~ ZK43 + 600 段(右线对应段)属煤系地层段,瓦斯压力达 1.5MPa,具有瓦斯突出风险,因此超前探测尤为重要。

1)洞内超前钻孔预报预探

在隧道开挖面布置超前钻孔,对前方及隧道周边短距离的地质进行预探,弥补了地面钻孔对规模较小裂隙岩溶位置、形态探查的不足。钻孔方向呈放射状延伸到隧道周边外,若遇瓦斯、原油及有害气体溢出段,则应加强对各项施工措施的施工准备工作。

大娄山隧道出口端开挖进入高瓦斯地层后,在掌子面施作一组(5 孔,拱顶 1 孔,两侧拱腰处 2 孔,边墙 2 孔)超前钻孔孔深不少于 30m,详细记录岩芯资料,查明油砂岩位置,并测瓦斯压力浓度。

同时对于高瓦斯地层加深炮眼也应加密,由低瓦斯地段每断面 5 个孔,增加至 10 个孔,每孔长 3 ~6m,以加强瓦斯的探测及瓦斯的排出。

2)操作要点

主洞超前地质预测预报结合物探关于煤层的探测工作基础上,必须施作 1、2、3 号地质超前钻孔予以验证,该孔应在第 Ⅰ 步开挖前施作。当综合物探有异常时,还应施作 4、5 号孔。

超前钻孔直径为 $\phi 108$ mm,钻孔与煤层顶板(底板)交点应控制在衬砌开挖轮廓线外 10m 范围内,确保正洞开挖在遇到煤层前 20m 外了解煤层的大致范围位置,1 号超前探孔每 80m 一环,每循环长 100m,搭接 20m,2、3、4、5 号超前钻孔水平距离每 30m 一环,每循环 50m,搭接 20m。在超前综合物探异常,且 Ⅰ 部超前钻孔尚未揭煤时,若其他部施工,应加强分析工作,必要时应增加钻孔加以探测。

煤层与正洞线路中线平面交角和纵向交角应根据煤层走向确定,煤层厚度应根据超前钻孔确定。

6.4.5.2 洞身开挖方案

令狐家垭口断层、出水孔断层、夜猫涧断层破碎带隧道开挖施工时严格按照"管超前、短进尺、弱爆破、强支护、勤量测"的原则进行组织施工。断层破碎带属Ⅴ级围岩,开挖方式选择上严格按设计双侧壁导坑法开挖,后期根据室内模型试验及业主、设计、监理、施工单位对开挖工法调整后,以三台阶七步开挖法或上台阶预留核心土的三台阶七步开挖法作为备选开挖方案,每循环进尺控制在1榀拱架,确保断层段施工安全。夜猫涧断层属瓦斯突出风险断层,还应加强施工过程中的瓦斯监测、检测,并严格按瓦斯隧道相关规范要求施工。三台阶七步开挖法可参考第6.4.2节,双侧壁导坑法施工顺序、注意事项等可参考第6.4.4.2节。上台阶预留核心土的三台阶七步开挖法与一般三台阶七步开挖法基本一致,仅上台阶根据掌子面围岩实际情况适当预留核心土,增加上台阶掌子面稳定性。

1)爆破设计总体设计原则

炸药采用煤矿许用炸药,低瓦斯工区使用安全等级不低于一级、高瓦斯工区使用安全等级不低于三级的煤矿需用含水炸药,采用电力起爆,并使用煤矿许用电雷管,最后一段的延期时间不得大于130ms。炮孔深度为不宜小于0.6m,特殊情况下小于0.6m时,必须采取特殊的安全措施,并封满炮泥。炮孔深度为0.6~1.0m时,封孔长度不应小于炮孔长度的二分之一;炮孔深度超过1.0m时,封孔长度不应小于0.5m;炮孔深度超过2.5m时,封孔长度不应小于1.0m;光面爆破时,周边眼应用炮泥封实,且封泥长度不少于0.3m;岩层中最小抵抗线不应小于0.3m。

炮孔采用水炮泥封堵时,水炮泥外剩余的炮眼部分必须用黏土炮泥填满封实,封泥长度不少于0.3m。爆破网路和连线采用串联连接方式,连接接头相互扭紧,明线部分包裹绝缘层并悬空,母线与电缆、电线、信号线分别挂在巷道两侧,同侧时,母线挂在电缆以下不少于0.3m,母线采用绝缘母线单回路爆破,严禁将瞬发电雷管与毫秒电雷管在同一串联网络中使用。

对大娄山隧道左右线穿煤长度均约195m,地层为灰岩、泥岩(局部炭质泥岩)夹煤,煤层顶底板地层破碎,强度低,稳定性差。煤层岩体破碎,岩质极软,隧道围岩以Ⅴ级为主,稳定性差,需采取针对性衬砌措施。结合施工进度与安全的需要及瓦斯隧道5个段别的煤矿许用安全电雷管爆破硬性规定要求,进行上断面开挖爆破;下半断面采取孔网参数(适当加大排距)爆破。

2) 双侧壁导坑爆破设计

令狐家垭口断层、出水孔断层、夜猫洞煤系断层采用双侧壁导坑采用弱爆破,同时采用水压爆破,炮眼布置如图 6-38 所示。

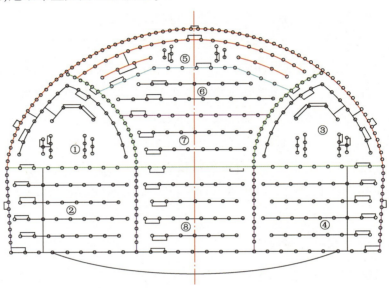

图 6-38　双侧壁导坑炮眼布置图

3) 水压爆破装药

周边眼(图 6-39)采用空气间隔、不耦合装药,采用导爆索起爆,将导爆索插入空底药卷内,炸药均匀分布装入炮孔内。为克服底部炮眼的阻力,一般将底部药量稍微加大。在装药前先在炮眼孔底装入长约 20cm 的一节水带,并在装药结束后再装入 2 节水袋,再进行堵塞。

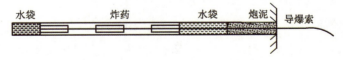

图 6-39　周边眼装药结构示意图

掏槽眼(图 6-40)、辅助眼、底边眼等采用连续耦合装药,雷管埋入孔底药卷,聚能穴朝孔口方向。在装药前先在炮眼孔底装入长约 20cm 的一节水带,并在装药结束后再装入 2 节水袋,再进行堵塞。

图 6-40　掏槽眼装药结构

水袋、炮泥加工：水袋加工配置一台"KPS-60"塑袋灌装封口机，先将封口机开机预热，将购买的水袋安装在喷嘴上，水袋灌满后自动热融封口。水袋为聚乙烯塑料，厚0.8mm、长200mm，直径可根据实际需要定制。

炮泥制作配置一台"PNJ-A·B160"炮泥机，炮泥采用黏土、砂和水制作。制作时，先将黏土、砂、水人工拌和均匀，经炮泥机挤压成与炸药大小相当。

6.4.5.3 断层破碎带支护方案

令狐家垭口断层、出水孔断层、夜猫涧断层破碎带地段为Ⅴ级围岩，夜猫涧断层属瓦斯突出煤系断层。

断层破碎带隧道初期支护的主要形式 $\phi42mm$ 径向注浆管、$\phi76mm$、$\phi50mm$、$\phi42mm$ 超前小导管、$\phi25mm$ 中空锚杆、工字钢、钢筋网、喷混凝土。夜猫涧断层具有瓦斯突出风险，因此，初支采用无焊接工艺，减少初支动火需求，确保初支施工安全。

无焊接工艺操作流程：掌子面开挖、出渣、排险及初喷作业循环完成后，根据开挖进尺确定钢拱架支立榀数及间距，在钢筋加工场提取相应规格的钢拱架（钢格栅）、相应长度的连接筋（采用锁脚导管工艺的工点需提取冂形锁脚筋），如图6-41～图6-43所示。作业人员根据测量结果，确定钢拱架（钢格栅）支立位置及高程，尽量调整钢拱架（钢格栅）底部高程与设计相符，以确保钢拱架（钢格栅）连接筋安装顺利。

图6-41 钢架连接套筒图

图6-42 钢筋图

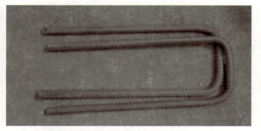

图6-43 钢架锁脚套筒、锁脚锚杆图

钢拱架(钢格栅)支立：第一榀钢拱架支立时，利用凵形连接筋与上循环相应位置的套筒进行连接固定，固定筋安放顺序优先考虑双侧拱脚及拱顶，固定筋安放完成后可陆续按设计位置安放连接筋直至安放完成，为便于连接筋顺利安放，连接套筒采用$\phi 42mm$钢管，连接筋与连接套筒的间隙采用钢筋楔子或木楔子楔紧，也可采用锚固剂填塞密实以固定。连接筋施工完成后，可进行钢筋网片绑扎施工。

钢筋网片绑扎：钢筋网绑扎线采用8号铁线，以确保网片与连接筋或钢拱架连接紧密，在喷射混凝土过程中避免出现松动或脱落现象。

锁脚施工：锁脚钻孔时，钻杆须穿过锁脚套筒至基岩，钻孔角度与锁脚套筒一致，以便锁脚锚杆或锚管安装顺利。L形锚杆安装时，锚杆直角边必须卡紧锁脚套筒，以便在注浆工艺结束后，锚杆能卡紧钢拱架(钢格栅)，达到抗收敛的目的。

喷射混凝土：喷射混凝土工艺同常规施工工艺。

仰拱及二次衬砌钢筋均采用洞外预焊接及弯制，形成半成品后运输至洞内工作面，连接均采用绑扎连接，其他工艺同常规工艺。

6.4.5.4 断层破碎带注浆方案

当令狐家垭口断层、出水孔断层、夜猫涧断层破碎带富水时，可以小导管或组合式中空注浆锚杆注水泥浆通过；水量过大时，也可用注入化学浆液堵水，注浆材料应选用普通水泥浆、TGRM浆，如局部出现漏浆可采用发泡注浆抢堵剂进行封堵。当断层破碎带的长度较长、水量较大时，为防止突水突泥，可采用帷幕注浆等措施进行堵水和围岩预加固。

1) 超前管棚或小导管注浆

"管超前"即施作管棚或超前小导管，"预注浆"则提前向岩层采取注浆加固措施。管棚施作选用$\phi 89mm$热轧无缝钢管，引导孔直径应比管棚外径大15~20mm，孔深要大于管长0.5m以上，外插角度为1°~3°，根据现场情况作调整。超前小导管选用$\phi 42mm$的热轧无缝钢花管，长5~6m，外插角10°，管壁每隔15cm梅花形钻眼，眼孔直径8mm；尾部长度不小于40cm作为不钻孔的止浆段；采用水泥浆或水泥砂浆灌注，导管环向间距40cm，纵向两组导管间水平搭接长度不小于1.5m。

2) 全断面帷幕注浆

如果在该段落中施工时，出现围岩涌水量大、岩石破碎时，可对掌子面采取帷幕注浆止水措施。

对隧道出现大涌水地段，可采取超前局部注浆堵水技术进行第一道防水。根据设计图纸，结合 TSP 水平声波法地质预报和超前水平地质钻探判定，对于地下水发育地段，隧道开挖可能引起突水涌泥或地下水，采取"以堵为主，限量排放"的原则，通过超前局部预注浆控制地下水流量，保证施工安全。

6.5 防排水施工关键技术与实践

6.5.1 富水长距离反坡排水施工技术

6.5.1.1 主洞进口和 1 号、2 号斜井排水技术

由于隧道反坡排水距离长、坡度大，各种作业之间相互干扰大，这不仅对施工组织提出新的要求，而且在富水区排水的难度也将加大，如何处理这些问题，保证施工安全和进度，是隧道长大反坡段施工的重点和难点。

根据大娄山隧道施工组织设计安排，划分为主洞进口和 1 号、2 号斜井两个作业工区，两个作业工区共 4 个工作面同时组织施工，4 个工作面均往出口方向掘进，主洞进口工作面为顺坡自流排水，主洞两个作业工区贯通前斜井段各工作面在施工过程中为反坡排水。

主洞进口与斜井工区在未贯通前，斜井端反坡排水分三个阶段，第一阶段为斜井中部二级泵站投入运行前，第二阶段为斜井底部一级泵站投入运行前，第三阶段为隧道正常掘进，反坡排水系统全部投入运行直至主洞进口与斜井工区贯通。

1) 第一阶段排水方法

第一阶段排水如图 6-44 所示。1 号、2 号斜井进洞施工后，渗水自流汇集至仰拱端头和掌子面，仰拱端头和掌子面积水采用移动式潜水泵抽至临时储水仓，通过临时储水仓潜水泵抽排至地表，临时储水仓配置水泵及排水管组成临时泵站，临时泵站距掌子面 100m，并随掌子面向前移动，为保证掌子面积水不影响开挖作业，当突发涌水有足够时间启动排水泵，在爆破作业时减少对水管和水泵的损坏。在斜井开挖长度 100m 内期间，采用移动式潜水泵直接将掌子面积水抽排至地表，100m 后根据施工过程中隧道渗水量，采用移动临时储水仓与移动式潜水泵跟随掌子面向前移动。仰拱端头及掌子面与移动临时储水仓间配置 7.5kW、2.2kW、5.5kW 小型污水泵，布置 ϕ65mm 或 ϕ100mm 消防软管作为排水管。

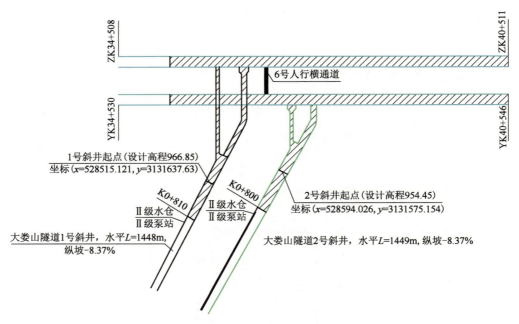

图 6-44 第一阶段排水示意图(尺寸单位：cm)

1号斜井Ⅱ固定水仓设在 K0+810 位置，高差 68m，反坡排水长度 810m；2号斜井Ⅰ固定水仓设在 K0+800 位置，高差 67m，反坡排水长度 800m。本阶段最大排水量为 2929m^3/d，即 122m^3/h，扬程 70m。固定水仓容量按最大涌水量 15min 储水能力设置。

2）第二阶段排水方法

第二阶段排水如图 6-45 所示。本阶段为斜井Ⅱ级泵站运行后，斜井底部Ⅰ级水仓运行前施工排水阶段，本阶段 2号斜井全部施工完毕，1号斜井未贯通，2号斜井进入左右洞主洞施工，直至 1号斜井贯通并完成左洞Ⅰ水仓修建。本阶段排水：1号斜井负责该斜井已施工段落的洞内涌水；2号斜井及主洞施工段的洞内涌水由 2号斜井排出。前期掌子面及仰拱端头排水与第一阶段相同，临时泵站跟随掌子面向前移动，掌子面和仰拱端头涌水采用移动式潜水泵抽排至临时储水仓，通过临时泵站由临时储水仓抽排至Ⅰ水仓，再由Ⅰ水仓抽排至洞外。2号斜井进入主洞后，主洞左右洞掌子面和仰拱端头积水采用移动式潜水泵抽至临时储水仓，1号斜井贯通后，在左洞斜井井底修建Ⅱ级水仓。

根据设计文件估算的本阶段最大排水量：1号斜井 5858m^3/d，高差 115.2m，反坡排水长度 1578.9；2号斜井最大涌水量共计 5858+1166.3=7024.3m^3/d（主洞涌水量 1166.3m^3/d），高差 127.96m，反坡排水长度 1616.25m。

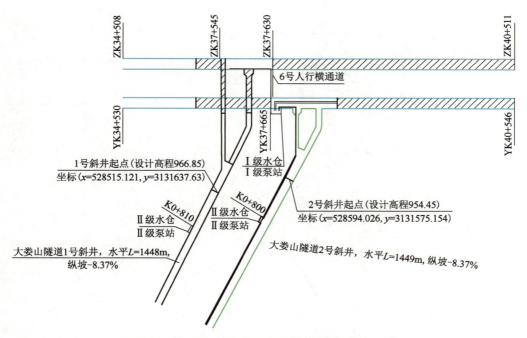

图 6-45　第二阶段排水示意图(尺寸单位：cm)

3) 第三阶段排水方法

第三阶段排水如图 6-46 所示。本阶段为 1 号斜井与主洞左洞贯通，在右洞 YK37＋665，左洞 ZK37＋545 位置修建Ⅰ级水仓，左右洞Ⅰ级水仓开始运行使用，隧道进口作业工区与斜井作业工区未贯通，左右洞向遵义方向掘进直至主洞进口与斜井作业工区贯通期间的排水方法。本阶段排水：2 号斜井初支及二衬背后涌水通过中央排水沟顺流排至主洞右洞中央排水沟和边沟，再由主洞中央排水沟和边沟顺流排至右洞 YK37＋665 处Ⅰ级水仓；右洞掌子面及仰拱端头积水通过移动水泵抽排至中央排水沟，再由中央排水沟顺流排至右洞 YK37＋665 处Ⅰ级水仓；1 号斜井初支及二衬背后涌水通过中央排水沟顺流排至主洞左洞中央排水沟和边沟，再由主洞中央排水沟和边沟顺流排至左洞 ZK37＋545 处Ⅰ级水仓；左洞掌子面及仰拱端头积水通过移动水泵抽排至中央排水沟，再由中央排水沟顺流排至左洞 ZK37＋545 处Ⅰ级水仓；为了便于管理和节约成本考虑，本阶段左右洞Ⅰ级水仓使用一条排水管路排水，即利用右洞Ⅰ级水仓位置高于左洞Ⅰ级水仓，右洞Ⅰ级水仓的涌水通过修建排水沟，从右洞经过 6 号人行横洞顺流排至左洞中央排水沟或边沟，通过中央排水沟或边沟顺流至左洞Ⅰ级水仓，然后通过泵站从左洞Ⅰ级水仓抽排至 1 号斜井，再由Ⅱ级水仓抽排至洞口沉淀池。

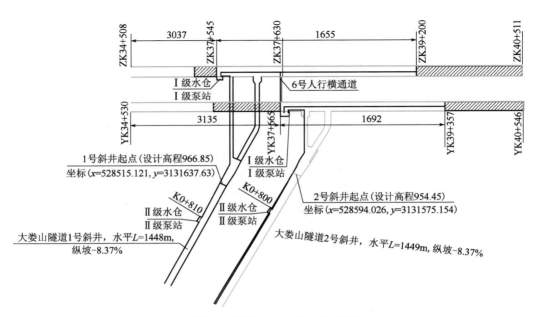

图 6-46 第三阶段排水示意图(尺寸单位：cm)

根据设计文件估算的本阶段最大排水量：本阶段最大涌水量包括1号、2号斜井最大涌水量，主洞 YK37+665～YK39+357 段最大涌水量。其根据设计估算最大涌水量为1号斜井 $5858m^3/d$，主洞 YK37+665～YK39+357 段 $16913m^3/d$，最大涌水量合计 $5858×2+16913=28629m^3/d$。排水高差为1号斜井高差 129.9m，反坡排水长度 1626.88m。

水仓容量按本阶段最大涌水量 $28629m^3/d$ 的 15min 水量考虑，储水能力 $300m^3$。从成本考虑，第一、二阶段斜井水仓时，水仓容量以第三阶段最大容水量的 15min 水量考虑，即水仓容量均按 $300m^3$ 修建。

6.5.1.2 主洞出口端3号斜井反坡排水技术

大娄山隧道3号斜井与主洞交叉桩号 YK42+030，斜井起止桩号：K0+000～K1+570，全长1570m 围岩Ⅳ级 1440m，占总长 91.7%，Ⅴ级 130m，占总长 8.3%，斜井开挖断面面积 $83.15m^2$，斜井路线与隧道主洞平行，综合纵坡 8.46%。

3号斜井施工、通过3号斜井往进口端正洞施工属反坡施工；通过3号斜井往出口端正洞施工属顺坡施工，但隧道渗水及施工污水顺坡排至3号斜井井底后，与3号斜井、经3号斜井往进口端正洞三者隧道渗水、施工污水一起汇总后统一通过3号斜井反坡抽排出洞外。

采用大气降雨入渗法+洼地入渗法计算的隧道最大涌水量为 $194592m^3/d$，地下水径流模数法计算的隧道最大涌水量为 $189119m^3/d$。因大气降雨入渗法、地下水径流模数法存在局限性,隧道按半理论半经验公式预测的隧道最大涌水量考虑,即隧道最大涌水量为192373m³/d,3号斜井最大涌水量28976m³/d。

1)整体施工顺序安排

大娄山隧道按2个工区组织施工,斜井工区、出口端工区。

总体施工顺序为:

(1)出口端组织施工,往3号斜井工区施工约2.5km,经3号斜井往出口端施工0.5km,出口端与3号斜井贯通。

(2)经3号斜井往进口端(标段起点端)施工正洞1.5km后到达本标段起点,与7标标尾贯通,为关键线路。

(3)经3号斜井往出口端施工,待3号斜井往进口端施工3个月左右后开始掘进,确保不干扰往进口端施工组织。施工0.5km后与出口端贯通。

(4)经3号斜井往进口端方向、出口端往3号斜井方向施工,为反坡施工,纵坡1.75%,需根据涌水量,设置分级临时储存水仓,逐级抽排。

(5)3号斜井施工、通过3号斜井往进口端正洞施工属反坡施工;通过3号斜井往出口端正洞施工属顺坡施工,但隧道渗水及施工污水顺坡排至3号斜井井底后,与3号斜井、经3号斜井往进口端正洞三者隧道渗水、施工污水一起汇总后统一通过3号斜井反坡抽排出洞外。

2)3号斜井反坡排水方案

(1)大娄山隧道出口端3号斜井反坡排水总体方案。

大娄山隧道出口端3号斜井及正洞反坡排水总体方案可分为5阶段:

第一阶段:3号斜井洞身施工段(距洞口较近)。

3号斜井掌子面附近(仰拱端头)设临时集水井或移动水仓,将掌子面、仰拱段及施工用水抽至临时集水井或移动水仓内,再由临时集水井或移动泵站抽出洞外(适用于掌子面距离洞口较近范围)。

第二阶段:3号斜井洞身施工段(距洞口较远)。

3号斜井掌子面附近(仰拱端头)设临时集水井或移动水仓,将掌子面、仰拱段及施工用水抽至临时集水井或移动水仓内,再由临时集水井或移动水仓抽排至3号斜井专设的固定大型集水井内,在专设固定大型集水井内设置泵房,再接力抽排至上一级排水泵站内,通过多级接力抽排,经洞口沉淀池沉淀达标后排出。

第三阶段:通过3号斜井往进口端正洞施工(距斜井底部较近)。

3号斜井底部设置大型集水坑。正洞往进口端掌子面附近(仰拱端头)设临时集水井或移动水仓,将掌子面、仰拱段及施工用水抽至3号斜井底部大型集中集水坑内,再由3号斜井底部大型集水坑抽至3号斜井中部设置的集水井,再由3号斜井中部设置的集水井接力分级抽出洞外(适用于正洞往进口端掌子面距离3号斜井底部较近范围)。

第四阶段:通过3号斜井往进口端正洞施工(距斜井底部较远)。

3号斜井底部设置大型集水坑。正洞往进口端掌子面附近(仰拱端头)设临时集水井或移动水仓,将掌子面、仰拱段渗水及施污水抽至临时集水井或移动水仓内,再由临时集水井或移动水仓抽排至设置于车行横洞内固定大型集水井内,在车行横洞内集水井设置泵房,再接力抽排至上一级排水泵站内,通过多接力级抽排,抽排至3号斜井底部大型集水坑内,再由3号斜井底部大型集水坑抽至3号斜井中部设置的集水井,再由3号斜井中部设置的集水井分级接力抽出洞外(适用于正洞往进口端掌子面距离3号斜井底部较远范围)。

第五阶段:通过3号斜井往出口端正洞施工。

3号斜井底部设置大型集水坑。通过3号斜井往出口端正洞施工属顺坡施工,隧道渗水和施工污水顺坡排至3号斜井井底大型集水坑内,再由3号斜井底部大型集中集水坑抽至3号斜井中部设置的集水井,再由3号斜井中部设置的集水井分级接力抽出洞外。

其余已施工地段隧道渗(涌)水经隧道内侧沟自然汇集到临时集水坑内或3号斜井中部大型集水井或车行横洞泵站水池内,合并逐级抽排。

反坡排水,采用机械排水,设置多级泵站接力排水。

车行横洞固定式排水泵站水仓容量按10min涌水量设计,并考虑施工和清淤方便综合确定。临时集水坑根据汇水段汇水量大小确定。工作水泵按使用1台,备用1台,检修1台配备,针对隧道涌水量大时要适当增加工作水泵;同时为防止突水,设置利用高压风管($\phi 200mm$)作为1套应急排水系统。

(2)分段涌水量。

大娄山隧道出口端3号斜井最大涌水量合计$28976m^3/d(1207.3m^3/h)$。

①3号斜井段涌水量。

根据设计图纸,半理论半经验公式计算隧道分段涌水量。大娄山隧道出口端3号斜井最大涌水量合计$28976m^3/d(1207.3m^3/h)$,10min内3号斜井水量为$201.22m^3$。3号斜井洞身和联络通道合计长1650m,则3号斜井每延米渗水量约$0.731m^3/(h·m)$,10min内3号斜井全长水量为$201.22m^3$。

②3号斜井泵站级数。

3号斜井综合纵坡8.46%，泵站级数按式(6-6)计算：

$$m = H/(\gamma \times h) \tag{6-6}$$

式中，m 为泵站设置级数；H 为隧道实际高差(m)，3号斜井底部设计高程为1027.101，井口高程为1166.208m，高差139.107m；γ 为压力折减系数，取0.7；h 为水泵扬尘(m)，综合考虑取50m。

因此，$m=3.97$，3号斜井内初步暂定3个固定式排水泵站，井底正洞交叉处设置1个较大型集水井。3号斜井设置里程分别为：K0+000（联络通道75m）、K0+336.25、K0+747.5、K1+158.75，间距411.25m，如表6-18所示。

3号斜井集水井设置参数表　　　　表6-18

序号	泵站设置里程	集水长度（m）	10min集水量（m³）	容积（m³/h）	集水井尺寸（长×宽×深）m³	备注
1	K1+158.75	411.25	50.1	63	7×4.5×2	20%余量
2	K0+747.5	411.25	50.1	63	7×4.5×2	20%余量
3	K0+336.25	411.25	50.1	63	7×4.5×2	20%余量
4	K0+000(含联络通道75m)	正洞、斜井	359	425	17×9×2	20%余量

注：3号斜井井底设置大型集水井，收集隧道右线正洞渗水。集水井容积均考虑10min集水20%富余量。

(3)经3号斜井往进口端、出口端车行横洞消防水池布设。

从标段隧道ZK40+511~ZK42+030，全长1519m；右幅起止桩号YK40+546~YK42+030，全长1484m。出口端施工里程：左线ZK42+030~ZK42+530，全长500m；右线YK42+030~YK42+530，全长500m。隧道正洞与3号斜井相交处设计高程1053.111m，施工起始点设计高程1027.141m，高差25.97m。

3号斜井底部设计高程为1027.101，井口高程为1166.208m，高差139.107m。

施工期间，将车行横洞内永久消防水池作为集水井，将已施工段隧道渗水及下一级反抽水汇集一起抽排至上一级集水井。

原设计车行横洞内设置永久消防水池，在车行横洞路面下开挖2m×10m×17m=340m³ 水池作为消防水池储存部分水。

①经3号斜井往进口端车行横洞。

经大娄山隧道3号斜井往进口端车行横洞设置如表6-19所示。

往进口端车行横洞参数一览表 表 6-19

车行横洞编号	里程	总长(m)	纵坡	围岩级别
11 号	YK41+046	40.43	1.52%	Ⅳ级
12 号	YK41+646	40.43	1.52%	Ⅳ级

本段共 2 个车行横洞,车行横洞消防水池作为施工期间集水井用途。

②经 3 号斜井往出口端车行横洞。

经 3 号斜井往出口端车行横洞如表 6-20 所示。

往出口端车行横洞参数一览表 表 6-20

车行横洞编号	里程	总长(m)	纵坡	围岩级别
13 号	YK42+207	40.43	1.52%	Ⅳ级
14 号	YK42+807	40.43	1.52%	Ⅳ级
15 号	YK43+336	40.43	1.52%	Ⅳ级
16 号	YK43+956	40.43	1.52%	Ⅲ级
17 号	YK44+515	37.07	1.37%	Ⅳ级

(4)经 3 号斜井往进口端分段涌水量。

①YK40+546~YK41+046 段。

隧道起始点 YK40+546 距离 YK41+046 车行横洞 500m,此段涌水量为:5135.2m^3/d(214m^3/h),10min 水量约 35.7m^3/10min,即本段 YK40+546~YK41+046 长 500m 范围内,10min 涌水量 35.7m^3。

②YK41+046~YK41+646 段。

车行横洞 YK41+046 与车行横洞 YK41+646 间长 600m,本段涌水量计算:20838.6m^3/d(868.3m^3/h),10min 水量约 144.7m^3。

③YK41+646~YK42+030 段。

车行横洞 YK41+646 至 3 号斜井交叉口 YK42+030 长 384m,本段涌水量计算:3656.2m^3/d(152.3m^3/h),10min 水量约 25.4m^3。

④YK42+030~YK42+530 段。

3 号斜井往进口端施工 500m,本段顺坡施工,本段渗水量计算:14840m^3/d(618.3m^3/h),10min 水量约 103.1m^3。

右洞经 3 号斜井施工段,往进口端施工 1481m,往出口端施工 500m,隧道渗水均通过设置与交叉口处集水井汇集后,统一经 3 号斜井分级接力抽排出洞口。

3 号斜井 K0+336.25 集水井至井底 10min 水量约 50.1m³。

右洞正洞经 3 号斜井抽排水量 10min 约 359m³。

因此,交叉口集水井容量按 20% 富余量计算后应为 430.8m³,根据正洞仰拱初支后断面,其设置尺寸为:17m(宽)×10m(长)×2.5m(深)=425m³,方可满足反坡、顺坡排水要求。

正洞左线经 3 号斜井抽排水量 10min 约 308.9m³。

因此,左线正洞交叉口集水井容量按 20% 富余量计算后应为 370.7m³,根据正洞仰拱初支后断面,其设置尺寸为:17m(宽)×8.8m(长)×2.5m(深)=374m³。方可满足反坡、顺坡排水要求。

(5)移动水仓容积计算。

①正洞移动水仓容积。

经过对不同段落涌水量计算比较,车行横洞 YK41+046~YK41+646 长 600m 区段,隧道涌水量最大,为 144.7m³/10min,水仓容积以 10min 渗水量的 120% 考虑计算为 173.64m³,水仓建议尺寸为:4(个)×4m(长)×4m(宽)×2.5m(高)=160m³,为方便水仓移动,水仓按 4 个同容积加工制作(轮式铁皮水仓),水仓容量可满足 YK41+046~YK41+646 长 600m 区段的掌子面、仰拱段、成型地段隧道渗水水量,也可满足 YK40+546~YK41+046 段、YK41+646~YK42+030 段临时储水水量要求。

②3 号斜井移动水仓容积。

3 号斜井分 4 段设置固定集水井,单段长度约 411.25m,在下一固定集水井未开挖前,采用移动水仓收集隧道渗水。按 10min 考虑移动水仓容积。

3 号斜井 10min 水量约 50.1m³,按 20% 富余量考虑,则容积需 60m³。因此,移动水仓尺寸可为:2(个)×4m(长)×4m(宽)×2.5m(高)=80m³,可满足排出 3 号斜井洞身开挖时渗水。

(6)3 号斜井及正洞固定集水井设置。

泵站按大、中、小综合设置。根据岩溶水发育情况和水泵技术性能指标,大型泵站设置 2 座,分一、二两级;根据市场调查的水泵排水量与扬程之间的关系和隧道坡度确定,一级泵站设于 YK42+030 位置,二级泵站设于 K0+747.5 位置;中型泵站根据开挖段涌水量设置,设于 YK41+646 位置;小型泵站根据渗水量及抽水距离设置,随着掘进的延伸,集水井设置参数如表 6-21 所示。

3 号斜井集水井设置参数表　　　　表 6-21

序号	泵站设置里程	集水长度（m）	10min集水量（m³）	容积（m³/h）	集水井尺寸（长×宽×深）m³	备注
1	K1+158.75	411.25	50.1	63	7×4.5×2	斜井
2	K0+747.5	411.25	50.1	63	7×4.5×2	斜井,二级泵站
3	K0+336.25	411.25	50.1	63	7×4.5×2	斜井
4	K0+000(含联络通道75m)或YK42+030	正洞及斜井	359	425	17×10×2.5	正洞,一级泵站
5	YK41+046	600	144.7	340	17×10×2	车行横洞
6	YK41+646	384	25.4	340	17×10×2	车洞,二级泵站
7	YK42+030	正洞	308.9	374	17×8.8×2.5	右线正洞

注：3 号斜井井底设置大型集水井，收集隧道右线正洞反坡、顺坡渗水及部分斜井渗水；左线交叉口段设置大型集水井，收集左线正洞反坡、顺坡渗水。集水井容积均考虑 10min 集水 120% 富余量。

3 号斜井及正洞固定集水井设置如图 6-47 所示。

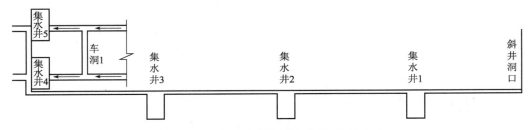

图 6-47　3 号斜井固定集水井设置平面图

经 3 号斜井往出口端属顺坡排水，两侧设置水沟，将隧道渗水引排至左右线交叉口处大型集水井内，统一经 3 号斜井接力抽排出隧道。

(7) 抽水设备配置。

① 抽水设备选型原则。

隧道排水主要为隧道渗水，同时需考虑到施工用水。出口端整体排水能力从洞内往洞外逐级递增。各级泵站排水能力应充分配备，并有一定的储备能力。隧道施工后通过对洞内水的成分组成进行分析，其主要水质除地下水的本身成分外，主要还有岩石、石屑、泥浆等成分，泥浆泵考虑选用山西天波制泵公司生产的高效耐磨渣浆泵，扬程 50m，流量 120m³/h，功率 37kW。

②排水设备配置。

车行横洞集水井容积为：$2m \times 10m \times 17m = 340m^3$，移动水仓统一按 4m（长）×4m（宽）×2.5m（高）=$40m^3$ 制作。

为应对可能出现的突水、涌水等突发事故，在现有排水系统上增设了 1 套设备和管路作为应急措施。管路利用高压进水管路，即在每个泵站处在高压水管上开口，与安装在泵站处的水泵接通，正常情况下把闸阀关闭。一旦遇到突水、涌水现象，即把进水闸阀关闭，截断高压供水，打开排水阀进行应急抽排，在特殊情况下，洞内高压风管也可以改造利用上作为排水管道。

水泵型号为扬程 90m，流量 $500m^3/h$，功率 200kW，扬程 60m，流量 $300m^3/h$，功率 75kW 以及扬程 26m，流量 $150m^3/h$，功率 18.5kW 和扬程 25m，流量 $50m^3/h$，功率 7.5kW 水泵或泥浆泵。隧道内泵站间水量递增较大，为了考虑到在管理、操作维修上的方便，泵站间高差相近，选用型号相同水泵，只是在设备数量上相应增加。

实际施工时，如遇到涌水量较大，可根据具体情况增加水泵，泵站之间采用 φ200mm 排水管输送，前方施工掌子面积水采用临时集水坑来收集积水，小集水泵用 φ80mm 消防软管将积水收集并输送至最近车行横洞消防集水泵站内。3 号斜井及正洞管道布设如图 6-48 所示。

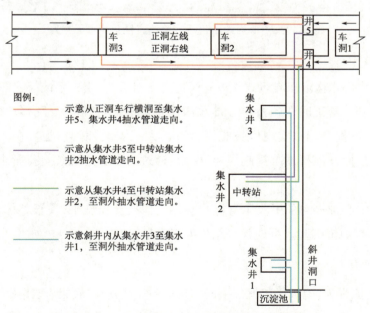

图 6-48　3 号斜井及正洞排水管道设置示意图

斜井段排水管路采用 2 趟 φ300mm 焊管排水管路，后续水量增大可增加一趟或改高压风管临时排水，为便于管路检修和保护抽水设备，每趟排水管每隔 400m 安装 1 个铸钢闸阀,每台抽水机的管路前安装1个球阀、1个止回阀,以及避免管道震动的伸缩节。

6.5.2 中央排水沟的施工创新技术与实践

为提高隧道中心排水沟模板整体性,简化施工工序,加快施工进度,保证结构外观质量,节约工程成本。大娄山隧道项目创新设计一种结构简单、投入成本低且使用操作简便、使用效果好的高速公路隧道中心排水沟施工用自行移动钢模板,如图6-49所示,能简便、快速且高质量完成隧道中心排水沟施工过程,既能保证所施工成型的隧道水沟电缆槽质量,又能控制施工成本,满足施工进度要求。

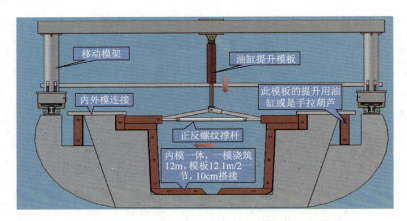

图6-49 中心沟液压自行式整体支模机断面示意图

1)关键技术

(1)隧道中心水沟液压自行式整体支模机由支架系统、模板系统、液压提升系统、轨道行走系统组成,施工时在预留中心排水沟位置安装中心沟模板及移动模架,施工时通过液压站控制提升油缸实现模板脱模、定位,人工安装外侧模板。在上一模浇筑完成后,通过遥控操作液压油缸提起模板、模架,通过行走轨道系统自行行走至下一浇筑段落。

(2)隧道中心排水沟采用液压自行式整体支模机支模施工,模板整体性好,还可简化施工工序,加快施工进度,同时保证结构外观质量。

2)工艺流程

施工工艺流程为:模板拼装就位→安放轨道→安装立柱、底梁、连接梁等支架系统→安装模板系统撑杆→安装提升油缸→安装行走系统→泵站加油→测量定位、浇筑混凝土→拆模,自行移动到下一工位施工(模板安装与前一模混凝土搭接10cm)→循环(测量定位、模板清理、浇筑混凝土),如图6-50所示。

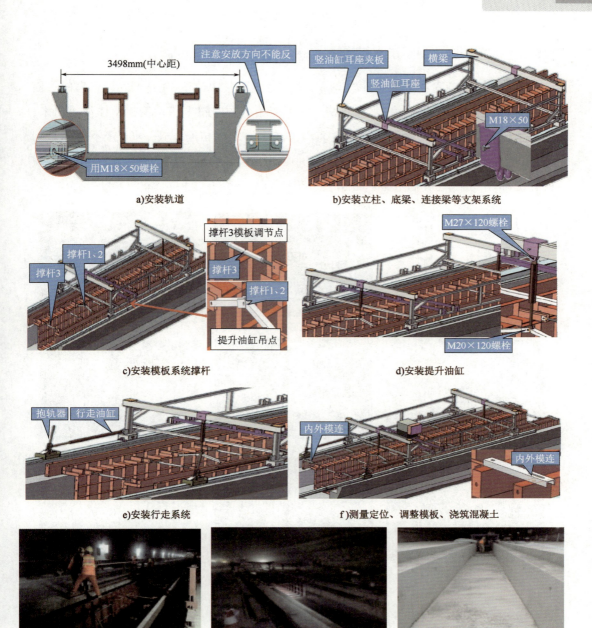

图 6-50 中心排水沟机械化施工工艺

隧道中心水沟液压自行式整体支模机安装简单方便,施工速度快,模板整体设计,一次浇筑12m,同时通过正反螺纹撑杆控制能有效地控制施工线形及错台现象,整体浇筑成型效果好,支模机模板升降与模架移动均使用液压控制,不需要其他机械设备辅助施工。采用遥控控制,操作简单,模板升降及模架移动速度快,省时省力,采用隧道中心水沟液压自行式整体支模机使得隧道施工环境安全、规范、整洁。

6.5.3 边沟的施工创新技术与实践

大娄山隧道项目在隧道二衬与电缆槽施工中通过技术改革,在隧道二衬台车的边模上增加了电缆沟槽边墙的模板,在浇筑二衬混凝土的同时将电缆沟侧模整体浇筑出来,线形美观,外观质量好,避免了隧道电缆沟槽二次浇筑时植筋、与二衬连接不牢靠等问题,同时施工缝低于电缆沟槽,这样即使有小错台或渗水,也可以在处理后盖上电缆沟盖板后掩盖,保证隧道整体外观美观,如图6-51所示。

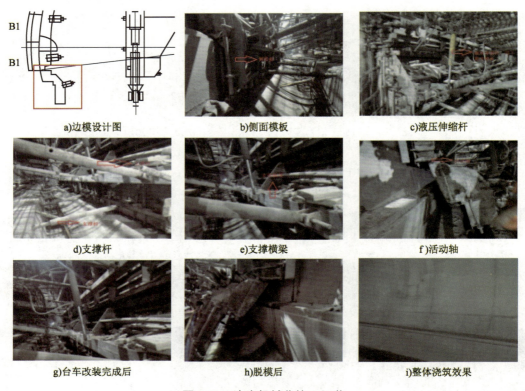

图 6-51 边沟机械化施工工艺

1)关键技术及操作要点

(1)在隧道二衬台车的边模上增加了电缆沟侧模的模板。以边墙模板的转动轴为圆心,以圆心到电缆沟的距离为半径画圆,通过液压提升系统调节电缆沟槽线形及脱模等,保证边墙在脱模回收的过程中不会刮到电缆沟。

(2)二衬与电缆槽内墙设计混凝土标号同为C30,将二衬台车拱脚处参照电缆槽内墙的尺寸规格进行改装后,电缆槽内墙与二衬可以同时浇筑,达到一体化施工的目的。

(3)立模时先将二衬台车行走至指定位置,然后使用液压系统对台车模板进行定位,再使用撑杆对二衬台车模板进行加固,台车底模利用撑杆斜撑于路面基层上,最后安装端头封堵模板。

(4)脱模时先拆除端模,去除模板撑杆,再使用液压系统将台车两侧模板内收、顶模下降,并移动台车至下一指定位置。

2)效益评价

隧道二衬台车带电缆沟槽边墙整体浇筑施工技术采用一体化施工工艺,直接省去了电缆沟槽二衬浇筑工序,避免了采用传统人工施工出现人为的操作失误,造成漏振、漏浆、错台等现象,影响外观质量。隧道二衬与电缆槽内墙一体化施工工艺具有施工步骤简单、线形易控制、外形美观、提高工效、降低成本、增加结构的整体性、提升工程质量等众多优点,同时,该技术对促进隧道的现场文明施工起到了积极作用,具有广阔的应用前景。

6.6 机械化施工技术

6.6.1 大娄山隧道施工难点

大娄山隧道具有"一紧二大三高四长"的特点:

1)一紧

工期紧,大娄山隧道总体工期为41月。

2)二大

(1)断面大,大娄山隧道最大隧道断面226m^2,属超大断面。

(2)涌水量大,正洞隧道最大涌水量19.2万m^3/d(全隧),3号斜井最大涌水量2.89万m^3/d。

3)三高

(1)地应力较高。

大娄山隧道隧址位于黔北高原北部,大娄山脉延伸偏转部位,山峦起伏,沟壑纵横,河流深切,地形破碎。隧道总体埋深较大,地应力为6.72~14.16MPa,洞身围岩总体为Ⅲ~Ⅳ级,应力的各向异性的大小、最大水平主应力的方向与洞轴线的夹角均对隧道围岩的稳定性有不同程度的影响,由于其所处的地质条件复杂,岩体坚硬,易于形成高地应力现象,发生岩爆、大变形等严重施工地质灾害问题的可能性较大。

(2) 环保要求高。

隧址区在大娄山县二级水源保护区,环保要求高。

(3) 瓦斯压力、瓦斯含量高。

大娄山隧道穿越 P_3l 煤系地层,含煤层(线)7 层,可采煤层为 C3、C5、C6 三层,煤层总厚度为 1.93~6.76m,预测煤层瓦斯含量 6.82~21.34mL/g,绝对涌出量为 1.37~7.17m³/min,属高瓦斯隧道;预测煤层瓦斯压力最大为 1.5MPa,瓦斯等级一级,属煤与瓦斯突出隧道。

4) 四长

(1) 大娄山隧道属特长隧道,全长 10497m。

(2) 独头掘进距离长,最大独头掘进约 3.5km。

(3) 穿越断层距离长,单次穿越断层 240m,三次穿越断层合计 515m。

(4) 反坡施工距离长。

隧道出口段均属反坡施工,正洞纵坡为 -1.75%,反坡施工长度为 4495m,3 号斜井纵坡为 -8.9%,反坡施工长度为 1570m。

综合分析,隧道穿越 3 处长距离断层破碎带,同时还穿越煤系地层,存在隐伏岩溶,具有突泥突水、瓦斯突出风险等,Ⅴ级围岩采用双侧壁导坑、Ⅳ级围岩采用单侧壁导坑或三台阶七步开挖法,施工难度极大。因此需对施工工法、施工工艺技术等科学合理地适当改进,施工过程尽可能地机械化,提高工效,加快施工速度。

6.6.2 大型机械化配套施工及作业班组配置

公路隧道机械化施工中,设备配置基本上是由掘进设备、出渣运输设备、初期支护设备及二次衬砌设备四大部分构成,如图 6-52 所示。只有这四部分设备配置的有机配合,才能形成强大的施工生产力。但在设备配套过程中还是应将重点放在掘进和支护的选择上,因为这是形成高效生产力的关键所在。

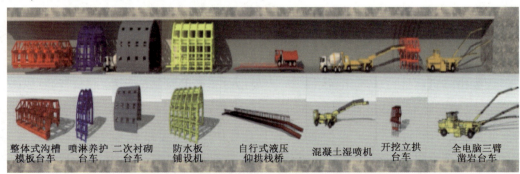

图 6-52 大娄山隧道出口端单洞作业机械化施工组织

机械化的配置程度应在基本配置基础上进行,并要因地制宜,根据具体施工条件和设备实际情况,将机械化施工程度分为不同的水平,并按不同水平要求配置相应的设备,单洞作业施工主要机械配置如表 6-22 所示。

单洞作业施工主要机械配置一览表　　　　　表 6-22

作业内容	施工机械配置	人员/机械数量
超前钻探	C6XP-2 多功能钻机	3 人
开挖作业	阿特拉斯·科普柯全电脑三臂凿岩台车	4 人 上台阶打钻:4 人;上台阶装药:9 人; 下台阶打钻、装药:3 人
支护作业	车载拱架安装机	5 人
	湖南五新湿喷机	2 人
出渣作业	挖机	2 台
	装载机	2 台
	出渣车	5 辆
仰拱作业	自行式液压仰拱栈桥	钢筋工:12 人(与二衬钢筋工共用) 模板工、混凝土工:5 人
二衬作业	防水板、土工布铺挂一体机	2 人
	自动分层浇筑二衬台车	钢筋工:12 人(与仰拱钢筋工共用) 模板工、混凝土工:5 人
电缆沟槽台车	电缆沟槽台车	5 人

6.6.3　C6XP-2 超前地质钻孔

1)设备选型

为确保项目隧道安全快速探测前方围岩地质,同时满足煤系地层、软弱地层大管棚施工要求,钻机需具备长距离快速钻进、钻探精确的功能,尽可能节约施工工期,考虑国内相同类型钻机与国外钻机在性能上存在一定差距,项目经考察对比,最终选用意大利 C6XP-2 多功能钻机进行隧道施工。

2)设备性能分析

C6XP-2 多功能钻机技术参数如表 6-23 所示。

多功能钻机技术参数　　　　　　　　　　表6-23

规格型号	C6XP-2
整车重量(kg)	16500
车架号码	C6UN1536
外观尺寸(m×m×m)	7.765×2.250×2.821
履带板宽度(mm)	400
履带板长度(mm)	3345
底盘宽度(mm)	2250
行走速度(km/h)	行走速度:2.2
爬坡能力	最大爬坡能力72%
燃油箱容积(L)	210
液压油箱容积(L)	400
钻架旋转角度	左右各185°
解锁力(kN)	45

C6XP-2多功能钻机具有以下功能：

①可通过超前地质预报系统进行自动、直观的超前地质预报，探孔距离通常可达到100m以上，取芯深度可达到50m；

②可用于隧道抢险救援及管棚施作；

③可用于隧道止水注浆、破碎段、泥石流段注浆固化药；

④可用于高瓦斯隧道瓦斯释放与探测；

⑤可用于中空锚杆施工；

⑥可用于粉尘黄土、细砂、胶结粉尘砂、致密砂卵石、砂砾石等非扩散软弱地层隧道水平高压旋喷。

3）设备应用效果分析

（1）超前地质预报。

大娄山隧道利用C6XP-2多功能钻机LUTZ隧道超前地质预报系统对隧道前方地质状况进行钻探预测，操作人员运用钻机的钻探系统在施工的过程中体现的各项参数，依据经验推断出前方地质状况，如地质的软硬、有无空洞、有无涌水等。用LUTZ隧道超前地质预报系统，钻探深度可达100m以上，在C6XP-2钻机上安装"钻探自动记录装置"以测量各种数据，如深度、钻孔速度、推进压力、扭矩、旋转压力（图6-53），再结合控制台上排水压力表和总压力表上的数据，将这些数据相互结合、比较，分析出当前隧道地质状况。

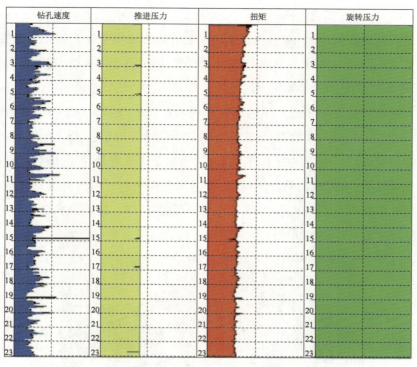
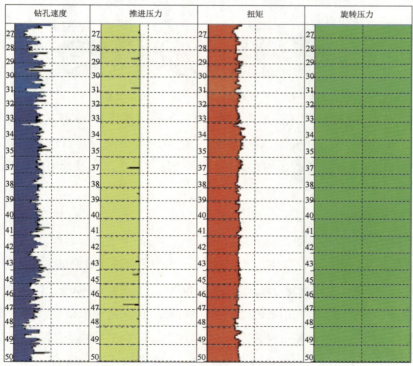

图 6-53　C6XP-2 多功能钻机钻孔数据记录（钻孔:C1）

项目利用 C6XP-2 多功能钻机,在大娄山隧道主洞煤系地层瓦斯段 YK43+560 掌子面处进行超前地质探孔(图 6-54),根据 LUTZ 隧道超前地质预报系统记录的数据,扭矩和旋转压力变化不大的情况下,钻孔速度开始较慢,而后逐渐增大,钻孔速度所呈现的峰值,是地层界面或者是围岩裂隙发育的表征。可判断,围岩层理、裂隙较多,岩质偏软,整体性较差。现场钻孔记录冲洗液颜色开始呈现灰色,在 YK43+543~536 位置,冲洗液出现深黑、灰黑色,并呈一定角度,据此可判断掌子面前方岩层在 YK43+543~536 位置处以炭质泥岩或煤矸石或煤层为主,岩质较软,遇水受力后容易碎裂,钻孔过程中在孔口位置进行瓦斯检测,未出现瓦斯超标现象,为进一步探明前方围岩情况,根据设计规范,项目在 2 号孔位置进行了取芯作业,取芯结果显示前方 18~20m 位置存在煤层,厚度大于 30cm,隧道施工至距离煤线 10m 位置需进行防突试验方能进行下一步施工。

图 6-54 YK43+560 掌子面钻孔取芯布置图

根据 C6XP-2 多功能钻机超前探测分析的结论,隧道掘进到 YK43+540 处揭露的围岩为灰岩、炭质泥岩、煤层互夹层,煤层厚度大于 30cm。由此可见,C6XP-2 多功能钻机超前探测分析在隧道掘进中的运用是成功的,可为隧道施工围岩及地质难题预先探测提供依据。

(2)超前大管棚施工。

大娄山隧道出口端右洞在进行瓦斯段煤系地层时,因掌子面围岩地质较差,结合超前地质预报情况,采用 $\phi 50mm$ 注浆钢花管和 $\phi 76mm$ 自进式管棚注浆对前方地质围岩进行加固,管棚 3m 一个节段,为外丝分节段接长,采用 C6XP-2 多功能钻机钻进施工,将管棚安装于 C6XP-2 钻机的钻杆套筒内,钻进过程中钻杆套筒跟进,在第一根钢花管前端安装钻头,钻出的孔径大于钢管外径 0.8cm,钻进完一个节段时,可将钻头连同钢管反转取出,采用套丝钢管接长下一个节段后持续钻进直至钻完一个管棚的长度,以此循环施工将全部钢花管打入前方围岩形成 12m 管棚;管棚打入完成后,对管棚加压注入水泥净浆。

采用 C6XP-2 多功能地质钻进行自进式管棚施工（图 6-55），一次性成孔、装管，提高了成孔质量，一根管棚钻进时间约为 1h，注浆 30min/孔，每循环施工时间 3d 左右。

图 6-55　C6XP-2 多功能地质钻自进式管棚施工

6.6.4　三臂凿岩台车

1）设备选型

目前，常用的钻眼设备有气动凿岩机、液压凿岩机、凿岩台车等。凿岩台车按照控制方式主要分为全液压凿岩台车、全电脑凿岩台车，全电脑台车是在保留液压台车所有功能和特性的基础上，采用电脑对钻进系统进行全方位智能控制，同时还集成了测量、位置传感、数据收集和存储等诸多应用于全自动管理体系接口的新技术，在扫描定位、掌子面钻孔、超前钻探、信息化管理等方面优势明显，全电脑凿岩台车和全液压凿岩台车功能对比分析结果如表 6-24 所示。

全电脑凿岩台车和全液压凿岩台车功能对比　　表 6-24

序号	对比项	全电脑凿岩台车	全液压凿岩台车
1	扫描定位	隧道的线路曲线坐标及竖曲线（坡度）坐标导入软件，在此基础上建立隧道轮廓断面并设计炮孔。施工时通过分析器进行定位，通过分析器检测隧道内测量的桩号坐标，能直接在掌子面反映出各钻孔的点位，再与台车电脑结合	无定位功能，需要人工测量画隧道轮廓线及标注炮孔位置
2	掌子面钻孔	按照驾驶室电脑钻孔图自动找点，程序控制自动钻孔。成孔速度快，5m 深的孔仅需 1.5min	测量员掌子面画点，人工按照红点找点，人工操作手柄控制钻孔

续上表

序号	对比项	全电脑凿岩台车	全液压凿岩台车
3	超前钻探	可钻探 φ76mm 的超前探孔,钻孔深度 20～30m,钻孔时间 20～25min。通过 MWD 软件分析复原地质情况,并形成地质报告。形成隧道大地质库,为后期施工作为参考	可打 20～30m 超前钻探孔,不能分析地质情况
4	超前管棚	可施工直径 45～142mm 的超前导管(或管棚),最大钻孔深度可达 50m,钻孔速度快	可打 45～89mm 管棚孔,深度 10～20m
5	锚杆钻孔	垂直岩面打锚杆,记录锚杆孔深度、位置、数量。锚杆成孔速度快,5m 深的孔仅需 1.5min	垂直岩面打锚杆,不能记录数据
6	信息化管理	向项目部传输施工进度、钻孔数据、超欠挖情况、地质分析数据等,并可实时查看台车工作状态	无
7	超欠挖扫描	台车定位以后,在钻孔的同时可以通过扫描仪进行扫描开挖断面(或初期支护断面),不占用工序施工时间。可以提取任一里程的断面情况与设计断面进行对比,可以作为爆破设计优化及混凝土方量计算的标准	无
8	操作难易程度	程序自动控制钻孔,手柄少,同时可参考电脑上钻臂状态凿岩机参数,操作简单易学,一般 1 个月可独立操作	凿岩机推进、冲击、回转 3 个动作分别 3 个手柄控制,臂架 6 个手柄控制,手动控制钻孔,操作复杂,操作手培训需要半年以上
9	钻孔质量控制	驾驶室电脑上钻臂状态凿岩机参数实时显示,钻孔角度、钻孔深度精确显示,且具有眼底找平功能,钻孔质量容易控制。可以通过调取工作日志查看实际钻孔与设计炮孔进行三维对比,分析钻孔质量的原因,靠优化爆破设计来控制爆破效果,降低对操作手的技能要求	钻孔深度、角度、位置完全凭经验,对操作手熟练程度和经验要求高。爆破效果及质量完全取决于操作手的经验,无法进行控制
10	保养难易程度	整机设 100 多个铰接润滑点,自动集中润滑,保养方便,保养工作量小	保养复杂,保养工作量大
11	工作人员安全	封闭式驾驶室,远离掌子面,安全性好	敞开式驾驶室,远离掌子面,安全性较好
12	工作人员健康	封闭式驾驶室,免受噪声和粉尘伤害,避免听力丧失、尘肺病的发生	敞开式驾驶室,噪声和粉尘伤害大

2)三臂凿岩台车单双机作业方式选择

由于三臂凿岩台车在配件消耗、超欠挖控制方面变化不大,故选取电力设备、人员工资、电费消耗的投入、钻孔时间四个方面进行单双机作业方式对比分析。

经作业经济、工期、稳定性、设备损耗等多方面对比,单机作业较双机作业有明显优势。

3)三臂凿岩台车快速钻爆施工实践

三臂凿岩台车尺寸如图6-56所示,项目通过全电脑三臂凿岩台车的快速钻爆施工技术实践,提升了隧道施工工效,减少了隧道超欠挖,降低了施工成本。

尺寸:宽2926mm,带封闭驾驶室高度3656mm,驾驶室升起17808mm,配BMH 6820推进梁车长438mm,离地间隙4756mm,转弯半径外/内11900/6300mm。

图6-56 三臂凿岩台车尺寸

(1)工艺流程。

开挖作业主要流程:施工准备→台车进洞→接水、电→台车定位→台车钻孔→台车退出洞外→装药→爆破→通风降尘→排危找顶→出渣→准备下一循环。

(2)台阶高度确定。

采用三臂凿岩台车进行钻爆施工,台车高度4.76m,为提高作业效率,便于台车钻爆施工,隧道主洞内Ⅲ、Ⅳ级围岩均采用上下台阶法施工,上台阶施工高度由原设计7.26m调整至8.42m,下台阶高度由原设计3.8m调整至2.64m。

(3)台车钻孔施工。

①测量固定点及台车定位。

在隧洞内选择两个固定点进行测量坐标,先把测量的坐标点数据输入爆破设计布孔图软件,再把布孔图和固定点导入三臂全电脑凿岩台车,如图6-57所示。三臂全电脑凿岩台车支撑在距离掌子面1.5m处,把徕卡全站仪架在三臂全电脑凿岩台车后30m左右,徕卡全站仪距离固定点10m左右,打开徕卡全站仪自动连接三臂全电脑凿岩台车电脑,用三臂全电脑凿岩台车其中一个钻臂,在掌子面上找一个基准面进行导航,导航完成后收好徕卡全站仪防止损坏。

②钻孔。

在三臂全电脑凿岩台车使用之前必须满足作业要求的电压和水压,定位完成之后,按照导入三臂全电脑凿岩台车的爆破设计布孔图进行钻孔,严格按照布孔图上炮孔的位置进行钻孔。钻孔的顺序先打底部炮孔,然后钻周边炮孔和辅助炮孔,最后钻楔形掏槽孔,如图 6-58 所示。三臂全电脑凿岩台车具有自动清孔功能,能够自动清洗孔中残留的石渣和泥土。

图 6-57　三臂凿岩台车

图 6-58　三臂凿岩台车定位打眼

4) 应用效果

根据材料部、工程部、拌和站和施工队伍等综合测量、统计原始数据,三臂凿岩台车开挖费用为 2383 元/m,每延米可节约 285 元,且采用三臂凿岩台车施工可提高功效 10% 以上,符合当前提倡的隧道机械化施工、安全施工的理念。

5) 存在的不足

(1) 由于三臂台车小臂线性较直,较人工打钻时钻杆可塑性弱,机械臂贴紧最后一环拱架时外插角仍有 20°～30°,所以只能在靠近拱架这边打一环短孔,受短孔影响爆破效果始终不理想,若开挖爆破后预留 1～2 榀拱架不安装可使机械臂有较大操作空间,但不符合规范要求且存在一定安全风险。

(2) 三臂凿岩台车钻杆直径为 $\phi 48mm$,药卷直径为 $\phi 32mm$,药卷与钻孔不贴合,炸药单耗偏高,对爆破效果有一定的影响。

6.6.5　拱架安装机

1) 设备选型

单臂抓取重量较重的钢(或花)拱架必然导致拱架的挠性变形,且在有限的隧洞空间调整不便,尤其在相对较大或较小的截面施工,动作更是无法展开,"五新隧装"新研发的拱架安装机(图 6-59) 具有双臂抓举功能,但隧道施工中的实际应用却并不多见,项目基于"五新隧装"车载拱架安装机进行性能分析,研究长大隧道拱架快速安装支护方法。

第6章 特长大断面隧道施工关键技术

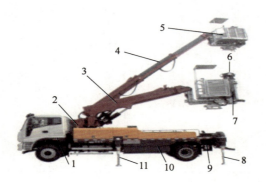

图 6-59 车载式拱架安装机

1-底盘；2-滑台；3-左右摆臂；4-伸缩臂；5-工作平台；6-拱架卡夹；7-辅助臂；8-后伸缩支腿；9-副车架；10-配重水箱；11-前伸缩支腿

2）设备性能分析

（1）车载式拱架安装机简介。

车载式拱架安装机有两条机械臂、两个工作平台、两条辅助臂和两个液压卷扬，均为液压驱动。其中机械臂可在滑台上前后直线移动，移动限距3.9m，双臂均为两段液压臂。两条机械臂、两个工作平台均可以左右、上下移动，具体参数见表6-25。

车载式拱架安装机参数表　　　　　　　　表 6-25

项目	参数值
车体尺寸	长×宽×高=9m×2.5m×3.1m
最小转弯半径	20m
最大行驶速度	80km/h
举升能力	1200kg
最大作业水平宽度	18m
最大作业高度	12m
臂架垂直摆动角度	$-20°\sim+58°$
臂架水平摆动角度	$\pm40°$
滑台可移动距离	3.9m

（2）施工工艺流程及操作要点。

以大娄山隧道上台阶拱架（图6-60）安装为例，安装时先将拱架分两部分在地面拼装，左侧两个A单元和B单元为一部分，右侧一个A单元和B单元为另一部分，确保连接板处螺栓连接牢靠。拼装完后利用抓举装置以及人工配合将拱架放置到拱架卡夹上，然后把拼装好的两部分拱架提升至拱顶对应的大概位置，最后将两部分拱架用螺栓拼装在一起，并保证连接板处螺栓连接牢靠。抓举拱架过程中需注意右侧抓举点位置，要确保拱架抓举起来后方便人工安装螺栓。车载式拱架安装机作业如图 6-61 所示。

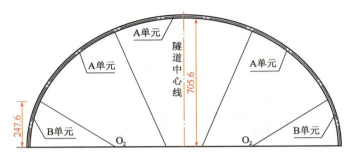

图 6-60　上台阶拱架图（尺寸单位：cm）

图 6-61　车载式拱架安装机作业

上述过程完成后，两个操作平台同时操作，对拱架位置进行精调，直至满足规范要求，然后利用连接筋对拱架进行临时连接固定（图 6-62）。

将拱架卡夹取下，利用作业平台进行连接筋和网片安装施工（图 6-63），以及同时进行锁脚锚杆的施工。作业平台上有网片和连接筋的存放处，只需将网片、连接筋存放在相应位置即可，便于操作人员拿取。

图 6-62　拱架临时固定作业　　　图 6-63　网片、连接筋放置于作业平台上

3）设备应用效果分析

根据大娄山隧道 4 号斜井工区每个循环的写实记录来看，循环进尺在 3m 时，立架工序时间普遍在 2.5～3h 之间，车载拱架安装机相比人工立架每循环节省时长约 0.5～1h。

6.6.6 湿喷机械手

1）设备选型

经过考察研究，基于湖南五新湿喷机操作稳定、湿喷效果好的优点，选用湖南五新隧装 CHP25E 湿喷机进行湿喷作业，如图 6-64 所示。

图 6-64　湖南五新隧装湿喷机 CHP25E

2）施工工艺流程

（1）喷射混凝土施工工艺。

水灰比以喷射混凝土时混凝土坍落度控制在 8～10cm 为宜。风压在 400～500kPa，过高过低都将影响喷混凝土施工效果和回弹量，水压比风压高 50～100kPa。

喷射混凝土时喷射角尽量垂直于受喷面或略有 5°～10°的倾斜，喷嘴距受喷面保持在 0.6～1.2m 之间，喷射时先喷边墙，后喷拱顶，由下至上，以螺旋状沿横向往复移动，喷射作业以适当厚度分层进行，后一层喷射在前一层混凝土终凝后进行。终凝后喷水养护，7d 内保持湿润，以防干裂，影响质量。为避免喷射混凝土回弹伤人，严格遵守喷射混凝土施工操作安全事项，绝对不可将喷头对着人。

（2）施工质量控制。

①保证喷射混凝土厚度，一次喷射厚度不应小于集料粒径的两倍，通常喷墙 5～10cm，喷拱顶 4～6cm。

②喷射作业应分区分段进行，每一小段作业宽度以 1.5～2.0m 为宜，其喷射顺序

为:先墙后拱,自下而上;边墙应自墙基开始,拱部应自拱基线开始。

③喷射机的工作气压应控制在 0.1~0.15MPa 之间;水压应比风压大 0.05~0.1MPa 左右。

④有钢筋网时,可在岩面喷射一层混凝土后再进行钢筋网的铺设,并在锚杆安设后进行。

⑤喷射混凝土终凝 2h 后,应每隔 4~8h 喷水养护一次,养护时间不少于 7d。如果相对湿度大于 85%,可采用自然养护。

⑥喷射时,使喷射角度保持在 90°最佳。

⑦喷射速度控制在 17m/s 最佳。

(3)综合经济效益对比。

大娄山隧道采用湿喷机相比干喷多投入 491 万元,但在质量、安全文明施工等各方面优势非常突出,湿喷是强制性工艺标准,也是企业发展的必须,应加大管理力度,优化施工工艺,才能进一步降低成本。

6.6.7 自行式液压仰拱栈桥

1)设备选型

项目基于四川成都科利特公司生产的带弧形模板自行式液压仰拱栈桥开展仰拱快速施工方法的介绍。

自行式液压仰拱栈桥长 31.6m,宽 4.45m,高 3.7m;有效工作长度 24m,承载能力 50t,过车宽度 3.5m;走行速度 6m/min;整机功率 20kW;驱动机构液压马达。液压栈桥为液压马达驱动,实心胶轮行走,液压和电气控制实现自动行走移动,能够自动前进、后退及左右横移动,前后左右 4 个支点单独液压控制高低。液压栈桥主要由前桥、后桥、主桥桥身、自动走行装置、升降机构、液压自动平衡系统和电气控制系统等部件组成,液压栈桥和简易栈桥对比如表 6-26 所示。

液压栈桥与简易栈桥对比　　　　表 6-26

项目	液压栈桥	简易栈桥
安全性	框架整体结构,不会侧翻	单片散开结构,容易侧翻倾覆
一次施工长度	24m	12m
行走操作方式	液压控制,整体自动行走	需挖机来回吊装移动、摆位
施工特点	小型流水作业面,掌子面可以同时出渣	仰拱开挖施工时,隧道通道需中断,影响掌子面出渣

续上表

项目	液压栈桥	简易栈桥
优势	可配整体式仰拱模板快速移动和定位,减少劳动力,降低劳动强度	体积小,拆装灵活快捷
效益	同岩层施工 12m 仰拱,速度提高 20%~25%,节省劳动力 30%。拆装方便,强度高,可以重复使用于多个工地	单套一次性投入资金少,强度小,使用时间短,重复使用率低

模板部分主要由全弧仰拱模板、中心水沟模架、液压移模小车、液压脱模板系统、防上浮机构及溜槽组成。

2）施工工序与步骤

（1）栈桥移动就位。

将栈桥小车与全弧仰拱模板横梁分离,控制栈桥小车前移一定距离,升降腿向下伸出顶住地面,栈桥行走轮推动栈桥系统前移一定距离（不大于栈桥系统最大长度的 1/2）,再次控制栈桥小车前移一定距离,如此重复多次,直至栈桥就位完成。

（2）仰拱开挖及钢筋绑扎。

待所述栈桥就位完成后,利用栈桥系统进行常规仰拱开挖,形成仰拱开挖面,在所述仰拱开挖面上进行常规仰拱钢筋绑扎,形成仰拱钢筋绑扎面。

（3）仰拱脱模。

待上一道仰拱混凝土凝固后,控制全弧仰拱模板系统前端的升降支撑脚和后端的仰拱行走机构伸出顶住地面,使得全弧弧形仰拱模板组上升脱模。

（4）移模就位。

控制栈桥小车运行到栈桥系统尾端,与仰拱模横梁连接固定,控制升降支撑脚缩回,通过栈桥小车的拖动和仰拱行走机构的推动将仰拱模架系统移动到所述仰拱钢筋绑扎面上,完成仰拱模板定位；控制升降支撑脚的支撑高度来调节仰拱模板的左右高差；控制栈桥系统前端横移机构的横移来调节仰拱模板横向位置。

（5）定模浇筑。

所述全弧仰拱模板定位后,下部利用下台阶和仰拱初期支护时预留的加固钢筋,用钢筋进行斜拉加固,上下交错布置并同时进行防排水和中心沟的架板的安装,进行仰拱混凝土浇筑。

（6）施工完毕后,对仰拱模板上的混凝土及杂物进行清理,然后松开所有伸缩丝杆拉筋,保证模架呈自然状态,并对其进行校正。

(7)重复步骤(1)至(6),自行式液压仰拱栈桥机械化施工如图 6-65 所示。

图 6-65　自行式液压仰拱栈桥机械化施工图

3)使用效果分析

(1)一次安装完成后可实现相同断面的整条隧道仰拱作业施工,省去了模板的拼装及拆除,中心水沟模板一次成型,提高了工作效率,自行式液压仰拱栈桥仅需 1.5~2h 即可完成;采用全自动机械控制移动和定位,大大减少了工人的劳动强度,节约劳动成本,提高施工效率和施工质量。

(2)全弧仰拱模板的脱模采用机械或液压方式脱模,大大减少了工人的劳动强度,提高了施工效率。

(3)全弧仰拱模板系统可自由与液压栈桥系统分离,可以保证在仰拱开挖、扎钢筋等工序时,全弧仰拱模板不对其他工序施工造成干扰,控制灵活方便。

6.6.8 防水板铺挂一体机

1)设备介绍

项目基于防水板铺挂一体机(图6-66)进行防水板、土工布快速安装工艺研究,该设备主要由动力系统、液压传动系统、防水卷材上料系统、作业门架系统、行走系统组成,台车长度6m,可满足6m以下防水板、土工布材料的铺挂。

图 6-66 防水板铺挂一体机

2)施工工艺及方法

施工时仅需2~3名工人将防水卷材抬到上料系统中,由台车通过液压系统将滚轴沿着台车边缘滑动,将防水材料沿着初喷面铺开,再由人工固定防水材料。

3)施工工效分析

(1)台车为轮胎自行式,不需要铺设轨道,更方便施工。

(2)台车满足长度为6m及6m以下所有规格的防水布及土工布半自动铺设,人员数量可由3人减少至2人。

(3)台车设有防水板及土工布提升机构,节省人工劳动力。

(4)实现防水板铺设与钢筋绑扎平行作业。

4)使用效果分析

项目引进防水板铺挂一体机进行防水板、土工布挂设,在完成防水板施工后兼作隧道钢筋网施工平台进行钢筋网施工,使用性能分析如下:

(1)台车为轮胎/轨道自行式,操作便捷。

(2)台车防水布及土工布半自动铺设,减少人工操作,加快施工时间,提升施工效率。

(3)节长度以适应隧道衬砌断面变化。

(4)台车设计有升降式钢筋顶升模架、防水板及土工布提升机构,节省人工劳动力。

(5)台车设计有侧向电动伸缩式工作平台,方便施工。

(6)台车配备有红外线定位仪装置,保证防水板焊接质量。

(7)台车采用遥控操作,一人即可操控。

6.6.9 自动浇筑二衬台车

1)设备选型

项目部通过对市场上二衬台车的考察研究,基于五新隧装自动浇筑二衬台车具有自动分层浇筑功能,并从经济对比性、工作效率、劳动力投入进行了对比,最终选用了五新隧装自动浇筑二衬台车,并在实际使用过程中进行运用对比分析,探讨二次衬砌快速施工工法。

(1)自动浇筑台车的基本结构。

自动浇筑台车由模板总成、门架总成、梯子平台总成、走行机构、布料系统、电气系统等组成,台车作业长度与普通台车相同,如图6-67~图6-69所示。

图6-67 自动浇筑台车基本结构

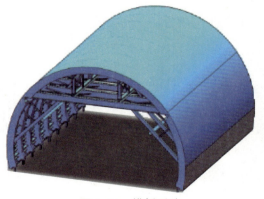

图6-68 模板系统

图6-69 门架系统

①轨道小车和对接泵管的设置。

在台车最上层平台设置轨道小车(图6-70),小车可以沿隧道方向前后移动,便于与预留的输送泵管(图6-71)连接,且小车上的对接口处设置橡胶皮碗,依靠油缸压力使之与预留泵管口可靠连接,浇筑过程中不会出现漏浆或喷射出混凝土的现象,省去传统工艺中工人利用管卡连接泵管的冗杂过程,明显提高换管效率,最大限度降低混凝土因换管时间造成的影响。

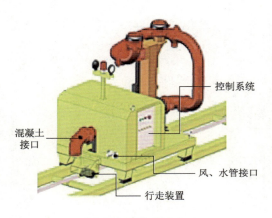

图6-70 轨道小车

图6-71 预留泵管

②拱顶注浆兼溢浆排气孔的设置。

台车拱顶预留三处注浆兼溢浆排气孔。台车模板定位加固时在预留的孔洞处设置 $\phi 42 mm$ 钢管,将钢管顶死二衬防水层,在钢管一头(防水层侧)预留 $2\sim3cm$ 的缺口。当隧道有坡度时,浇筑拱顶混凝土从低处往高处浇筑。

③固定溜槽的设置。

台车上布置有固定溜槽,保证混凝土可以到达各个浇筑窗口。

④浇筑窗口的设置。

台车左右两侧分别呈梅花形布置三排浇筑窗口,一是便于工人观察左右侧混凝土实现混凝土的对称浇筑,避免浇筑过程中混凝土的偏压对台车的影响;二是实现混凝土的分层浇筑,大大降低传统工艺一孔浇筑到底出现"人"字冷缝的概率。

(2)自动浇筑台车的特点。

①模板为主受力件,结构强度高,门架为4支腿门框结构,模板与门架无连接,结构非常简洁,顶部、两侧和底部空间超大,改善了作业环境,增大了通风截面积,便于工程车辆行驶。

②支撑杆件比传统台车减少一半,操作简单,劳动强度低,减少收立模时间。

③设置可调节式折叠支撑,便于立模和脱模。

④可实现足够大的脱模空间,便于模板表面维护。

⑤结构简单,零部件种类和数量大大减少,便于现场安装、拆卸和管理。

⑥梯子平台人性化设计,方便现场施工和同行,促进安全和文明施工。

⑦与混凝土分层布料机配套使用,实现混凝土自动化分层逐窗入模浇筑。

传统台车与自动浇筑台车的对比分析如表 6-27 所示。

传统台车与自动浇筑台车的对比分析　　　　表 6-27

项目	传统台车	自动浇筑台车
主受力件	受力结构复杂,支撑杆件众多、门架立柱和门架大梁作为主受力体	模板系统作为主受力承载件,强度高稳定性好,浇筑过程不易发生变形和跑模
支撑杆件数量	支撑杆件多,收立模不方便	支撑杆件减少一半,操作简单,劳动强度低,大大减少收立模时间
混凝土入仓方式	混凝土不是带压入仓,混凝土易离析、不容易入仓	封闭式输送,带压输送,混凝土浪费小。克服传统溜槽入仓方式不能正常入仓的问题
作业环境	净空小,影响车辆通行	台车顶部,两侧和底部空间超大,改善作业环境,提高通风截面积,便于工程车辆通行
工作方式	一孔灌到底,产生人字坡冷缝等质量问题	管路分层布置实现分层浇筑,克服一孔灌到底浇筑方式产生的质量问题,管子从进料口到出料口无中间操作环节。移动式布料机可以实现全程自动布料

2)施工工艺及流程

二衬台车模板定位加固→混凝土浇筑前准备工作→浇筑混凝土→施工场地文明施工→脱模移动台车、养护→下一模二衬施工。

(1)台车模板定位加固。

模板定位加固前应先检查初期支护断面尺寸、钢筋、预埋件等,且模板需均匀涂刷脱模剂,验收合格后再对二衬台车模板进行定位加固。测量班需对台车中心位置、高程、边墙模板位置等进行放样,以及核对台车端头是否在同一断面。模板加固完后须及时对台车丝杆、斜撑、千斤顶等加固构件进行牢固程度检查验收,以免混凝土浇筑过程中对台车造成影响。

(2)混凝土浇筑前准备工作。

混凝土浇筑前准备工作包括有前场输送泵的调试,过程中用到的高压风、高压水是否到位,附着式振捣器是否可以正常使用,如果有问题需及时处理。后场关注拌和站地材是否充足,试验员负责使用配合比的输入。开盘浇筑时,对首盘混凝土进行坍落度试验,一般二衬混凝土在有结构钢筋时坍落度为220mm±20mm,无结构钢筋时为200mm±20mm。

(3)浇筑混凝土。

二衬混凝土浇筑按从低到高、左右对称浇筑。若隧道有坡度,浇筑拱顶时从低位置向高位置依次浇筑,以免造成混凝土对拱顶预留泵送管口的堵塞,影响后续浇筑。

对称浇筑第一(最下)层窗口处混凝土:①遥控控制小车上对接口与第一层左侧或右侧窗口位置对应的泵管对接,浇筑混凝土,浇筑约60cm高。②遥控小车前进或后退,控制小车上对接口与第一层另一处同侧窗口位置对应的泵管对接,浇筑混凝土,浇筑约60cm高。③遥控控制小车上对接口与第一层右侧或左侧窗口位置对应的泵管对接,浇筑混凝土,浇筑约60cm高。同时开启之前浇筑过混凝土侧的附着式振捣器,当混凝土表面无明显塌陷、有水泥浆出现、不再冒气泡时,应结束该部位振捣。④遥控小车前进或后退,控制小车上对接口与第一层另一处同侧窗口位置对应的泵管对接,浇筑混凝土,浇筑约60cm高。⑤遥控小车位置和对接口到首先浇筑的混凝土侧,重复①~④步骤,直至浇筑到第一层窗口处,关闭第一层浇筑窗口。

对称浇筑第二(中间)层窗口处混凝土:①关闭到第一层窗口处的混凝土通道,使混凝土可以直接进入第二层窗口。②重复第一层窗口处混凝土浇筑步骤,直至混凝土浇筑到第二层窗口处,关闭第二层浇筑窗口。

对称浇筑第三(最上)层窗口处混凝土:遥控控制小车上对接口与第三层左侧或右侧窗口位置对应的泵管对接,剩余操作与浇筑第一层或第二层浇筑窗口处混凝土操作相同。浇至第三层浇筑窗口时,关闭窗口。

浇筑拱顶位置混凝土:①遥控控制小车上对接口与拱顶低位置预留泵管对接,开始浇筑混凝土。②浇筑过程中,须观察浇筑口附近的溢浆孔,出现溢浆现象时,封堵第一个浇筑口,遥控控制小车上对接口至相邻的浇筑口,继续浇筑。③重复操作直至拱顶混凝土浇筑完成。

带模注浆:①通过二衬台车上拱顶位置预先设置的注浆孔进行注浆。注浆时机为拱顶混凝土浇筑完成2h后,注浆前连接好注浆机。注浆时机不得过晚,否则注入砂浆不能很好与浇筑混凝土结合,影响二衬混凝土受力结构。②带模注浆应采用微膨胀性且流动性好的水泥砂浆。注浆过程中严格控制注浆压力,注浆压力应超过1.0MPa。③当在一个孔注浆时,其余孔兼做溢浆排气孔,当相邻孔溢浆时,更换到此溢浆孔继续注浆。注浆过程中不得跳孔注浆,避免造成注浆管堵塞、拱顶注浆效果差等现象。注浆完一个孔后,更换到前一个注浆孔继续注浆,直到注浆压力超过 1.5MPa 停止注浆。④注浆效果检查可以通过雷达扫描等无损检测方法,对于不满足要求的地段必须进行二次注浆。

脱模行走台车:①混凝土拆模时的强度应符合设计要求。当设计未提出要求时,侧模应在混凝土强度达到 8MPa 以上,且其表面及棱角不因拆模而受损时,方可拆除。②拆除模板时,应检查所有的加固构件是否已经拆除或松力,以免强行拆模造成台车变形。

混凝土养护:①混凝土浇筑后,12h 内利用养护台车对混凝土进行洒水喷淋养护。操作时,不得使混凝土受到污染和损伤,养护用水与拌制用水相同。②混凝土养护时间不宜少于 14d,洒水次数应以混凝土表面保持湿润为度。③当工地昼夜气温连续 3d 低于 5℃ 或最低气温低于 -3℃ 时,采取冬期施工措施;当工地昼夜平均气温高于 30℃ 时,应采取夏期施工措施。

二衬面施工效果如图 6-72 所示。

a)远景

b)近景

图 6-72 二衬面施工效果图

3)设备应用效果分析

(1)混凝土节约。

采用自动浇筑二衬台车施工相比传统台车,据统计每循环可节约混凝土 $1.25m^3$,全隧节约混凝土 $936m^3$。

(2)人员数量对比。

传统二衬台车施工时每模二衬混凝土浇筑需要 8 人左右,而采用自动浇筑二衬台车施工仅需要 5 人。

(3)浇筑时间对比。

传统二衬台车浇筑时间在 12h 以上,而采用自动浇筑二衬台车施工浇筑时间在 10h 以内,按隧道二衬 3d 一模算,每环二衬可节省 2h,全隧单幅可节约工期 31d。

(4)经济效益对比分析。

通过对比,每板二衬(12m)在人工和混凝土方面可综合节约成本1151.4元,全隧节约直接费用86万余元。

6.6.10 电缆沟槽台车

1)设备介绍

项目设计电缆沟长度17926m(单侧),电缆沟槽尺寸为65cm×60cm,壁厚15cm,如图6-73和图6-74所示,项目基于隧道机械化施工要求,引进四川成都科利特公司电缆沟槽台车(型号DLGTC-12m,图6-75)进行电缆沟槽快速施工研究,该台车长度12m,由电缆槽模板、排水暗沟模板、桁架及内侧面模板三大部分组成。

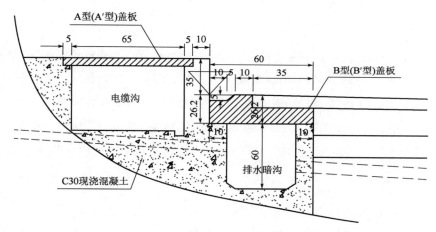

图6-73 隧道左侧电缆沟槽尺寸(尺寸单位:cm)

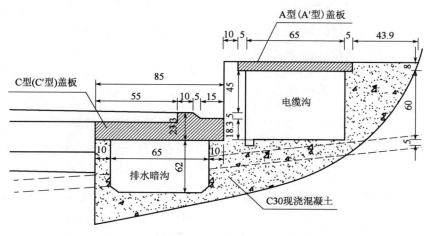

图6-74 隧道右侧电缆沟槽尺寸(尺寸单位:cm)

图 6-75 水沟电缆槽台车

2）施工工艺流程

隧道内水沟电缆槽施工在隧道衬砌至 800～1000m 后跟进或隧道衬砌完成后进行。

施工工序如下：仰拱二衬、仰拱填充混凝土表面清理→工作面移交→进行测量放线→基面处理（混凝土表面凿毛，纵向、横向排水盲管疏通等）→基面检查验收→钢筋绑扎及埋件安装（纵向、横向排水盲管引接，综合接地钢筋、接地端子安装等）→模板安装→仓面验收→沟身混凝土浇筑→混凝土养护→拆除模板→沟盖板安装→验收检验→结束。

3）施工效果分析

采用电缆沟槽台车相比人工采用定型塑料模板施工人工费用仅减少 6 万元，但其购置费用高达 40 万元，其施工效率较人工慢 2.5 个月，经济效益并不明显。但采用电缆沟槽台车相比人工定型塑钢模板施工，电缆沟接缝少，线型美观，外观质量较好，且隧道两侧电缆沟、排水暗沟整体浇筑，避免了人工定型塑钢模板来回拆装，大大减少了人工劳动，提升施工质量的同时，也使得现场文明施工环境得到了明显改善。

6.6.11 机械设备的保养维修

机械设备的保养维修是大型机械化配套施工的重要环节，（进口、国产设备）设备及配件、常规消耗都比较贵，因此，日常检查、保养良好的设备性能对保证正常施工十分关键。

C6XP-2 多功能地质钻、全电脑三臂凿岩台车、车载湿喷机等设备的保养维修都遵循"养修并重，预防为主"的原理；做好"班检""周检"和"月检"工作，采用日常保养、定期保养和强制保养相结合的方式；保养内容主要是清洁、紧固、调整、润滑、防腐，亦成"十字作业法",作业一个班,强制保养设备一次,并将故障的隐患消除在作业之前。

对设备保养、维修工班技术人员强化技术学习培训:维修保养人员必须经培训后持证上岗;适时邀请集团公司有经验的专家及设备厂商专业人士对现场保养人员进行技术培训。

目前国家公路隧道机械化已逐渐成为一种趋势,项目基于大娄山隧道 C6XP-2 多功能地质钻、全电脑三臂凿岩台车、车载湿喷机、车载拱架安装机、自行式液压仰拱栈桥、防水板铺挂一体机、自动分层浇筑二衬台车、电缆沟台车进行了快速施工技术研究,以上机械设备各有优点,但一次性投入都过大,在实际施工使用过程中也存在一定不足,如全电脑三臂凿岩台车钻孔孔径过大,炸药单耗偏高,钻臂受拱架影响,周边眼角度不易控制,需采用长短眼结合的方式钻孔,爆破效果不理想;由于车载拱架安装机是双臂作业,在大断面隧道中容易出现拱架变形,安装不方便,施工超前小导管、锚杆效率偏低;防水板铺挂一体机存在上料系统易卡顿,难调整;12m 电缆沟台车存在对仰拱、二衬施工面平整度较高,不能适用于曲线段施工,施工效率较人工施工效率低,等等。

山岭公路隧道机械化施工仍有很大潜力可挖,大力推行公路隧道新奥法施工的机械化配套技术,不仅在隧道开挖、初期支护等关键工序采用先进的机械化设备,而且在隧道二次衬砌施工和养护、防排水施工以及附属工程上也实现机械化施工。当然,也必须结合具体工程地质条件因地制宜地制定机械化配套等级,同时,设计和工法选择也应与机械化配套相匹配,以最大限度地保障机械化成套率。随着科学技术的发展,隧道工程机械化配套施工是工程建设需要,也是工程建设的必然发展方向。

CHAPTER SEVEN 第7章

施工监控与地质预报

大娄山特长隧道群地质复杂多变,场区断层、背斜、向斜等构造发育,频繁穿越软弱破碎围岩(断层带、裂隙带、岩溶发育区等)、高地应力软岩、高瓦斯煤系地层等复杂地质,建设环境复杂。大娄山隧道Ⅴ级围岩区段长逾2200m,其中高地应力软岩长390m,高瓦斯煤系地层长830m,局部瓦斯含量高达21.34mL/g,瓦斯压力1.9MPa,是典型的高瓦斯隧道。施工中可能遭遇隐伏岩溶、涌水突泥、软岩大变形、高瓦斯及瓦斯突出、塌方冒顶等风险,施工监控风险难度大。本章全面介绍了大娄山特长隧道群的岩溶及瓦斯地层的施工监控与地质预报。

7.1 岩溶地层地质预报与施工监控方案

7.1.1 超前地质预报方法

7.1.1.1 地质超前预报工作流程

在现场地质调查、地质素描和地质分析、物探测试基础上,按步骤对开挖段周边水文和掌子面前方地下水、岩溶和可能的突泥涌水等情况进行地质超前预报(图7-1);工区地质分析→掌子面前方50~100m范围内,不少于1倍洞径范围的主要不良地质长距离超前预报→掌子面前方10~20m范围内、周边30m范围内不良地质短距离超前预报→重点不良地质超前钻探→施工地质灾害临近警报。

7.1.1.2 地质超前预报方法

本项目地质超前预报以地质调查法为基础,针对不同地段地质情况、预报目的及预报方法的适用条件,采用一种或几种方法相互补充和印证,进行综合地质超前预报,主要地质超前预报方法如表7-1所示。

主要地质超前预报方法　　　　　　表7-1

预报方法	说明
工程地质分析	地质工程师结合现有的隧道设计图纸、地勘资料,及各种物探、钻头等预报成果和现场开挖揭露围岩情况,进行隧道地表补充、洞内掌子面地质素描,围岩预判
弹性波反射法	单次预报距离50~100m,可实现地质三维成像预报,主要在构造发育区段探测断层破碎带等不良地质体
地质雷达法	单次预报距离10~20m,主要在洞口段、洞内特殊不良地质段及异常地质段采用地质雷达预报,并结合弹性波反射法综合预报、印证

续上表

预报方法	说明
瞬变电磁法	主要用于探测隧道掌子面前方一定范围内富水区、岩溶带等不良地质信息
高分辨直流电法	在地下水丰富的区段采用，探测地层中存在的地下水位置及相对含水量大小，如断层破碎带、溶洞、溶隙、暗河等地质体中的地下水
激发极化法	主要在地下水发育区使用，主要用于探测中小型充水溶洞、含水断层等含水不良地质构造
超前水平钻探法（钻孔成像）	本项目超前水平钻探配合钻孔电视法，主要用于特殊不良地质段（如富水区、充泥区、极可能发生突水、突泥等地段）。每次根据弹性波反射法与地质雷达，并结合高分辨直流电法、瞬变电磁法探水预报结果等判定后，确定是否需要打探孔及探孔布置和数量；探孔由施工单位负责实施，检测单位负责采集、分析地质、水文数据、资料

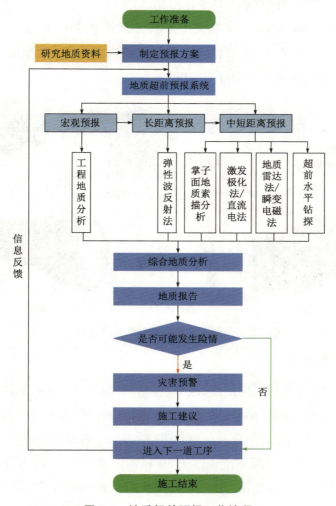

图 7-1 地质超前预报工作流程

1）工程地质分析法

地质工程师根据区域地质情况、隧道区地质特征、掌子面揭露的地质情况和地质工程师的经验，利用相关地质调查、素描设备（图7-2），对掌子面前方的地质情况作出预测，并对弹性波反射法及地质雷达探测结果作出合理的地质解释。工程地质跟踪与推断，通过地表和隧道内的工程地质调查与分析，了解隧道所处地段的地质和构造特征，推断前方地质情况。其工作方法包括：

（1）掌子面地质编录预测法：参考勘察设计资料，通过隧道掌子面已揭露地质体进行观察与编录，以开挖的地质情况变化规律为依据，对掌子面前方延伸情况进行有依据的推断，对岩层、岩性、层位进行预测、对条带状不良地质体的位置进行推断，以便随时掌握掌子面的地层产状、岩性、构造等的变化情况。

（2）断层参数预测：掌握区域地质变化，熟悉地质构造成因，通过断层产状与隧道走向和隧道断面的高度和宽度的资料，预测断层影响隧道的长度。地质方法是物探预报的辅助方法，在各隧道的地质预报中都要使用。

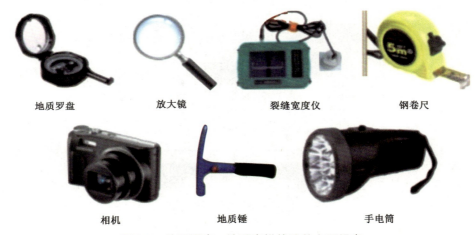

图7-2　地质调查、地质素描使用的主要设备

2）弹性波反射法

通过人工制造一系列有规则排列的轻微震源，震源发出弹性波遇到地层界面、节理面，特别是断层破碎带、溶洞、暗河、岩溶缺陷柱、岩溶淤泥带等不良界面时，一部分地震信号反射回来，一部分信号透射进入前方介质（图7-3）。根据弹性波的动力学特性和运动学特性判定围岩是否存在断层、溶洞、破碎带及地下水等不良地质情况，结合围岩弹性波传播速度进行初步的岩体结构（完整性、稳定性等）特征判断。然后，根据相同岩性的岩块波速及测试出的围岩弹性波传播速度算出完整性系数，依据规范就可根据弹性波速

度和完整性系数的大小进行围岩类别划分。弹性波法具备三维成像功能,能预报掌子面前方 50~100m 范围内,包含不少于 1 倍洞径范围内的断层破碎带、软弱围岩段、岩溶段等不良地质(图 7-4)。

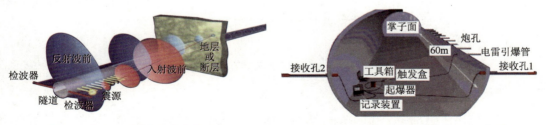

图 7-3　弹性波反射法探测示意图　　　图 7-4　弹性波反射系统设备效果图

弹性波在指定的震源点(通常在隧道的左边墙或右边墙,大约 24 个炮点布成一条直线)用小药量激发产生。弹性波在岩石中以球面波形式传播,当弹性波遇到岩石物性界面(即波阻抗差异界面,例如断层、岩石破碎带和岩性变化等)时,一部分地震信号反射回来,一部分信号投射进入前方介质。反射的地震信号将被高灵敏度的地震检波器接收,该接收系统为一个三分量检波器,埋入隧道侧壁岩体中 2m,炮点等间距设于侧壁岩体内 1~1.5m,有效地避免了面波和隧道柱波干扰,探测装置及炮孔布置要求见表 7-2,布置图见图 7-5。

探测装置与炮孔布置要求表　　　　　　　　　　　表 7-2

细目	具体要求
激发孔与接收孔的布置高度	激发孔与接收孔的布置高度为一条直线,该直线距离隧道当前地板的高度在 1.0~1.2m 范围内,选择一个确定的高度布置
激发孔布置间距	激发炮孔由掌子面退后 3~5m 开始,等间距布置,炮孔间的距离为 2m
接收孔布置要求	接收孔在距离最近炮孔 20~30m 范围,选择岩体相对完整的地段确定孔位,左右洞壁对称布置。
孔深	激发孔与接收孔的孔深均为 2m
激发孔的数量	激发孔的数量为 24 个
钻孔孔径与验孔要求	接收孔必须采用 φ50mm 钻头凿孔,否则探头无法安装; 激发孔可以采用隧道施工打炮孔的钻头凿孔; 钻孔完毕后需要吹孔,保证孔内无岩粉
测量距离要求	测量接收孔到最近炮孔的距离,并记录接收孔的里程; 测量激发炮孔之间的间距; 测量掌子面至最近激发炮孔的距离,并记录掌子面里程
原始记录	每次数据采集应做好原始数据记录

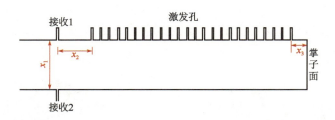

图 7-5 探测装置与炮孔布置图

3）瞬变电磁法

瞬变电磁法（Transient Electromagnetic Method，TEM 法）是利用大功率的发射装置向铺设在地面的矩形线圈（或称发射框）发送双极性矩形大电流（图 7-6）。当电流开启与关断时，由于电磁感应作用生成电压脉冲，电压脉冲的衰减产生感应磁场（即一次磁场），一次磁场向地下传播，在地下介质中因感应产生涡流，在电流关断的时间间隔内，通过地面的接收线圈观测涡流生成的二次场，即可探测到关于地下介质电性和结构信息。

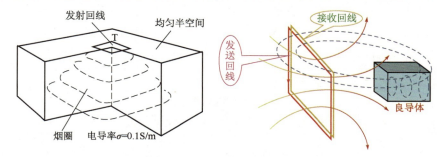

图 7-6 瞬变电磁法探测工作原理示意图

瞬变电磁仪（图 7-7）对低阻充水破碎带反应特别灵敏、体积效应小、纵横向分辨率高，且施工方便、快捷、效率高，主要应用于隧道超前探测，包括以下几个具体方面。

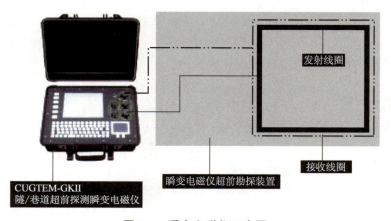

图 7-7 瞬变电磁仪示意图

(1)隧/巷道、巷道等半空间环境的超前探测,距离能达到150m。

(2)主要用于隧道掌子面前方未开挖地段的地质情况探测,具体如下:

①对照设计图提供的地质、水文资料,预报地质、水文条件变化情况及对施工的影响程度。

②预报掌子面前方即周边150m范围内断裂、裂隙水、溶洞及溶洞含水情况。

③地质超前预报为设计和施工提供可靠依据,降低地质灾害发生的风险。

本瞬变电磁法勘探采用重叠回线装置,发射和接收线框采用多匝$1.5m \times 1.5m$矩形回线。采样时窗为150ms,叠加次数30,时间采用标准时间序列。探测测点布置在隧道掌子面,测点点距为$0.5 \sim 1.0m$,每个测点向三个不同的方向进行探测,即先沿顺层方向,再向底板方向、顶板方向(图7-8)。根据多匝小线框发射电磁场的方向性,可认为线框平面法线方向即为瞬变探测方向。因此,将发射接收线框平面分别对准底板或平行掌子面方向进行探测,就可反映隧/巷道底板岩层或平行掌子面内部的地质异常。

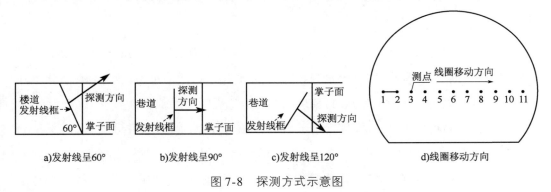

图7-8 探测方式示意图

4)高分辨直流电法

高分辨直流电法是以岩石的电性差异(即电阻率差异)为基础,在全空间条件下建立电场,电流通过布置在隧道内的供电电极在围岩中建立起全空间稳定电场,通过研究电场或电磁场的分布规律预报开挖工作面前方储水、导水构造分布和发育情况的一种直流电法探测技术,如图7-9所示。适用于探测任何地层中存在的地下水位置及相对含水量大小,如断层破碎带、溶洞、溶隙、暗河等地质体中的地下水。

利用探测目标电性差异来分辨目标体。高分辨直流电法在隧道地质超前预报中,采用三级超前交会探测。本项目采用的高分辨直流电法仪采用嵌入式微型计算机,根据探测现场的地质情况,自适应调节供电电流,方便进行数据采集、分析解释和成图。该仪器支持各种电测深装置形式,仪器内置高能电池,便于携带,低能耗且使用安全,维护方便。隧道超前探测,可探测前方100m范围内的赋水情况、地下水和地下隐伏构造。

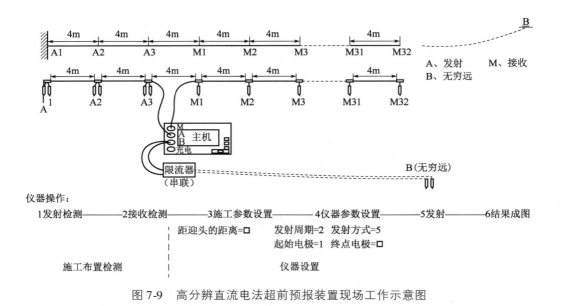

图 7-9　高分辨直流电法超前预报装置现场工作示意图

5）地质雷达法

本项目采用地质雷达法预报隧洞前方 10~20m 范围内及周围 30m 范围内邻近区域地质状况，预测掌子面前方围岩含水分布特征；主要用于探测中小型充水溶洞、含水断层等含水不良地质构造。连续预报时，前后两循环应重叠距离大于 5m。

地质雷达测量采用剖面法，即发射天线和接收天线以固定间距沿测线同步移动，每移动一次即获得一个记录，测完一条测线，即得到地质雷达时间-平距剖面图像，通过对该图像进行系列的数据处理，可得到深度-平距正演图像，进而利用地质、钻探资料或其他方法所获成果，并结合对图像的频率、振幅、同相轴形状的分析来对图像进行解释，最终得到地质雷达探测成果图。地质雷达测试布置示意如图 7-10 所示。

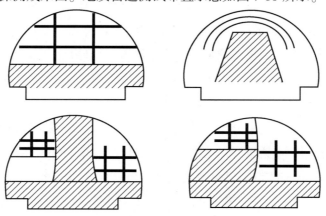

图 7-10　地质雷达测线布置示意图

6）激发极化法

激发极化法用于预报隧洞前方 0～30m 范围内及周围邻近区域地质状况，预测掌子面前方围岩含水分布特征，主要用于探测中小型充水溶洞、含水断层等含水不良地质构造，如图 7-11 和图 7-12 所示。

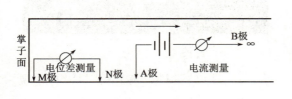
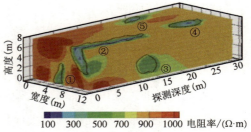

图 7-11　隧道激发极化超前探测的观测模式　　图 7-12　激发极化法反演成像结果示意图

探测工作布置频率：一般每次预报距离为 30m；连续预报时，前后两循环应重叠距离大于 5m。

现场探测方案：测量阵列 M 与掌子面良好接触，再在隧洞边墙上布置供电电极 A 及 A_0、无穷远电极 B 和无穷远电极 N，与隧洞边墙围岩良好接触，连接好电极与设备开始探测，待数据采集结束，存储数据，结束外业工作。

7）超前水平钻探法（钻孔电视法）

根据宏观预报和长距离、短距离地质超前预报结果，对断层破碎带、严重影响带、密集节理带等软弱、破碎围岩段，特别是富水带不良地质地段实施超前钻探。超前钻孔是减少涌突水风险，为进行适当的超前灌浆工作提供足够的信息和资料的一种非常重要的手段，是确保隧道施工涌水处理成功与否的决定性的方法。

在富水软弱断层破碎带、富水岩溶发育区、煤层瓦斯发育区、重大物探异常区等地质条件复杂地段必须采用超前水平钻探法。其中：断层、节理密集带或其他破碎富水地层每循环不得少于 1 个钻孔；富水岩溶发育区每循环不得少于 3 个钻孔，若揭示存在岩溶时，应增加钻孔数量，必要时，应针对洞径周围一定范围内进行斜向钻探，斜向钻孔数量不得少于 4 个，应覆盖隧道未开挖区域的顶部、底部、左侧和右侧，斜向钻深度和角度应以满足安全施工和溶洞处理所需资料为原则，如图 7-13、图 7-14 所示。

连续钻探时，一般每循环可钻 30～50m，不同地段不同目的的钻孔应采用不同的钻孔深度。连续预报时前后两循环钻孔应重叠不小于 5m。钻孔直径应满足钻探取芯、取样和孔内测试的要求。钻探过程中应进行动态控制和管理，根据钻孔情况可适时调整钻孔深度，以达到预报目的为原则。

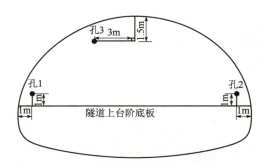 

图 7-13 钻孔布置示意图　　　　图 7-14 超前钻探现场实施图

钻孔电视是通过摄像系统摄取孔壁图像信息,钻孔电视摄像头在钻孔中沿孔壁观察,直观、真实地获取钻孔孔壁围岩表面特征的原始图像(图7-15),用于揭露关键地质条件超前地质钻孔。

现场探测方案:根据现场情况,选取目标钻孔,以设定好的速度及其他参数,从孔口处向孔底进行钻孔电视图像采集,直至采集结束,保存数据,结束外业采集工作。

现场测试要求:

(1)钻孔电视采用智能钻孔三维电视成像仪。

(2)钻孔电视检查前应对钻孔进行反复冲洗,去掉孔壁内残留附着物,使钻孔内水清澈透明。

(3)现场要保持探头摄像窗口的清洁、透明,以保证采集图像的质量。

(4)采集速度一般不宜过快,以采集图像清晰为准。

(5)保持图像连续,深度记录准确,每 5~10m 进行深度校正。

(6)钻孔电视设备应适应现场较为恶劣的环境以及部分水平孔、上斜孔要求。

钻孔电视成果如图 7-15 所示。

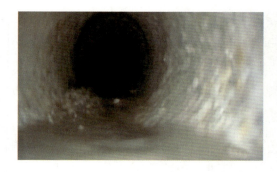 

图 7-15 钻孔电视成果图

7.1.1.3 地质三维成像预报

1）弹性波反射法地质三维成像预报

（1）TGP 法。

隧道施工过程中洞内采用 TGP 三维隧道地质超前预报探明隧道掌子面前方及周边围岩地质情况（图 7-16），从宏观角度对隧道地质进行超前预报，通过获得掌子面前方地质界面的里程、倾向、倾角、界面性质及岩性弹性参数，确定整座隧道的施工难点、疑点、重点地段和不良地质作用类型和分布里程。

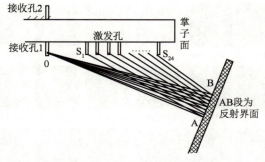

图 7-16 探测原理示意图

通过采集隧道围岩中界面的地震回波，通过专业处理系统提取回波的界面位置、空间分布、回波极性和回波能量等信息，并结合隧道地质勘察资料综合分析，实现隧道地质超前预报目的。可对构造破碎带、软弱岩层带、岩溶发育带等不良地质条件和岩性接触带、隧道围岩工程地质性质进行预报，将物探成果转化为表示构造走向、倾向、倾角的地质成果，方便地质解释。

处理系统具有通过处理弹性波记录、直接绘制地质界面成果图的功能，地质界面的"走向、倾向和倾角"以及与隧道线的展布关系三维图直观形象（图 7-17～图 7-19），物探成果直接转化为地质成果，对于分析地质条件和指导施工非常方便。

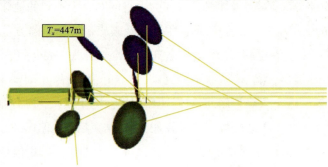

图 7-17 三维预报典型成果图像

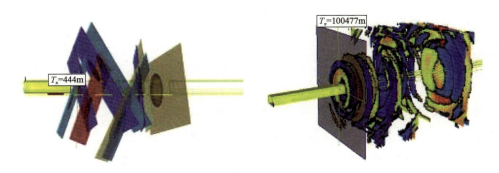

图 7-18　三维空间地质界面的产状、地质界面的性质

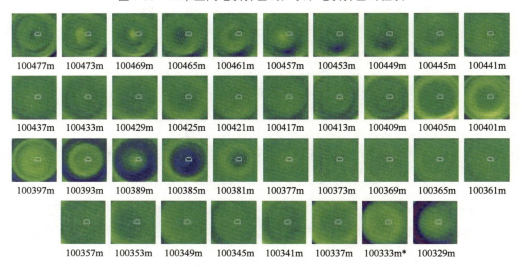

图 7-19　三维成像横断面切片图

(2) TSP-3D 法。

该技术根据每个检波器迁移映射的结果,所有覆盖锥还原成一个在面部的中心点。在多个震源位置(连续)激发情况下,完整波场矢量分量记录在现场处理系统,确保在任何方向(前面、后面、两边)均能收到岩体可靠且稳定的总结性参数化三维图像。该参数图像可以可靠地识别岩体分离元素(岩体材料损坏的垂直区对应于不同的地球动力学状态),通过处理得到的图像可以判别涌水、冒顶和含水区域及破碎带等隧道前方危险情况。

根据现场实际情况,在隧洞左、右边墙各布置 4 个直径为 50mm、孔深 0.5m 的接收孔,在接收孔中安装好检波器,保证检波器不会晃动,连接好设备,停止周围 300m 范围内一切施工干扰,准备采集。以左边墙为例,面对左边墙,从左手边第 1 个检波器左侧 1m 处附近开始锤击采集信号,锤击 8 次进行数据信号叠加,采集结束后,在第 1 和第 2 检波器中间锤击采集信号,以此类推,最后在第 4 个检波器右侧 1m 处附近锤击采集信号。右边墙采用相同的工作模式,直至 10 个激发点采集信号结束,保存数据,外业采集工作结束。

2)地质雷达法地质三维成像预报

采用地质雷达对隧道环向、径向的网格化探测,利用地质雷达天线具有聚焦方向的特点,控制雷达波的定向辐射,通过三维反演,完成对隧道前方及周边 30m 围岩水文地质三维探测,如图 7-20~图 7-22 所示。

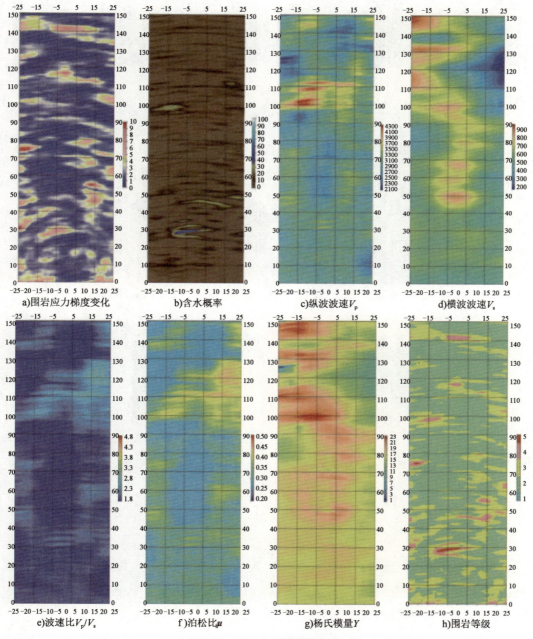

图 7-20 TSP-3D 探测效果图

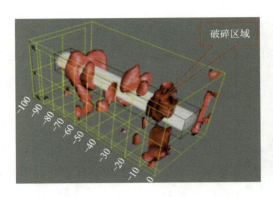
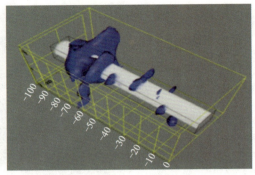

图 7-21 TSP-3D 三维探测立体图

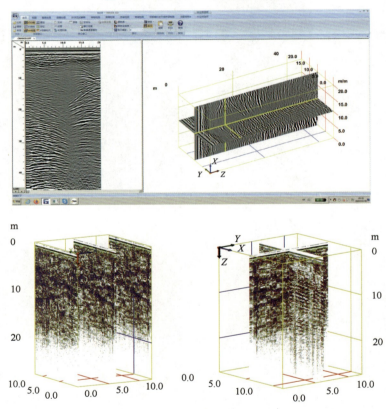

图 7-22 地质雷达法三维探测成果图

(1) 探测方法。

采用测线间距法,通过自定义三维网格,现场二维采集,利用三维软件拼图或采用规则网格,利用主机的三维采集软件采集数据。

(2) 数据处理。

①调整地面反射波时间 0 点;②调整指数增益;③垂直高通滤波;④FIR 水平背景去

除;⑤反褶积/反卷积;⑥偏移归位;⑦三维数据体显示和交互式解释。

3)瞬变电磁法地质三维成像预报

利用大功率的发射装置向铺设在地面的矩形线圈(或称发射框)发送双极性矩形大电流。当电流开启与关断时,由于电磁感应作用生成电压脉冲,电压脉冲的衰减产生感应磁场(即一次磁场),一次磁场向地下传播,在地下介质中因感应产生涡流,在电流关断的时间间隔内,通过地面的接收线圈观测涡流生成的二次场,即可探测到关于地下介质电性和结构的信息。利用人工脉冲电流激发涡流,通过观测随时间变化的二次电磁场、反演成像,探测隧道掌子面前方一定范围内富水区、断层破碎带等地质信息。

数据采集时,每个测点向三个不同的方向进行探测,即先沿顺层方向,再向底板方向、顶板方向探测。根据多匝小线框发射电磁场的方向性,可认为线框平面法线方向即为瞬变探测方向。因此,将发射接收线框平面分别对准底板或平行掌子面方向进行探测,就可反映隧底板岩层或平行掌子面内部的地质异常。数据处理时,采用专业软件进行三维处理,即可得到掌子面前方三维探测成果(图7-23)。

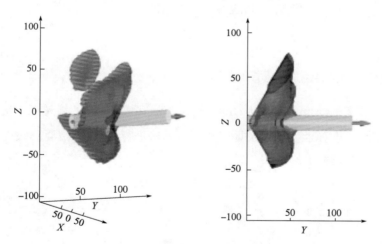

图7-23　瞬变电磁法三维探测成果图

7.1.2　岩溶地层监控方案

在令狐家垭口断层、出水孔断层、夜猫洞断层开挖支护过程中,加强监控量测。

监测的项目、监测的频率、监测的数据分析、监测的预警等除与断层破碎带施工方案中监控量测方案一致外,还应增加隧道渗水、涌水量、水压的监测,为施工方案的确定、调整提供参考依据。

1）隧道涌水量及涌水含泥量与含砂量观察内容

根据涌水情况，在隧道排水沟内每50～200m设置一个涌水量监测点，对隧道涌水量进行测试和评估，以此指导隧道结构防水堵排对策，从而达到隧道结构防水的"限量排放"的目的。同时，为了保证隧道排水系统的畅通，不定期地对隧道初期支护段涌水进行取样分析，测试其含泥量和含砂量，根据其水质状况采取必要的堵排措施，防止排水导致隧道排水系统的堵塞和淤积现象发生。

方法：涌水量采用三角形围堰法或浮标进行测试，而含泥量与含砂量则采用烘干后称取重量法进行测试。

2）地表水力联系观察项目

为确切了解隧道涌水排水对地表水系的影响，进一步厘清隧道排水与地表水的水力联系，为制定隧道堵排水方案提供依据，在隧道内发生大的涌水和突水时，有必要对地表水系进行观察。设置主要项目有相关区域内井泉水位状况观察。

7.2 瓦斯煤系地层地质预报与施工监控方案

7.2.1 瓦斯煤系地层超期地质预报方案

大娄山隧道工程综合采用雷达GPR、地震波法、瞬变电磁法、红外探水法、超前探孔、地质调查、加深炮孔、弹性波法以及地面物探等方法进行超前钻探预报，大娄山隧道地质预报方法见表7-3和表7-4。

大娄山隧道左线地质预报方法　　表7-3

序号	桩号	地质预报采用方法	备注
1	ZK34+508～ZK34+620	A+F	浅埋段
2	ZK34+620～ZK34+770	A+B+F+H	埋深50～80m，地表物探锤击激发
3	ZK34+770～ZK35+700	A/B+E（必要时）	常规段落
4	ZK35+700～ZK35+800	A+B+E	徐家冲断层
5	ZK35+800～ZK35+906	A/B+E（必要时）	常规段落
6	ZK35+906～ZK39+300	A+B+E	非煤瓦斯（页岩气）段
7	ZK39+300～ZK39+667	A/B+E+C+G+D	非煤瓦斯（页岩气）段+暗河段
8	ZK39+667～ZK40+110	A/B+E+C	暗河过渡段+煤系地层高瓦斯段

续上表

序号	桩号	地质预报采用方法	备注
9	ZK40+110~ZK41+300	A/B+E(必要时)+G	常规段落+完整灰岩段加加深炮孔
10	ZK41+300~ZK41+500	A+B+E	令狐家垭口断层
11	ZK41+500~ZK42+210	A/B+E(必要时)+G	常规段落+完整灰岩段加加深炮孔
12	ZK42+210~ZK42+370	A+B+E	出水口断层
13	ZK42+370~ZK43+360	A/B+E(必要时)+G	常规段落+完整灰岩段加加深炮孔
14	ZK43+360~ZK43+600	A+B+E	煤系地层瓦斯段
15	ZK43+600~ZK43+900	A+C+F+D	连续出水较大,地表调查
16	ZK43+900~ZK44+550	A/B+E(必要时)	常规段落
17	ZK44+550~ZK45+005	A+F+E(必要时)	常规段落+浅埋段

注:A-雷达 GPR;B-地震波法(TGP、AGI、TSP、TMP、TST 等);C-瞬变电磁 TEM;D-红外探水法;E-超前探孔;F-地质调查法(上下对照);G-加深炮孔;H-地面物探(上下对照)。

大娄山隧道右线地质预报方法　　　　表7-4

序号	桩号	地质预报采用方法	备注
1	YK34+530~YK35+715	A+B+E(必要时)	常规段落
2	YK35+715~YK35+765	A+B+C+E	徐家冲断层
3	YK35+765~YK37+770	A+B+E(必要时)	常规段落
4	YK37+770~YK37+990	A+B+E	高地应力
5	YK37+990~YK39+490	A+B+E(必要时)	常规段落
6	YK39+490~YK39+950	A+B+C+E	常规段落
7	YK39+950~YK40+230	A+B+E	煤系地层高瓦斯段
8	YK40+230~YK41+415	A+B+E(必要时)	常规段落
9	YK41+415~YK41+555	A+B+C+E	令狐家垭口断层
10	YK41+555~YK42+305	A+B+E(必要时)	常规段落
11	YK42+305~YK42+405	A+B+C+E	出水孔断层
12	YK42+405~YK43+480	A+B+E(必要时)	常规段落
13	YK43+480~YK43+715	A+B+E(必要时)	夜猫洞断层
14	YK43+715~YK45+015	A+B+E(必要时)	常规段落

注:A-雷达 GPR;B-地震波法(TGP、AGI、TSP、TMP、TST 等);C-瞬变电磁 TEM;E-超前探孔;G-加深炮孔。

7.2.2 瓦斯煤系地层施工监控方案

7.2.2.1 瓦斯工区划分

《公路瓦斯隧道设计与施工技术规范》(JTG/T 3374—2020)对瓦斯地层或瓦斯工区绝对瓦斯涌出量判定指标(表7-5)、瓦斯地层衬砌结构防护等级(表7-6)作了明确规定。

瓦斯地层或瓦斯工区绝对瓦斯涌出量判定指标   表7-5

瓦斯地层或瓦斯工区类别	绝对瓦斯涌出量 Q_{CH_4} (m^3/min)
非瓦斯	0
微瓦斯	$0 < Q_{CH_4} < 1.0$
低瓦斯	$1.0 \leq Q_{CH_4} < 3.0$
高瓦斯	$3.0 \leq Q_{CH_4}$

瓦斯地层衬砌结构防护等级   表7-6

衬砌结构防护等级	瓦斯压力 P(MPa)	瓦斯地层类别
一	≥0.74	煤(岩)与瓦斯突出
二	$0.20 \leq P < 0.74$	高瓦斯
三	<0.20	低瓦斯

根据《大娄山隧道实施性施工组织设计》,本项目施工划分为一、二工区(含路基、桥梁、隧道、附属),大娄山隧道作业工区段落分别在两个工区(表7-7),施工平面布置如图7-24所示。

大娄山隧道施工工区划分表   表7-7

工区	工程部位	起讫桩号	长度(m)
一工区	大娄山隧道主洞左洞	ZK34+508～ZK37+540	3032
	大娄山隧道主洞右洞	YK34+530～YK37+679	3149
二工区	大娄山隧道主洞左洞	ZK37+540～ZK40+510	2970
	大娄山隧道主洞右洞	YK37+679～YK40+546	2867
	1号斜井	—	1470
	2号斜井	—	1481

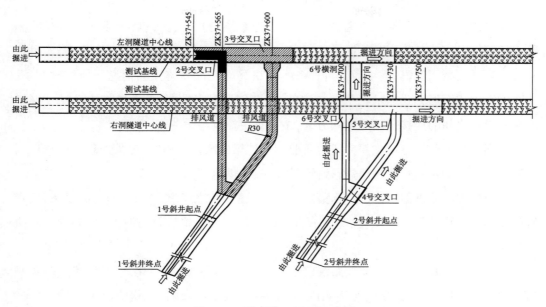

图 7-24 隧道施工平面示意图

一工区：负责主洞进口起点施工，施工段落左幅 ZK34+508～ZK37+540，右幅 YK34+530～YK37+679。即左幅主洞从洞口施工至接近 1 号斜井与左幅 2 号交叉口(ZK37+540)；右幅主洞从洞口施工至接近 2 号斜井与右幅 6 号交叉口(YK37+679)。

二工区：负责 1 号、2 号斜井和隧道主洞中间段落施工。因为煤系地层左幅桩号 ZK39+890～ZK40+090，总长 200m，右幅桩号 YK39+970～YK40+210，总长 240m，属于二工区施工范围。研究设计地勘资料，隧道在 ZK37+780～YK38+200、YK37+730～YK38+130 存在黑色页岩，正处于斜井与主洞交叉口前后地段，因此二工区从 1 号、2 号斜井进入主洞，可能会遇提前遇到瓦斯地层，不完全一定是到高瓦斯、突出地段才会出现工区，具体瓦斯工区等级根据实际测定绝对瓦斯涌出量确定。同时也不排除一工区从进口实施主洞过程中会有瓦斯溢出存在，一旦出现，立即启动瓦斯治理相关程序，按照瓦斯隧道专项安全方案建立起必需的安全管控系统，各专业班组和技术人员使用好别携式瓦斯报警仪，在实施过程中做好超前钻探瓦斯检测工作。

7.2.2.2 监控方案设计

大娄山隧道选用目前较成熟的 KJ95X 型煤矿一体化安全监控系统一套，配备相应的监控分站和传感器。KJ95X 型矿井综合安全监控系统采用分布式处理模式，能充分发挥各部分设备的性能优势，结构简洁，可操作性强，便于系统的日常维护及管理。系统主干连接为树形结构，安装扩展简单。因此本方案设计为分层结构，具体组成如下：

地面监控中心站及网络终端等，是整个监控系统的核心，负责整个系统设备及监测数据的管理、定义配置、实时数据采集、分析处理、统计存储、屏幕显示、查询打印、实时控制、远程传输、画面编辑、网络通信等任务。网络终端完成系统监测信息异地实时共享，能够以文本或图形方式显示安全生产信息，查询各类报表数据，地面监控中心站及网络终端等设备之间的连接采用局域网方式，主要有主控机等设备。

系列化智能监控分站主要完成对所监测的传感器数据采集、数据预处理、分类显示、与地面监控中心站的数据通信、所接传感器的集中供电等。

各类模拟量传感器、开关量传感器等设备，是整个监测系统最前沿的终端设备，负责对各监测点的物理数据采集、就地显示、超限报警、信号传输、对监控分站控制指令的执行等。

KJ95X型矿井综合安全监控系统监控地面中心站采用全网络化结构，便于实时监测信息、图像信息及文件共享。网络构成为Ethernet以太局域网，通信协议为TCP/IP等，系统结构如图7-25、图7-26所示。

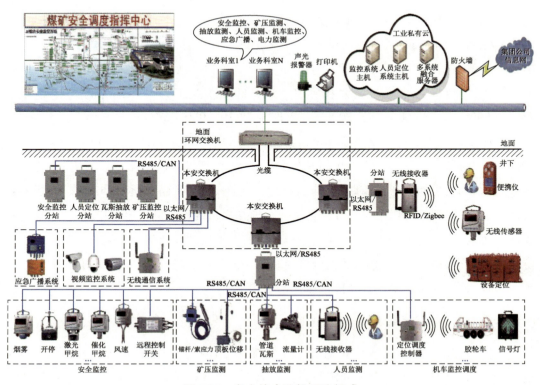

图7-25 安全综合监控系统组成

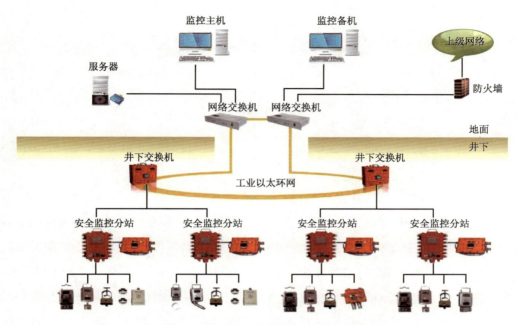

图 7-26　隧道瓦斯监控系统组成结构示意图

7.2.2.3　安全监控系统选型及功能

1）视频监控系统

为实时掌握洞内外的工作状态，配备一套视频监控系统，该系统构成见表 7-8。

视频监控系统构成表　　　　　　　　　　　　　表 7-8

序号	设备名称	设备参数	单位	数量	备注
一、前端设备					
1	防爆红外摄像仪		台	4	掌子面、二次衬砌
2	视频光端机		个	2	
3	地面高清摄像机		台	2	井口和空压机房
4	室外防水电源		个	2	
5	固定支架		套	2	
二、监控中心					
1	硬盘录像机	支持八路图像输入	台	1	
2	显示器	液晶	台	1	
3	硬盘	7200 转监控专用存储硬盘	块	1	长期保存
三、辅材					
1	矿用阻燃光缆	8 芯	m	4400	

续上表

序号	设备名称	设备参数	单位	数量	备注
2	光纤接续盒		个	2	
3	终端盒(带法兰)		个	1	
4	视频电缆	阻燃、抗静电	圈	1	
5	辅材	线卡、扎带、多功能插板、尾纤等	批	1	

2）人员定位系统

大娄山隧道选用目前较成熟的KJ251型煤矿人员定位系统一套,配备相应的读卡器及识别卡。矿用人员定位管理系统由地面中心站、系统软件、传输平台、无线数据监测站、无线数据收发器、无线编码发射器及电源、传输电缆等组成。本系统是加强进洞人员管理、提升生命保障、促进安全生产的理想产品。结合煤矿洞内特殊的作业环境,该系统采用远距离无线射频识别技术、远程通信技术、计算机编程与网络技术,以及防爆技术等,可实现对入井人员的实时监测、跟踪定位、轨迹回放、考勤管理、报表查询、信息网络发布、双向通信、人机交互、紧急搜救、生产调度等功能,为安全生产以及紧急救援提供第一手可靠的决策实时信息。该系统可方便接入综合自动化网络平台,无须重复布线,减少投资。

(1)地面线网。

由地面生产调度总机引一根HYA-5到通风机房、洞口监控室,另一根HYA-10到各部门,洞外电缆采用电杆架空敷设。

(2)隧道内线网。

由地面生产调度总机内安全栅输出侧引两根HUYAV-10电缆沿巷道壁吊挂敷设;通信电缆与洞内电力电缆应敷设在不同的两侧。进洞通信线在洞口处应安装熔断器和避雷装置。

3）通信联络系统

根据2007年8月9日国家安全生产监督管理总局、国家煤矿安全监察局联合下发的《关于所有煤矿必须立即安装和完善井下通讯、压风、防尘供水系统的紧急通知》的有关要求。揭煤防突期间,新选配新型交换机系统设备。

根据设计规范规定,设计选配1套HJK-120D型煤矿小型调度电话交换机,容量32门,新建地面压风机房及风机房安装电话,根据实际情况适当增加电话门数。经耦合器后通信线路由左右洞接入开挖掌子面,在洞内及开挖工作面安装KT1017型本安电话话机,在地面调度室、值班室、压风机房、主要通风机房安装普通话机,在火工品库房、瓦斯抽放站安装 KT1017 型本安电话话机。

系统由控制中心、调度台(可与控制中心一体化)、中继器(可缺省)、信号装置(电话交换机或无线基站、编解码器)、终端设备(固定电话或移动电话、播音器)、电源、电缆(或光缆)、接线盒、避雷器和其他必要设备组成。设备的传输性能、电源波动适应能力、工作稳定性、抗干扰性能、可靠性均符合要求。

7.2.2.4 监控仪器设备

监控仪器设备主要包括:安全综合监控系统设备[地面系统及设备、井下设备(环境监测)、监控系统专用环网及其他设备](表 7-9)、人员定位及无线通信设备(表 7-10)及门禁系统设备(表 7-11)。

大娄山隧道安全综合监控系统设备清单　　　　　　表 7-9

序号	设备名称	规格型号	单位	数量
1. 地面系统及设备				
1	监控主机	研华 IPC-510,i7CPU,16G 内存,1G 独显,2T 硬盘,3 个千兆网卡,含键盘鼠标,22 寸显示器	台	2
2	天地自动化煤矿安全监控系统软件 V2.0	TD-KJ-AQJK-KJ95N(SJGZ)	套	1
3	短信报警平台	常州天地	套	1
4	地面语音合成声光报警器	KXB18A	台	1
2. 井下设备(环境监测)				
1	KJF16B 型通用监控分站	KJF16B-V2.0	台	2
2	隔爆兼本安多路电源	KDW65	台	2
3	高低浓度甲烷传感器	KGJ23	台	7
4	矿用一氧化碳传感器	KGA5	台	4
5	温度传感器	KG3007A	台	4
6	矿用风速传感器	GFY15	台	2
7	矿用液位传感器	KGU5	台	1
8	机电设备开停传感器	KGT15	台	2
9	远程控制开关	KDG15A	台	1
10	矿用硫化氢传感器	GLH100	台	4

续上表

序号	设备名称	规格型号	单位	数量
\multicolumn{5}{c}{3.监控系统专用环网}				
1	数据传输接口	EDS-408A	台	1
1	数据传输接口	MT8000	台	1
1	数据传输接口	KJJ14A(智能网关)	台	1
2	矿用本安型环网接入器	KJJ32(A)-P1	台	1
3	井下交换机电源	KDW65	台	1
\multicolumn{5}{c}{4.其他}				
1	矿用本安电路用接线盒	JHH-2	个	30
2	矿用本安电路用接线盒	JHH-3	个	30
3	线缆	MHYV 1×4(7/0.43)	米	500
4	阻燃光纤	8芯	米	500
5	阻燃光纤	4芯	米	500
6	安装辅材	世达工具、万用表、尼龙扎带、插排、记号笔、标签牌、避雷器	套	1

大娄山隧道人员定位及无线通信设备清单　　表7-10

序号	设备名称	型号和规格	单位	数量	生产厂家
1	人员定位监控主机	I7/16G内存/1G独显/2T硬盘/3个千兆网卡/键盘/鼠标/22寸液晶显示器	台	2	航嘉
2	天地自动化煤矿人员位置监测系统软件V1.0	TD-KJ-RYDW-KJ69A	套	1	天地(常州)
3	数据接口箱	MT8000	台	1	天地(常州)
4	矿用本安型声光报警器(含天地自动化声光报警器嵌入式软件)	KXB18A-V2.0含电源通信组件	台	1	天地(常州)
5	地面大基站	DTW139L	台	1	天地(常州)
6	基站固定支架及安装材料	TDWF-AZJ	套	1	国产
7	地面小基站	DTW139	台	5	天地(常州)
8	语音网关	MX8	台	1	天地(常州)

续上表

序号	设备名称	型号和规格	单位	数量	生产厂家
9	矿用本安型基站(含天地自动化人员监测站无线接收及采集嵌入式软件 V1.0)	KTW139C-P1 含人员定位及无线通信	台	2	天地(常州)
10	无线矿用基站天线及安装支架		套	3	天地(常州)
11	隔爆兼本安多路电源	KDW65	台	2	天地(常州)
12	无线接收器(含天地自动化人员监测站无线接收及采集嵌入式软件 V1.0)	KJF80.2A	台	3	天地(常州)
13	无线编码发射器(V4.0)(含天地自动化标识卡嵌入式软件 V1.0)	KGE37B(AJ)-V4.0	个	100	天地(常州)
14	本安手机	KTW140B	台	10	天地(常州)
15	矿用阻燃单模通信光缆	8 芯	m	1000	国产
16	矿用通信电缆	MHYV 1×4×(7/0.43)	m	1000	国产
17	电源电缆	MVV 3×2.5	m	500	国产
18	矿用网线	MHYV 4×2(1/0.97)	m	300	国产
19	矿用光缆连接器	FJHG-6	个	10	国产
20	本安接线盒	JHH-3	个	20	国产
21	安装附件	万用表、19 件套、插座等	套	1	国产

大娄山隧道门禁系统设备清单　　　　　　　　　　表7-11

序号	名称	型号	单位	数量	备注
1	车辆电动道闸	栅栏式	台	2	车辆门禁
2	自动金属感应装置	XTL-200B	台	1	人员门禁
3	手持式金属探测器		台	1	
4	去静电装置		台	1	
5	应急警报装置		台	1	
6	电源线	2×4	米	200	
7	控制线	2×1	米	200	
8	小型配电箱		个	1	含空开
9	单机芯翼闸	单机芯	台	2	人员门禁
10	双机芯翼闸	双机芯	台	1	人员门禁

续上表

序号	名称	型号	单位	数量	备注
11	虹膜识别机	柜式机 LS800	台	2	虹膜识别配置（高端选配）
12	井口检卡主机	I7/16G 内存/1G 独显/2T 硬盘/3 个千兆网卡/键盘/鼠标/三星 22 寸液晶显示器	台	1	
13	入井唯一性检测系统定制软件		套	1	
14	矿用本安型基站（含天地自动化人员监测站无线接收及采集嵌入式软件 V1.0）	KTW139C-P1 含人员定位及无线通信	台	1	
15	交换机	H3C QUIDWAY S1016	台	1	

7.2.2.5 监控系统布置

根据《大娄山隧道实施性总体施工组织设计》《大娄山隧道施工通风专项方案》，针对二工区实施的斜井和主洞布设安全监控系统，按施工进度分两阶段实施。布设监控系统按四阶段布设，以一阶段为例，其监控系统布置如图 7-27 及表 7-12 所示。

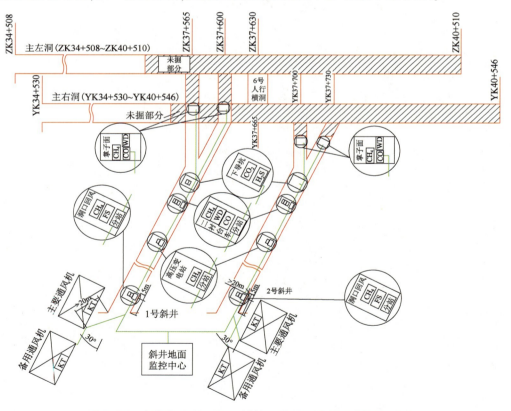

图 7-27　大娄山隧道主洞和斜井一阶段监控系统平面布置图

一阶段斜井双洞监控系统布置一览表　　表 7-12

序号	监控设备名称	图例	安装位置						小计	备用	合计	备注
			洞外	距洞口15m	高压变电站	二衬台车	下导坑	掌子面				
1	甲烷传感器	CH_4		2	2	2		4	10	10	20	
2	硫化氢	H_2S					2		2	1	3	
3	风速传感器	FS		2					2	2	4	
4	温度传感器	WD				2		4	6	3	9	
5	一氧化碳传感器	CO				2		4	6	6	12	
6	二氧化碳传感器	CO_2					2		2	2	4	
7	开停传感器	KT	4						4	2	6	

7.2.2.6 瓦斯检测与监测方法

高瓦斯工区和煤(岩)与瓦斯突出工区应采用自动监测系统与人工检测相结合的方式,自动监测的探头宜采用双探头,低瓦斯工区宜采用自动监测系统与人工检测相结合的方式,微瓦斯工区可采用人工检测的方式。

1)人员配备及要求

(1)设立隧道瓦斯检测组,由现场主管工程师负责对瓦斯检查员进行管理。

(2)必须配备足够数量的专职瓦斯检查人员,每个洞口至少配置 3 名持证瓦斯检查员。

(3)瓦斯检查的内容:瓦斯、二氧化碳、温度和其他有害气体在隧道风流中的浓度。

(4)瓦斯检查人员必须熟悉瓦斯检测仪器的设备性能、操作方法及检测地点要求,且经过有资质的培训机构培训、取得上岗证后持证上岗作业。并保证不发生漏检、假检情况,确保人工检测的真实性与及时性。

(5)洞内班组长、特殊工种等人员进入瓦斯工区应配备便携式甲烷检测报警仪。

(6)瓦斯检测仪器、仪表应定期检测、调试、校正。

2)仪器配备要求

瓦斯工区的瓦斯检测仪器、仪表的配备应符合下列规定:

（1）高瓦斯工区、煤（岩）与瓦斯突出工区应同时配备低浓度光干涉式甲烷测定器和高浓度光干涉式甲烷测定器。

（2）非瓦斯工区、微瓦斯工区、低瓦斯工区应配备低浓度光干涉式甲烷测定器。

（3）当地层富含 H_2S、CO、N_2、NH_3 等有害气体时，应配备相应的气体测定器。

瓦斯自动监控报警系统设备及安装，其功能应满足下列最低要求：

（1）具有断电、馈电状态监测和报警功能，以及显示、存储和打印报表功能。

（2）应能实时监测瓦斯浓度，洞内风速。

（3）可对主要风机实现风电闭锁功能，对其他设备实现甲烷电闭锁。

（4）当瓦斯浓度超过要求时，自动切断超限区的电源后，自动监控报警系统仍可正常工作。

大娄山特长隧道群各工区配备专职的瓦斯检测员检查瓦斯及有害气体情况，仪器配置见表7-13。

人工瓦斯检测仪器　　　　　　　　　　　　　　　　表7-13

仪器名称	型号	检测项目	测量范围	误差
甲烷检测报警器	AZJ-2000	CH_4	0~1.00%	±0.10%
			>1.00%	±10%
光干涉型甲烷测定器	CJG10	CH_4 CO_2	0~10.00%	±0.05%（0~1） ±0.1%（>1~4） ±0.2%（>4~7） ±0.3%（>7~10）
复合式多功能气体检测仪	BH-4	CH_4 CO H_2S	0~100% 0~100% 0~100%	±0.5%FS ±10% ±5

3）人工瓦斯检查地点

人工瓦斯检测地点应包括：

（1）隧道内掌子面、仰拱及二衬等作业面。

（2）爆破地点附近20m内风流中。

（3）拱顶、脚手架顶、台车顶、塌腔区、断面变化处、联络通道及预留洞室等风流不易到达、瓦斯易发生积聚处。

（4）过煤层、断层破碎带、裂隙带及瓦斯异常涌出点。

（5）局部通风机、电机、变压器、电气开关附近、电缆接头等隧道内可能产生火源的地点。

人工瓦斯检测频率应符合下列规定:

(1)微瓦斯工区不应少于1次/4h,低瓦斯工区、高瓦斯工区不应少于1次/2h。

(2)高瓦斯工区和煤(岩)与瓦斯突出工区的开挖工作面及瓦斯涌出量较大、变化异常区域,应提高瓦斯浓度检测频率。

(3)瓦斯浓度低于0.5%时,应每0.5～1h检测一次;高于0.5%时,应随时检测。

(4)瓦斯工区内进行钻孔作业、塌腔及采空区处治和焊接动火、切割时,应随时检测瓦斯。

瓦斯工区的开挖工作面及台车位置的拱顶以下25cm的范围内应悬挂便携式甲烷检测报警仪,实时检测瓦斯浓度。

本项目瓦斯检测地点包括:

(1)隧道内各工作面(掌子面开挖、掌子面初期支护、仰拱开挖、仰拱混凝土施工、防水板挂设、二次衬砌立模、二次衬砌混凝土灌注、隧道散水治理)。人工检测时,每个隧道断面均采用五点法(图7-28)检测瓦斯,取最大值作为该断面的瓦斯浓度。此外,还应对各个工作面的4点和5点进行二氧化碳检测工作,同样取最大值作为该工作面的二氧化碳浓度。工作面开挖瓦斯检测在执行"一炮三检"时,瓦斯突出工区瓦检员应在响炮通风30min后,戴好防护用品进入掌子面检查瓦斯。低瓦斯工区瓦检员应在响炮通风15min后,戴好防护用品进入掌子面检查瓦斯。

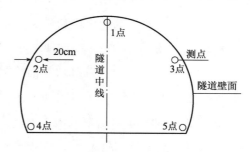

图7-28 五点法瓦斯检测断面图

(2)瓦斯可能产生积聚的地点(二次衬砌台车部位、隧道内避车洞室和综合洞室的上部、隧道内具有明显凹陷的地点)。

(3)隧道内可能产生火源的地点(电机附近、变压器、电气开关附近、电缆接头的地点)。

(4)瓦斯可能渗出的地点(地质破碎地带、地质变化地带、煤线地带、裂隙发育的砂岩、泥岩及页岩地带)。

(5)在隧道进行水平钻孔时,必须在水平钻孔附近进行瓦斯检测。

(6)被特批允许的洞内电气焊接作业地点、内燃机具、电气开关、电机附近20m范围内必须进行瓦斯检测。

(7)工作面回风流。选择三个地点检查瓦斯,取其中最大值作为回风区域的瓦斯浓度。

4) 瓦斯(二氧化碳)检测方法的规定

(1) 开挖工作面:检测瓦斯时应在隧道的拱顶、左右两帮各 200mm 处,检测二氧化碳时应在隧道的下部左右两帮、底板各 200mm 处。测定的数据,取其最大值作为检测结果。

(2) 开挖工作面回风流:对回风道风流每隔一定距离选一测点进行检测,每个测点要测三次,取其最大值作为该点检测结果。

(3) 开挖工作面电动机及开关:电动机及开关地点的上风流端和下风流端各 20m 范围内风流中的瓦斯和二氧化碳都要测定,取最大值作为检测结果。

(4) 开挖台架:检测瓦斯时在台架上部、中部和下部检测,检测二氧化碳时在台架下部左右两帮和底板各 200mm 处,取其最大值作为检测结果。

(5) 模板台车:台车上部容易产生瓦斯积聚,在台车上部至少有三个检测点,取其最大值作为检测结果;在台车下部左右两侧检测二氧化碳,取其最大值作为检测结果。

(6) 洞室:在洞室的顶部检测三次瓦斯,取最大值作为检测结果;下部左右两侧检测二氧化碳,取其最大值作为检测结果。

(7) "一炮三检":装药前和放炮前检测瓦斯时,都应在开挖台架的上部、中部和下部左右两侧检测,装药前还应在工作面选几个钻孔检测,检测二氧化碳时在台架的下部左右两帮、底板各 200mm 处,取其最大值作为检测结果;放炮后要按规定等待 30min 后,瓦检员、爆破员、安全员一起进入工作面检查瓦斯和爆破效果等情况。

5) 瓦斯(二氧化碳)检查次数的规定

(1) 开挖工作面:非瓦斯工区每班至少检查 2 次;低瓦斯工区除了"一炮三检"外,每班至少检查 2 次;瓦斯突出工区除了"一炮三检"外,每班至少检查 3 次;工作面瓦斯涌出量大、变化异常时,必须有专人经常检查瓦斯,并安设瓦斯自动检测报警断电装置。

(2) 工作面停工不停风时每班至少检查 1 次。

(3) 综合洞室、避车洞室每班至少检查 1 次。

(4) 回风区域,每班检查 2 次。

6) 瓦斯检测具体要求

(1) 瓦检员进洞前应检查瓦斯检测仪器是否完好,瓦斯检测仪器的气密性是否良好,干涉条纹是否清晰,钠石灰、氯化钙(或硅胶)是否有效,如发现药品变色、失效,应立即更换药品。保证瓦斯检测仪器的完好,带齐伸缩杆、加长胶管、温度计。瓦检员负责保护好瓦斯检测仪器,在携带和使用过程中严禁猛烈摔打、碰撞,严禁被水浇淋或浸泡。在瓦斯检测过程中,要严格遵守瓦斯检测的操作规程,随时注意检查各类瓦斯检测仪器,保持完好状态。

(2)瓦斯检测人员应进行书面交接班,并留有交接班记录。

交班瓦检员向接班瓦检员介绍交接时,必须将其责任范围内的通风、瓦斯、二氧化碳、温度、煤尘、"一通三防"设施安全使用情况等交接清楚。只有通风系统、瓦斯正常,"一通三防"设施及安全设施完好后,方可进行交接。

(3)爆破作业时,必须严格执行"一炮三检"制,即在装药前、放炮前、放炮后检查掌子面的瓦斯浓度;爆破之前施工队必须将瓦斯传感器移至规定的安全范围之内,爆破之后再将瓦斯传感器安装在规定的安全范围之内。

(4)瓦斯隧道施工期间,必须安排专人对洞内瓦斯进行人工检测,每班检查不少于3次,并实时更新检查部位瓦斯巡检告知牌。

(5)爆破作业时,必须严格执行"三人联锁放炮"制,即必须由施工班组长、爆破员、瓦检员同时在场分别确认安全后,方允许进行爆破作业。

(6)瓦斯检查地点及部位必须符合相关规定,同时对掌子面、断面变化处、局部坍塌处、洞室、超前钻孔、加深炮孔等重点部位使用光干涉瓦斯检测仪器加强检测,施工队准备两根长度不小于隧道高度的检查杆,用于检查高冒点的瓦斯情况。

(7)瓦检员检查瓦斯后必须及时填写瓦斯检查牌,便于作业人员了解洞内瓦斯情况,并做到瓦斯检测手册、瓦斯检查牌、检测台账"三对口"。

(8)便携式瓦斯报警仪的使用。

①洞内工程技术人员、施工班组长等主要管理人员配备便携式甲烷检测仪。

②开挖工作面钻孔作业时,距拱顶20cm内悬挂一台便携式瓦斯检测报警仪或自动监测甲烷传感器。当瓦斯浓度超过1%时,停止钻孔作业,并采取稀释瓦斯措施,只有瓦斯浓度降到1%以下时方可恢复钻孔作业。

③便携式瓦检仪的报警浓度设置为0.5%。

(9)多功能有毒有害气体检测仪的使用。

该仪器可同时显示4种气体的数值指标量,当现场某种待检气体的指标处于报警范围时,仪器会自动进行一系列报警动作,闪灯、振动、发声。

该仪器具有2个按键,一个液晶显示屏和相关报警装置(报警灯、蜂鸣器与振动),并带有micro USB接口(该接口输出的是TTL电平标准),可以用带有micro USB接口的充电器充电;还可以插上 TTL 转 USB 转接器和计算机通信,标定、设置报警参数或读取报警记录。

(10)瓦斯巡回检查图表。

瓦检员必须严格按瓦斯巡回检查图表进行检查,详见图 7-29。

编号	地点	早班 06:00—14:00	中班 14:00—22:00	夜班 22:00—06:00
1	1号斜井洞口回风			
2	1号斜井二衬台车			
3	1号斜井变电站			
4	1号斜井掌子面			
5	1号斜井交叉口			
6	左线风机			
7	左线二衬台车			
8	左线变电站			
9	左线避难室			
10	左线掌子面			
11	2号斜井洞口回风			
12	2号斜井二衬台车			
13	2号斜井变电站			
14	2号斜井掌子面			
15	2号斜井交叉口			
16	右线风机			
17	右线二衬台车			
18	右线变电站			
19	右线避难室			
20	右线掌子面			

图 7-29 瓦斯巡回检查图

7.2.2.7 瓦斯监测及超限处理流程

瓦斯监测系统是一个动态体系,包含监测、反馈和超限处理等工作,监测流程如图 7-30 所示。

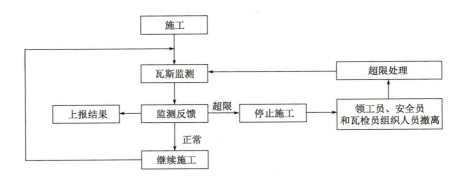

图 7-30 瓦斯监测流程图

瓦斯超限汇报流程见图7-31。

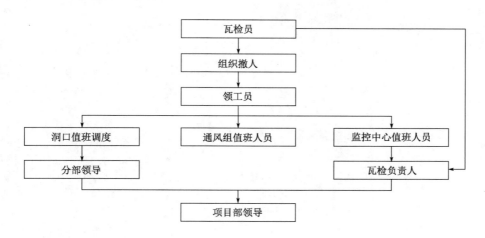

图7-31 瓦斯超限汇报流程

为了让瓦斯检测结果及时、准确、有效地传达到施工现场和项目领导,避免瓦斯超限和爆炸事故的发生,制定瓦斯超限处理流程,见图7-32。

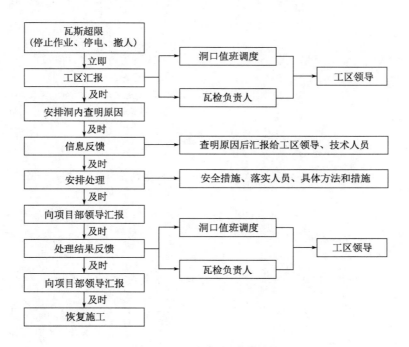

图7-32 瓦斯超限处理流程

制定瓦斯分级管理制度,瓦斯浓度控制标准为0.5%、0.8%、3.0%,瓦斯分级管理制度和应急处理措施见表7-14。

瓦斯分级管理及应急措施程序 表 7-14

划分等级	瓦斯上限值	上报部门	应急措施
一级管理	0.5%	安检部、生产副经理	1. 瓦检员通知报警地点作业人员加强警戒。 2. 由生产副经理组织安全员、领工员和瓦检员负责加强通风排放,直至小于 0.5%。 3. 及时报项目安检部。 4. 由生产经理组织安全员、瓦检员、技术人员和中心站管理人员,与领工员共同分析瓦斯超限原因,并如实记录,上报瓦斯监测小组。 5. 安检部根据实际情况编制瓦斯超限处理报告,向项目瓦斯监测小组补报处理结果
二级管理	0.8%	安检部、生产经理、项目安全总监、项目总工、项目经理、上级各单位	1. 洞内一切作业停止施工,人员撤出洞外至安全地点。 2. 除通风机外,停止洞内供电。 3. 由生产经理组织安全员、领工员和瓦检工负责加强通风排放。 4. 及时报安检部,并报项目经理、总工、安全总监,由项目领导到场协助处理。 5. 由项目部组织项目总工、安全总监、生产经理、安全员、瓦检员和中心站管理人员,与领工员共同分析瓦斯超限原因,并如实记录,上报上级部门。 6. 由项目部组织分析通风实际情况,并制定预防措施。 7. 安检部根据实际情况编制瓦斯超限处理报告,向上级部门补报处理结果
三级管理	3.0%	安检部、生产经理、项目安全总监、项目总工、项目经理、上级各单位	1. 洞内一切作业停止施工,人员撤出洞外至安全地点。 2. 停止洞内供电。 3. 局部通风机断电,通过人工干预,对局部通风机实施特殊控制,使之不能随意启动,尽可能避免在无组织、无措施情况下随意启动风机造成"一风吹",防止高浓度瓦斯压出。 4. 立即报安检部和项目部,并报项目部经理、总工、安全总监,由项目部领导到场协助处理。 5. 由项目经理、总工、安全总监、生产经理、安全员、瓦检员和中心站管理人员,与领工员共同分析瓦斯超限原因,并如实记录,上报上级各单位。 6. 由项目部组织分析通风实际情况,并制定瓦斯排放措施。

续上表

划分等级	瓦斯上限值	上报部门	应急措施
三级管理	3.0%	安检部、生产经理、项目安全总监、项目总工、项目经理、上级各单位	7.由生产经理组织安全员、领工员和瓦检员负责加强通风排放。 8.项目部根据实际情况编制瓦斯排放处理报告,上级各单位补报处理结果

注:1."一炮三检"制:指装药前、爆破前、爆破后要认真检查爆破地点附近的瓦斯。瓦斯隧道中的爆破作业,爆破员、安全员、瓦检员都必须同时到场,在现场执行"一炮三检制",瓦斯超过0.8%,不准爆破。

2.瓦斯浓度达到1.5%任何人不得进洞(除外聘煤矿专业瓦斯排放队伍或矿山救护队),瓦斯浓度在1.5%以下瓦检员进洞必须佩戴自救器。

7.2.2.8 瓦斯日常管理

(1)瓦检员进洞前应检查瓦斯检测仪器是否完好,瓦斯检测仪器的气密性是否良好,干涉条纹是否清晰、钠石灰、氯化钙或(硅胶)是否有效,如发现药品变色、失效,应立即更换药品。保证瓦斯检测仪器的完好,带齐伸缩杆、加长胶管、温度计。瓦检员负责保护好瓦斯检测仪器,在携带和使用过程中严禁猛烈摔打、碰撞,严禁被水浇淋或浸泡。在瓦斯检测过程中,要严格遵守瓦斯检测的操作规程,随时注意检查各类瓦斯检测仪器,保持完好状态。

(2)瓦斯检测人员应进行书面交接班,并留有交接班记录。

交班瓦检员向接班瓦检员介绍交接时,必须将其责任范围内的通风、瓦斯、二氧化碳、温度、煤尘情况、"一通三防"设施安全使用情况等交接清楚。只有通风系统、瓦斯正常,"一通三防"设施及安全设施完好后,方可进行交接手续。

(3)爆破作业时,必须严格执行"一炮三检"制,即在装药前、放炮前、放炮后检查掌子面的瓦斯浓度;爆破之前施工队必须将瓦斯传感器移至规定的安全范围之内,爆破之后再将瓦斯传感器安装在规定的安全范围之内,放炮地点附近20m风流中瓦斯达到1%以上,严禁装药放炮。

(4)爆破作业时,必须严格执行"三人联锁放炮"制,即必须由施工班组长、爆破员、瓦检员同时在场分别确认安全后,方允许进行爆破作业。

(5)瓦斯检查地点及部位必须符合相关规定,同时对掌子面、断面变化处、局部坍塌处、洞室、超前钻孔、加深炮孔等重点部位使用光干涉瓦检仪加强检测,施工队准备两根长度不小于隧道高度的检查杆,用于检查高冒点的瓦斯情况。

(6)瓦检员检查瓦斯后必须及时填写瓦斯检查牌,便于作业人员了解洞内瓦斯情况,并做到瓦斯检测手册、瓦斯检查牌、检测台账"三对口"。

(7)瓦斯人工检测频率规定:

①一般工序作业面每班检测三次;

②特殊工序如电焊作业、防水板焊接、塌方处理等重点部位,必须保证全过程检测;

③对瓦斯浓度超过0.3%的地段,加强检测频率,做到不超过1h检测一次。

(8)隧道发现瓦斯后,不能在隧道内进行电焊、气焊、喷灯焊接、切割等工作。当情况特殊不可避免时,必须制定专门的安全技术措施,经项目负责人审核签批后方可执行。在焊接、切割等工作地点前后各20m范围内,风流中瓦斯浓度不得大于0.5%,并不得有可燃物,两端应各设一个供水阀门和灭火器,并在作业完成前由专人检查,确认无残火后方可结束作业。

(9)瓦检员如检测发现瓦斯浓度达到0.3%~0.5%,应立即报告至通风管理员,由通风管理员逐级向施工队长、安质部长、安全总监、总工程师汇报,并现场加强检测;当瓦斯浓度超过0.5%时,管理员立即通知施工队停工、断电并撤出所有人员,查明原因,加强通风检测,并逐级上报瓦斯浓度。待该区域瓦斯浓度降低到0.3%以下时,方可恢复正常施工。

(10)瓦斯检测浓度异常处理程序。

当瓦斯浓度为0.3%~0.5%时,由施工队组织处理;当瓦斯浓度为0.5%~1.0%时,由监理单位会同施工单位共同研究处理;当瓦斯浓度超过1.0%时,由建设单位组织施工、监理单位共同研究处理。

(11)隧道掘进工作面及回风流中,当瓦斯浓度大于1%时报警,并且立即断电,停止隧道内的一切用电作业,立即撤出全部作业人员,查明原因,进行处理,加强通风。当瓦斯浓度小于0.5%时,恢复隧道内送电作业。

(12)隧道施工放炮后回风流中瓦斯达到1%以上,继续通风、不得进入。

(13)预警标准划分。

依据隧道内的瓦斯涌出、风量、地质构造及管理等方面的因素,把瓦斯超限、瓦斯突出预警分别分为"绿色""橙色""黄色"和"红色"四种状态。具体为:"绿色"表示正常施工;"橙色""黄色"表示需指定措施放慢作业进度;"红色"表示该地点必须停下来,采取措施治理瓦斯。

建立瓦斯、防突预警机制,通过各类手段对需要预警的作业面的各种信息进行管理,并用以上三种颜色表明工作面状态。

橙色预警标准：

①作业工作面、隧道瓦斯探头达到0.6%；

②局部风机探头达到0.4%以上；

③距离地质异常区域(地质构造、瓦斯富集区、石门揭煤等)30m 时。

(14)掌子面防突预警的管理范围。

①开挖掌子面的防突预警机制包括以下五个方面内容：

a. 开挖掌子面瓦斯涌出动态特征管理；

b. 开挖掌子面作业进度管理；

c. 开挖掌子面地质测量管理；

d. 开挖掌子面动态防突管理；

e. 开挖掌子面预警系统管理。

②开挖掌子面瓦斯涌出动态特征管理主要包括以下内容：瓦检员收集开挖掌子面的瓦斯数据，通风技术人员收集现场各地点的风量、抽放等数据，当班班长及工人收集现场的瓦斯和炭质泥岩瓦斯层岩体异常信息，安全监控系统监测实时瓦斯信息。

③开挖掌子面作业进度管理主要包括以下内容：推进进度、开挖掌子面距前方地质构造的距离、开挖掌子面距前方预揭炭质泥岩瓦斯层层的距离、隧道支护方式等。

④开挖掌子面地质测量管理主要包括以下内容：掌子面前方区域地质构造情况、周边小窑及老空巷道分布情况、巷道积水情况、上覆岩层及涌水情况、工作面地质钻探情况、正在过构造的地质参数变化等。

⑤开挖掌子面动态防突管理主要包括以下内容：区域措施执行情况、探测孔的探测情况、区域验证情况、掌子面开挖前瓦斯基本参数情况、打钻过程中瓦斯涌出异常情况、工作面局部防突措施(日常预测、效检、措施孔)执行情况、掌子面揭炭质页岩期间的防突措施执行及预测、效检情况等。

⑥开挖掌子面预警管理主要包括以下内容：瓦斯预警办公室人员根据收集到的掌子面瓦斯涌出动态特征、掘进进度、地质特征、动态防突等信息，及时更新预警信息，依据制定的预警管理标准对工作面的预警信息进行综合分析判定，并依据相应程序审核确定后，对瓦斯预警结果进行最终发布，此项预警管理由瓦斯预警办公室全面负责。

(15)预警启动程序。

①预警办公室依据开挖掌子面瓦斯预警标准，结合预警标准中规定的预警规则进行综合分析，决定是否按规定程序启动并发布预警。

②橙色预警启动：隧道内任一地点出现安全隐患，达到橙色预警标准时，洞内人员应

立即通知预警办公室,预警办公室人员应现场进行确认后立即启动橙色预警,并发出橙色预警信息。预警办公室在当日进行通报。

③"黄色"预警启动:开挖掌子面出现安全隐患,达到"黄色"预警标准时,由瓦斯预警办公室按附件二格式提出《瓦斯超限(瓦斯突出)预警启动通知》,写清预警原因,经预警办公室人员确认现场后,立即启动"黄色"预警。预警办公室在当日进行通报。

④"红色"预警启动:开挖掌子面出现安全隐患,达到"红色"预警标准或开挖掌子面启动"黄色"预警后,未采取措施或采取措施不力导致隐患升级时,由现场人员通知预警办公室,预警办公室人员确认现场。预警办公室按附件二格式提出《瓦斯超限(瓦斯突出)预警启动通知》,写清预警原因,报领导组审核后,立即启动"红色"预警。如发现达到"红色"预警标准时,现场要立即停止施工,并及时汇报项目部和上级领导。预警办专职人员立即进行通报。

⑤当瓦斯超限和突出信息同时达到相应的预警标准时,瓦斯超限和突出预警可以同时启动。

(16)预警信息发布。

①橙色预警发布:橙色预警启动后,值班人员要及时电话通知责任队组队长、造成预警原因的责任部室部长、项目部有关领导。

②黄色、红色预警发布:黄色(红色)预警启动后,瓦斯预警办公室要及时修改瓦斯预警信息平台中的预警级别,并向责任单位、调度室、相关业务部室及时送达相应的"黄色"预警启动通知。调度室要在调度会议室醒目位置、相关区队要在本队值班室和作业现场醒目位置分别悬挂"瓦斯超限(瓦斯突出)预警牌"。

(17)预警响应。

①"橙色"预警的响应:

橙色预警启动后,项目部根据现场情况通知责任业务部室及相关责任单位,责任业务部室根据现场情况当班必须制定相应措施,并向预警队组发布,通知队组立即按措施执行。

②"黄色"预警的响应:

a."黄色"预警发布后,预警通知中的业务科室要与责任部室紧密配合,立即制定处理措施并跟踪落实;

b.监控中心要把黄色预警开挖掌子面作为当日重点工程进行重点调度、重点管控;

c.责任部室每天要派专人落实检查措施执行情况;

d.安质部对预警措施的执行情况进行监督检查;

e.相关队组要加强值班、跟班,要将预警措施贯彻落实到每位员工,隧道内作业要控制进度节奏,每天调度会上汇报专项措施进度及存在问题。

③"红色"预警的响应:

a."红色"预警开挖掌子面要立即停止作业;

b.监控中心要把"红色"预警开挖掌子面作为当日重点工程进行重点调度、重点管控;

c.根据预警启动原因,分管领导要组织相关业务部室研究制定专项措施,并指定专人负责,每天安排有干部现场检查或跟班落实,每天早碰头会上要汇报该开挖掌子面专项措施执行情况和执行效果;

d.安检部对预警响应措施的执行情况进行监督检查;

e.相关队组要加强值班、跟班管理,认真落实预警措施,每天调度会上要汇报该开挖掌子面专项措施进度及存在问题。

7.3 大娄山隧道施工监控与地质预报案例分析

7.3.1 大娄山隧道进口左幅突泥坍塌

7.3.1.1 不良地质情况

大娄山隧道进口左幅本段地质预报前方有溶蚀裂隙发育,当掌子面开挖到 ZK34 + 722.3 时,ZK34 + 717.9 ~ 722.3 拱顶发生坍塌(图 7-33),施工方及时回填反压。

图 7-33 隧道掌子面附近坍塌情况

7.3.1.2 调查分析

为保证施工安全,需要探明前方、拱顶上方的地质情况,由于反压占用空间以及安全考虑,洞内条件受限,地质雷达方法无法探测。此处隧洞埋深 50~80m,对地表浅层地震探测来说属于敏感有效范围(图 7-34、图 7-35)。最终,在施工单位的配合下,将隧洞地震仪进行组合改进后,采用地震映像法在隧址区地表进行了浅层地震勘探。

图 7-34　隧址地表现场调查

图 7-35　隧址地表取芯钻孔芯样

7.3.1.3 数据采集、处理

（1）地面地震映像法。

地面地震映像法现场测试布置如图 7-36 所示，数据处理结果如图 7-37 所示。

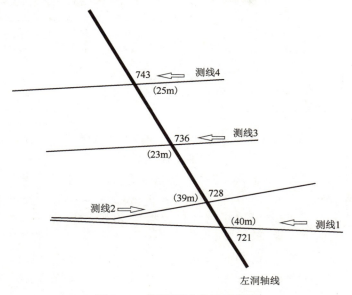

图 7-36　现场测试布置示意图

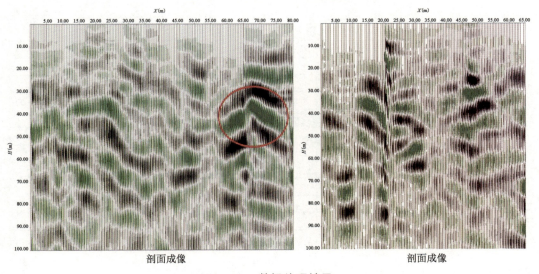

图 7-37　数据处理结果

（2）红外探水法。

如图 7-38 所示，在隧道开挖上台阶拱脚、下拱腰、上拱腰、拱顶对称布置 7 条测线，现场检测时，由于左侧拱脚有风袋 L7 未施测，测点间距 2m，第一断面桩号为 ZK34＋692。采集数据见表 7-15，处理曲线见图 7-39。

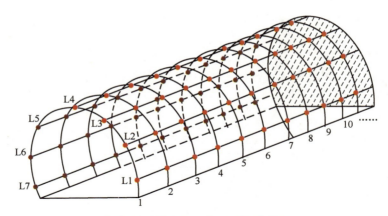

图 7-38 红外探测工作布置示意图

红外探测数据表 表 7-15

序号	1 (+692)	2 (+694)	3 (+696)	4 (+698)	5 (+700)	6 (+702)	7 (+704)	8 (+706)	9 (+708)	10 (+710)	11 (+712)
L1	213	212	210	210	212	216	217	214	216	219	
L2	213	214	213	216	217	218	218	218	219	222	228
L3	219	229	231	230	230	225	232	233	240	249	
L4	225	229	229	225	231	231	230	230	231	235	
L5	228	229	232	231	235	236	234	235	233	236	
L6	222	229	224	221	223	219	217	219	216	215	

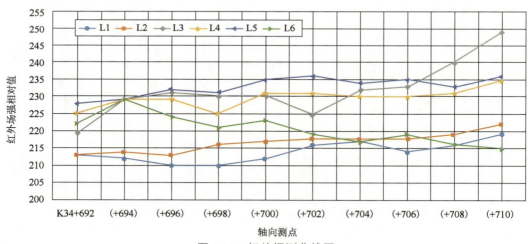

图 7-39 红外探测曲线图

从红外探测曲线图看,右上拱腰(L3)后方有明显的空腔,其左右两侧拱顶(L4)、右下拱腰(L2)后方、上方有空腔发育。

(3)弹性波法。

如图 7-40 所示,根据现场条件,在左、右边墙高度约 1.0m 处和拱顶各安装一个检波器(共3个),检波器距离第1个震源点(锤击点)3.0m。在左、右边墙高度约1.0m处共布置了27个震源点(点距1.5m)。仪器采集到的原始数据通过专业软件进行处理,探测范围为 ZK34+710~ZK34+810,以隧道轴线为基线,探测区域为轴线方向长度100m、轴线周围宽20m、高30m。在成果解释中,以纵波资料为主对岩层进行划分,结合横波资料对地质现象进行解释。

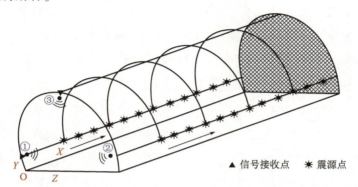

图 7-40 地震波法工作布置示意图

数据处理成果如图 7-41 和图 7-42 所示。

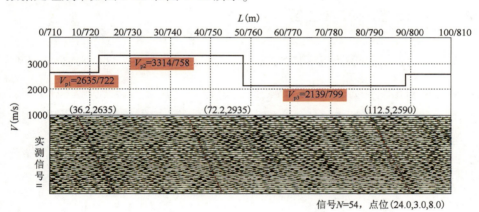

图 7-41 波速扫描分析

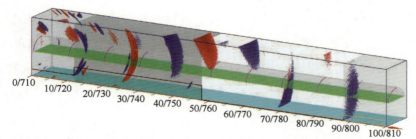

图 7-42 三维成像结果图

7.3.1.4 预报成果

通过各种物探手段结合地质调查结果推断,探测范围内岩溶分布情况为:在上台阶开挖轮廓线内后方无明显的空洞发育,但在 ZK34+720~ZK34+760 段拱顶以上地层有明显破碎现象,存在不连续的溶腔及破碎堆积体。

产生机理为:表层坚硬的二叠纪灰岩和下部志留纪泥岩的不整合接触面存在局部破碎和结构变形,在地表水微水系斜向(左上—右下)贯通侵蚀的情况下,泥岩软化流失形成溶蚀空洞,同时由于致密的泥岩隔水性,导致斜向微水系的贯通不顺畅。在溶腔内灰岩岩块的垮塌、剥落,结合泥岩的风蚀软化形成堆积体。

其中,ZK34+720 处以右上拱腰为中心线上方存在溶腔,在宽约 3~5m、高 10~15m、纵向 8~10m 的范围内分布,拱顶 2m 范围内有破碎堆积体集存。同理,在 ZK34+735~ZK34+740 段、ZK34+750~ZK34+760 段有类似溶腔发育。随着隧道埋深加大、斜向微水系远离(远离左侧积水坡、右后侧断崖),灰岩和泥岩的不整合接触面相对稳定,在隧洞穿越的泥岩岩体内形成溶腔的机会减少,此类溶腔及堆积体将消失。

7.3.2 大娄山隧道进口瓦斯工区

7.3.2.1 绝对瓦斯涌出量测定方法

绝对瓦斯涌出量测定采用《公路瓦斯隧道设计与施工技术规范》(JTG/T 2274—2020)中附录 G"绝对瓦斯涌出量实测方法"进行,瓦斯工区内绝对瓦斯涌出量根据实测通风量与回风流中最大瓦斯浓度计算确定。

1)风速测定及风量计算

(1)瓦斯工区风速测定仪表可采用机械翼式中速风表(0.5~10m/s)或低速风表(0.3~5m/s)或其他经检验合格的电子叶轮式风表或超声波风速计等。

(2)压入式风管口距离掌子面不大于 5m。测风断面可选择在距工作面 20~30m 处的稳定回风流中,风速测点布置断面及测风点布置可参考图 7-43 确定。当风速较小,无法采用机械风表准确测定风速时,可采用风管出口风速和风管断面积参数计算压入新鲜风量。

采用测风表在隧道内测风时应遵守下列规定:

(1)测风断面前后 10m 内无分支风流、无拐弯、无障碍、断面无变化。测风员进入开挖工作面待测断面处,先估测风速范围,后选用相应量程的风表。

(2)测风方法可选用迎风法或侧身法,测风时,每个测点测风次数不少于3次,每次测量误差不应超过5%,后取3次测风结果的平均值,如果测量误差大于5%,应增加1次测风。

(3)测风结束后,用皮尺或钢尺测量测风断面尺寸,计算测风断面面积,把测风数据和隧道开挖断面尺寸参数记录在测风表中。

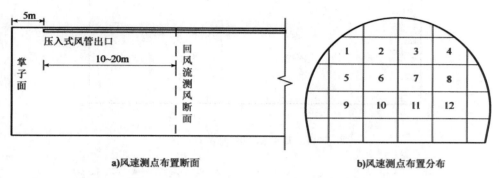

图 7-43 风速测点布置示意图

测风断面的隧道通风量按下式计算确定。

$$Q = S \times V_{均} \times 60 \qquad (7\text{-}1)$$

式中,Q 为通过隧道的风量(m^3/min);S 为隧道断面积(m^2);$V_{均}$ 为隧道内平均风速(m/s)。

由于大娄山隧道断面较大,隧道空间内风速较小,难以直接测定隧道断面内风速参数,因此采用高速风表测定风管出口风速,按照式(7-1)方法乘以风管断面积计算隧道等效风量值。本次风速测定采用 CFJD25 型煤矿用机械电子式中高速风表。该风表测量范围为 0.5~25m/s,满足风速测定要求。

2)瓦斯浓度检测

本次瓦斯浓度测定采用 CJG-10 型低/高浓度光干涉式甲烷测定器,测定范围分别为 0~10%。瓦斯浓度测定相关要求如下:

(1)测量瓦斯一定要在瓦斯工区风流范围内进行。工区内风流划定的范围:对于模板台车处,是指距支架和巷底各 5cm 的断面空间;对于无支架或用锚喷支护、已衬砌段,是距拱顶、侧壁、底板各 20cm 的断面空间。

(2)开挖工作面附近瓦斯检测断面位置按图 7-44 确定,检测点按图 7-45 确定,但应重点在隧道风流的上部(即拱顶部位)进行。

(3)每个测点处的瓦斯浓度应连续检测 3 次,取其平均值。测风断面必须同时测定瓦斯浓度,以开挖工作面附近及稳定回风流中测定最大瓦斯浓度值作为该断面处的瓦斯浓度,将检测最大瓦斯浓度记录在瓦斯检测记录表中。

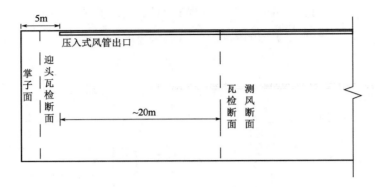

图 7-44 瓦斯检测断面布置示意图

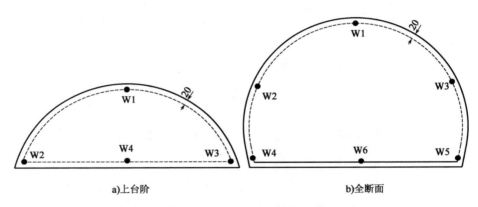

图 7-45 瓦斯检测断面测点示意图

3)瓦斯绝对涌出量计算

根据隧道实际通风量和实测最大瓦斯浓度,瓦斯工区瓦斯绝对涌出量按下式计算确定。

$$Q_{CH_4} = Q \times \overline{\omega} \tag{7-2}$$

式中,Q_{CH_4} 为瓦斯工区内绝对瓦斯涌出量(m^3/min);Q 为隧道断面通风量(m^3/min);$\overline{\omega}$ 为工作面迎头及回风流中实测最大瓦斯浓度(%)。

7.3.2.2 瓦斯涌出量测定结果

按照绝对瓦斯涌出量测定方法中相关要求及规定,对大娄山隧道进口右洞 YK36+443~YK37+528 段掘进期间通风量、掌子面及回风流瓦斯浓度等参数进行测定,动态跟踪隧道瓦斯涌出情况。大娄山隧道进口右洞 YK36+443～YK37+528 段绝对瓦斯涌出量计算如表 7-16 所示。

掘进期间绝对瓦斯涌出量计算表 表 7-16

测定日期	掌子面位置	风量 Q (m^3/min)	最大平均瓦斯浓度 (%)	绝对瓦斯涌出量 $q_{绝}$ (m^3/min)
2021.11.01	YK37+443	1557	0.20	3.56
2021.11.04	YK37+445	1501	0.18	2.70
2021.11.05	YK37+447	1493	0.18	2.69
2021.11.06	YK37+450	1520	0.16	2.43
2021.11.06	YK37+452	1480	0.18	2.66
2021.11.07	YK37+455	1490	0.16	2.38
2021.11.08	YK37+457	1478	0.16	2.36
2021.11.09	YK37+460	1455	0.16	2.33
2021.11.09	YK37+462	1471	0.14	2.06
2021.11.10	YK37+464	1496	0.14	2.09
2021.11.11	YK37+467	1466	0.16	2.35
2021.11.12	YK37+469	1475	0.16	2.36
2021.11.13	YK37+472	1491	0.18	2.68
2021.11.14	YK37+475	1511	0.20	3.02
2021.11.15	YK37+477	1471	0.18	2.65
2021.11.16	YK37+480	1550	0.20	3.10
2021.11.18	YK37+482	1490	0.14	2.09
2021.11.18	YK37+484	1475	0.14	2.07
2021.11.28	YK37+487	1480	0.16	2.37
2021.12.01	YK37+490	1476	0.14	2.07
2021.12.02	YK37+492	1495	0.16	2.39
2021.12.03	YK37+494	1470	0.18	2.65
2021.12.04	YK37+497	1503	0.14	2.10
2021.12.05	YK37+499	1490	0.16	2.38
2021.12.06	YK37+501	1485	0.16	2.38
2021.12.07	YK37+504	1498	0.14	2.10
2021.12.08	YK37+506	1511	0.16	2.42

续上表

测定日期	掌子面位置	风量 Q (m^3/min)	最大平均瓦斯浓度(%)	绝对瓦斯涌出量 $q_绝$ (m^3/min)
2021.12.10	YK37+509	1535	0.16	2.46
2021.12.11	YK37+511	1485	0.20	2.97
2021.12.12	YK37+513	1520	0.18	2.74
2021.12.13	YK37+516	1510	0.16	2.42
2021.12.14	YK37+518	1530	0.14	2.14
2021.12.15	YK37+520	1490	0.18	2.38
2021.12.16	YK37+522	1480	0.18	2.66
2021.12.16	YK37+524	1525	0.20	3.05
2021.12.18	YK37+526	1508	0.18	2.71
2021.12.18	YK37+528	1618	0.22	3.56

7.3.2.3 瓦斯等级评定及建议

1）评定依据

本次大娄山隧道进口右洞瓦斯等级评定按照《贵州省高速公路瓦斯隧道施工技术指南》(JTT 52/03—2014)执行,确定大娄山隧道进口右洞瓦斯工区等级,完善相应安全防护等级,调整设计及施工方案。根据《公路瓦斯隧道设计与施工技术规范》(JTG/T 2274—2020),瓦斯隧道工区分为非瓦斯工区、微瓦斯工区、低瓦斯工区、高瓦斯工区、煤(岩)与瓦斯突出工区五类,瓦斯隧道的类型应按隧道内瓦斯工区的最高级确定。瓦斯工区等级判定如表7-17所示。

瓦斯地层或瓦斯工区绝对瓦斯涌出量判定指标　　　　表7-17

瓦斯地层或瓦斯工区等级	绝对瓦斯涌出量 $Q_绝$ (m^3/min)
非瓦斯	0
微瓦斯	$0 < Q_绝 < 1$
低瓦斯	$1 \leq Q_绝 < 3.0$
高瓦斯	$Q_绝 \geq 3.0$

2）瓦斯工区等级评定

根据大娄山隧道进口工区右洞YK36+443~YK37+528段绝对瓦斯涌出情况,大娄山隧道进口工区右洞YK36+443~YK37+528段正常掘进期间,在测定区段内掌子面及回风流中最大绝对瓦斯涌出量为 3.56m³/min。依据瓦斯工区等级判定指标,大娄山隧道进口工区右洞 YK36+443~YK37+528 段应评定为高瓦斯工区。

3)施工及管理建议

(1)建议隧道前方施工严格按照瓦斯隧道专项施工方案组织施工作业,加强超前探测管理、通风管理、瓦检管理、动火作业及电气防爆管理、爆破管理等,加强过程管控,掘进过程中密切关注隧道内煤层赋存及瓦斯涌出情况,如发现瓦斯异常、瓦斯工区等级发生变化或与勘察设计不符时,报业主与设计单位核准,组织相关参建单位现场勘察,根据评定结果动态调整设计及施工方案。

(2)瓦斯工区等级评定结论主要为瓦斯工区施工组织管理及安全管控提供依据。由于影响隧道设计及施工方案的因素众多,结论仅为动态调整设计及施工方案提供参考。

第8章

大娄山隧道群智慧管控一体化平台

大娄山超长隧道群的机电设备超过10万件,在事故工况下进行快速救援的难度成倍增加。另外,如此体量的机电设施也带来了高昂运营费用的养护管理工作,公路隧道运营管理受专业独立性和业务主管部门不同的制约,系统间数据的调用,现场处置和中心调度之间都存在彼此独立的问题,数据孤岛问题严重。面对运营场景日益复杂的挑战,运营管理平台需要提供工程全寿命周期的"管理、运维、检测、控制、调度"的多维综合管理模式,需要对传统运营管理平台进行重新设计。

为此,开发了大娄山隧道群智慧管控一体化平台,以解决大娄山特长隧道群的安全运营及智慧管控问题。

8.1 智慧管控一体化平台概述

8.1.1 建设背景

大娄山隧道单洞长约10.46km,双向六车道,设计速度100km/h,是贵州省第一隧。大娄山隧道群平面示意如图8-1所示。

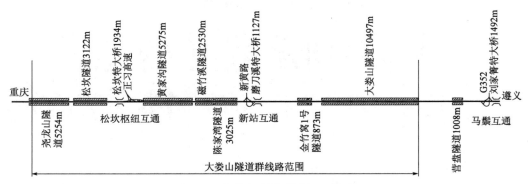

图8-1 大娄山隧道群平面示意图

隧道群采集的海量数据,目前还呈"数据孤岛"的态势,在各个系统之间没有完全打通,数据也没有很好体现在隧道运营管理中,数据的价值没有体现。

采用传统模式已经不能适应运营管理的需要,需要采取新的技术手段,破解"运营安全、运营节能、管理高效"的难题。物联网、云计算、大数据、移动互联网技术的发展,为隧道群的运营管理提供了新的思路。

通过对物联网及大数据技术的应用,打通各个系统之间的数据壁垒,实现智慧通风及智慧照明,达到节能减排的目的。通过信息化手段,进行创新技术驱动,数据驱动隧道,构建管理新模式。通过业务管理集约化、数据治理科学化、全域应用智能化等维度的设计思路,提高公路隧道运营管理水平。

8.1.2 运营期隧道群主要特点分析

隧道群相对于单体隧道具有运营环境受外界环境影响大、设施规模大、设备种类繁杂、运营能耗高、救援疏散路线受限、联动控制难度大等特点。

1)运营受外界环境影响大

由于隧道群不是单一的行车环境,需要频繁进出洞口,运营安全受影响。一方面隧道"明洞效应""暗洞效应"加重。另一方面隧道洞口团雾、凝冰、雨雪等不良气候造成道路湿滑,也会影响隧道安全。

2)机电设施规模大、种类杂

隧道群一般由几个隧道组成,隧道群之间的系统化整合导致机电设施的配置规模随之增大,配置等级也会随之提升,具有规模大、种类杂等特点。

3)疏散难度大、联动救援范围广、设备控制难度大

隧道群受限于地理条件,桥隧比高,与外界联动的救援通道受限,加大了外部救援力量接入和隧道内人员疏散的难度。另一方面,隧道群里程较长,在事故状态下,需要对整个隧道群的影响区域进行控制,联动救援区域大、设备控制数量多,加大了控制的难度和对路网通行的影响。

4)运营费用高

运营环境的变化,导致隧道群对机电设施提出了更高的要求,机电设施的数量会随之增加,运行标准也随之提升。另外,隧道里程增加导致机电设施数量增加。以上不利因素都加大了正常运营工况下的运费费用。

5)管理难度大

隧道群一般进行集中管理,管理路线长、设备数量多、设备种类复杂、救援站点设置位置受限,以上不利因素加大了运营管理的难度。

8.1.3 以人文精神指导智慧隧道建设

将信息化手段与人文服务理念和措施结合在一起,技术具有人文目的,管理要有人文精神,将"以人为本"的理念落实在智慧隧道运营管理和服务上。

1)实现"便捷、安全、舒适"的驾乘体验

通过隧道内设置主动交通管控、多级管控体系、调频广播系统、超速预警、超温预警、

气象预警等帮助司乘人员避开交通拥堵或者交通事故,实现行驶过程中的便捷安全。通过在隧道内设置特殊灯光带等手段实现超长隧道群行驶的舒适性。

2)打造"高效、低碳、安全"的管理模式

通过物联网及大数据等手段的应用,大娄山隧道群在"安全保障、低碳运营、高效管理"等方面得到了很大提升。通过"危险品车辆追踪、超温车辆预警、智慧消防、应急预警、调频广播、路隧一体化救援联动"等手段提升隧道安全性。通过"智慧通风、智慧照明"等手段提升隧道群运营节能性。通过数字孪生系统、智慧养护作业等提升管理效率。

8.1.4 建设内容

1)主要建设内容

智慧隧道一体化管控平台的建设围绕大娄山隧道群全寿命周期的需求,主要实现设备全感知化、功能全提升、调度易协同、全维度展示等功能,达到"安全提升、高效救援、养护提升、低碳节能、数字治理"的建设目标。

智慧隧道一体化平台部署实施边界为大娄山隧道群所属的8条隧道。分别为:尧龙山隧道、松坎隧道、黄家沟隧道、磁竹溪隧道、陈家湾隧道、金竹窝1号隧道、大娄山隧道、营盘隧道。

将隧道群整合至"大娄山隧道慧管控一体化平台"进行统一的数据传输、数据交互及综合业务管理,汇聚各类交通数据和打通异构系统间的信息孤岛,实现数据共享,并将各系统的功能整合在统一的应用界面上,方便集中控制和管理。

2)平台部署技术要求

智慧隧道一体化管控平台,按照省级平台的标准进行设计和开发(图8-2),其中在平台基座上,通过构建统一的数据、物联和技术中台,形成业务协同和流程控制的标准化,以及数据接口、技术接口的标准化。平台基座的中间件或下位机软件,依据不同部署层级的规模需求,可配置1台或多台服务器,并在不同层级间形成数据备份和数据管理的分级机制。

在平台应用上,基于不同部署层级的不同应用场景,应用功能模块可归集为"前端展示、调度管理、设备管理、综合管理"4个大类。应用软件在部署和实施过程中,可以在任一层级实现全量部署和分权限管理使用。而在实际应用中,不同部署层级在应用场景上有不同的侧重点。

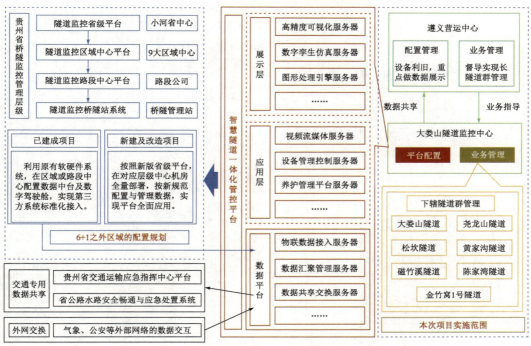

图 8-2　省级平台建设规划图

一体化平台采用三级管理体制(图 8-3),主要特点如下:

(1)桥隧管理站级。

主要是设备管理类应用,主要围绕 PC 工作站和手机端进行部署,满足一线驻点和维护人员的工作需要。

(2)路段级/区域中心级。

以路段级管理中心或区域营运中心为单位,围绕业主需求做全量部署和应用配置,包含监控中心大屏、PC 工作站及手机端的部署。

(3)省中心级。

主要是数字驾驶舱、表单管理以及在指挥调度时的远程指挥。重点满足大屏展示应用以及 PC 工作站的功能配置。

本次项目的部署实施和应用范围,包含接入大娄山隧道群的 8 个隧道数据(尧龙山隧道、松坎隧道、黄家沟隧道、磁竹溪隧道、陈家湾隧道、金竹窝 1 号隧道、大娄山隧道和营盘隧道)。在大娄山隧道监控中心和遵义区域中心进行平台部署、数据接入、应用展示以及运维服务。未来根据省级部署要求和新接入项目的情况,在更高层级进行平台部署和数据接入。

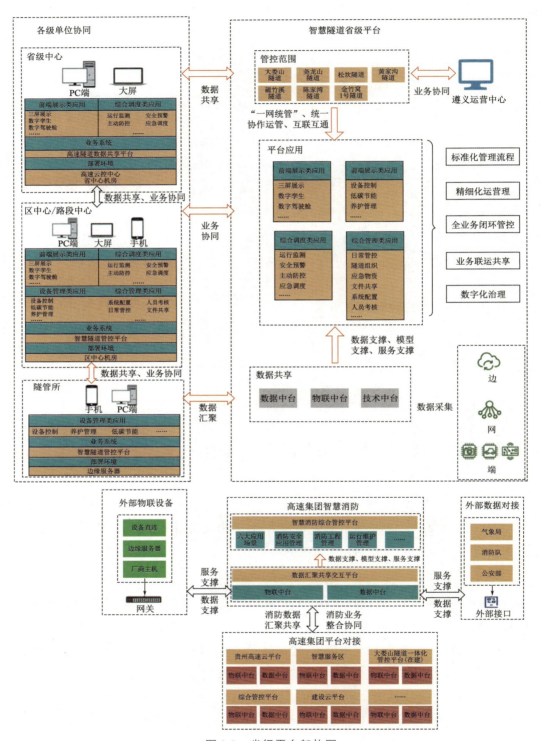

图 8-3 省级平台架构图

3）数据汇聚及拓展

"大娄山隧道慧管控一体化平台"按照省级平台的标准进行建设，在进行建设过程中，需要逐步替换原各管理层级的已有隧道监控软件，并在实际实施部署和数据接入的过程中，通过标准化的数据中台、物联中台作为接口，实现与旧有系统的数据对接，以及与外部数据的互联互通，平台接入主要数据类型如表 8-1 所示。

平台接入主要数据类型表　　表 8-1

	传统机电系统		智慧感知提升内容		隧道智慧提升关键技术研究
1	环境检测系统	1	超高超限车辆检测	1	隧道防救灾应急预案研究
2	通风控制系统	2	危险品车辆检查	2	特长隧道营运管理标准化手册
3	照明控制系统	3	供配电系统智能提升	3	智慧隧道建设指南与技术标准
4	交通控制系统	4	隧道通风、照明系统节能提升	4	隧道省级平台营运管理研究
5	视频监控系统	5	枪球一体监控优化提升		
6	紧急电话系统	6	多光谱移动火情监测		
7	有线广播系统	7	PLC 精准控制与智能运维提升		
8	火灾预警系统	8	车辆超速预警系统		
9	消防控制系统	9	车辆超温预警系统		
10	电力监控系统	10	主动防控应急预警系统		
		11	智慧消防监测系统		
		12	调频广播系统		
		13	雷视一体机数字孪生感知系统		

为兼顾后续的系统维护与升级、隧道群的扩充与接入等系统性能需求，所有策略和业务参数均采用参数化设计，建立完善的系统配置参数表以支持数据类型、属性结构的扩充，达到应对大娄山隧道作为省级平台对未来系统数据处理流程的扩展要求。考虑到对未来多种隧道数据进行数据加工处理的扩展能力的要求，系统可通过快速的配置和扩展模块开发，实现对后期多类数据的处理。

8.2 需求分析

智慧管控一体化平台的建设以大娄山隧道群运营期的业务场景为背景,主要围绕"安全提升、高效救援、养护提升、低碳节能、数字治理"的建设目标,从智慧感知、智慧传输、智能管理、智能服务等角度开展平台的建设。

在业务层面,根据内部管理与控制的需求,按照角色管理权限,建设管理中心总指挥调度与区级联动处置的平台运营管理协同办公,联合管控,提高对大娄山隧道群在安全管理上的效率与及时响应紧急事件的处理。

在系统层面,从设备感知、数据传输、网络接入、应用服务、用户展示等方面的建设考虑,需实现从硬件设备接入、传输数据获取、业务协同、设备状态获取、管控、信息同步等方面实现多方协同、闭环处置、智能联控、数据互通,建立完善的智慧隧道监控体系。

在功能层上整合接入控制、监控管理、预警与联动、隧道群与数据分析;在移动端上整合高速预览、应急处置、机电维护、值班勤务、设施养护、视频直播、路政管理等业务应用;在 PC 端整合日常监控、应急处置、维修工单、维修养护、隧道监控、数据报表、值班勤务、视频监控、路政管理、车路协同、自主监测等业务应用。

8.2.1 业务需求分析

1)全面准确地感知隧道整体交通情况

传统监控系统方案,单纯依靠视频对隧道内交通情况进行识别,其识别的精度和广度往往受到视频监控的能力局限,无法满足隧道运营单位全面准确掌握隧道整体交通情况的需求,隧道运营单位亟须一套能够能精准覆盖隧道全域的交通状态感知系统,提升对隧道的精准管控能力。

2)提升隧道安全隐患防控能力

大娄山隧道群作为特长隧道群,结合其所处地理环境的特点,可推断出大娄山隧道群在后续运营过程中易出现以下典型安全隐患:

(1)隧道出入口在极端天气下两端天气情况不同、隧道自身环境因素而引起的"黑洞效应"。

(2)光照环境偏低。

(3) 洞内通风情况不佳。

(4) 因地震等地理环境因素引起的隧道结构受损。

(5) 隧道内车辆多、车流量大。

(6) 隧道内外存在危化品车、超温车辆等。

上述典型安全隐患复杂交织，易构成复杂链生灾害事故，极大地提升大娄山隧道群的安全运营风险。大娄山隧道群智慧化提升的建设需结合隧道群会出现的安全隐患问题，综合采用交通诱导监控、通风/照明控制、紧急电话及广播、视频检测与监控等技术手段，降低隧道运营的风险，提升大娄山隧道群安全运营水平。

3) 高效、便捷的隧道联动救援系统

隧道的封闭性和行车高速性等特点，决定了隧道内交通事故存在突发性和处理滞后性等问题，救援人员难以直接到达现场开展快速处置、疏散人员等应急救援工作，造成严重的经济损失。因而提高隧道的通行能力，缩短紧急救援对策的响应时间是亟须解决的问题。

大娄山隧道群智慧化提升的建设需着力增强灾情信息获取手段，缩短信息传递途径，建立灾情快速联动响应机制。通过智慧化管理平台对隧道内的监控，获取突发情况信息，并通过平台进行快速响应，指挥调度距离事发点距离最近的管理站点进行紧急救援作业。通过隧道内的应急广播/调频广播/电话，直接与事发地进行现场疏导，并将相应数据推送至省公路水路安全畅通与应急处置系统、省交通运输应急指挥中心平台等，从而实现对一路三方的指挥调度。

4) 机电设备养护的效率提升

由于隧道里程长、机电设备数量及种类多，在对隧道内的机电设备基础设施进行养护巡检时，会存在基础设施养护难度大、要求高等问题。

大娄山隧道群智慧化提升的建设需要结合隧道群的特点，通过智慧化养护的手段及策略保障机电养护的及时性与有效性，提高养护管理的效率，确保机电设备在长期运行过程中能够正常开展工作。

5) 绿色、低碳运营

为保障运行安全，在大娄山隧道内需设置大量保障安全运行的照明、通风设施，从而造成运营开支巨大，通过对大娄山隧道设备的估算分析，每天将消耗13000kW的电能，平均花费4.5万/天。

大娄山隧道群智慧化提升的建设需要在特长隧道内探索节能策略，尝试通过通风和照明设备的智能控制实现节能的目的。

6）隧道运行监测大数据的应用

大娄山隧道中安装有大量感知设备，包括：信息采集设备、状态反馈信息设备、交通信号控制设备、照明/通风控制等。大娄山隧道群日常运营过程中，上述感知设备中产生大量的监测数据。

大娄山隧道群智慧化提升的建设需考虑如何有效获取到硬件设备的采集信息，如何抽取、清洗、整合有效数据，并对数据进行分析策略处理，实现实时设备采集与动态展示；另外需要考虑保障数据是否都能够顺利采集获取，以及数据采集发生异常时是否能够准确定位到异常点进行修护等。

7）多种设备的一体化控制

大娄山隧道群在实际运营中面临着设施种类多、感知设备数量大、联动控制复杂、监控系统接入不全、区域平台性能有限等痛点。

大娄山隧道群智慧化提升的建设需解决如何对隧道内的所有设备进行控制与管理以及系统运维，设备监测到的事件如何通过多种协议在统一的监控设备管理平台上进行接入与感知控制，实现联动管理。

8）防范隧道内发生车辆高温自燃事故

隧道内车辆高温自燃事故多发，险情频出，暴露了隧道安全管理上的缺失，隧道运营单位亟须一套能够有效减少车辆高温自燃事故发生，提升车辆高温自燃事故事前预警、事中处置能力的信息化系统。

9）隧道内突发事件的精准、快速发现

隧道内未保持安全车距、随意变更车道、超速行驶、龟速行车、闯禁令、违法停车等突发事件屡见不鲜，传统视频监管方案难以精准、快速识别各类违规行为，亟须有效的技术手段，提升隧道运营方的应急处置能力。

10）运营管理及业务协同管控需求

在运营管理及业务协同管控中，以安全提升、高效救援、养护提升、低碳节能、数据治理作为运营管理上的体系能力提升需求，并通过将平台获取的监管数据报送、协同指挥调度等工作，与交通运输厅协同管理。

8.2.2 系统需求分析

1)前端感知设备接入与管控需求

(1)感知设备接入。

为掌握大娄山隧道群高速路网运行情况,需要对该路网数据进行采集、处理、分析,利用分析结果对路网进行控制管理,在大娄山隧道群路网布设备类传感器、智慧感知设备时,按照设备类别、设备感知类型的不同,分别对设备、设备数据进行集成服务管理。

(2)感知设备管控。

将感知设备按照路段、隧道的范围及感知设备类别进行接入,并统一进行集成化管理后,可以对用电设备的低碳节能进行管控,根据感知设备传输的数据情况,结合算法策略分析,并根据各设备使用情况联动控制,动态调整照明设备的使用情况,从而降低在保障特长隧道内正常运营使用情况下的能耗,降低企业的经营成本。此外,还可以根据对感知设备接入的集成化管理,根据主动感知设备的运行状态、巡检养护情况、维修记录等数据,提升机电设备管养的效率。

2)数据接入汇集共享与协同需求

(1)汇集共享。

将从机电设备监测到的数据通过物联中台、数据中台、技术中台进行数据汇集处理分析、数据汇集存储、设备远程管控后,作为数据信息汇聚共享平台的数据支撑,需要与交通运输部路网监测及应急指挥中心在网络、安全、通信、数据、视频监控、信息报送、指挥调度等方面实现互联互通,向平台共享应急资源数据、预测预警数据、突发事件数据、日常运营数据等,从平台接收应急管理指令数据、突发事件数据、指挥调度数据、公众信息服务等数据进行汇集共享。

(2)协同管理。

根据从接入的感知设备获取到的路网运行监测、安全预警监测、数据孪生等数据,按照省高速公路应急指挥中心、区域应急指挥分中心、管理所/管理处各级的管理职责,进行联网协同监控管理,并结合外部单位共享的数据信息,包含气象局共享数据、消防数据、公安交警数据、"两客一危"数据等数据信息进行联合管理。通过统一数据标准、多维数据接入、多算法融合网,提高协同办公管理水平。

8.2.3 功能需求分析

为了实现隧道运营的安全和高效,提高隧道管理的信息化水平,围绕"数字化隧道、绿色节能隧道、安全隧道、智慧云管养隧道、智慧服务隧道、景观隧道"的理念,基于安全、救援、养护、节能、数字化五大体系能力的提升下,需要从设备管控、安全预警、主动防控、低碳节能、机电养护、应急调度、综合管理等七大业务领域进行整合与管控。

1）安全防控提升

在保障运营安全和风险防控方面,通过交通行为安全监测、隧道结构安全监测、周边环境安全监测、风险源监测等多维度的数据融合与分析,实现提前预判、体系管控,实现隧道各类事件从预防、发现到处置的闭合管控手段。

2）应急救援提升

在应急救援提升方面,需要改变原有单一的业务管理模式,以路网中心"监控大屏"、PC 工作站以及手机端移动工作站为应用手段,实现一路三方的数据共享和救援协同。与此同时,融合采用毫米波雷达、视频图像分析、高精地图、交通仿真等技术,构建数字孪生隧道,探索车道级精度的交通控制和预案联动。

3）养护管理提升

在养护管理提升方面,需要改变原有人工巡检效率低下、设备故障维修不及时等问题,一方面通过技术手段,实现对机电设施的健康状态监测分析,采用智能化巡检等方式提升工作效率,及时发现故障,确保超长隧道维护工作高效开展。通过信息化建设和数字治理手段的提升,完善对隧道机电资产和备品备件的管理。

4）绿色节能提升

建立起隧道的能效管理、能效监测和能效评估系统,通过对通风系统、照明系统的合理优化与策略控制,能够实现隧道节能减排,为智慧高速的绿色运营提供良好示范样板。

5）出行服务提升

超长隧道的行车会给司乘人员带来视觉疲劳等影响,加之隧道内的封闭环境,出行体验和出行安全都存在一定隐患。需要在提升司乘人员的驾驶感受,保证隧道运行的安全性,以及在发生拥塞或异常事件时,能够为出行人员提供必要的辅助手段,指引其采取必要措施规避事故发生,或指引其应急逃生。

6）数据治理提升

隧道营运管理所产生的大量数据,多年来缺少统一的处理、分析和归档,这些数据对研究隧道运营中的各种状况、未来机电设计、管理标准优化等,都有重要的决策价值。同时,对于隧道云控平台的 IT 资源维护、确保其网络信息安全,需要提供相应的保障措施和服务方案。

8.3 智慧管控一体化平台构建

8.3.1 智慧管控一体化平台目标

平台具体构建目标如下：

（1）在安全提升中，通过智能监测、主动防控，提前预判风险并实现闭合管控。

（2）在高效救援中，通过技术赋能、多方协同、多屏联动、数字孪生提升应急调度效率。

（3）在养护提升中，通过健康诊断、及时维修，确保特长隧道养护维修工作便捷高效。

（4）在低碳节能中，通过算法模型、能效分析，在保障安全前提下实现通风和照明系统节能管理。

（5）在数字治理中，通过统计分析、数据看板，利用标准化的数据治理手段实现运营决策辅助。

8.3.2 智慧管控一体化平台架构

大娄山隧道群智慧管控一体化平台，基于"云、网、边、端"的技术体系架构进行设计（图8-4），在底层通过构建统一标准的"物联管控平台"，实现隧道内各类机电设备、传感数据的全量接入；物联平台可实现在边缘侧服务器、中心机房服务器以及云端服务器的多级级联配置，实现数据的级联备份和分权限管理。

图8-4 平台架构图

1）全面泛在物联网感知层

全面泛在物联网感知层由设备层、隧道应用系统、边缘计算组成。

设备层为前端感知设备，包括车辆检测器、视频监控、毫米波雷达、环境感知设备（CO/VI检测、风速风向检测器、洞内洞外亮度检测器、瓦斯检测器、二氧化氮检测器、外场气象检测器）、各类传感器（如流量计、压力表等）、火灾报警、事件检测、紧急电话、信息发布、车道指示器等设备构成。

隧道应用系统主要对前端设备采集的信息形成可用数据指标，实现与照明系统、通风系统、供配电系统、隧道监控系统、隧道安全管控系统、隧道智慧巡检系统、隧道应急预警系统以及隧道预案联动系统的对接。

边缘计算对于可用数据指标进行设备接入、协议解析、视频AI分析、火灾报警分析等。

2）融合通信网络层

融合通信网络提供数据传输通道，通过传输专网、隧道光纤环网、物联网、移动通信网络、互联网专网等多种通信方式完成各类数据传输，需设计安全认证系统加强对信息传输的保护，以保证数据传输的可靠性。

3）云控中心平台层

构建物联网平台、数据平台和三维数字孪生可视化平台，实现在隧道细分场景下的信息化应用全覆盖，实现隧道营运管理、养护运维、指挥调度等场景下的智能化、便捷化。

4）智慧服务及应用层

实现设备控制状态检测、资产管理养护维修、运营监控协同管理、应急救援调度指挥、车道级数字孪生、能效管控分析评估、一路三方信息服务、数据报表决策分析和安全主动防控管理等。

8.4　智慧管控一体化平台功能

8.4.1　智慧隧道应用平台

大娄山隧道群智慧管控一体化平台，聚焦运行监测感知、设备聚合管控、应急协同处置和精细化运营四大应用场景,基于一个技术底座实现与互联网专线/交通专网、边缘设备和终端感知设备的数据接入。大娄山隧道群智慧管控一体化平台具有设备管控、安全预警、主动防控、低碳节能、机电管养、应急调度和综合管理七大业务功能,可实现驾驶舱、电脑端和手机端的"三屏三端"展示,如图8-5所示。

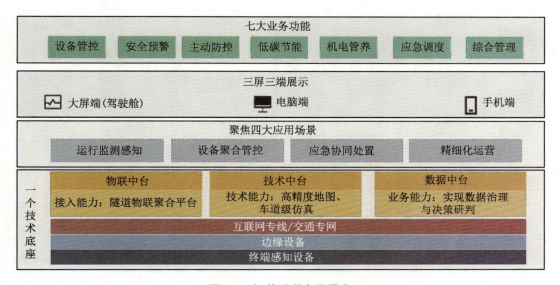

图 8-5　智慧隧道应用平台

8.4.2　智慧隧道平台技术底座

在智慧隧道管理中,终端的感知设备、边缘设备通过物联网专线/交通专网的数据传输至物联中台、数据中台、技术中台,并由中台提供各类设备端 SDK、认证方式,中台支撑多种协议,实现对设备的接入能力后,通过边缘计算,过滤清洗设备数据,并将处理后的数据上传至云平台,在消息通信层,通过配置规则,实现设备、服务器、物联网平台之间通信消息的同步、转换、过滤、存储功能,并进行设备管理、监控维护等功能服务。

1)物联中台

提供隧道设备的统一接入、管理的能力,同时提供数据以及设备管理的能力,使物联网快速、低成本构建。同时提供云端编解码插件的能力,实现物联网数据的标准化、格式化,实现各种设备的数据汇聚、融合和协同(图8-6)。

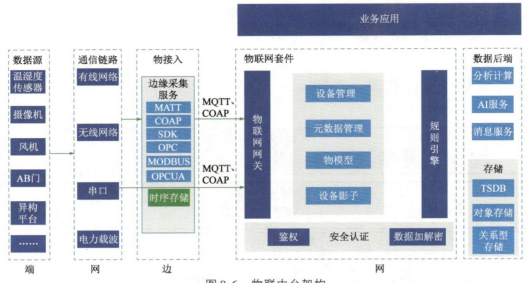

图 8-6 物联中台架构

2）数据中台

对采集的各系统数据进行处理和分析，实现数据治理与决策研判，形成智慧决策应用，统一展示全网路段、隧道的整体运营情况，包括路网健康度、畅通度、安全指数、交通流量、异常事件情况等，提供便于维护查询和操作的界面，高速公路相关管理部门能够根据此展示信息随时掌握全网道路状况，为领导决策提供依据（图8-7）。

图 8-7 数据中台架构

3)技术中台

以数字孪生技术实现动态数据接入、交通仿真决策、全环境模拟、数字资产管控等服务,提供高精度地铁、车道级仿真,并通过孪生模式实现多维数据联合表达,直击现场,快速定位处理,同时满足后续仿真模拟各类数据进行推算、模拟,支撑决策。

通过数字孪生中台以灵活组合的方式创建多种模型实例,服务于不同交通场景,同时借助人工智能、AI算法、专家经验、大数据分析等技术实现对物理网络进行全生命周期的分析、诊断、仿真和控制。

(1)数字孪生中台。

数字孪生建设首要解决的就是时空信息可视化,借助雷达等方式扫描,快速采集道路交通数据,并基于高精度的三维点云数据完成三维实景建模,制作精细化三维地形图,为数字交通提供全过程可视化数据支撑(图8-8)。

图8-8 数字孪生中台界面

(2)AI中台。

AI中台提供目标检测、目标跟踪、文字识别、图像识别、语音识别等多种深度学习算法,能快速创建算法模型,并自动生成服务并发布到生产环境。在此服务的基础上,还可以提供场景丰富的数据洞察、预测、归因、决策、反馈等功能(图8-9)。

图8-9 AI中台架构

8.4.3 业务平台应用功能

通过大娄山隧道智慧化管控平台的系统,可实现"隧道营运管理的一张图""隧道数字孪生仿真应用""隧道数字驾驶舱"创新性应用功能的提升。

1)隧道营运管理的一张图

智慧隧道三屏端融合在至隧道营运管理的一张图上,实现对隧道群、隧道的数据分析与决策辅助、隧道业务管理的协同办公、隧道可视化展示,如图 8-10 所示。

图 8-10 隧道营运管理一张图展示

通过树形目录和 GIS 地图,实现对隧道群及所在路段、路网的"一张图"可视化管理。在选中具体隧道后,可实现该隧道二维可视化平面展开,实现"一隧一屏"的营运协同管理和综合数据展示,同时围绕"设备管控、安全预警、主动防控、应急调度、低碳节能、机电养护、综合协同"等上述应用功能,具备快速进入各业务应用模块(后台配置、表单查询等)的入口,从而实现隧道管理全要素全功能的一键直达。

(1)GIS 隧道群管理。

基于互联网 GIS 地图,实现贵州隧道资源与相关地理信息空间数据的关联,并转换为地理图形显示,使之可以快速地在地图上定位及匹配显示,实现贵州隧道群基于"GIS一张图"的可视化查询和数据展现,如图 8-11 所示。

(2)隧道二维可视化管理。

通过二维全景地图的方式展现隧道,并以图层叠加的方式,实现隧道内所有机电设施设备的地图可视化展示,根据设备分类采用不同颜色、不同图标对当前设施设备的运行状态和故障情况加以区分。点击图标可进行相应设备的基本信息及状态的查看,点击摄像头可调取相应视频画面,如图 8-12 所示。

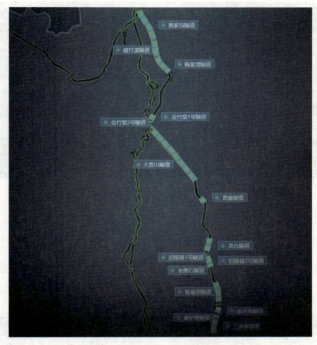

图 8-11　GIS 隧道群管理界面

图 8-12　隧道二维可视化管理界面

（3）隧道业务应用配置。

贯彻"一套系统"的主体思想，在统一的标准集成规范基础上搭建应用门户，并围绕"设备管控、安全预警、主动防控、应急调度、低碳节能、机电养护、综合协同"等应用功能，提供业务应用的一体化配置功能，包括统一用户与授权、单点登录以及日志管理，构建形成各应用系统的"统一入口"，如图 8-13 所示。

图 8-13　隧道业务应用配置

(4) 大屏控制交互。

围绕"多隧一屏、一隧一屏、一隧多屏"的三级可联动视图,实现监控中心大屏在日常监控、任务协同、指挥调度等场景下的数据上墙和大屏功能分区设计,实现可配置、易使用的大屏系统控制交互功能,如图 8-14 所示。

图 8-14　大屏控制交互界面

2) 隧道数字孪生仿真应用

采用新型测绘、标识感知、目标融合、协同计算、数字孪生技术,将实际隧道空间目标叠加到可计算隧道三维可视化空间,实现隧道"一隧一屏"管理从二维向三维可视化的切换,实时"读写"真实物理世界,完成数字映射的全息感知。通过该系统实现运营管理的精细化,还可以实现对场景的数字化演练,提升隧道运营管理水平。

3) 隧道数字驾驶舱

(1) 隧道综合态势分析展示。

通过直观的数字、柱状图、饼图等,综合展示隧道安全管控设备资产、安全事件告警、环境状态相关的关键指标,如设备资产统计、危险事件告警分类统计、隧道车流量统计、环境监测告警统计等。

(2)事件检测分析展示。

基于视频事件识别分析和雷视融合技术将隧道内事件精准识别及展示,包括事件汇总、事件处理状态分析、事件检测类型的统计、事件告警排行分析等内容,以饼图、雷达图、折线图等可视化的形式进行展示,以便管理者全面掌握隧道事件的发生态势。

(3)交通流量分析展示。

提供24h内的通道流量分析,区分高速路段和隧道段,并以柱状图、折线图等图表形式直观展示。同时,分析高速路段流量和隧道运行情况的关系,为交通诱导,特别是隧道的科学引流提供参考依据。

(4)隧道环境监测分析展示。

对隧道内的CO浓度、能见度、光照度、光亮度等环境指标实时监测,并根据CO浓度、能见度等指标的变化规律调整隧道的环境状况,以最优的隧道环境保证行车安全。

(5)设备策略分析展示。

对隧道设备的在线、离线等运行状态进行监测,统计设备在线率、离线率、故障率、设备告警次数排行,为管理人员的隧道运维管理提供数据支持。

(6)OD迁徙分析展示。

以OD迁徙图形式为用户展示当前所辖路段车流迁徙轨迹的动态变化规律,并结合车辆类型进行路段通行特征的分析,方便领导直观掌握路网运行状况,及时发现当前交通网络的问题,为后面交通网络的交通引流提供参考依据。

(7)通行保畅能力分析展示。

基于班组人员工作情况、工作车辆种类数量、设备运行数据以及交通运行环境数据等,对隧道整体保畅能力进行综合分析测算,并输出通行能力级别,方便运营管理人员实时掌握交通通行状态,为交通分流疏导提供数据支撑。

8.4.4 网络安全

考虑到大娄山隧道群智慧管控平台现实情况及未来发展趋势,根据智慧化隧道建设特点,大娄山隧道群智慧管控平台采用星形组网结构,覆盖以兰州至海口国家高速公路重庆至遵义段(贵州境)扩容工程范围。

大娄山隧道群智慧管控网络传输平台采用模块化、层次化设计的思想，建设覆盖终端、站所、路段中心、片区中心、省中心等监控点的承载网络。为满足业务需要，将整个网络划分为3个层次：核心层、汇聚层、接入层，保证网络的层次清晰、管理方便。

1）信息安全等级保护总体要求

根据公安部、国家保密局、国家密码管理局和国务院信息化工作办公室联合印发的《信息安全等级保护管理办法》和公安部下发的《信息系统安全保护等级定级指南》，对信息系统安全保护等级进行划分。

2）安全等级定级

在充分考虑数据安全性、可靠性和可用性，提供备份容灾服务，保证数据在任意副本出现损害的情况下自动同步副本，保证原始存储介质本身出现故障时，仍然能为该项目提供一份可用的数据副本的前提下，按照等保三级的要求及根据本项目定位与《信息安全技术网络安全等级保护定级指南》(GB/T 22240—2020)相关指标要求，提供的信息安全保障服务应用需通过三级等保测评要求，来建设大娄山隧道群智慧管控一体化平台，部署的机房设备设施采用二级等保设计。

在未来的规划中，隧道智慧管控一体化平台是以省级平台作为战略方针，后续升级成全省平台时，按省级平台部署规范，以三级等保要求，在安全技术、安全管理、安全测评方面进行相应的安全设计。

3）安全防护框架

根据《信息系统安全等级保护基本要求》，分为技术和管理两大类要求，具体如图8-15所示。

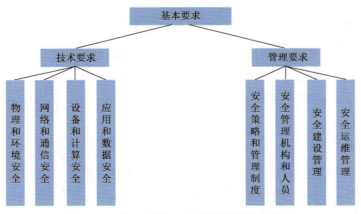

图8-15 信息系统安全等级保护基本要求

技术要求包含：物理和环境安全、网络和通信安全、设备和计算安全，以及应用和数据安全；管理要求包含：安全策略和管理制度、安全管理机构和人员、安全建设管理，以及安全运维管理。

8.5 智慧隧道应用功能开发

8.5.1 设备智能管控

基于设备管控，对大娄山隧道平台下所管理范围内的路段与隧道的感知设备，实现重点设备管理实时数据监测、状态检测与诊断、设备状态控制等，以进行设备全方位的统一管控。

围绕大娄山隧道传统机电监测与控制系统，以及新增智慧化提升感知系统，按照各区部署的片区中心隧道监控平台、路段中心隧道监控平台、隧管所隧道监控平台等的权限不同，获取所管理权限下的设备监控内容，并对所有可读取、可监测的前端感知数据，分别可进行三维可视化、二维可视化的平面数据展示，形成结构化数据表单，实现数据的快速查询、设备的快速定位，如图8-16所示。

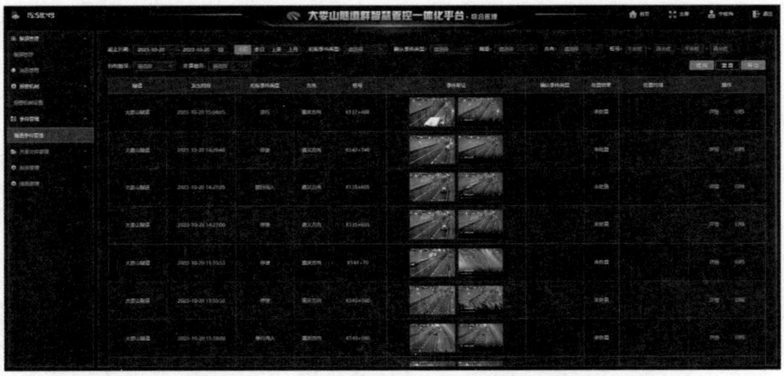

图8-16 设备智能管控功能模块展示

对机电设备实施在线状态检测及健康状态管理，在对所有设备的在线状态进行实时监测的同时，对设备运行状态、质量等进行检测判断。如对于高清视频的图像画质、视频码流等进行诊断，通过状态监测管控获取 CO/VI 设备、车流量检测等设备运行状态是否正常，进行可靠性的判断，并能够将故障信息传送至所在监管平台，与机电管养模块联动进行设备的故障处理。

系统根据不同状况下的交通流量、能见度、光强、交通事件等数据进行数据分析，建立数据模型,形成照明系统开关、亮度的智慧化方案,实现照明自动调节,保障安全,节能降耗。

8.5.2 系统安全预警

通过安全预警,对大娄山隧道会造成不同程度破坏或交通安全事故的风险源进行安全管理,按照其事故类型的不同进行预警类型的划分,并根据预警类型的影响程度建立相应的预警机制。按照其预警机制等级对应预警管理进行响应,将预警数据传输至大娄山隧道智慧管控平台,并开展预警风险处理的指挥调度工作,从而实现大娄山隧道日常的安全运营,系统安全预警数据类型如表 8-2 所示。

系统安全预警数据类型　　表 8-2

序号	预警类型	数据内容
1	视频事件检测	隧道内出现行人数据
2		隧道内车辆违停数据
3		隧道内车辆逆行数据
4		隧道内出现抛洒物数据
5		隧道内车辆拥堵数据
6		隧道内出现非机动车数据
7	火灾探测报警	光纤光栅火灾检测系统数据
8		双波长火灾检测系统数据
9		多光谱火焰探测器数据
10		火灾手动报警探测器数据
11		火灾烟雾传感探测器数据
12	车辆监测预警	车辆超速检测系统数据
13		车辆超温检测系统数据
14		车辆超载检测系统数据
15		车辆超高超限检测系统数据
16		危化品车辆驶入预警系统数据
17	环境监测预警	CO/VI 气体监测预警数据
18		瓦斯监测预警数据
19		恶劣天气预警数据
20	消防监测预警	水位监测数据
21		水压监测数据

续上表

序号	预警类型	数据内容
22	电力监测预警	电力系统运行监测数据
23		电力系统能耗监测数据

车辆监测预警。在大娄山隧道智慧化提升感知设施基础上,围绕车辆监测、预警与管控的相关数据的接入,依据业主需求实现预警发布、车辆引导、数据存档等功能。其中包括车辆超速、车辆超温、车辆超载、车辆超高超限、危化品车辆驶入等类别。

环境监测预警。围绕隧道内的 CO/VI 气体及能见度监测,对隧道内瓦斯含量的监测,确保隧道内空气质量达标、通风情况正常。同时对隧道所在路段的气象监测数据获取及共享,能够对极端天气进行实时预警,提前获知"凝冻""团雾"等天气状况并作出预警和管控,并与主动防控进行联动,发布气象安全信息,降低因气候导致的车辆事故。

消防监测预警。主要实现对高位水池水位的动态监测,以及对消防给排水管网的水压监测,确保消防设施处于良好可用的状态。

电力监测预警。主要实现对电力设施运行状态的监测,确保高压柜等电力系统相应参数处于合理的工作区间,对电压、功率等出现异常的状况进行实时预警。同时对用电能耗情况进行统计分析,设置相应管理阈值,实现对能耗的精确量化分析。

8.5.3 主动交通管控

围绕可变信息标志、隧道高功率广播等信息发布设备,实现设备的联动式管理及信息统一发布。可依据数据分析、算法分析所提供的联动策略,快速实现对司乘人员形成信息传导。有以下发布类型:

(1)广域诱导发布:帮助驾驶员在隧道交通状态的情况下选择其他行车路线,使快速路网内的交通流分布更加合理,减轻道路的拥堵状态。

(2)入口匝道发布:帮助驾驶员根据具体情况事先合理选择入口匝道或地面替代道路,调整行驶路线,改善道路匝道附近的交通状况。

(3)主线诱导发布:指示驾驶员前方的交通状况、道路情况和偶发性事件等信息(前方事故、施工、抛洒物等),及时准确提醒驾驶员选择安全车道。

(4)出口匝道诱导发布:告知驾驶员前方主线两到三个路段下匝道或枢纽的交通状态、行程时间,诱导驾驶人员提早驶离或选择其他可替代路线。

(5)主动交通管制:围绕交警、路政、应急大队需求,可通过信息化系统和平台控制,实现对道路在不同场景下的主动交通管制,包含与工作人员的联动和设备的控制联动等。

(6)可定制和生成模板:依据路网和隧道的交通态势感知和分析,按照时序、条件等完成大娄山隧道段交通的策略控制,通过定制化的流程实现不同场景下的标准化操控。通过平台可发布调频广播信息及有线广播信息,并与图商进行平台对接,可以将有必要的信息在图商平台上进行发布。通过与地图厂商合作,可实现在高德地图中添加信息提示和语音提示,在距离洞口500m左右向司乘人员播报。

8.5.4 超前预警及多级管控技术

大娄山隧道在火灾及事故情况下开展联动救援前期,需要对隧道内的交通运行状态、车辆滞留情况及上游预测进入隧道的交通流量进行监测和预测。应急救援过程中的信息发布技术也尤为重要,将有效的预警信息和引导信息发布给司乘人员,能加快隧道救援工作的开展。根据大娄山隧道的工程现状结合设置的运行检测系统、数字孪生系统、精准感知系统对重点车辆在互通区、服务区、隧道洞口进行劝返和预警,对于进入隧道的重点车辆,通过提出多种监测预警技术进行实时追踪和定位,达到提前预警、快速预警的作用,降低隧道内的事故风险发生概率,主要技术路线如图8-17所示。

在隧道停电、抛洒物、车辆抛锚、车辆侧翻、车辆火灾事故、常见化学危险品泄漏事故、电气火灾、隧道内交通管制等隧道事故工况下,一般通过洞口设置的可变信息标志或者交通信号灯进行交通的管制,以防止后续车辆的进入。但是这种方法实际效果不佳,由于对事故的情况掌握不清,一些车辆仍然会进入隧道,以至于引发次生事故,产生更严重的影响。

重点针对大型货车进行超温、超高的动态检测,一旦检测出异常车辆,采取三级预警和防控机制,避免危货车辆及超温车辆驶入隧道。

将管控区段分为三级,互通区段为一级、服务区停车区为二级、隧道前方为三级。一级预警及防控主要是对重点监测车辆发现异常时,通过可变信息标志、现场广播进行预警提示,诱导其驶出高速,利用沿线的抓拍设施判断其是否驶出。如果在一级预警管控未生效的情况下采取二级管控,对于重点车辆,通过多种发布手段诱导其进入停车区或者服务区进行处置,通过服务区入口的卡口判断其是否进入。如果二级预警管控未生效,在隧道前方1.2km处加强提示,每300m设置可变信息标志进行不间断预警信息发布,让车辆进入隧道外停车场进行处置,不得驶入隧道。

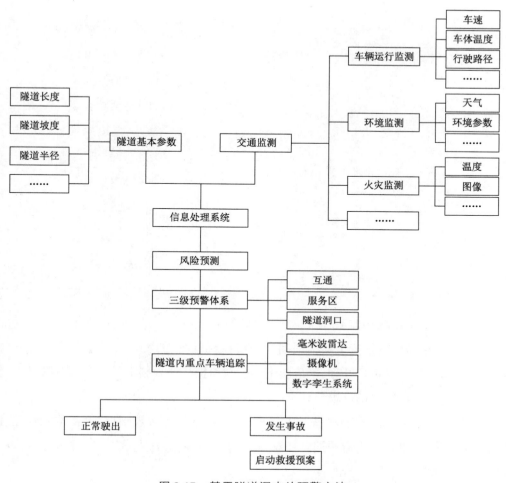

图 8-17 基于隧道洞内外预警方法

8.5.5 智慧养护管理

以大娄山隧道作为出发点,辐射至贵州省对所有隧道养护类项目的整合,实现隧道专项养护的全周期管理,对特长隧道、隧道群、单隧道进行养护聚合管理,使得隧道管养工作更具有针对性,提升隧道养护的信息化管理水平,智慧养护管理数据类型如表 8-3 所示。

智慧养护管理数据类型 表 8-3

序号	功能模块	数据内容
1	养护巡检	养护发布
2		巡检信息
3		处理状态

续上表

序号	功能模块	数据内容
4	养护巡检	道路巡检数据
5	养护巡检	道路维修数据
6	养护巡检	绿化数据
7	养护巡检	应急保障数据
8	施工养护	施工情况
9	施工养护	处理状态
10	养护配置	养护内容
11	养护配置	养护类别
12	养护分析	巡查统计
13	养护分析	施工统计

通过接入隧道结构物监测、沿线边坡监测等传感数据,并结合机电设备的使用情况、保养情况以及设备的养护安全巡检周期等,进行养护信息的发布,也对巡检人员的巡检情况、巡检状态等信息进行处理,形成隧道巡检与养护从计划制定、任务下达到巡检全流程的管控,支持巡检结果的反馈与评价。

提供设备基础信息管理、设备基本信息台账、设备技术参数管理、设备单元管理、设备相关文档管理、设备全生命周期台账总览等功能,方便管理人员对各类设备进行直观监控。支持台账的导入和导出。

根据养护巡检的情况,对需要进行施工养护、修复的机电设备进行管理,对设备维修过程的形成闭环管理,提供设备故障报修、维修通知、任务接收、维修报告、设备更换申请、设备更换审核、结果确认、过程跟踪等功能。

与设备管理进行联动,对管理的所有隧道机电设备台账信息,进行与手机端联动,实现设备的快速导入、信息查询以及其他相关操作实现养护过程中对机电设备的管理。

根据设备类型的情况,设定设备安全巡检周期,并根据养护修理难易程度,设定机电养护类别。

围绕隧道建设期项目管理软件、施工图设计等积累的数据,实现建设期与养护期的数据共享交互,实现对建设期关键数据的存储、结构化处理及查询,优化养护的管理和处置流程。

8.5.6 智能应急调度管理

基于"三屏合一"的应急指挥调度应用,当事件发生时,可利用"一张图"和"数字孪生"等前端展示功能,在监控中心大屏端、工作站 PC 端和一线人员的手机端,对事件进行同步跟进和处置,如图 8-18 所示。

图 8-18　应急调度管理功能模块展示

对各单位、各部门获取到的应急信息,以及移动端发布的突发应急事件进行发布查看,也可查看应急事件的处置情况、流程等,并按照应急事件发生的类型进行分类,按应急事件的影响程度划分应急等级,从而进行应急事件的针对性管理。

1) 事件智能侦测

基于所有事件的分类和分级标准,通过与贵州高速集团"调度云"平台中智能侦测子系统对接,利用隧道外场设备(主要包括视频检测器、微波检测器等)采集并同步至平台的数据,结合事件监测算法,提供各类事件的智能侦测报警功能。

2) 路隧一体化的事件联动处置

通过与贵州高速集团"调度云"平台的对接,实现路隧一体化的事件联动处置,包括事件信息填报、预案执行、信息发布、协同调度、视频调看、实时跟踪以及事件处置评估等。对于隧道事件配置专属业务流程以及相关填报数据项,基于隧道预案策略,实现隧道内各机电设备一键自动化远程控制处理。

3) 重点车辆管控

针对"两客一危"重点车辆,通过车牌库比对,加以视频图像辅助,实现车辆的触网秒级预警和信息发布提示,以便于提前干预管控,保障隧道通行安全。同时,对于即将进入隧道的重点车辆提供监测预警功能,并通过视频接力方式,为工作人员提供便捷的车辆全程跟踪手段。

基于大娄山隧道完善的隧道预案,实现预案的全面数字化、信息化,提供对预案的编辑、删除、管理等操作功能,并可根据预案执行情况进行动态丰富和优化。同时,提供基于预案名称、预案类型、执行模式等条件的预案执行日志查询。

事件库开发与配置。建立特长隧道预警管理机制,建立所有事件的分类和分级标准。对于不同前端传感设施回传的数据,建立事件分析模型,形成可配置、可拼接的事件分析库。

预案库开发与配置。建立从事件到处置预案的联动模型及匹配算法,把预案操控配置做到颗粒化,可由用户自行编辑组合。

8.5.7 隧道联动救援预案

1)联动救援预案工作原则

在属地政府的统一组织和指挥下,开展大娄山隧道群范围内突发事件应急处置工作,遵义营运中心遵循以下工作原则:

(1)坚持人民至上、生命至上、安全第一、常备不懈、以防为主、全力抢险。
(2)坚持党政同责、党委领导、政府主导、分级分部门负责、属地管理为主。
(3)坚持快速反应、协同应对、公众参与、专群结合、平战结合、上下联动。
(4)坚持因地制宜、资源整合、信息共享、局部利益服从全局利益。

2)联动救援预案体系

大娄山隧道群突发事件应急预案体系由1项综合应急预案、6项现场工作方案和1项技术方案组成,应急预案体系见表8-4。

大娄山隧道群突发事件应急预案体系表　　　　表8-4

序号	名称	名目
1	综合应急预案	突发事件综合应急预案
2	现场工作方案	隧道火灾突发事件现场工作方案
		交通事故突发事件现场工作方案
		危化品运输车辆隧道内泄漏突发事件现场工作方案
		隧道结构灾害事故现场工作方案
		网络安全事件现场应急工作方案
		其他突发事件现场工作方案(关键机电设备故障、恐怖暴力袭击)
3	技术方案	大娄山特长隧道群突发事件联动控制技术方案

(1)综合应急预案。

综合应急预案是遵义营运中心为应对所属大娄山隧道群范围内各种突发事件而制定的综合性工作方案,是应对突发事件的总体工作程序、措施和应急预案体系的总纲。主要从总体上阐述突发事件的应急工作原则,包括应急组织机构及职责、应急预案体系、预警及信息报告、应急响应、保障措施及应急预案管理等内容。

(2)现场工作方案。

现场工作方案是参与交通运输突发事件应对的行业救援队伍、专家队伍等按照应急预案或上级指挥机构要求,为执行具体任务,并结合实际情况而制定的工作安排。

①隧道火灾突发事件现场工作方案针对隧道因车辆自燃、车辆撞击引燃、电气线路故障引燃、危化品、隧道配电房等突发火灾事件的应急处置工作。

②交通事故突发事件现场工作方案针对因社会车辆或公司内部车辆引发的、或其他原因造成的道路交通突发事件的应急处置工作。

③危化品运输车辆隧道内泄漏突发事件现场工作方案针对因危化品运输车辆泄漏引起突发事件的应急处置工作。

④隧道结构灾害事故现场工作方案针对隧道结构类、气象及地质灾害、火灾及危险品运输类和机电设备坠落所引起的隧道结构性破坏所引起的突发事件的应急处置工作。

⑤网络安全事件现场应急工作方案针对遵义营运中心所属大娄山隧道群范围内发生的网络安全事件的应急处置工作。

⑥其他突发事件现场工作方案针对发生的关键机电设备故障、恐怖暴力袭击事件的应急处置工作。

3)隧道防灾区段划分

隧道防灾区段的划分是防灾救援组织规划的基础,区段划分的合理性对人员逃生和救援组织规划影响巨大。区段划分太细,隧道管理者容易对各种工况作出恰当的反应,但不利于救援组织规划的简洁性和快捷性;区段划分的范围较大,对救援组织的简洁性和快捷性有利,但不利于对每种工况作出更为详细的反应。在对大娄山隧道沿线隧道进行防灾区段划分时应该兼顾防灾的简洁性和合理性。将大娄山隧道群按照一座隧道来进行考虑。

隧道救援区段划分:隧道内以两个横洞作为基本单元进行划分,隧道外以两个相邻隧道的进出口或以互通枢纽至隧道进出口作为基本单元进行划分,大娄山超长隧道防灾区段划分示意如图 8-19 所示,其余隧道类似。

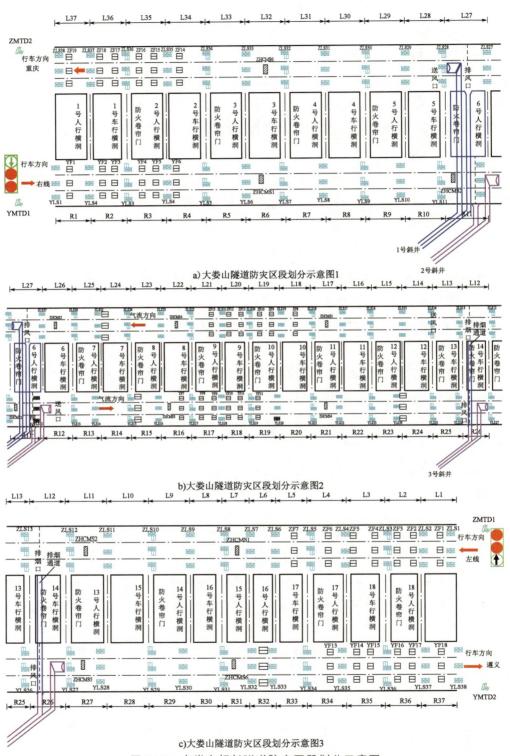

图 8-19 大娄山超长隧道防灾区段划分示意图

4）大娄山隧道群救援机构分布

重遵高速公路建设中，路段设置了消防接援站，故隧道管理专职救援消防队与地方消防队互为补充，建议遵循"隧道发生火灾时，以隧道管理专职救援消防队为主、地方消防队为辅；在地方发生火灾时，以地方消防队为主，隧道管理专职救援消防队为辅"的原则，隧道消防救援队主要职责为处理大娄山隧道及沿线隧道的事故，尤其针对隧道内的火灾事故的救援。故在大娄山隧道内发生火灾时，隧道消防救援队应立即根据隧道内发生火灾时的具体位置，根据预案情况实施救援，同时监控中心拨打119，由当地的消防部门派就近的消防队进行救援。

在隧道进、出口各设置一处隧道救援站，同时在隧道内8号车行横洞处设置隧道内值守点一处。桐梓监控中心位于茅石服务区内，距隧道出口约1km，大娄山隧道群救援机构分布如图8-20所示。

图8-20　大娄山隧道群救援机构分布图

5）联动救援预案救援路线

在大娄山隧道群内不同位置发生火灾时，遵循"以隧道管理专职救援消防队为主、地方消防队为辅"的原则。隧道管理专职救援消防队可根据不同的着火点从大娄山隧道进口、出口和隧道内的值守点进入，地方消防队则通过与新站互通相接的新黄路或与马鬃互通相接的G352国道进入重遵高速后驶入事故隧道内进行救援，大娄山隧道群救援队伍行动路线见图8-21。

以大娄山隧道发生火灾为例进行说明：

根据隧道所属辖区的情况，对各隧道左右线发生火灾，外部消防队的救援路线进行说明。

（1）左线隧道火灾。

①靠近重庆端（图8-22）。

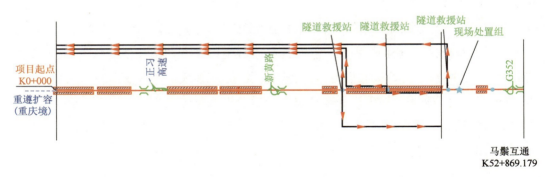

图 8-21　大娄山隧道群救援队伍行动路线图

图 8-22　左线隧道靠近重庆端消防队进入路线图

情况 1：

a.隧道进口消防专职救援队由右线隧道进入,通过行车横通道进入火灾隧道上游；

b.隧道内的值守点消防专职救援队驶入左线隧道,行至火灾隧道上游；

c.大河镇消防专职队和桐梓县消防救援大队通过新黄路驶入重遵高速公路的新站互通右线进入路段,行至隧道,由右线隧道进入,通过行车横通道进入火灾隧道上游。

情况 2：

a.隧道出口消防专职救援队由左线隧道进入,行至火灾隧道上游；

b.马鬃苗族乡消防专职队和桐梓县消防救援大队通过 G352 国道驶入重遵高速公路的马鬃互通左线进入路段,行至火灾隧道上游。

②靠近遵义端(图8-23)。

图8-23　左线隧道靠近遵义端消防队进入路线图

情况1：

a.隧道出口消防专职救援队由左线隧道进入,行至火灾隧道上游；

b.隧道内的值守点消防专职救援队驶入右线隧道,通过车行横通道进入火灾隧道上游；

c.马鬃苗族乡消防专职队和桐梓县消防救援大队通过G352国道驶入重遵高速公路的马鬃互通左线进入路段,行至火灾隧道上游。

情况2：

a.隧道进口消防专职救援队由右线隧道进入,通过行车横通道进入火灾隧道上游；

b.大河镇消防专职队和桐梓县消防救援大队通过新黄路驶入重遵高速公路的新站互通右线进入路段,行至隧道,由右线隧道进入,通过行车横通道进入火灾隧道上游。

(2)右线隧道火灾。

①靠近重庆端(图8-24)。

情况1：

a.隧道进口消防专职救援队由右线隧道进入,行至火灾隧道上游；

b.隧道内的值守点消防专职救援队驶入左线隧道,通过车行横通道进入火灾隧道上游；

c.大河镇消防专职队和桐梓县消防救援大队通过新黄路驶入重遵高速公路的新站互通右线进入路段,行至隧道,由右线隧道进入,行至火灾隧道上游。

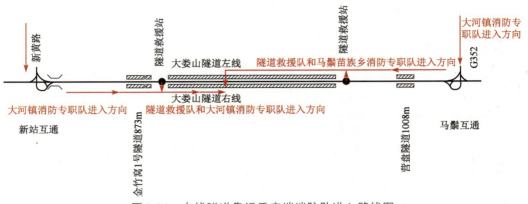

图 8-24 右线隧道靠近重庆端消防队进入路线图

情况 2：

a. 隧道出口消防专职救援队由左线隧道进入，通过行车横通道进入火灾隧道上游；

b. 马鬃苗族乡消防专职队和桐梓县消防救援大队通过 G352 国道驶入重遵高速公路的马鬃互通左线进入路段，通过行车横通道进入火灾隧道上游。

②靠近遵义端（图 8-25）。

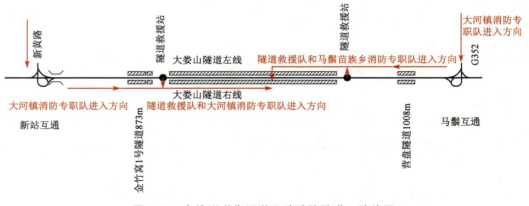

图 8-25 右线隧道靠近遵义端消防队进入路线图

情况 1：

a. 隧道出口消防专职救援队由左线隧道进入，通过行车横通道进入火灾隧道上游；

b. 隧道内的值守点消防专职救援队驶入右线隧道，行至火灾隧道上游；

c. 马鬃苗族乡消防专职队和桐梓县消防救援大队通过 G352 国道驶入重遵高速公路的马鬃互通左线进入路段，通过行车横通道进入火灾隧道上游。

情况 2：

a. 隧道进口消防专职救援队由右线隧道进入，行至火灾隧道上游；

b. 大河镇消防专职队和桐梓县消防救援大队通过新黄路驶入重遵高速公路的新站互通右线进入路段，行至隧道，由右线隧道进入，行至火灾隧道上游。

6）大娄山隧道群防灾区段火灾工况详细救援预案

救援预案在制定时充分考虑了影响隧道安全的三个主要因素：隧道管理者、隧道使用者以及隧道本身。救援预案的指导思想是在现有隧道安全设施的前提下，通过隧道管理者科学有效地使用尽早发现火灾，并告知救援消防部门和隧道内的行车人员，通过开启逃生通道以及紧急通风等措施为隧道内的行车人员营造有利的逃生环境，从而尽可能避免人员的伤亡。预案从事故区域交通控制、隧道广播、隧道照明、紧急通风，以及与公共救援部门沟通以及相邻隧道和上游路段的交通管制等环节进行了设计。

（1）假定条件。

①为了便于救援方案说明射流风机开启位置，假定火灾发生在防灾区段的中间位置。在隧道实际火灾工况下应该根据火灾事故点在防灾区段的位置适当调整开启风机的位置，以保证风机离火灾事故点在 150m 以外的位置，尽量保持烟雾分层。

②预案中风机开启的位置是在假定隧道内风机都没有开启的理想状态下的紧急通风预案，在实际操作中可以根据需要开启的风机台数和隧道中已经开启的风机进行适当调整。调整原则为在满足控制烟雾回流的前提下尽量开启远离火源 150m 以外区域的风机，在火源上游风机能够达到控制烟雾回流的情况下进行，尽量开启火源上游的风机。

（2）火灾工况下救援预案符号说明。

F-Rx 的含义：

F：火灾工况；

R：代表右洞；

x：代表具体区段号（1~n），n 为隧道区段数。

如 F-R1 表示右洞第一区段发生火灾。

F-Lx 的含义：

F：火灾工况；

L:代表左洞;

x:代表具体区段号(1~n),n 为隧道区段数。

如 F-L10 表示左洞第 10 区段发生火灾。

(3)防灾区段火灾工况联动救援控制预案。

下面以大娄山隧道 L17 和 R33 区段发生火灾工况下的应急反应为例进行说明,大娄山隧道 L17、R33 区段火灾控制预案分别如表 8-5 和表 8-6 所示。

大娄山隧道 L17 区段火灾控制预案　　　　　　表 8-5

预案类别		火灾		
预案名称		大娄山隧道 L17 段火灾控制预案 F-L17		
事故位置		ZK40+411~ZK40+711		
	序号	设备类别	设备名称	执行操作	备注

	序号	设备类别	设备名称	执行操作	备注
大娄山隧道的对策	1	预案的启动	当隧道内发生火灾事故后,通过前端感知设施、紧急电话、报警电话等方式第一时间获取到具体隧道位置,经核实事件信息后,由值班班长下达应急响应指令,路网调度平台根据指令通过隧道综合管理平台启动预案		
	2	大娄山隧道救援队及消防队	消防救援人员根据现场情况,可从大娄山左线隧道入口或者从右线隧道经过 11~18 号人行横洞或 11~18 号车行横洞进入隧道,消防人员注意和隧道管理站保持联系		
	3	摄像机	火源点连续 5 个摄像机	大屏/手机端等显示	火源点最近处及上游 2 个和下游 2 个摄像机图像,自动调取火源点最近处摄像机录像
	4	交通信号灯	大娄山隧道左、右线隧道入口	红灯	辅助设置路障防止车辆驶入
			营盘隧道右线入口	绿灯	疏导右线车辆驶离
			营盘隧道左线入口	红灯	辅助设置路障防止车辆驶入
			金竹窝 1 号隧道右线入口	红灯	辅助设置路障防止车辆驶入
			金竹窝 1 号隧道左线入口	绿灯	疏导事故隧道左线下游车辆驶离
			若无法实现远程控制,可现场进行设备控制		

续上表

序号	设备类别	设备名称	执行操作	备注
大娄山隧道的对策				
5	车道指示灯	隧道外车道指示器	显示限速值	从远端至隧道口,按每20km/h的降速阶段,直至洞口前降速显示为0km/h
		左线隧道火源点下游车道指示灯	绿箭头	引导下游车辆迅速通过
		左线隧道火源点上游车道指示灯	红叉	禁止车辆继续前进
		右线隧道入口车道指示灯	红叉	与交通信号灯配合禁止车辆驶入
		右线隧道内右侧2车道指示灯	绿箭头	诱导隧道内车辆快速驶出
		右线隧道内左侧1车道指示灯	红叉	用于对向隧道人员疏散
		若无法实现远程控制,可现场通过洞口变电所的主控PLC进行设备控制		
6	车行横洞	火源点上游车行横洞卷帘门(11~18号)	远程开启	现场救援人员根据烟雾扩散情况可以对其进行控制,防止烟雾进入相邻隧道
		若无法实现远程控制,可现场通过洞口变电所的主控PLC或洞内卷帘门控制箱进行设备控制		
7	可变信息标志	隧道洞外可变信息标志	连续发布:前方隧道火灾,减速慢行/禁止驶入隧道	
		火源点下游可变信息标志	注意安全,有序行驶	
		火源点上游可变信息标志	隧道火灾请由人行横洞或车行横洞离开	
		右线隧道内可变信息标志	相邻隧道火灾注意车速,请注意避让对向隧道疏散人员	
		右线隧道内可变限速标志	进行限速,限速值根据交警要求显示	
		若无法实现远程控制,可现场使用电子设备通过洞口变电所的工业以太网交换机进行访问和信息发布		

续上表

序号	设备类别		设备名称	执行操作	备注
大娄山隧道的对策	8	风机	射流风机	ZF8～ZF12、YF1～YF18,保证隧道内风速为3～4m/s	依次开启	1. 在开启指定风机无法控制烟雾扩散方向的情形下,增加火源点两侧150m以外的风机开启台数; 2. 风机控制系统应具备根据火灾现场的实际情况和要求,适时调整防排烟系统的控制功能; 3. 现场控制装置发出的控制指令应优于其他控制指令
			轴流风机	2号斜井送、排风机,3号斜井送、排风机,1号斜井排风机	依次开启	—
				单通道内	关闭	—
			灭火后	消防队员将火扑灭后,隧道内仍有大量烟雾,这时需开启隧道内所有风机将烟雾排出,为后续隧道内检测创造条件		
			无法远程控制	若无法实现远程控制,可现场通过洞口变电所的主控PLC、洞内风机控制箱或风机房轴流风机控制柜进行设备控制		
	9	广播		隧道外广播	前方隧道火灾,减速慢行/禁止驶入隧道
				隧道口广播	前方隧道火灾,车辆禁止驶入,等待疏导
				火源点上游广播/FM调频广播	隧道火灾,请将车辆停在右侧路边,关闭发动机,由就近横洞进入右线逃生
				火源点下游广播/FM调频广播	车辆请有序驶离隧道
				右线隧道广播/FM调频广播	相邻隧道火灾,注意车速,注意避让左侧车道疏散人群
	10	照明		开启隧道内所有灯具(包括逃生通道),保持隧道内最大照度	
	11	隧道外单体信号灯		闪烁红色	
	12	警用双闪灯		高亮显示	
	13	图商合作		导航软件发布事故点及诱导信息	
	隧道救援力量			将隧道内发生事故的严重程度与事故点向公共救援部门进行通报,现场救援人员赴事故点及入口进行车辆管控,避免洞内拥堵情况加剧	

续上表

序号	设备类别	设备名称	执行操作	备注
火源点下游路段的反应	新站收费站/新站互通处		通过新站互通处（K25+615）进行交通管制，防止车辆继续驶入事故路段。新站收费站前可变信息标志显示前方路段禁行，请绕道行驶，通过图形显示车辆诱导情况	
	其他互通处		可变信息标志显示前方大娄山隧道事故，请由新站互通下高速或提前绕道行驶，通过图形显示车辆诱导情况	
	新站服务区		安排人员对新站服务区车辆进行管制。服务区广播提示，前方大娄山隧道事故，请不要驶入高速，服务区可变信息标志提示相同内容，防止车辆往大娄山隧道方向驶入	
火源点上游路段的反应	马鬃收费站/马鬃互通处		在上游路段进行交通管制，通过马鬃互通处（K52+869）限制车辆进入事故路段。马鬃收费站前可变信息标志显示前方路段禁行，请绕道行驶，通过图形显示车辆诱导情况	
	其他互通处		可变信息标志显示前方大娄山隧道事故，请由马鬃互通下高速或提前绕道行驶，通过图形显示车辆诱导情况	
	茅石服务区		安排人员对茅石服务区车辆进行管制。服务区广播提示，前方大娄山隧道事故，请不要驶入高速，服务区可变信息标志提示相同内容，防止车辆往大娄山隧道方向驶入	
		现场处置工作结束，恢复正常控制		

大娄山隧道 R33 区段火灾控制预案　　　　　　表 8-6

预案类别	火灾			
预案名称	大娄山隧道 R33 段火灾控制预案 F-R33			
事故位置	YK43+956~YK44+241			
序号	设备类别	设备名称	执行操作	备注
大娄山隧道的对策	1	预案的启动	当隧道内发生火灾事故后，通过前端感知设施、紧急电话、报警电话等方式第一时间获取到具体隧道位置，经核实事件信息后，由值班班长下达应急响应指令，路网调度平台根据指令通过隧道综合管理平台启动预案	
	2	大娄山隧道救援队及消防队	消防救援人员根据现场情况，可从大娄山右线隧道入口或者从左线隧道经过 1~16 号人行横洞或 1~16 号车行横洞进入隧道，消防人员注意和隧道管理站保持联系	

续上表

序号		设备类别	设备名称	执行操作	备注
大娄山隧道的对策	3	摄像机	火源点连续5个摄像机	大屏/手机端等显示	火源点最近处及上游2个和下游2个摄像机图像,自动调取火源点最近处摄像机录像
	4	交通信号灯	大娄山隧道左、右线隧道入口	红灯	辅助设置路障防止车辆驶入
			营盘隧道右线入口	绿灯	疏导事故隧道右线下游车辆驶离
			营盘隧道左线入口	红灯	辅助设置路障防止车辆驶入
			金竹窝1号隧道右线入口	红灯	辅助设置路障防止车辆驶入
			金竹窝1号隧道左线入口	绿灯	疏导左线车辆驶离
			若无法实现远程控制,可现场进行设备控制		
	5	车道指示灯	隧道外车道指示器	显示限速值	从远端至隧道口,按每20km/h的降速阶段,直至洞口前降速显示为0km/h
			右线隧道火源点下游车道指示灯	绿箭头	引导下游车辆迅速通过
			右线隧道火源点上游车道指示灯	红叉	禁止车辆继续前进
			左线隧道入口车道指示灯	红叉	与交通信号灯配合禁止车辆驶入
			左线隧道内右侧2车道指示灯	绿箭头	诱导隧道内车辆快速驶出
			左线隧道内左侧1车道指示灯	红叉	用于对向隧道人员疏散
			若无法实现远程控制,可现场通过洞口变电所的主控PLC进行设备控制		
	6	车行横洞	火源点上游车行横洞卷帘门(1~16号)	远程开启	现场救援人员根据烟雾扩散情况可以对其进行控制,防止烟雾进入相邻隧道
			若无法实现远程控制,可现场通过洞口变电所的主控PLC或洞内卷帘门控制箱进行设备控制		

续上表

序号	设备类别	设备名称	执行操作	备注
7	可变信息标志	隧道洞外可变信息标志	连续发布:前方隧道火灾,减速慢行/禁止驶入隧道	
		火源点下游可变信息标志	注意安全,有序行驶	
		火源点上游可变信息标志	隧道火灾请由人行横洞或车行横洞离开	
		左线隧道内可变信息标志	相邻隧道火灾注意车速,请注意避让对向隧道疏散人员	
		左线隧道内可变限速标志	进行限速,限速值根据交警要求显示	
		若无法实现远程控制,可现场使用电子设备通过洞口变电所的工业以太网交换机进行访问和信息发布		
8	风机	射流风机	YF13~YF17、ZF1~ZF19,保证隧道内风速3~4m/s	依次开启	1. 在开启指定风机无法控制烟雾扩散方向的情形下,增加火源点两侧150m以外的风机开启台数; 2. 风机控制系统应具备根据火灾现场的实际情况和要求,适时调整防排烟系统的控制功能; 3. 现场控制装置发出的控制指令应优于其他控制指令
		轴流风机	1号斜井送、排风机	依次开启	—
			单通道内	关闭	—
		灭火后	消防队员将火扑灭后,隧道内仍有大量烟雾,这时需开启隧道内所有风机将烟雾排出,为后续隧道内检测创造条件		
		无法远程控制	若无法实现远程控制,可现场通过洞口变电所的主控PLC、洞内风机控制箱或风机房轴流风机控制柜进行设备控制		
9	广播	隧道外广播	前方隧道火灾,减速慢行/禁止驶入隧道	
		隧道口广播	前方隧道火灾,车辆禁止驶入,等待疏导	
		火源点上游广播/FM调频广播	隧道火灾,请将车辆停在右侧路边,关闭发动机,由就近横洞进入左线逃生	
		火源点下游广播/FM调频广播	车辆请有序驶离隧道	
		左线隧道广播/FM调频广播	相邻隧道火灾,注意车速,注意避让左侧车道疏散人群	
10	照明	开启隧道内所有灯具(包括逃生通道),保持隧道内最大照度		

（大娄山隧道的对策）

续上表

序号	设备类别	设备名称	执行操作	备注
大娄山隧道的对策	11	隧道外单体信号灯	闪烁红色	
	12	警用双闪灯	高亮显示	
	13	图商合作	导航软件发布事故点及诱导信息	
隧道救援力量			将隧道内发生事故的严重程度与事故点向公共救援部门进行通报,现场救援人员赴事故点及入口进行车辆管控,避免洞内拥堵情况加剧	
火源点下游路段的反应	马鬃收费站/马鬃互通处		通过马鬃互通处(K52+869)进行交通管制,防止车辆继续驶入事故路段。马鬃收费站前可变信息标志显示前方路段禁行,请绕道行驶,通过图形显示车辆诱导情况	
	其他互通处		可变信息标志显示前方大娄山隧道事故,请由马鬃互通下高速或提前绕道行驶,通过图形显示车辆诱导情况	
	茅石服务区		安排人员对茅石服务区车辆进行管制。服务区广播提示,前方大娄山隧道事故,请不要驶入高速,服务区可变信息标志提示相同内容,防止车辆往大娄山隧道方向驶入	
火源点上游路段的反应	新站收费站/新站互通处		在上游路段进行交通管制,通过新站互通处(K25+615)限制车辆进入事故路段。新站收费站前可变信息标志显示前方路段禁行,请绕道行驶,通过图形显示车辆诱导情况	
	其他互通处		可变信息标志显示前方大娄山隧道事故,请由新站互通下高速或提前绕道行驶,通过图形显示车辆诱导情况	
	新站服务区		安排人员对服务区车辆进行管制。服务区广播提示,前方大娄山隧道事故,请不要驶入高速,服务区可变信息标志提示相同内容,防止车辆往大娄山隧道方向驶入	
现场处置工作结束,恢复正常控制				

7)大娄山隧道群防灾区段交通事故工况详细救援预案

(1)交通事故控制原则。

救援预案的指导思想是在现有隧道安全设施的前提下,通过隧道管理者科学有效地使用监控外场设备,尽早发现、确认交通事故,并实施交通控制,及时通知交警以及救援消防等部门,尽快解决问题并预防二次事故的发生。通过控制交通信号灯、车道指示标志,利用可变信息标志发布信息,通过广播以及现场人员辅助等实现救援预案设计。

隧道内发生交通事故后,通过报警人员、摄像机等确认发生交通事故所在的防灾区段、交通事故发生的类别、人员有无伤亡等情况后,通知交警与最近的救援单位等实施救援与事故责任判定,并对无法继续行驶的车辆进行拖引。如果交通事故造成隧道单洞双车道均被占用,则需要关闭隧道入口,防止外部车辆继续驶入,并对已进入隧道内事故所在防灾区段上游车辆实施引导离开;隧道口附近倒车并由交叉带离开;隧道内部分车辆可以由事故所在防灾区段上游车行横洞经引导离开。救援与交警车辆可以由指定路径进入交通事故现场。

①交通控制。

根据事故发生占用车道或包括救援车辆所需占用车道数进行交通控制,包括控制隧道口交通信号灯、悬臂可变信息标志、隧道口车道控制标志、隧道内车行横洞处车道控制标志、隧道内可变信息标志等显示控制设备,控制车辆可否驶入隧道、在哪条车道行驶,以及指示隧道内防灾区段上游车辆如何驶离该隧道等。

②通风控制。

隧道内发生事故后根据隧道内车辆多少,由一氧化碳能见度与风速风向检测器执行隧道内自动通风控制。

③照明控制。

根据光强检测器检测以及时间段自动开启相应照明。

④洞外相关交叉路段及互通路段的配合疏散。

如果隧道内发生占用两车道的严重交通事故,短时间无法解决完毕,需要在前方互通进行通告行驶车辆。如果已经有相当多车辆阻塞在隧道外,则开通另外一洞室为双向交通,阻塞车辆由交叉带驶入双向交通洞室逆向行驶通过隧道。可在相应互通收费站配合进行事故通报。

⑤各防灾区段交通事故工况下的联动。

首先经过判别是火灾事故还是交通事故,然后判别发生在哪个防灾区段。根据防灾区段内交通事故所占车道(包括快慢之分与数量之分)与交通事故严重程度,启动相应联动工序。

(2)交通事故工况下预案区段划分。

隧道发生交通事故通常占用单车道、双车道或三车道,后续各预案则按照一座隧道左线和右线分别占用左、中间、右、左中、中右或三车道进行详细设计,共12种预案。

交通事故工况下救援预案符号说明:

隧道占用单车道交通事故控制预案 A-i-R1;

隧道占用单车道交通事故控制预案 A-i-R2;

隧道占用单车道交通事故控制预案 A-i-R3;

隧道占用两车道交通事故控制预案 A-i-R12;

隧道占用两车道交通事故控制预案 A-i-R23;

隧道占用三车道交通事故控制预案 A-i-R123。

其中,A 表示交通事故工况;i 表示具体隧道的名称;R 表示隧道右线,隧道左线则用 L;1 表示占用左车道;2 表示占用中间车道;3 表示占用最右侧车道;12 表示占用最左侧和中间车道;23 表示占用中间车道和最右侧;123 表示占用最左侧、中间和最右侧车道。

下面以大娄山隧道分别占用单车道、两车道和三车道为例进行说明(表8-7~表8-9)。

大娄山隧道 L2 车道交通事故控制预案　　　　表8-7

预案类别		交通事故		
预案名称		大娄山隧道占用(A-8-L2)车道交通事故控制预案		
	序号	设备类别	设备名称	执行操作	备注

	序号	设备类别	设备名称	执行操作	备注
大娄山隧道	1		当隧道内发生交通事故后,通过前端感知设施、紧急电话、报警电话等方式第一时间获取到具体隧道位置,经核实事件信息后,由值班班长下达应急响应指令,路网调度平台根据指令通过隧道综合管理平台启动预案		
	2	摄像机	事故点连续5个摄像机	大屏显示	事故点最近处及上游2个和下游2个摄像机图像,自动调取事故点最近处摄像机录像
	3	交通信号灯	事故隧道入口交通信号灯	黄灯	提示减速慢行,事故点上游拥堵长度达到1km时,信号灯显示红色
			非事故隧道入口交通信号灯	绿灯	保持通行
	4	车道指示灯	隧道外车道指示灯	管控车道及限速提示	1. 根据隧道内事故占用车道情况,将隧道外车辆引入非事故车道,左2显示并线箭头,左1和左3显示绿箭头; 2. 事故点上游拥堵长度达到1km时,从远端至隧道口,按每20km/h的降速阶段,直至洞口前降速显示为0km/h

续上表

序号	设备类别	设备名称	执行操作	备注
				1.事故车道显示红叉,非事故车道显示绿箭头;
4	车道指示灯	隧道口车道指示灯	管控车道	2.事故点上游拥堵长度达到1km时,车道指示灯显示红叉
		隧道内车道指示灯	管控车道	事故车道显示红叉,禁止车辆驶入
				其他车道显示绿箭头,诱导通行
5	车行横洞		关闭状态	
6	可变信息标志	事故隧道外可变信息标志		连续发布:隧道内事故,请减速慢行,走左侧、右侧车道;事故点上游拥堵长度达到1km时,连续发布:前方隧道事故,减速慢行/禁止驶入隧道
		事故点上游洞内可变信息标志		隧道事故,靠左、右侧车道行驶
		非事故隧道外可变信息标志		正常显示:前方隧道,禁止变换车道
7	广播	事故隧道外广播/FM调频广播		前方隧道事故,减速慢行,注意并道;事故点上游拥堵长度达到1km时,发布:前方隧道事故,减速慢行并禁止驶入隧道
		事故隧道广播/FM调频广播		前方事故,靠左、右侧车道行驶
8	照明	执行自动照明控制		
9	通风	执行自动通风控制		
10	隧道外单体信号灯	事故点隧道外,闪烁红色		
11	警用双闪灯	事故点方向,高亮显示		
12	图商合作	导航软件发布事故点及诱导信息		
隧道救援力量		将隧道内发生事故的严重程度与事故点向地方政府职能部门通报,接到地方政府职能部门指令,现场救援人员赴事故点及入口进行车辆管控,避免洞内拥堵情况加剧		
事故点下游路段	下游隧道	设备正常显示		
	下游互通	可变信息标志正常显示		

续上表

序号	设备类别	设备名称	执行操作	备注
事故点上游路段	马鬃互通及马鬃收费站		互通处事故点方向可变信息标志显示,前方隧道事故,请下高速,绕行,通过图形显示道路拥堵情况及诱导信息; 事故点上游拥堵长度达到1km时,收费站前可变信息标志显示前方路段事故,请绕道行驶,通过图形显示车辆诱导情况	
	其他互通		事故点上游拥堵长度达到1km时,事故点方向可变信息标志显示,大娄山隧道事故,建议下马鬃互通绕行,通过图形显示道路拥堵情况及诱导信息	
			现场处置工作结束,恢复正常控制	

大娄山隧道 L23 车道交通事故控制预案   表8-8

预案类别	交通事故			
预案名称	大娄山隧道占用(A-8-L23)车道交通事故控制预案			
序号	设备类别	设备名称	执行操作	备注
大娄山隧道	1		当隧道内发生交通事故后,通过前端感知设施、紧急电话、报警电话等方式第一时间获取到具体隧道位置,经核实事件信息后,由值班班长下达应急响应指令,路网调度平台根据指令通过隧道综合管理平台启动预案		
	2	摄像机	事故点连续5个摄像机	大屏显示	事故点最近处及上游2个和下游2个摄像机图像,自动调取事故点最近处摄像机录像
	3	交通信号灯	事故隧道入口交通信号灯	黄灯	提示减速慢行,事故点上游拥堵长度达到1km时,信号灯显示红色
			非事故隧道入口交通信号灯	绿灯	保持通行
	4	车道指示灯	隧道外车道指示灯	管控车道及限速提示	1. 根据隧道内事故占用车道情况,将隧道外车辆引入非事故车道,左2、3显示并线箭头,左1显示绿箭头; 2. 事故点上游拥堵长度达到1km时,从远端至隧道口,按每20km/h的降速阶段,直至洞口前降速显示为0km/h

续上表

	序号	设备类别	设备名称	执行操作	备注
大娄山隧道	4	车道指示灯	隧道口车道指示灯	管控车道	1.事故车道显示红叉,非事故车道显示绿箭头; 2.事故点上游拥堵长度达到1km时,车道指示灯显示红叉
			隧道内车道指示灯	管控车道	事故车道显示红叉,禁止车辆驶入
					其他车道显示绿箭头,诱导通行
	5	车行横洞		关闭状态	
	6	可变信息标志	事故隧道外可变信息标志		连续发布:隧道内事故,请减速慢行,走右侧车道;事故点上游拥堵长度达到1km时,连续发布:前方隧道事故,减速慢行/禁止驶入隧道
			事故点上游洞内可变信息标志		隧道事故,靠右侧车道行驶
			非事故隧道外可变信息标志		正常显示:前方隧道,禁止变换车道
	7	广播	事故隧道外广播/FM调频广播		前方隧道事故,减速慢行,注意并道;事故点上游拥堵长度达到1km时,发布:前方隧道事故,减速慢行并禁止驶入隧道
			事故隧道广播/FM调频广播		前方事故,靠右侧车道行驶
	8	照明	执行自动照明控制		
	9	通风	执行自动通风控制		
	10	隧道外单体信号灯	事故点隧道外,闪烁红色		
	11	警用双闪灯	事故点方向,高亮显示		
	12	图商合作	导航软件发布事故点及诱导信息		
隧道救援力量			将隧道内发生事故的严重程度与事故点向地方政府职能部门通报,接到地方政府职能部门指令,现场救援人员赴事故点及入口进行车辆管控,避免洞内拥堵情况加剧		
事故点下游路段		下游隧道	设备正常显示		
		下游互通	可变信息标志正常显示		

续上表

序号	设备类别	设备名称	执行操作	备注
事故点上游路段	马鬃互通及马鬃收费站		互通处事故点方向可变信息标志显示,前方隧道事故,请下高速,绕行,通过图形显示道路拥堵情况及诱导信息; 事故点上游拥堵长度达到1km时,收费站前可变信息标志显示前方路段事故,请绕道行驶,通过图形显示车辆诱导情况	
	其他互通		事故点上游拥堵长度达到1km时,事故点方向可变信息标志显示,大娄山隧道事故,建议下马鬃互通绕行,通过图形显示道路拥堵情况及诱导信息	
			现场处置工作结束,恢复正常控制	

大娄山隧道 R123 车道交通事故控制预案　　　　　　　　　　表 8-9

预案类别	交通事故				
预案名称	大娄山隧道占用(A-8-R123)车道交通事故控制预案				
	序号	设备类别	设备名称	执行操作	备注
大娄山隧道	1		当隧道内发生交通事故后,通过前端感知设施、紧急电话、报警电话等方式第一时间获取到具体隧道位置,经核实事件信息后,由值班长下达应急响应指令,路网调度平台根据指令通过隧道综合管理平台启动预案		
	2	摄像机	事故点连续5个摄像机	大屏显示	事故点最近处及上游2个和下游2个摄像机图像,自动调取事故点最近处摄像机录像
	3	交通信号灯	事故隧道入口交通信号灯	红灯	辅助设置路障防止车辆驶入
			非事故隧道入口交通信号灯	绿灯	保持通行
	4	车道指示灯	隧道外车道指示灯	管控车道及限速提示	从远端至隧道口,按每20km/h的降速阶段,直至洞口前降速显示为0km/h
			隧道口车道指示灯	管控车道	与交通信号灯配合禁止车辆驶入
			隧道内车道指示灯	管控车道	事故上游显示红叉,禁止车辆驶入 事故下游显示绿箭头,诱导通行
	5	车行横洞		关闭状态	

续上表

序号	设备类别	设备名称	执行操作	备注
大娄山隧道	6	可变信息标志	事故隧道外可变信息标志		连续发布:隧道内事故,禁止驶入;事故点上游拥堵长度达到1km时,连续发布:前方隧道事故,减速慢行/禁止驶入隧道
			事故点上游洞内可变信息标志	隧道事故,禁止行驶
			非事故隧道外可变信息标志	正常显示:前方隧道,禁止变换车道
	7	广播	事故隧道外广播/FM调频广播	前方隧道事故,禁止驶入
			事故隧道广播/FM调频广播	前方事故,禁止行驶
	8	照明	执行自动照明控制	
	9	通风	执行自动通风控制	
	10	隧道外单体信号灯	事故点隧道外,闪烁红色	
	11	警用双闪灯	事故点方向,高亮显示	
	12	图商合作	导航软件发布事故点及诱导信息	
隧道救援力量			将隧道内发生事故的严重程度与事故点向地方政府职能部门通报,接到地方政府职能部门指令,现场救援人员赴事故点及入口进行车辆管控,避免洞内拥堵情况加剧	
事故点下游路段		下游隧道	设备正常显示	
		下游互通	可变信息标志正常显示	
事故点上游路段		新站互通及新站收费站	互通处事故点方向可变信息标志显示,前方隧道事故,请下高速,绕行,通过图形显示道路拥堵情况及诱导信息;事故点上游拥堵长度达到1km时,收费站前可变信息标志显示前方路段事故,请绕道行驶,通过图形显示车辆诱导情况	
		其他互通	事故点上游拥堵长度达到1km时,事故点方向可变信息标志显示,大娄山隧道事故,建议下新站互通绕行,通过图形显示道路拥堵情况及诱导信息	
			现场处置工作结束,恢复正常控制	

8)人力保障

根据路网规模、结构、隧道突发事件特点,按照"平急结合、专兼并存、优势互补、统一指挥、分级负责"原则,建立执勤队伍、备勤队伍人力保障。执勤队伍为大娄山隧道群预案要求人员,备勤队伍为养护队伍、劳务派遣公司等协助单位。执勤队伍、备勤队伍由组织人资部建立详细的资源清单。制定应急队伍建设规范化标准,配齐配强抢险救助装备,加强培训,满足隧道应急抢险救援需要。

当有应急事件发生时,现场处置组要听从上级应急管理机构的指挥,不断完善和提高自身的救援技术水平,同时需要进行相关培训和参加演练。

9)物资保障

遵义运营中心按照大娄山隧道群的分布情况及应急救援业务需求,备齐备足消防、机电设备等专门物资,配备抢险救援装备及器材,并建立相应的维护、保养和调用等制度及数据库,保障隧道突发事件的抢险救援和指挥调度及时性。

应急响应状态下,应急办公室对相关应急物资有调配的权利。大娄山隧道群应急物资设备管理人员必须坚持贯彻"养修并重,预防为主"的方针,认真做好机械设备的保养工作,禁止只用不养或以修代养的做法,保证设备完好无损,性能良好,使用时能充分发挥其最大效能,及时高效地进行排险施救。

CHAPTER NINE 第9章

大娄山隧道群智慧运营管理与监测预警技术

大娄山隧道群智慧运营管理与监测预警技术从安全提升、节能提升、管理效率提升三方面进行智慧化建设，主要包括：移动火情侦测、车辆超温、超速预警、应急预警等系统，结合"两客一危"车辆监测技术和重点车辆多级管控技术、调频广播系统、智慧消防、智慧通风、智慧照明、数字孪生前端感知及平台等关键技术，形成了一套完善的大娄山隧道群智慧运营管理与监测预警技术。

9.1 隧道安全提升技术

9.1.1 智慧消防监测运维管理系统

1）系统架构

大娄山隧道智慧消防监测运维管理系统整体技术架构分为感知层、传输层、管理层、应用层，分别对各类数据信息进行收集与整理、通信与传输、分析与挖掘、操作与执行，如图9-1所示。系统感知层与传输层通过整合传感器技术、物联网技术、通信传输技术，实现消防系统数据动态采集功能，为管理层、应用层的大娄山隧道智慧消防运维管理平台提供数据支撑。

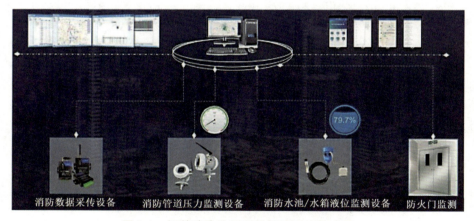

图9-1 智慧消防监测运维管理系统构成图

2）系统方案

（1）数据感知层。

在隧道管网的关键节点处设置数字压力表、电子流量计及液位检测设备，通过对消防系统水压、流量、液位等关键参数的实时监测，实现动态感知。

系统主要在隧道消防环状管网各环的起端和末端、横穿联络管前后、水泵进出水管上分别设置数字压力表、电子流量计,监测消防管网的水流状态和压力。同时在隧道内横洞水池处、洞外高位水池、低位蓄水池处分别设置超声波液位监测仪,监测消防水池液位状态。

(2)数据传输层。

数据采集系统的传输利用隧道内现有的 PLC 控制系统和光纤环网进行上传。洞内数字压力表和电子流量计的信号传输至就近 PLC 主机;洞外高低位水池和洞内水池处设置的数字压力表、电子流量计、超声波液位监测仪等设备的信号由工业以太网交换机进行汇聚,再传输至就近的 PLC 主机。PLC 系统主机通过隧道内光纤环网通信系统将数据上传至大娄山隧道监控中心的运维管理平台。

(3)数据管理层与应用层。

智慧消防监测运维管理系统的功能主要通过管理层和应用层来实现,集成于大娄山隧道智慧消防运维管理平台。通过对系统采集的数据进行实时监测和后台分析,直观精准掌握系统的日常情况,确保每套系统都能够保持良好的战备状态;同时通过分级报警机制,提高管理可靠性,实现精准研判、精准防控,并减轻维护人员日常设备巡检的工作量。

3)系统功能

通过隧道智慧消防监测运维管理系统可实现消防监管、应急指挥、运维养护等方面的应用功能,如图 9-2 所示。

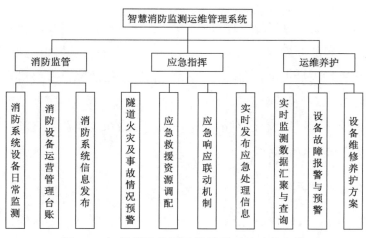

图 9-2　智慧消防监测运维管理系统功能架构

(1)消防监管。

落实隧道消防系统和设施的管理与检查工作。消防系统设备日常检测模块,与感知层紧密连接,可以通过平台界面实时显示、查询、反馈各个感知点的信息和状态,协助管理者全面掌握系统运行状态;消防系统运维管理台账模块是日常养护的基础,将隧道内外相关消防设备、器材、辅助资源等的信息归总,简历可查询、可更新、可调用的综合管理台账;消防系统信息发布模块是信息服务的窗口,对外可以实时推送定制消息,对内实现运维指令的上传下达。

(2)应急指挥。

实现应急状态下的管理功能。火灾及事故预警模块对隧道区域火灾及事故情况进行预警和反馈,合理划分事故类别、等级;应急救援资源调配模块对隧道本地及周边的应急救援资源进行统筹规划,为指挥者提供最优的资源调配方案;应急响应联动机制根据隧道内火灾、事故等级,实现各级响应机制的互联互通;实时发布应急处理信息,对外通过信息显示设备实时发布应急处理信息,对内联系各相关部门和协作机构,传达应急救援信息。

(3)运维养护。

协助隧道日常管理养护工作开展。实时监测数据汇聚与查询模块,能够集中各类采集信息,为运维养护人员提供查询功能,掌握隧道消防系统采集的各类传感器工作状态和数据信息;设备故障报警与预警模块,对消防信息采集数据进行分析处理,对高频故障点的异常数据进行预警,并及时反馈维修养护需求;设备维修养护方案模块可结合日常管理维修档案,对隧道内各类消防设施进行统筹管理,制定合理的运维养护工作方案。

构建隧道智慧消防监测运维管理系统,可以实现隧道消防设施的智慧化管理,系统信号采集、反馈、报警的准确率可达90%以上,可靠性较高。大娄山隧道智慧消防运维管理平台可以为养护人员提供自动巡查和监测信息、反馈故障及报警信号、主动提示养护工作内容、明确故障点及故障原因等自定义功能,大大降低日常养护工作量,节约的养护人力资源与时间成本可达50%,使养护工作的实际效果发生质的飞跃,极大提高工作效率,提升消防系统安全可靠性。

9.1.2 移动火情检测系统

根据2005—2015年国内发生的153起大中型隧道火灾事故案例统计分析结果,发现引起我国隧道火灾的主要原因是车辆自身故障,占总数的63%,其中包括车辆发动机起火(22%)、车辆轮胎起火(18%)、车辆电器线路起火(7%)以及车辆自身其他原因起火(16%);车辆交通事故导致的火灾也相对较多,共发生28起,占18%;车载货物自燃引发火灾占7%，原因不详的占12%。总体来说，各种形式的自燃是诱发隧道火灾的直接原因。而这些火灾中除去车辆撞击，80%以上的火灾是在移动中形成的，隧道火灾从发生到成灾往往只有几分钟时间，由于车辆穿越隧道时间较长，一旦发生火灾，对隧道内人员、车辆和隧道结构的危害性非常大。

目前已建设的公路隧道火灾报警系统根据国标《特种火灾探测器》选用的产品，均采用定点火源探测技术。根据《公路隧道火灾报警技术条件要求》验收的火灾报警系统在理想工况下，火灾报警时间响应不大于30s，而根据隧道内80km/h限速要求的换算，车辆每秒移动约22.22m，对移动车辆达到有效火情侦测的响应时间不应超过3~5s。因此，采用移动火情探测技术的隧道火灾报警系统在车辆移动过程中对火灾进行探测，相比着火车辆停止后采用固定火情探测技术火灾报警系统进行探测报警，能够更早发现火情，能为隧道火灾应急救援争取更多的时间，提升隧道防灾减灾的能力。

大娄山隧道移动火情侦测系统主要面向超长隧道的隧道火灾情况分析，采用星形网络拓扑结构设计，从点、线、面全方位进行火灾探测，对静态和动态的火灾能进行有效识别和实时监测。线形火灾探测器监测隧道内整体断面，点形火灾探测器监测隧道内各点的火灾，多光谱火焰探测器则针对移动火情进行动态监测。本章节重点介绍移动火情侦测系统，如图9-3所示。

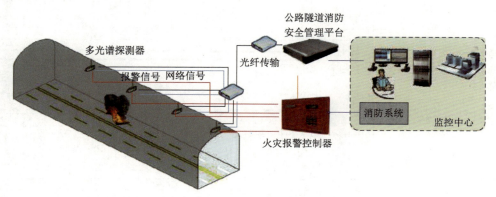

图9-3 移动火情侦测系统构成图

1) 系统构成

移动火情侦测系统由中继模块、多光谱火焰探测器、信号处理器、火灾报警控制器等构成。多光谱火焰探测器采用近红外、中红外、远红外等多个连续光谱波段分析，主要通过光谱分布特性来检测火灾，可以有效识别火灾发生初期的光谱特征。通过捕捉火焰特有光谱分布特性来检测火灾，具有响应速度快的特点，可快速探测公路隧道早期的移动火情。由于多光谱火焰探测器是基于连续光谱波段分析探测,可以克服公路隧道内常见的热体辐射、隧道内各类灯光以及洞口太阳光线、雷电光的干扰。

多光谱火焰探测系统由多光谱火焰探测器、信号处理器等组成。多光谱火焰探测器在隧道内设置间距约1km,探测器的信号传输通过已有的综合盘与报警主机进行通信,同时利用原设计火灾报警系统的传输光缆将探测信息接入信号处理器。信号处理器放置在隧道两端的值守点内。

2)系统方案

(1)系统设置。

大娄山隧道为双向三车道隧道,在线形火灾检测系统和点形火灾检测系统的基础上,按间距1km设置一套多光谱火焰探测器,与点形火焰探测器同IP地址设置,如图9-4所示。红外火焰探测器安装于隧道行车道侧墙壁距地面高度在2.7~3.5m之间。以隧道内行驶速度为80km/h为例,着火车辆在行驶过程中,1秒行驶距离约23m,根据多光谱平面传感器的响应速度在10ms以内,探测时间为1s内,多次探测完成后,车辆行驶不超过70m,在火灾探测器的保护范围内,且完成快速报警。

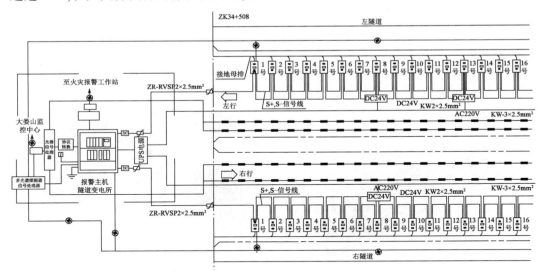

图9-4 火灾报警系统布置图

(2)系统传输。

多光谱火焰探测器通过综合盘中继模块与报警主机通信,向上端发布报警信息。同时作为备用通道,多光谱火焰探测器以太网信号利用光纤级联(利用火灾报警系统的阻燃光缆中2芯光缆组成物理环网)到多光谱火焰探测信号处理器,多光谱红外火焰探测信号处理器将信号转发给隧道监控平台火灾报警系统,如图9-5所示。

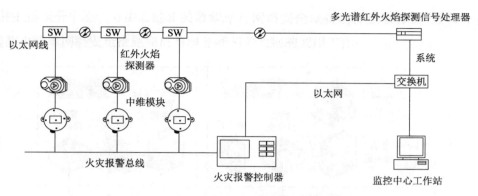

图 9-5 多光谱火灾报警系统通信传输图

多光谱火焰探测器系统以太网冗余传输探测器实时探测信息,将隧道内多光谱火焰探测器的传感器数据实时传输至监控中心,不仅提高了隧道运营的安全水平,也提升了隧道应急救援的智慧性。

3)系统功能

(1)实现火灾系统的实时监控,无间隙、无盲区、不间断地监测隧道内空间发生的火灾情况。

(2)系统应具备故障自诊断能力,可连续检测设备的工作状态,向上级监控部门报告故障准确位置。

(3)火灾发生时系统能进行声光报警,并自动记录、存储、显示、打印发生火灾区段和位置等。文件长期保存,日志文件至少保存 3 个月不丢失。

(4)软件模块实现统一的火灾管理界面,支持线形火灾检测、点形火灾检测与移动火情探测报警的功能。

(5)可根据报警现场环境综合研判、分析传感器报警情况,生成分析文件(最近一周指令数据、报警数据),从而提高传感器探测结果,减少误报、漏报等情况。

(6)支持多用户并发访问,用户访问界面延时不大于 1s。

9.1.3 隧道调频广播系统

紧急电话和广播系统属于隧道监控调度系统的关键部分,相关设备的功能设计与系统设计对于提升隧道的服务水平和通行能力、保障隧道安全运营至关重要。目前隧道广播一般采用有线广播的形式,通过号角扬声器对车辆进行喊话,传递信息。对于封闭的车辆而言,司乘人员很难听清有线广播的内容。对于隧道内非封闭车辆司乘人员,由于隧道交通噪声经过墙壁多次反射，混响声、直达声等叠加，噪声较大、车流量大或特殊情况时隧道内噪声更为明显，也严重影响非封闭车辆司乘人员收听有线广播的效果，由此造成隧道内信息不通畅，隧道管理单位无法及时有效地把信息传递到司乘人员。

隧道调频广播系统是实现隧道内调频无线广播覆盖的综合性隧道信息发布平台。在系统设计上，隧道调频广播系统日常状态下实现本地调频广播节目在隧道内的优质覆盖，应急状态下通过调频全频段广播技术实现收音机开机即听应急语音，不影响驾驶员正常驾驶，从而进一步保障和提升了隧道的应急处置和安全运营能力。

1）系统构成

当在隧道内发生交通事故、火灾事故时，对驾驶员进行及时、有效告知及提醒，将隧道内发生重大事故的类型及具体位置等相关信息通过隧道调频广播进行及时推送，可以有效避免二次事故的发生，如图9-6所示。

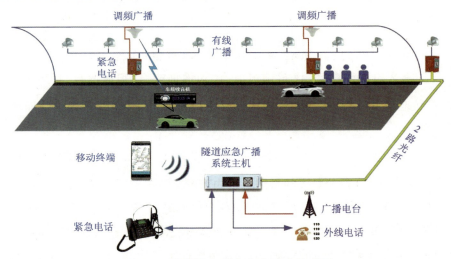

图9-6　隧道语音信息发布系统构成图

在正常路网环境下出行者更需要的是路网整体运行状态，如拥堵、气象等大范围面状信息。而隧道内因其特殊环境，隧道内的司乘人员对信息服务内容有特殊的需求，在司乘人员即将进入隧道时，需要提前告知隧道内的交通条件、交通流量、限制车速、行车路线等隧道信息，当隧道进行养护、维修、施工时，需要将隧道内的管制信息进行及时、有效地推送，尽量避免交通事故的发生。

本地广播电台的调频广播节目一般无法实现直接对隧道内相对密闭环境的信号覆盖，调频广播节目在隧道内会中断，司乘人员无法实现无缝收听。

大娄山隧道采用紧急电话、有线广播、调频广播三合一方式实现有效信息传播服务，系统由监控中心统一管控，系统构成包括硬件设施、软件平台及传输网络。

调频广播系统由隧道内设施及监控中心设施构成，隧道内设施主要包括调频广播直放站和调频广播发射天线，在隧道内每隔约200m设置1套三合一设施，共用传输和供电路由。监控中心设施包括隧道调频广播与应急管理控制台、调频广播接收前端、调频广播接收天线，实现广播信息的处理、播发、监听等功能。

（1）硬件组成。

高速公路隧道应急广播系统实现以上隧道内调频广播功能需要隧道调频广播与应急管理控制台、隧道调频广播前端、调频广播接收天线、调频广播直放站、调频广播发射天线、OLT和ONU以及相应线缆辅材等。

（2）软件平台。

隧道管理监控部门配置隧道调频广播与应急管理控制台和相应管理软件，可实现其对隧道内调频广播系统的统一管理，以及对隧道内调频广播直放站的分区管理、终端状态调度操作等功能。

（3）通信网络。

系统采用PON网络传输方式，调频广播直放站可通过隧道内已有通信路由与隧道管理监控部门实现双向通信。

（4）基于国密算法的安全加密模块。

通过内置国产密码安全模块实现了调频广播直放站与调频广播前端的接入安全，实现了控制台操作人员身份验证、安全登录和操作行为留痕等安全功能。

（5）系统架构。

典型系统拓扑如图9-7所示。

2）系统方案

紧急电话、有线广播、调频广播三合一系统采用光纤进行传输，如图9-8所示，左右洞内设施分别组2个光纤环，接入隧道两侧变电所内以太网交换机，然后传至监控中心一体化平台。

在大娄山隧道监控中心内设置隧道调频广播与应急管理控制台、接警电话、麦克风，负责管理隧道的调频广播、紧急电话、有线广播的报警、联动、录音；设置调频广播接收天线和调频广播接收前端，用于日常状态接收并处理当地广播电台音频信号转发至隧道内。

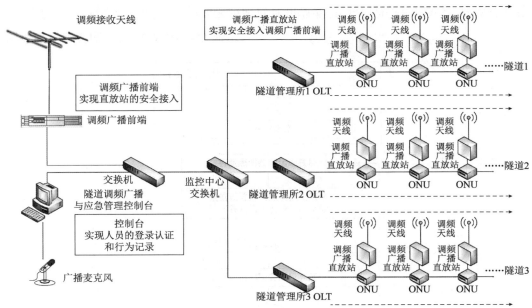

图 9-7 隧道语音信息发布系统构成图

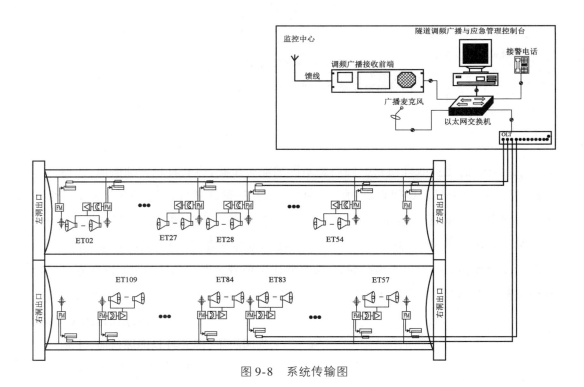

图 9-8 系统传输图

在隧道内大约每隔200m设置1台分机(左右线),分机具有紧急电话、有线广播功放和调频广播功放的功能,在各隧道洞口出入口外各设1台室外型紧急电话;在隧道内大约每隔200m设置1台调频发射天线;在隧道内大约每隔50m设置1台20W的扬声器(左右线),在各隧道洞口出入口外各设1台30W的室外型扬声器。

隧道分机和隧道口紧急电话均采用IP的方式,可直接接入隧道传输网络将信息传送至监控中心控制台。

3)系统功能

(1)任意分区自动直播/广播根据定时策略,自动打开/关闭隧道分机,全天24h可编程。节目自动分区管理,每个节点的音量可以自由调节;通过控制软件的设定,对任意划分的区域进行不同内容的自动播放,如电台的交通节目、事务通知等。

(2)"同时-不同区域-不同内容"的直播/广播隧道管理监控室通过控制软件可实现同一时间、不同区域、不同内容的广播。

(3)定时广播管理根据广播内容的需要,可按年月日时、终端编号、节目编号建立一个或者多个定时广播任务,系统将自动执行所有指定的任务,无须人工操作,真正实现无人值守。

(4)选择区域进行临时直播/广播,当出现突发情况(如交通阻塞、交通事故、发生火灾等情况)时,管理中心调度人员可向事故发生区域进行临时性广播向车辆及人员发布信息,从而实现组织疏导并紧急调度车辆的目的,最大限度地减少事故及损失。

(5)FM群载波全频段覆盖功能:具备FM广播群载波全频段覆盖功能。在紧急情况下(交通阻塞、交通事故、发生火灾等),FM广播模块可以切换至群载波模式,车辆进入隧道后无论收音机在何频率均可以通过收音机收听隧道管理单位的广播内容,可以及时、有效地把疏导信息播送给司乘人员。隧道有线广播、调频广播、紧急电话联动模块化设计,系统基于IP网络,可实现与有线广播、紧急电话一体化联动,多种信息发布手段一体化发布可以多个系统综合管理。

9.1.4 隧道车辆超温预警系统

超温预警系统作为隧道安全预知措施,在进入隧道区段前对过往车辆进行测温监测,通过管控策略将隐患排查在隧道外。隧道车辆超温预警系统通过超温车辆传感器监测与监控视频报警监测方式相结合的方式,实现了隧道超温监测自动预警。超温预警系统通过视频监视方式分析车辆信息,叠加车辆不同区域的温度信息,将视频图像传到监控中心,即"眼睛"的功能;再通过前端车辆测温分析仪自动检测、识别超温信息并发出报警信息,同时判断超温点超温位置、超温度数,并进行有效记录和分析告警,即"大脑"的功能。隧道车辆超温预警系统通过这种"眼睛"与"大脑"相结合的方式,实现了隧道超温车辆的自动监测与预警,如图9-9所示。充分利用隧道超温车辆预警系统可以有效预防隧道燃爆事故,进一步提升监控指挥管理的综合能力。

图 9-9　隧道超温检测概念图

1) 系统构成

隧道车辆超温预警系统包括:前端测温采集系统,测温采集前端分析仪,车型及图像识别系统,测温控制前端分析仪,广播号角系统,可变信息标志发布系统,后端服务器系统及后台客户端系统。前端分析仪在前端进行测温及热辐射参数数据算法的整合编码,结合车辆基础信息构建系统算法,实现对车辆的超温预警、预报等功能。监控中心配置综合管理软件,实现监测系统设备状态、采集超温数据、进行统计分析等功能。

2) 系统方案

超温预警系统包括监测系统和管控策略两部分,如图9-10所示。隧道车辆超温预警系统考虑安装在特长隧道、隧道群区段前方,靠近互通或者服务区的区域设置。在车辆进入互通或者服务区之前,通过热追踪及红外测温设施,对车辆箱体、轮胎等多部位温度进行实时监测,分级报警,提高车辆运行安全。一旦有车辆超温通过前方的可变信息标志,便进行信息提示,引导其下高速或者进入服务区进行处置,同时做好下一个区段的监测工作,避免其驶入隧道。

车辆超温超限预警系统考虑在松坎枢纽前和马鬃互通前设置2处,此区段包括黄家沟、磁竹溪、陈家湾隧道群及大娄山隧道、营盘隧道群等,其中还设有2处服务区及1处新站互通,车辆在进入隧道群及特长隧道区段前通过热追踪及红外测温设施,对车辆箱体、轮胎等多部位温度进行实时监测,分级报警,提高车辆运行安全。在新站服务区前增加设置悬臂式可变信息标志,大娄山隧道入口前连续增设门架式可变信息标志,与沿线已有可变信息标志形成信息发布链,加大重点车辆的信息预警和诱导提示。

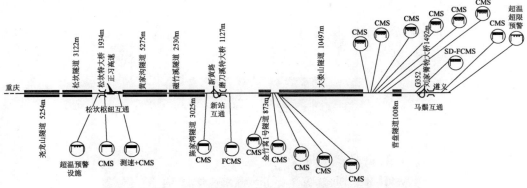

图 9-10　超温超限预警发布系统布置图

系统通过前端检测设备对大型客货车及小型汽车进行热追踪及测温,车辆在进入检测区域时进行移度温度检测,检测出来超温时,报警信息发至前端超温音频报警系统,实现车牌号及超温音频及可变信息标志报警;并在隧道前及时提醒司乘人员发现车辆超温(语音和广播系统共建)。

3)系统功能

系统通过前端检测设备对大型客货车及小型汽车进行热追踪及测温,车辆在进入检测区域时进行移动温度检测。当检测出来超温时,报警信息发至前端超温音频报警系统,实现车牌号、超温音频及可变信息标志报警,并在待进入隧道区域及时提醒司乘人员发现车辆超温。

(1)监控中心平台管理所有测温预警点。

(2)系统提供超温车辆图片及视频信息。

(3)系统可实现图像照片拍摄及车牌对应信息的备案及检索。

(4)系统可通过日期、时间等字段自动生成任务执行记录,方便日后查询,并可导出记录。

(5)系统可设置不同级别的管理员,具有高级别管理权限的管理员的任何操作都优先于比之级别低的管理员的操作,分工灵活,责任到人,轻松实现人性化管理。

(6)实现超温报警与信息发布联动功能,将车牌、预警信息进行发布。

9.1.5　车辆超速预警系统

超速引发的事故对于隧道的运行安全危害很大,在进入隧道前方控制车辆的速度是十分有必要的。在隧道出入口设置车辆超速预警系统,如图 9-11 所示,对超速车辆进行警示,可以有效避免超速车辆驶入隧道。该系统可与交警共建共管,加强隧道路段行车管控措施,提高隧道内行车安全。

图 9-11　高速公路车速监控系统

1) 系统构成

大娄山隧道出入口设置可变信息标志及高清卡口设施,并在同址设置区间测速设施,对超速车辆进行预警提示,有效限制进入隧道车辆的行驶速度,如图 9-12 所示。超速预警系统可实现超速检测、预警信息发布、后期处罚、事件查询等超速管理工作的无缝衔接,需要多种设备集成应用、多个管理机构共同参与。

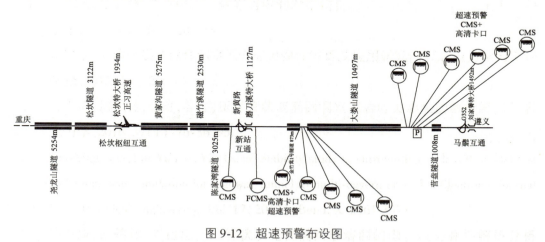

图 9-12　超速预警布设图

车辆超速预警系统主要包括:前端信息采集系统(摄像机、测速雷达)、车牌识别系统、信息传输处理系统、信息发布及交通提示系统、后端处理平台、服务器、交换机设备等。

2）系统方案

超速预警系统设计实现了超速检测、预警信息发布、后期处罚、事件查询等超速管理工作的无缝衔接，需要多种设备集成应用、多个管理机构共同参与。因此，对信息采集的有效性、信息分析的准确性、信息传输的高效性具有较高要求。

（1）信息采集。

对超速车辆进行准确检测并收集其信息是超速预警实现的前提，隧道前设置测速雷达和高清摄像机作为车速检测设备。当有车辆通过时测速雷达检测出其车速并同时完成两路信息传输：一是将车型、速度值、检查地点直接传输给超速提醒管理机进行存储；二是将速度值传递给抓拍控制器，抓拍控制器根据预设的速度阈值判定车辆是否超速，若超速，抓拍控制器将启动抓拍命令传递给摄像机，则高清摄像机同时开启闪光灯进行连续抓拍，抓拍结束后将图片传输至超速提醒管理机。在整个环节中，系统采用不同的设备进行超速信息采集，能够降低单一设备的错检率，提高信息采集的准确性，为下一步信息的准确分析奠定基础。

（2）超速确认。

超速管理机接收到来自雷达测速仪和摄像机各自传来的信息后，将信息按照采集时间序列分类存储，这样便于将雷达测速仪和摄像机采集的同一车辆信息对应起来，同时对图片信息进行超速确认分析，将连续拍摄图片中的车辆位置与路上同一固定参照物进行相对位置标定，结合摄像机拍摄角度计算出两图片拍摄间隙车辆在路上的行驶距离，根据照片拍摄的帧间时间计算出拍摄帧间时间内的车辆平均行驶速度，并与速度阈值进行比较，判断是否超速。为了尽可能测量出车辆行驶地点的车速，可选用小帧间差模式进行拍摄，这样连拍的照片间车辆位移较小，与地点车速较接近。当图片速度检测完成后，超速提醒管理机将两种速度检测结果进行对比，若两次检测结果均为超速，则将车道信息传输给交换机发布预警，将全部信息传输给监控中心做进一步的车牌识别。

（3）车牌识别。

整个过程中，车辆号牌的准确识别是非常重要的环节。要达到良好的识别效果，关键取决于两个因素，一是抓拍的号牌图片必须清晰，二是选择的算法合理可行。其中，图片清晰是字符准识别的前提，这就要求抓拍设备必须具有很高的快门速度，在车辆快速行驶条件下仍然能够连续拍摄获取清晰的图像。另外，识别算法的选择必须保证有较高的准确性和响应速度，能在较短时间内完成车牌识别，及时启动预警方案。

3）系统功能

（1）建立车辆入隧测速数据库：在车辆进入隧道前进行车辆信息采集及提示测速预

警,还包括车型、颜色、号牌等,安装位置与高清卡口同址建设。主要设备为:测速雷达、车速反馈仪、车辆识别摄像机(与高清卡口设备共用),同时,这些设备还可用于构成数字孪生前端的设备群体。

(2)现场取证:在隧道出入口前设置测速雷达、抓拍控制器(与高清卡口设备共用)、摄像机(与高清卡口设备共用)、闪光灯(与高清卡口设备共用)等设备,用于车速检测,同时捕捉超速车牌照图片,将采集到的信息存储至超速提醒管理机,通过超速提醒管理机进行超速分析后完成两类信息传输,一是将超速车辆所处车道位置信息传输给交换机,二是将采集的超速车辆完整信息和拍照图像传输给监控中心。同时,在隧道入口处设置车速反馈仪,并联动至预警平台,也可实时呈现车速在显示单元上。

(3)预警发布:交换机接收到超速提醒的信息后,位于控制检测点后一定距离的可变信息标志上显示超速信息,诸如"××××车辆超速",对车辆进行预警,同时,监控中心对接收的信息进行车牌识别,跟踪超速车辆轨迹,进行实时监控。

(4)后期处理:预警完成后监控中心将超速车辆相关信息传输给交警管理部门,由交警管理部门对超速车辆进行后期处罚。

9.1.6 应急预警系统

在隧道停电、抛洒物、车辆抛锚、车辆侧翻、车辆火灾事故、常见化学危险品泄漏事故、电气火灾、隧道内交通管制等隧道事故工况下,一般通过洞口设置的可变信息标志或者交通信号灯进行交通的管制,以防止后续车辆的进入。但是这种方法实际效果不佳,由于对事故的情况掌握不清,一些车辆仍然会进入隧道,以至于引发次生事故,产生更严重的影响。

智慧隧道应急预警系统在传统设计的基础上,针对洞外1.2km范围内的交通预警和控制,采用多级联动预警系统及三色信号的加强提示,建立保障大娄山隧道安全的屏障,提高隧道安全性。

1)系统构成

在距离隧道入口1200m至0m区间,间隔50m道路两侧安装三色(红、绿、黄)单体交通信号灯,利用隧道入口前门架式可变信息标志两侧柱体安装警用双闪灯,柱体上端两侧架设大功率扬声器。在大娄山隧道入口前1.2km范围内连续设置门架式可变信息标志+限速标志,对于车辆进行连续预警提示。

2)系统方案

应急预警系统采用智慧化手段,通过云控平台大数据分析研判,根据应急联动预案第一时间自动判断及反馈隧道内事故状态,提醒司乘人员并进行交通管制,将事故信息发送至隧道外预警系统设备进行联动预警,最终达到避免或减轻事故损失、降低二次事故风险的目的。

(1)隧道口加强警示系统。在隧道入口前增加三色(红、绿、黄)单体交通信号灯、警用双闪设备,通过平台大数据分析研判提供事故状态,发送至隧道外预警系统设备(警用双闪、单体信号灯、洞外广播设备)进行联动预警,如图9-13所示。

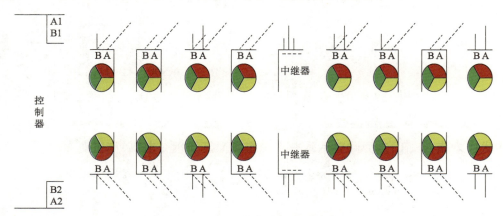

图9-13 三色单体信号灯示意图

(2)在距离隧道入口1200m至0m区间,间隔5m道路两侧安装三色(红、绿、黄)单体交通信号灯,在隧道入口门架式可变信息标志两侧柱体安装警用双闪灯,柱体上端两侧架设大功率扬声器,如图9-14所示。

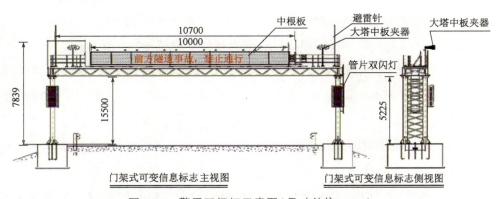

图9-14 警用双闪灯示意图(尺寸单位:mm)

正常状态,道路两侧单体信号灯保持绿色通行状态,警用双闪不通电。

当隧道内发生严重事故时,两侧单体信号灯变为禁止通行状态,警用双闪通电保持高亮,顶端大功率扬声器发送预警广播提示司乘人员禁止通行,可变信息标志提示隧道内事故禁止通行,通过多设备、多方式进行提醒,降低事故损失。

3）系统功能

在大娄山隧道入口前 1.2km 范围内连续设置门架式可变信息标志＋限速标志，对于车辆进行连续预警提示。系统通过云控平台大数据分析研判提供事故状态，对于隧道内出现异常情况时，车道上方进行限速降级提示，可变信息标志发布减速、隧道禁入等信息。当隧道内有事故占道时，车道上方发布车道控制指令，诱导车道变道行驶，可变信息标志发布变道提示信息和事故预警信息，如图 9-15 所示。

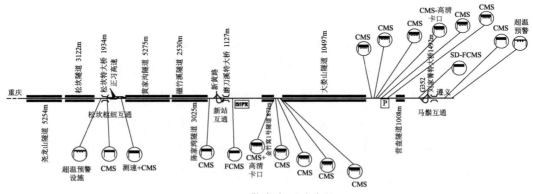

图 9-15　预警发布系统布设图

9.1.7 "两客一危"车辆监测技术

"两客一危"包括从事旅游的包车、三类以上班线客车和运输危险化学品、烟花爆竹、民用爆炸物品的道路专用车辆。由于本项目的特点为桥隧比例高、特长隧道多且隧道群密集，针对"两客一危"的动态监测尤为重要。

利用全国重点营运车辆联网联控系统的数据及前端智能感知系统，实现隧道外及隧道内"两客一危"车辆的动态监测。针对隧道内外的不同场景及资源条件，提出两种优化方案的监测方式：

方式一：系统接入全国重点运营车辆联网联控系统，对"两客一危"车辆在平台上进行动态监测。

方式二：利用 ETC 门架的抓拍功能，结合全国重点运营车辆联网联控系统的"两客一危"数据进行比对，管理平台确认"两客一危"车辆后进行定位，通过隧道内视频及数字孪生硬件设施对进入隧道的车辆进行跟踪，状态信息实时反馈给中心平台，并进行展示，提高"两客一危"车辆的安全运行监测，为后续应急救援提供保障依据，如图 9-16 所示。

第9章 大娄山隧道群智慧运营管理与监测预警技术

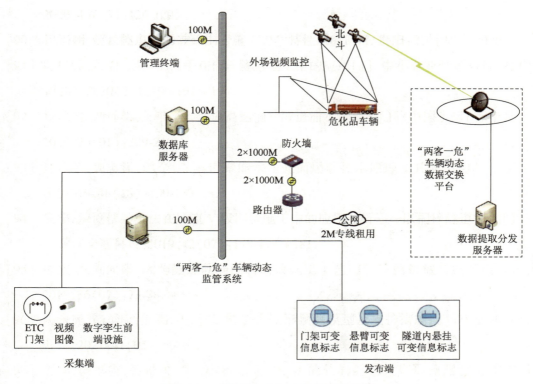

图 9-16 "两客一危"动态监测系统图

两种方式在充分利用现有设施的基础上,通过系统的整合和大数据分析,解决隧道内外的车辆监测需求,形成从监测到管控的综合管理体系。

9.1.8 基于重点运营车辆的多级管控技术

相较于传统隧道的运营管理,对重点运营车辆,如"两客一危"车辆、超温车辆等,一旦存在安全隐患,如果无法提前知晓并及时采取措施,则有可能形成较大事故,因此,高速公路隧道的安全管控是智慧隧道运营重要部分,尤其是 10km 以上的超长隧道及超长隧道群。

1) 管控对象

(1) 危货车辆。

对于超长隧道的危货车禁行需求,需要地方政府制定相关禁行政策文件,但是此研究过程的时间较长,有时候来不及推出政策隧道就已经通车运行,因此通过技术手段针对危货车辆进行管控十分重要,弥补了政策滞后带来的安全隐患。

（2）超温车辆。

随着道路货运车辆比例的上升，可能出现车辆长时间运行引起的车辆自燃事故，通过智慧化的手段提前检测、提前预警、提前处置，可以更有效地解决超温车辆带来的安全隐患。

2）管控技术

重点针对大型货车进行超温、超高的动态检测，一旦检测出异常车辆，采取三级预警和防控机制，避免危货车辆及超温车辆驶入隧道，如图9-17所示。

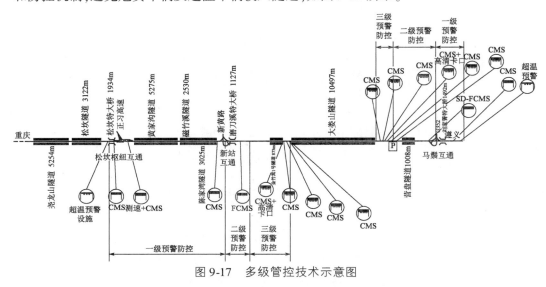

图9-17 多级管控技术示意图

将管控区段分为三级，互通区段为一级、服务区停车区为二级、隧道前方为三级。一级预警及防控主要是对重点监测车辆发现异常时，通过可变信息标志、现场广播进行预警提示，诱导其驶出高速，利用沿线的抓拍设施判断其是否驶出。如果一级预警管控未生效，采取二级管控，对重点车辆通过多种发布手段诱导其进入停车区或者服务区进行处置，通过服务区入口的卡口判断其是否进入。如果二级预警管控未生效，在隧道前方2km处加强提示，每300m设置可变信息标志进行不间断预警信息发布，让车辆进入隧道外停车场进行处置，不得驶入隧道。

降速方案为：按照交通安全设施的设计要求，从远端至隧道口采取阶梯式降速显示，按每20km/h的降速阶段，直至洞口前降速显示为0km/h。

如图9-18所示，大娄山隧道遵义方向，K33+400显示速度为80km/h，K33+700显示速度为60km/h，K34+000显示速度为40km/h，K34+200显示速度为20km/h，K34+430显示速度为0km/h。

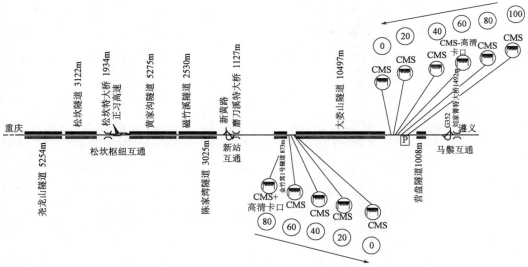

图 9-18　多级管控技术降速方案示意图

大娄山隧道重庆方向 K46+800 显示速度为 100km/h，K46+500 显示速度为 80km/h，K45+900 显示速度为 60km/h，K45+600 显示速度为 40km/h，K45+400 显示速度为 20km/h，K45+105 显示速度为 0km/h。

针对山区超长隧道群管控难度大的特点，基于重点运营车辆的多级管控技术实现了利用先进技术及现有设施对危货车辆、超温车辆的预警及有效管控，大大降低了隧道内的风险隐患，为智慧隧道的方案提供安全提升技术，为隧道的安全运行提供有效的监测方案和具体的管控措施，可以助力智慧隧道的设计推广。

9.2　隧道节能提升技术

9.2.1　智慧通风系统

国外目前主要采用自动控制为主体、手动控制为辅助的方式来进行长大隧道通风控制。控制均以最小的电力消耗来维持隧道内良好的视觉环境，控制空气污染状态在规定的允许范围之内，以及能及时有效地处理火灾等紧急事态为目的。目前国际上在隧道通风自动控制中采用的主要方法已由反馈（Feed Back）控制法（也称 FB 控制法）向前馈（Feed Forward）控制法（也称 FF 控制法）发展。

目前我国在隧道通风控制技术方面做了大量的研究工作，但是仍有很多问题有待进一步研究解决。我国已建成的长大公路隧道中主要采用以固定程序控制和反馈控制为主体的通风控制方法,而在建和计划修建的多数长大公路隧道均采用纵向通风方式。开发研究适应我国国情的特长隧道前馈式智能通风控制技术,不仅能提高通风设备的有效利用率、节省电力消耗,更能增加行车安全舒适度,具有广阔的应用前景和巨大的技术经济效益。

1) 系统目标

针对大娄山隧道的项目特点,利用多目标智能化控制方法,建立隧道射流风机、轴流风机运行参数与分布最优化智能决策方法,实现交通运营安全条件下车辆行驶参数、交通运营安全、废弃物排放量三者之间的最佳匹配,形成"主动式"的隧道风机控制方式与节能方法,建立高效运转、低值能耗、低量废弃物排放的隧道通风系统。

2) 系统构成原理

基于多源数据的公路隧道智能通风控制系统主要包括:ETC 门架系统、OBU 卡、服务器、防火墙、智能通风控制模块、隧道环境监测系统、通风风机等。通过车检器、雷达、ETC 门架系统等手段实时监测的交通流量、车型比例等数据传输到隧道监控中心,监控中心通过后台的计算确定当隧道内污染物浓度超标时需要开启风机的数量。当隧道内污染物探测器探测到隧道内污染物浓度超标时,则开启相应数量的风机,通风稀释隧道内的污染物。耦合检测交通数据、隧道内污染气体浓度、风机开启方案,通过开发控制模块,在控制系统中进行实现。通过精确获取交通数据经过通风计算后,实现隧道内来多少车、开多少风机的按需控制的策略;开发一套完整的基于多源数据的智能通风控制系统。

隧道通风采用 20min 交通流量和车辆类型组成统计数据作为通风实时计算的前置条件。采用视频车辆检测器,前端摄像机图像通过光缆和光传输设备传输至管理中心,接入视频检测处理器,由视频检测处理器分析得出交通量和车辆分型统计数据,在一个统计周期结束后,将数据上传计算机系统。采用微波车辆检测器,可由设置在现场的检测设备直接提供交通量和车辆分型统计数据,通过光缆和光传输设备上传管理中心计算机系统,具体数据传输系统构成如图 9-19 所示。

车辆检测数据由计算机系统发送至通风管理设备,由通风管理设备自动匹配预定的控制方案,下发至执行设备,启动风机。具体监控中心后台的算法步骤及控制流程如图 9-20 所示。

车辆以 V km/h 速度,T_0 时刻通过距离隧道入口 L km 的 ETC 门架系统,门架系统完成对车辆类型、车速、通过时间、燃油类型等数据的采集,同时根据沿线的相应车检器等设备对车辆的速度进行校核,由此得到一个控制周期内通过隧道内的车辆数量 N 及类型,并上传至分中心。分中心的相关数据通过网络安全设备上传至服务器,通风计算机通过防火墙等网络安全措施完成与服务器相关数据的调用工作。

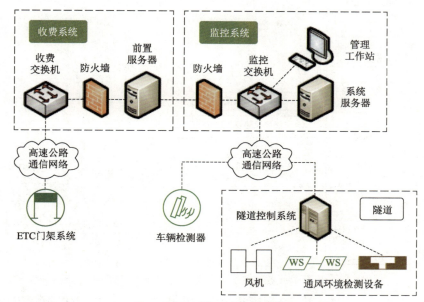

图 9-19 数据传输系统构成图

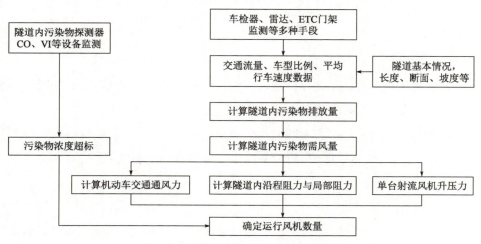

图 9-20 系统算法步骤及控制流程图

智能通风控制模块通过提前在智能通风计算模块输入的隧道长度、坡度、风机设置位置等基本数据,通过实时采集的数据(车辆类型、车速、通过时刻、燃油类型等),通过通风智能计算模块,计算出多长时间车辆到达隧道 $T = T_0 + L/V$。在 $T - T_1$(T_1 根据风机启动的数量和隧道长度来确定)时刻开启风机的数量及位置,满足车辆达到隧道后,隧道内满足通风舒适性、安全性的相关要求,并通过隧道内设置的环境监测设备的反馈数据对其进行调整,如图9-21所示。

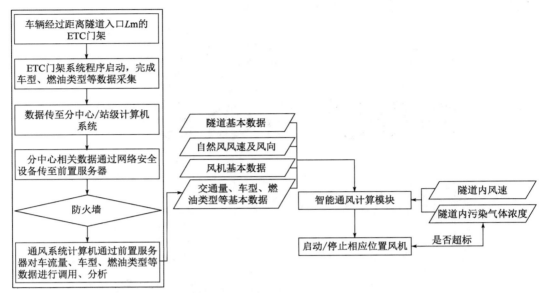

图9-21 基于多源数据的公路隧道智能通风控制系统方法图

隧道需风量、自然通风力、交通通风力、通风阻抗力、摩擦阻力以及隧道内全压计算均参照《公路隧道通风设计细则》(JTG/T D70/2-02—2014)相关计算公式进行计算。

3)系统控制流程

(1)智能通风控制模块预先存储隧道内每台风机的布置位置信息,根据隧道环境监测系统,实时获取隧道不同位置点的实时环境参数。

(2)智能通风控制模块对实时环境参数和风机的布置位置信息进行分析,得到每台风机布置位置的污染气体浓度值;按污染气体浓度值从高到低的顺序,对各台风机进行排序。

(3)智能通风控制模块再获得各台风机到当前时刻的连续运行时间,以污染气体浓度值尽量高、同时连续运行时间尽量短的筛选原则,智能通风控制模块实时开启筛选出的 n 总台射流风机和需要开启的轴流风机的台数。

(4)经过设定时间段 ΔT_2,其中, $\Delta T_2 < \Delta T_1$,智能通风控制模块通过隧道环境监测系统得到隧道实时环境参数,判断隧道实时环境参数是否达到标准值,如果达到,则不动作;如果未达到,根据隧道实时环境参数与标准值的差值,确定需要进一步开启的风机数量,并开启对应的风机。

(5) 进入下一周期的循环检测与控制过程。

本项目隧道风机的启停控制周期取 20min。

4) 系统功能

本智能通风控制软件系统融合于综合监控一体化平台内,主要功能如下：

(1) 多源数据采集显示功能。

系统平台实时显示隧道前 1.5km 处、ETC 门架或主线收费站处的车辆类型、平均车速、燃油类型等数据,同时显示不同隧道洞口处的自然风风速风向以及隧道内风速风向、各种污染物浓度的数值。

(2) 通风系统运行状况及报警功能。

平台显示各个位置风机的运行状况,当隧道内污染物浓度超标、风机发生故障或相关线路故障时应及时报警。

(3) 核心算法耦合计算及联动功能。

平台耦合各种相关数据,并对其学习计算,通过核心算法的运算,满足实现隧道内来多少车,联动开多少风机的按需控制的策略。

(4) 日志管理功能。

软件支持系统日志和用户日志管理,所有用户的操作痕迹以及系统故障、风机运行状况均被完整记录,并支持日志审计,用户可以依据时间方便追溯有关记录,便于还原事故记录和解决问题。

9.2.2 智慧照明系统

大娄山隧道智慧照明系统能够根据洞外亮度和交通量实时调节隧道各照明段亮度。当洞外亮度变化时,可根据洞外亮度的变化调节隧道内各照明段亮度,保证驾驶员有良好视觉,满足驾驶员的视觉适应能力。同时,智能照明控制系统还能根据隧道实时交通量的变化调节隧道内各照明段亮度,达到按需照明、节约能源、降低成本的目的。

1) 系统构成

隧道照明调光控制系统主要由洞外亮度检测仪、洞内亮度检测仪、色温检测仪、车流量检测器、隧道智能照明系统控制器、调光控制柜、亮度可控型公路隧道 LED 照明灯具、通信系统和上位机监控管理软件等组成。

2) 系统方案

调光控制柜内的隧道智能照明系统控制器应具备接收洞内、外亮度模拟信号的能力,并能根据车流量、洞外亮度、洞内路面等参数形成控制策略,再将其分别转为 DC 0 ~ 5V 的直流模拟信号输出,去控制加强照明灯具和基本照明灯具的输出功率,从而达到控制被照场所亮度的目的,如图 9-22 所示。

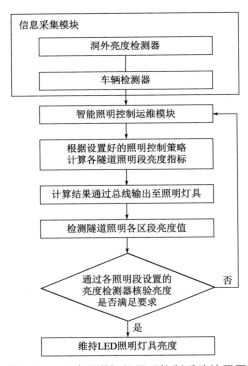

图 9-22　公路隧道智能照明控制系统流程图

3) 系统功能

(1) 加强照明控制调光。

白天,加强照明灯具开启,隧道智能照明系统控制器根据洞外亮度、洞内亮度、设计冗余和车流量等信息,经计算后将其转为 DC 0 ~ 5V 的直流模拟信号输出(模拟控制信号的 0V 对应灯具 LED 的最大驱动电流,5V 对应灯具 LED 的最小驱动电流,中间呈反向线性关系,下同)去控制照明系统中加强照明灯上的 LED 驱动电流,从而实现控制入口各段加强照明亮度的目的。当加强照明出现光衰,致使洞内入口段亮度检测仪的实测结果低于标准要求时,隧道智能照明系统控制器能自动调节加强照明亮度,使之满足标准要求,实现按需照明。

晚上,加强照明灯具关闭,不再调光。

(2) 基本照明控制调光。

隧道智能照明系统控制器能够根据车流量信息、设计冗余和不同的时间段,调节基本照明的亮度；当基本照明出现光衰，致使洞内基本照明检测仪的实测结果低于标准要求时，隧道智能照明系统控制器能自动调节基本照明亮度，使之满足标准要求，实现按需照明。

下半夜系统会自动降低照明功率至需要的数值。

（3）交通量控制策略模块。

通过大娄山隧道内设置的车辆检测器，获取隧道实时交通量，每小时为一个统计周期，下一个小时的隧道照明亮度调控策略以前一小时交通量为准。当检测到的单车道交通量小于350辆/h时，入口段照明亮度折减系数 K 取0.035；当检测到的单车道交通量350辆/时≤N≤1200辆/时，K 值应按照下式进行取值：

$$K = \frac{(0.045 - 0.035)}{850}(N - 350) + 0.035 \tag{9-1}$$

当检测到的单车道交通量大于1200辆/h时，入口段折减系数取0.045。

（4）亮度控制策略模块。

隧道亮度控制策略模块应能根据洞外亮度变化，调整隧道内各照明加强段亮度，为保证驾驶员有良好视觉，同时考虑到驾驶员的视觉适应能力，隧道内亮度不能频繁进行调控，洞外亮度调控分级如表9-1所示。

洞外亮度分级表　　　　　　　　　表9-1

级数	洞外亮度 $L_{20(S)}$（cd/m²）	级数	洞外亮度 $L_{20(S)}$（cd/m²）
一级	1000	六级	3500
二级	1500	七级	4000
三级	2000	八级	4500
四级	2500	九级	5000
五级	3000		

根据交通量控制策略模块获取入口段折减系数且通过洞外亮度检测器获取到洞外亮度 $L_{20(S)}$ 后，隧道各照明加强段亮度如下所示：

入口段1亮度：$L_{th1} = K \times L_{20(S)}$；入口段2亮度：$L_{th2} = 0.5 \times K \times L_{20(S)}$；过渡段1亮度：$L_{th3} = 0.15 \times K \times L_{20(S)}$；过渡段2亮度：$L_{th4} = 0.05 \times K \times L_{20(S)}$。

9.3　基于隧道内数字孪生前端感知系统的效率提升技术

项目起点至大娄山隧道出口约45km，其中隧道区段约为30km，是交通管控的重点区段。针对这一管理需求,针对大娄山隧道群区段(尧龙山隧道、松坎隧道、黄家沟隧道、磁竹溪隧道、陈家湾隧道、金竹窝1号隧道、大娄山隧道)对隧道运行状况、异常事件、重点监控车辆、联动救援等进行可视化管控,利用前端感知设备与后端数字孪生进行拟合,实现隧道车辆的实时状态展示、隧道内异常事件展示、辅助联动救援等,如图9-23所示。

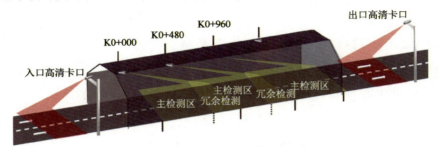

图 9-23　数字孪生前端感知系统布置图

在隧道内设置车牌识别+雷视一体机作为数字孪生前端硬件设施,采用雷视一体机,在大雾、烟尘、低照度的情况下也能识别动态物体,雷达可以有效弥补视频监控的不足,在尾气金属颗粒等影响毫米波雷达识别精度的情况下,让视频监控持续工作;通过双管齐下,能够更好地发挥交通环境监测的作用。

隧道前端感知设备布设:隧道内约120m间隔设置400W摄像机,每隔480m设置一套雷视一体机+牌识摄像机;隧道洞口增加设置1台雷视一体机。

通过将摄像机与毫米波雷达的深度融合,降低了上层应用跨设备对接的开发难度,通过固定化两者之间的间距及位置,可以避免施工精度带来的算法误差,统一制式的结构化数据输出也符合现代化信息系统的开发要求,对于数字孪生这样的大量算法集合的新型业务系统意义重大。

通过构建隧道各要素的三维可视化展现,实现隧道"一隧一屏"管理从二维向三维可视化的切换。一方面可实现数字孪生技术对于资产的精细化管理,另一方面可实现实时数据叠加后对于车辆轨迹、隧道运营状态的数字孪生动态可视化应用。

参考文献

[1] 袁道先.现代岩溶学在我国的发展[J].中国科学基金,2005(03):139-141.

[2] 高克德,陈文娟.地质雷达探测地下石灰岩溶洞[J].煤矿安全技术,1982(04):20-24.

[3] 王传雷,祁明松.地下岩溶的地质雷达探测[J].地质与勘探,1994(02):58-60.

[4] 周治国,朱合华.隧道涌水超前地质预报技术[C]//中国土木工程学会隧道及地下工程分会.中国土木工程学会第十一届隧道及地下工程分会第十三届年会论文集,2004:167-172.

[5] 石振明,卢崔灿,刘鎏,等.基于程函方程反演的跨孔地震岩溶探测数值模拟研究[J].工程地质学报,2020,28(05):1069-1075.

[6] 罗强,谭捍华,龙万学,等.岩溶地区公路桥基勘察与洞穴稳定性评价[J].公路交通科技,2006(02):111-114.

[7] 康厚荣,罗强,梅世龙,等.岩溶地区公路修筑技术研究[J].公路交通科技,2009,26(11):36-43.

[8] 康厚荣,雷明堂,张谢东,等.贵州省公路工程岩溶环境区划[J].岩土力学,2009,30(10):3032-3036.

[9] 中国电建集团贵阳勘测设计研究院.贵州岩溶场地岩土工程勘察技术规程:DB52/T 1336—2018[S].

[10] 贵州省交通厅.岩溶地区公路基础设计与施工技术指南[M].北京:人民交通出版社,2007.

[11] 卢耀如.岩溶地区合理开发资源与防治地质灾害[C]//中国地质学会.首届岩溶地区可持续发展国际学术会议和IGCP448国际工作组会议论文选集.北京:《水文地

质工程地质》编辑部,2001:5-10.

[12] 广西壮族自治区住房和城乡建设厅.广西岩溶地区建筑地基基础技术规范:DBJ/T 45—2016[S].

[13] 广西壮族自治区住房和城乡建设厅.岩溶地区桩基技术规范:DBJ/T 45-082—2019[S].

[14] 广西壮族自治区住房和城乡建设厅.岩溶地区工程物探技术规范:DBJ/T 45-098—2020[S].

[15] 广西壮族自治区市场监督管理局.岩溶区公路隧道技术规范:DB45/T 2125—2020[S].

[16] 中国铁道学会.铁路岩溶隧道技术规范:T/CRS C0801—2018[S].北京:中国铁道出版社,2018.

[17] 贵州省质量技术监督局.岩溶洼地 场地回填技术规范:DB52/T 1382—2018[S].

[18] 中国岩石力学与工程学会.岩溶注浆工程技术规范:T/CSRME 003—2020[S].

[19] 中国地质灾害防治工程行业协会.岩溶塌陷防治工程施工技术规范(试行):T/CAGHP 072—2020[S].

[20] 武汉市市场监督管理局.岩溶地区勘察设计与施工技术规程:DB4201/T 632—2020[S].

[21] 何翊武,傅鹤林,罗立峰,等.隧底岩溶洞对结构稳定影响的理论解[J].土木工程学报,2014,47(10):128-135.

[22] 饶军应.岩溶介质中深埋洞室围岩应力弹性解析及应用研究[J].岩石力学与工程学报,2015(6):1296.

[23] 饶军应,傅鹤林,谢涛,等.内压对管状双椭圆洞室围岩应力影响的解析解[J].岩土力学,2016,37(1):76-86,95.

[24] Jun-Ying Rao, Liu Yun-si, Yin Quan. Stability study of surrounding rock with model test and numerical simulation for highway tunnel in multi-cavern area[J]. Electronic journal of geotechnical engineering, Vol.17(2012), Bund. X:3561-3573.

[25] 饶军应,傅鹤林,刘运思,等.管状填充性椭圆形溶洞的围岩应力弹性解析分析[J].中南大学学报(自然科学版),2015,46(7):2605-2612.

[26] 饶军应,谢财进,赵霞,等.深埋隧洞三岔口围岩稳定性研究[J].中南大学学报(自然科学版),2019,50(8):1949-1959.

[27] 武世燕.岩溶区隧道隔水岩盘安全厚度预测[J].隧道建设(中英文),2021,41(12):2083-2092.

[28] 肖前丰,李文龙,符文熹,等.富水构造区圆形隧道抗突体最小安全厚度解析解[J].工程科学与技术,2022,54(03):159-168.

[29] 张军,刘远.基于突变理论的岩溶隧道填充物溶腔底板失稳数值分析[J].中外公路,2022,42(02):183-187.

[30] 彭程.地质雷达和TGP地震波法在高家坪特长隧道岩溶探测中的应用[J].工程地球物理学报,2022,19(03):328-333.

[31] 陈兴,苏卫迪,蒋雅君,等.岩溶地区隧道衬砌施工缝渗漏水处治技术[J].中外公路,2022,42(02):193-196.

[32] 贾金晓,王东,曾知法,等.大断面公路隧道岩溶探测及施工处治技术探讨[J].中国水运,2022(04):121-124.

[33] 李明达,张昱,周晶.岩溶位置及组合效应对隧道的地震响应分析[J].防灾减灾工程学报,2022,42(03):472-479.

[34] 蒋雅君,陶磊,刘世军,等.岩溶隧道衬砌施工缝疏水涂层长期工作性能研究[J].中国公路学报,2022,35(04):186-194.

[35] 冯雪冬,周小龙,胡亚晴.岩溶地区隧道突涌水机理的研究进展[J].武汉工程大学学报,2022,44(03):250-259.

[36] 李勇海,汪志强,李虎,等.岩溶隧道顶板施工安全厚度参数敏感性研究[J].施工技术(中英文),2022,51(07):30-34.

[37] 王亚,王士民,孙雪兵.溶洞上覆砂性地层盾构隧道合理布置位置研究[J].铁道建筑技术,2022(06):58-62.

[38] 曾斌,陈植华,邵长杰,等.基于地下水流系统理论的岩溶隧道涌突水来源及路径分析[J].地质科技通报,2022,41(01):99-108.

[39] 程咏春,曾祥纪,王振佳,等.岩溶隧道排水管结晶堵塞试验与数值模拟研究[J].现代隧道技术,2022,59(02):159-166.

[40] 聂崇欣,饶军应.隧道排水系统结晶堵塞风险模糊评价模型研究[J].中国水运(下半月),2021,21(03):30-32.

[41] Chen C, Rao J, Tao Y, et al. Study on the crystallisation formation mechanism and breakage of tunnel drainage system in dolomite area[J]. Asia-Pacific Journal of Chemi-

cal Engineering,2023,18(3):e2897.

[42] 吴军国,胥克明,刘保川,等.隧道隐伏岩溶跨孔地震波CT层析成像技术研究[J].能源技术与管理,2022,47(03):170-173.

[43] 章龙管,朱小海,庹洪涛,等.贵阳岩溶地层地铁盾构隧道工程中新型球状碳化钨刀具的研究与应用[J].现代隧道技术,2022,59(02):252-257.

[44] 贵州省交通运输厅.贵州省高速公路瓦斯隧道设计技术指南[M].北京:人民交通出版社股份有限公司,2015.

[45] 贵州省交通运输厅.贵州省高速公路瓦斯隧道施工技术指南[M].北京:人民交通出版社股份有限公司,2015.

[46] 四川省质量技术监督局.公路瓦斯隧道技术规程:DB51/T 2243—2016[S].

[47] 国家铁路局.铁路瓦斯隧道技术规范:TB 10120—2019[S].

[48] 重庆市质量技术监督局.公路瓦斯隧道施工技术规范:DB50/T 962—2019[S].

[49] 中华人民共和国交通运输部.公路瓦斯隧道设计与施工技术规范:JTG/T 3374—2020[S].北京:人民交通出版社有限公司,2020.

[50] 贵州省质量技术监督局.公路瓦斯隧道技术规范:DB52/T 1666—2022[S].

[51] 唐雨生,苏培东,冯涛,等.成达万铁路铜锣山隧道瓦斯评价研究[C]//中国地质学会.2021年全国工程地质学术年会论文集.北京:《工程地质学报》编辑部,2021.

[52] 吴波,陈辉浩,黄惟.基于模糊-熵权理论的铁路瓦斯隧道施工安全风险评估[J].安全与环境学报,2021,21(06):2386-2393.

[53] 王栋.高瓦斯隧道非防爆无轨运输风险防控技术探讨与应用——以渝黔铁路天坪隧道工程为例[J].隧道建设(中英文),2021,41(09):1577-1584.

[54] 王阅章.基于正交试验的瓦斯隧道施工通风方案优化研究[J].公路,2021,66(12):395-403.

[55] 李科,王方,程亮,等.高海拔穿山隧道施工期瓦斯运移分布规律研究[J].现代隧道技术,2021,58(S1):162-169.

[56] 李科,李鹏辉,蔡爽,等.基于模糊控制的隧道有害气体治理技术研究[J].隧道建设(中英文),2022:1-9.

[57] 王林峰,钟宜宏,李玲玉,等.基于正交试验的瓦斯隧道压入式通风优化[J].现代隧道技术,2021,58(S1):170-178.

[58] 许汝杭,王海洋,柯善剑,等.多煤层高瓦斯隧道爆破后瓦斯异常涌出量预测模型

分析[J].现代隧道技术,2021,58(S1):458-463.

[59] 周洋,赵宇,张志强,等.隧道通风管道布置参数对瓦斯运移特性的影响[J].科学技术与工程,2021,21(29):12718-12726.

[60] 唐鸥玲,陈兴海,常兴旺,等.非煤系地层高瓦斯隧道浅层天然气赋存特征及抽排试验研究[J].现代隧道技术,2021,58(05):140-146.

[61] 龙港,黄飞,李树清,等.大断面公路隧道穿越构造煤层瓦斯抽放技术研究[J].隧道建设(中英文),2022:1-8.

[62] 吴平,武磊.隧道施工过程中瓦斯超限事故的分析及预防措施[J].沈阳理工大学学报,2022,41(03):90-94.

[63] 李润双.瓦斯隧道有害气体运移规律及通风方案优化研究[J].铁道建筑技术,2022(02):117-121.

[64] 陈嘉俊,贾正滴.高速公路低瓦斯隧道施工技术及控制要点[J].云南水力发电,2022,38(07):169-172.

[65] 杨玉容,黄红婷,晏启祥,等.铁路隧道穿越瓦斯煤系地层的旋喷围桩防突工法探析[J].隧道建设(中英文),2022,42(07):1300-1307.

[66] 郭宏伟.非煤系地层隧道瓦斯逸散规律及施工防治措施[J].铁道建筑技术,2022(05):143-147.

[67] 崔红超,饶军应,孔德禹,等.高瓦斯隧道新型喷射混凝土配制及气密性[J].科学技术与工程,2023,23(19):8402-8410.

[68] 孙意.成贵铁路四川红层段瓦斯特征分析及勘察阶段划分隧道瓦斯工区类别的建议[J].现代隧道技术,2022,59(01):195-199.

[69] 冉楗,王林峰,李鸣,等.考虑开挖过程的瓦斯隧道施工通风影响机制——以鸡鸣隧道为例[J].科学技术与工程,2022,22(02):804-811.

[70] 李秀地,蒋树屏,刘元雪,等.大断面小净距隧道原位扩建爆破振动控制[J].爆破,2014,31(03):85-90.

[71] 饶军应,薛炀皓,沈阳,等.基于RHT模型的层理分布与爆破损伤关联耦合性分析[J].中南大学学报(自然科学版),2023,54(03):1204-1218.

[72] 丁浩,蒋树屏,程崇国,等.桥隧混合异型隧道结构设计[C]//中国岩石力学与工程学会地下工程分会,中国土木工程学会隧道与地下工程分会,台湾隧道协会.第八届海峡两岸隧道与地下工程学术与技术研讨会论文集,2009:37-45.

[73] 蒋树屏,黄伦海,胡学兵.城市快速干道八车道超大断面隧道的设计与研究[C]//中国工程院土木,水利与建设学部,中国市政工程协会,北京市轨道交通建设管理有限责任公司,北京交通大学.城市地下空间开发与地下工程施工技术高层论坛论文集.北京:《市政技术》杂志社,2004:50-55.

[74] 孙玉梅,李勇,聂振钢.3DGIS与BIM集成技术在公路隧道智慧运维中的应用[J].测绘通报,2020(10):127-130.

[75] 杨秀军,罗晶,哈元元,等.桐梓超长公路隧道群智慧管控方案探究[J].中国交通信息化,2023(03):106-108.

[76] 饶军应,薛炀皓,沈阳,等.基于RHT模型的层理分布与爆破损伤关联耦合性分析[J].中南大学学报(自然科学版),2023,54(03):1204-1218.

[77] 喻兴洪,杨智成,黄才明,等.瓦斯隧道智能通风应用研究[J].科技创新与生产力,2022(12):134-136+141.

[78] 龙运泉.桐梓隧道煤系地层段施工力学特性研究[D].贵阳:贵州大学,2022.

[79] 彭琛,刘远明,蒋亮.桐梓隧道岩溶地下水化学特征及水质评价[J].水电能源科学,2021,39(08):66-70.

[80] 刘江,喻兴洪,黄才明,等.桐梓隧道快速通过瓦斯段喷射混凝土研究[J].交通世界,2021(23):157-158.

[81] 项海燕.超长瓦斯隧道斜井-单通道组合式通风技术研究[J].交通世界,2021(19):99-101.

[82] 伍达富.桐梓隧道软弱围岩段高效施工研究[D].贵阳:贵州大学,2021.

[83] 彭琛.桐梓隧道地下水防排及利用研究[D].贵阳:贵州大学,2021.

[84] 彭琛,刘远明.基于EPANET的桐梓隧道反坡排水设计和分析[J].科学技术与工程,2021,21(11):4634-4640.

[85] 刘江,喻兴洪,黄才明,等.特长高瓦斯公路隧道施工通风技术研究[J].公路交通技术,2021,37(02):101-107.

[86] 刘远明,田兴朝,杨智成,等.桐梓隧道围岩力学性质试验研究[J].黑龙江交通科技,2020,43(12):137-138+141.

[87] 蒋亮,刘远明,杨家罌,等.超长隧道涌水量预测[J].北方交通,2020(10):83-87.

[88] 刘朝跃,石天文,周松.桐梓特长隧道水文地质条件分析及涌水量预测[J].黑龙江交通科技,2020,43(09):179-180.

[89] 姜健,郭腾飞. 桐梓隧道 V 级围岩段施工方法适用性数值分析[J]. 山西建筑, 2020,46(13):126-129.

[90] 田兴朝. 超长隧道软弱破碎围岩施工力学特性研究[D]. 贵阳:贵州大学,2020.

[91] 陈应强,黄力. 湿喷机械手在桐梓隧道施工中的应用[J]. 中小企业管理与科技(中旬刊),2020(04):190-191+194.

[92] 杨家塱,刘远明,王唯,等. 兰海高速桐梓隧道涌水量预测[J]. 中国水运(下半月), 2020,20(01):209-210.

[93] 熊成宇,魏忠锋,赵全江. 隧道聚能水压光面爆破技术原理及其应用[J]. 施工技术,2019,48(18):130-133.

[94] 安宁. 双侧壁导坑法在隧道 V 级围岩施工中的应用分析——以桐梓隧道为例[J]. 黑龙江交通科技,2019,42(07):178-179+181.

[95] 熊成宇,刘向阳. 大跨隧道软弱围岩高效施工工艺[J]. 筑路机械与施工机械化, 2019,36(07):73-78.

[96] 陶永虎,饶军应,熊鹏,等. 软岩隧道大变形预测模型及支护措施[J]. 矿业研究与开发,2021,41(05):59-66.

[97] 熊鹏,饶军应,孔德禹,等. 基于支持向量机的软岩隧道大变形预测模型及应用[J]. 水利规划与设计,2021(12):140-148.

[98] 张星辰,潘先阳,张学霖. 攻克桐梓隧道万米难关![J]. 中国公路,2019(12): 68-71.

[99] 王靖. 兰海高速桐梓隧道水文地质特征及涌水量预测研究[D]. 成都:西南交通大学,2019.

[100] 何国华,袁公益. 桐梓隧道地应力测试与分析[J]. 公路交通科技(应用技术版), 2018,14(12):242-245.

[101] Yi Chen, Junying Rao, Changjie Zhao, et al.. Strength prediction model of fractured dolomite and analysis of mechanical properties based on PFC3D[J]. Scientific Reports,2023, 13:13368.

[102] 刘远明,饶军应,刘滔. 隧道与地下工程[M]. 北京:机械工业出版社,2021.

[103] 彭立敏,施成华. 隧道工程(第二版)[M]. 长沙:中南大学出版社,2017.

[104] 蒋亮,熊成宇. 隧道施工不同台阶长度开挖数值模拟对比分析[J]. 公路工程, 2019,44(06):161-165.

[105] 宋宝顺,朱吉斌.特长大跨公路隧道辅助通道小导洞进洞施工技术[C]//亚太建设科技信息研究院有限公司.2021年全国工程建设行业施工技术交流会论文集(中册).北京:《施工技术》杂志社,2021:170-173.

[106] 熊成宇,顾荣华.基于双组分速凝剂在长大隧道湿喷中的优势探讨[C]//亚太建设科技信息研究院有限公司.2020年全国土木工程施工技术交流会论文集(上册).北京:《施工技术》杂志社,2020:426-428.

[107] 柳玉洁.长大公路隧道快速施工机械化配套技术研究[D].淮南:安徽理工大学,2022.

[108] 朱槟.长大公路隧道施工机械化配套技术研究[J].西部交通科技,2023(03):161-164.

[109] 中华人民共和国交通运输部.公路工程技术标准:JTG B01—2014[S].北京:人民交通出版社股份有限公司,2014.

[110] 中华人民共和国交通运输部.公路工程施工安全技术规程:JTG F90—2015[S].北京:人民交通出版社股份有限公司,2015.